Das literarische Bild des verfolgten Glaubensgenossen
bei den protestantischen Schriftstellern der Romania
zur Zeit der Reformation

Europäische Hochschulschriften
Publications Universitaires Européennes
European University Studies

Reihe XIII
Französische Sprache und Literatur

Série XIII Series XIII
Langue et littérature françaises
French Language and Literature

Bd./Vol. 262

PETER LANG
Frankfurt am Main · Berlin · Bern · Bruxelles · New York · Oxford · Wien

Stefan Osieja

Das literarische Bild des verfolgten Glaubensgenossen bei den protestantischen Schriftstellern der Romania zur Zeit der Reformation

Studien zu Agrippa d'Aubigné, Francisco de Enzinas, Juan Pérez de Pineda, Raimundo González de Montes, Olympia Fulvia Morata, Scipione Lentolo und Taddeo Duno

PETER LANG
Europäischer Verlag der Wissenschaften

Die Deutsche Bibliothek - CIP-Einheitsaufnahme

Osieja, Stefan:

Das literarische Bild des verfolgten Glaubensgenossen bei den protestantischen Schriftstellern der Romania zur Zeit der Reformation : Studien zu Agrippa d'Aubigné, Francisco de Enzinas, Juan Pérez de Pineda, Raimundo González de Montes, Olympia Fulvia Morata, Scipione Lentolo und Taddeo Duno / Stefan Osieja. - Frankfurt am Main ; Berlin ; Bern ; Bruxelles ; New York ; Oxford ; Wien : Lang, 2002

(Europäische Hochschulschriften : Reihe 13, Französische Sprache und Literatur ; Bd. 262)

Zugl.: Bochum, Univ., Diss., 2001

ISBN 3-631-39499-3

Umschlagabbildung:
Albrecht Dürer, *Marter der zehntausend Christen.*
Abdruck mit Genehmigung des Kunsthistorischen Museums, Wien

D294
ISSN 0721-3360
ISBN 3631-39499-3

www.peterlang.de

Gebührender Dank sei an dieser Stelle Herrn Professor Dr. M. Tietz dafür ausgesprochen, dass er die Arbeit betreut und hierbei viel Engagement gezeigt hat - nicht nur indem er ständig zu helfen und mich mit neuen Überlegungen zu unterstützen gewillt war, sondern auch durch seine Bereitschaft, sich mit denjenigen Ansätzen und (literatur-) wissenschaftlichen Theorien auseinanderzusetzen, die er selbst bei gleicher Untersuchung nicht gewählt hätte. Gedankt sei auch Herrn Professor Dr. A. Knauth, der die Arbeit durchgesehen hat, sowie, und ganz besonders, Frau Dr. habil. V. Mellinghoff-Bourgerie, die immer und stets mit Anregungen und Ratschlägen mir zur Seite stand. Schließlich habe ich noch meinen Eltern, vor allem meinem Vater, für die zweifelsohne großzügige finanzielle Unterstützung während all der Jahre zu danken. - Und hiermit betrachte ich die Danksagung als abgeschlossen!

N.B.: Wenn im Folgenden nach den 'alten' Orthographie- und Interpunktionsregeln geschrieben worden ist, dann resultiert dies nicht aus einer ablehnenden Haltung gegenüber den 'neuen' Normen, sondern daraus, dass diese kaum als Idee konzipiert waren, als die Arbeit begonnen wurde.

INHALTSVERZEICHNIS

EINLEITUNG

1 VORÜBERLEGUNGEN UND EINGRENZUNG DES THEMAS

Der Titel der vorliegenden Arbeit *Das literarische Bild des verfolgten Glaubensgenossen bei den protestantischen Schriftstellern der Romania zur Zeit der Reformation. Studien zu Agrippa d'Aubigné, Francisco de Enzinas, Juan Pérez de Pineda, Raimundo González de Montes, Olympia Fulvia Morata, Scipione Lentolo und Taddeo Duno* ist weniger eindeutig, als er es zunächst suggerieren mag, und bedarf daher einiger erläuternder Worte.

Das Bild, wie es die Imagologie versteht, ist immer „durch zwei Faktoren bestimmt: durch den betrachteten Gegenstand und durch den Beobachter."[1] Hieraus ergibt sich, daß verschiedene Beobachter denselben Gegenstand oder dieselbe Person unterschiedlich sehen und darstellen mögen, ja sogar der gleiche Autor ein und denselben Gegenstand oder dieselbe Person zu verschiedenen Zeitpunkten verschieden sehen und in seinen Werken verschieden darstellen kann. So hat z.B. Augustinus den Neo-Platonismus in seinen frühen Werken anders beschrieben und beurteilt als in seinen späten Werken, und so zeichnet z.B. Agrippa d'Aubigné in seinen verschiedenen Werken ein jeweils unterschiedliches Bild von Heinrich IV.[2] Hierbei gilt, daß die verschiedenen Bilder alle gleich wahr sind, da sie aus einer im Laufe der Zeit sich verändernden Sicht des Betrachters entstanden sind. Die Vielzahl der Bilder eines bestimmten Gegenstands oder einer bestimmten Person - gleichviel ob sie durch verschiedene Betrachter oder durch einen Betrachter zu verschiedenen Zeitpunkten zustande kommen - geben schließlich zu erkennen, daß das Bild immer eine „subjektive Brechung einer Wirklichkeit"[3] ist. Die subjektive Brechung einer Wirklichkeit, die immer an die Stelle einer nur theoretisch existenten objektiven

---

[1] Wolfgang Leiner, *Das Deutschlandbild in der französischen Literatur*, Darmstadt 1989, S. 2.

[2] Vgl. Martine Walzer, „Rapport de l'écrit à l'histoire et au 'politique': l'image d'Henri IV dans l'œuvre d'Agrippa d'Aubigné", *Albineana* 3 (1990), S. 109-131.

Erfassung einer Wirklichkeit tritt,[4] wird ihrerseits durch religiöse Überzeugungen, ideologische Zwänge, emotionale Schwankungen etc. hervorgerufen. Aus dem Gesagten folgt, daß es nicht das *Bild vom verfolgten Glaubensgenossen* an sich geben kann, sondern nur die Gesamtheit aller subjektiven Bilder vom verfolgten Glaubensgenossen.

Die Imagologie, die Manfred S. Fischer als die „literaturwissenschaftliche Beschäftigung mit nationenbezogenen Images"[5] definiert, unterscheidet zwischen nationenbezogenen Fremd- und Selbstbildern, den 'Hetero'- und 'Auto-Images'.[6] Wenn in der vorliegenden Arbeit das *Bild des verfolgten Glaubensgenossen* untersucht werden soll, also das zu untersuchende Bild nicht mehr nationenbezogen ist, dann muß an dieser Stelle die Frage gestellt werden, ob die von der nationenbezogenen Bild-Forschung gemachte Unterscheidung zwischen 'Hetero'- und 'Auto-Images' auch für die personenbezogenen Bild-Untersuchungen zutreffend und ausreichend ist. Ist das Objekt eine Person, so lassen sich folgende Fälle beobachten: Betrachter und Betrachteter gehören zwei unterschiedlichen Gruppen an, wobei ein religiöses, sozioökonomisches oder biologisches Kriterium die Heterogenität der beiden Gruppen konstituiert; oder sie bilden, nach einem der genannten Kriterien beurteilt, eine homogene Gruppe, oder sogar, wenn der Betrachter sich selbst betrachtet, eine Einheit. Anders als die nationenbezogenen 'Images', die die Bild-Forschung in zwei Spielarten unterteilt, scheinen also die personenbezogenen 'Images' drei Spielarten zu kennen, die als Fremd-, Gleich- und Selbstbilder oder, in Anlehnung und Erweiterung zu den von der nationenbezogenen Bild-Forschung gebrauchten Termini, als 'Hetero'-, 'Homo'- und 'Auto-Images' zu bezeichnen sind (wobei letztere die superlativische Spielart der zweiteren darstellen). Bei dem *Bild des verfolgten Glaubensgenossen* handelt es sich um ein Gleichbild (oder 'Homo-Image')

---

[3] Leiner, S. 3.
[4] Vgl. Kap. III, 1 dieser Arbeit.
[5] Manfred S. Fischer, „Literarische Imagologie am Scheideweg. Die Erforschung des 'Bildes vom anderen Land' in der Literatur-Komparatistik", in: Günther Blaicher (Hrsg.), *Erstarrtes Denken.* Studien zu Klischee, Stereotyp und Vorurteil in englischsprachiger Literatur, Tübingen 1987, S. 55-71, hier S. 56.
[6] Vgl. Fischer, S. 56; vgl. auch Manfred S. Fischer, *Nationale Images als Gegenstand Vergleichender Literaturgeschichte.* Untersuchungen zur Entstehung der komparatistischen Imagologie (*Aachener Beiträge zur Komparatistik*, N°6), Bonn 1981, S. 20 u. Leiner, S. 8.

bzw., wo der Glaubensgenosse der Betrachter selbst ist, um ein Selbstbild (oder 'Auto-Image').

Durch die Angabe im Titel *bei den protestantischen Schriftstellern* wird deutlich, daß hier das protestantische *Bild des verfolgten Glaubensgenossen* gemeint ist, das nicht im Sinne eines fest umrissenen, von allen Protestanten als zutreffend anerkannten Bildes, sondern als die Gesamtheit aller von den protestantischen Schriftstellern gezeichneten Bilder zu verstehen ist. Durch die Präzisierung im Titel *bei den protestantischen Schriftstellern der Romania zur Zeit der Reformation* wird allerdings der Kreis der zu berücksichtigenden protestantischen Schriftsteller epochal und territorial eingeschränkt: Die Reformation wird zwar „seit dem Beginn des 19. Jahrhunderts [...], weil man ganz bewußt ihre politischen Folgen in den Blick nimmt, nicht nur als Periode der Kirchengeschichte, sondern der Geschichte überhaupt verstanden“[7], doch wie diese „zeitlich abzugrenzen ist, das ist umstritten.“[8] Da es aber „ohne Reformatoren keine Reformation“[9] geben kann, beginnt die Reformation logischerweise mit dem ersten Reformator, d.h. mit dem - jungen - Luther. Dieser ist nicht mit dem Jahr des Thesenanschlags 1517 gleichzusetzen, sondern mit seiner reformatorischen Wende, die allerdings, weil von der Lutherforschung nicht klar und einheitlich definiert,[10] auf keinen genauen Zeitpunkt festgelegt und lediglich auf den Zeitraum zwischen 1514 und 1518 eingegrenzt werden kann.[11] In der Folge von Heiko A.

---

[7] *Theologische Realenzyklopädie*. Herausgegeben von Gerhard Müller, Bd. 28, Berlin / New York 1997, s.v. „Reformation“, S. 393.

[8] *Lexikon für Theologie und Kirche*. Begründet von Michael Buchberger u. herausgegeben von Walter Kasper, Bd. 8, Freiburg [etc.] 1999, s.v. „Reformation“, S. 930.
Heiko A. Oberman, „Reformation: Epoche oder Episode“, *Archiv für Reformationsgeschichte* 68 (1977), S. 56-109, hier S. 62-88, hat einen Überblick über die Betrachtung der Reformation vom kirchen-, wirtschafts-, polit- und wissenschaftsgeschichtlichen Standpunkt geliefert und somit die Pluralität ihrer zeitlichen Eingrenzung sowie ihrer Wertung in Hinblick auf die geschichtliche Bedeutung hervorgehoben. Weit vom Glauben an eine exakte historische Wissenschaft und eine verifizierbare Periodisierung entfernt, respektiert er nicht nur die geschichtliche Deutungspluralität der Reformation, sondern fordert geradezu die „Anerkennung der Mehrwertigkeit oder Polyvalenz dieser Epoche“ (S. 84).

[9] Heiko A. Oberman, *Die Reformation: Von Wittenberg nach Genf*, Göttingen 1986. S. 21.

[10] Die Lutherforschung sieht die Wende Luthers zur reformatorischen Theologie bald in seiner Erkenntnis von der Gerechtigkeit Gottes als Glaubensgerechtigkeit, bald in seiner Entdeckung des Worts als Gnadenmittel; vgl. Johannes Wallmann, *Kirchengeschichte Deutschlands seit der Reformation*, Tübingen ³1988, S. 25 ff. („Die reformatorische Wende als Forschungsproblem“).

[11] Vgl. ebd.

Oberman und anderen, die eine „Epochenzäsur um 1600“[12] sehen, wird im Rahmen der vorliegenden Arbeit das Ende der Reformation auf das ausgehende 16. Jahrhundert festgesetzt, so daß unter dem *Zeitalter der Reformation* der Zeitraum zu verstehen ist, der sich vom jungen Luther bis zum Ende des 16. Jahrhunderts erstreckt. - Die territoriale Begrenzung der Romania ist hinlänglich bekannt und bedarf keiner weiteren Erläuterung; es muß allerdings deutlich hervorgehoben werden, daß in der vorliegenden Arbeit nur die romanischen Länder Frankreich, Spanien und Italien bzw. die protestantischen Schriftsteller derselben in Betracht gezogen werden. Selbstverständlich hätte man die imagologischen Untersuchungen auf die Autoren eines einzigen Landes begrenzen und z.B. nur *das literarische Bild vom verfolgten Glaubensgenossen bei den französischen protestantischen Schriftstellern* untersuchen können. Dies bedeutete jedoch, nicht in Einklang mit der aktuellen Reformationsgeschichtsforschung zu stehen, die immer stärker betont, daß es „in der Frühen Neuzeit [...] in Gestalt von Humanismus und Reformation eine Länder- und Nationenübergreifende [sic] gemeinsame europäische Kultur“[13] gab, und die sich bei ihrer Arbeit „heute nicht mehr auf nationale und konfessionelle Traditionen“[14] beschränken will. Diesen Ansatz der aktuellen Reformationsgeschichtsforschung hat schon Joseph Lecler seinen Untersuchungen über die Toleranz zur Zeit der Reformation zugrunde gelegt:

> Il nous a paru [...] que, sur le plan religieux, il faut tenir compte des relations étroites qui existaient alors entre les États de la Chrétienté. Le luthéranisme, le calvinisme, l'anabaptisme, l'antitrinitarisme ont acquis une extension internationale.

---

[12] Oberman, „Reformation: Epoche oder Episode“, S. 68; hierbei begründet er den Epochenabschluß der Reformation folgendermaßen: „Zur Verteidigung der auch von mir vertretenen Epochenzäsur um 1600 ist darauf hinzuweisen, daß eben in dieser Zeit die tief einschneidende Aufgabe der spanisch-habsburgerischen Ansprüche auf die europäische Hegemonie anzusetzen ist: mit dem Vertrag von Vervins (2. Mai 1598) wird Calais der französischen Krone überlassen; der Vertrag von London (19. August 1604) markiert das Ende der öffentlichen Bemühungen, den Protestantismus aus England zu vertreiben; der 9. April 1609 bringt schließlich den siegreichen Abschluß des niederländischen Freiheitskampfes, sei er auch formal noch eingekleidet in den Modus eines Waffenstillstandes.“ Die Begründung läßt erkennen, daß die Reformation hier vorwiegend als Staatsgeschichte erfaßt, d.h. gemäß der politischen Geschichte gedeutet und bewertet wird.

[13] Christoph Strohm (Hrsg.), *Johannes a Lasco (1499-1560): polnischer Baron, Humanist und europäischer Reformator* (Beiträge zum internationalen Symposium vom 14. - 17. Oktober 1999 in der Johannes-a-Lasco-Bibliothek in Emden), Tübingen 2000, S. V.

[14] Ebd.

> [...] Par suite, le problème de la tolérance a pris une telle ampleur qu'on risque d'en briser les perspectives en ne l'étudiant que dans un seul pays.[15]

Das Problem der konfessionellen Toleranz auf ein Land zu begrenzen, bedeutet also angesichts des in vielen europäischen Ländern verbreiteten Protestantismus, es nicht richtig zu erfassen. Analoges läßt sich auch für das protestantische Bild vom verfolgten Glaubensgenossen sagen: Das Bild, das von den protestantischen Schriftstellern eines Landes gezeichnet wird, gibt keinen Aufschluß darüber, ob es in Übereinstimmung mit dem protestantischen Bild vom verfolgten Glaubensgenossen der anderen Länder steht oder im Vergleich hiermit eine spezifisch nationale Gegebenheit darstellt, also ob es sich um ein 'typisches' protestantisches oder nur um ein nationales protestantisches 'Image' vom verfolgten Glaubensgenossen handelt. Natürlich ist der Einwand berechtigt, daß das 'typische' protestantische Bild vom verfolgten Glaubensgenossen - soweit es ein solches gibt - als Vergleichspunkt fehlt (da noch nicht hinreichend erforscht) und auch nicht zustande kommt, indem man die von den französischen, spanischen und italienischen protestantischen Schriftstellern gezeichneten Bilder - soweit möglich - zu einem übereinstimmenden Bild zusammenschneidet; um es zu bestimmen, müßte man nämlich auch die Bilder der protestantischen Schriftsteller Englands, der Niederlande, Deutschlands und Polens berücksichtigen, d.h. der europäischen Länder, in denen die Protestanten im Reformationszeitalter von den Katholiken verfolgt oder zumindest zeitweise verfolgt wurden. Durch die Bestimmung dreier nationaler protestantischer Bilder vom verfolgten Glaubensgenossen ist aber immerhin eine gewisse Vergleichsmöglichkeit gewährleistet, und zwar der Vergleich der Bilder untereinander sowie der Vergleich eines nationalen Bildes mit dem romanischen protestantischen Bild vom verfolgten Glaubensgenossen, das Teil eines (noch zu bestimmenden) 'typischen' protestantischen, d.h. europäischen protestantischen 'Image' vom verfolgten Glaubensgenossen ist.

Bei den bisherigen Vorüberlegungen zum Arbeitstitel ist der Begriff *protestantisch* bzw. *Protestant*[16] als eindeutig vorausgesetzt worden; seine definito-

---

[15] Joseph Lecler, *Histoire de la tolérance au siècle de la Réforme*, Paris ^{1}1955 [^{2}1994], S. 7.

[16] Der Begriff des Protestanten war ursprünglich ein Rechtsbegriff, der auf die kirchenpolitische Konfliktsituation auf dem zweiten Reichstag zu Speyer im Jahre 1529 zurückgeht, aber schon im Jahre 1541 von dem Kardinal Contarenus bei der Versammlung zu Regensburg zur Bezeichnung der Anhänger der Augsburgischen Konfession gebraucht wurde. Die Protestanten selbst nahmen ihn spätestens „an der Wende zum 18. Jahrhundert [...] als einen *konfessionskulturellen Bewegungsbe-*

rische Abgrenzung erfolgt indessen in der Literatur nicht immer einheitlich: Marcelino Menéndez y Pelayo bezeichnet in seiner *Historia de los heterodoxos españoles*[17] alle im Spanien des 16. Jahrhunderts vom Katholizismus abweichenden Christen als Protestanten. Diese Definition steht ganz im Einklang mit dem Verständnis von Protestantismus sowohl seiner Zeit[18] als auch der jüngeren Zeit; so heißt es in der *New Catholic Encyclopedia*: „Protestantism has come to designate the systems of religious thought that claim relationship to the early Lutheran Reformation, even when the relationship is quite loose."[19] Während man also unter Protestantismus einheitlich „den Teil der Christenheit, der aus der Reformation des 16. Jahrhunderts hervorgegangen ist"[20], bzw. die „aus der Reformation hervorgegangenen Kirchen"[21] versteht, wird dieses definitorische Verständnis selbst unterschiedlich ausgelegt: bald schließt man - insbesondere in jüngerer Vergangenheit - die vorreformatorischen Gemeinschaften wie Waldenser und Hussiten mit ein,[22] bald werden sie ausgeklammert,[23] wobei die nachreformatorischen Gemeinden wie Quäker, Methodisten etc. wiederum einheitlich zu den protestantischen Kirchen gerechnet werden.[24] Spricht man im Kontext des 16. Jahrhunderts von Protestantismus, dann steht dieser Begriff dem der Reformation nahe, unter der implizit die lutherische,

---

griff und *religionspolitischen Sammlungsbegriff* in Anspruch" (*Theologische Realenzyklopädie*, Bd. 27, s.v. „Protestantismus", S. 555).

[17] Vgl. Marcelino Menéndez y Pelayo, *Historia de los heterodoxos españoles*, Bd. 4 u. 5., Madrid ²1928, s.v. „protestantes" im Inhaltsverzeichnis.

[18] Vgl. *Realencyklopädie für protestantische Theologie und Kirche*. Begründet von J. Herzog u. herausgegeben von Albert Hauck, Bd. 16, Leipzig ³1905, s.v. „Protestantismus", S. 135.

[19] *New Catholic Encyclopedia*, Bd. 11, New York [etc.] 1967, s.v. „Protestantism", S. 891.

[20] *Lexikon für Theologie und Kirche*, Bd. 8, s.v. „Protestantismus", S. 655.

[21] *Theologische Realenzyklopädie*, Bd. 27, s.v. „Protestantismus", S. 557.

[22] Vgl. *Lexikon für Theologie und Kirche*, s.v. „Protestantismus", S. 655 u. 663; vgl. auch *Die Religion in Geschichte und Gegenwart*. Handwörterbuch für Theologie und Religionswissenschaft. Herausgegeben von Kurt Gallig, Bd. 5, Tübingen ³1961, s. v. „Protestantismus", S. 657.

[23] Vgl. *New Catholic Encyclopedia*, Bd. 11, s.v. „Protestantism" und *Realencyklopädie für protestantische Theologie und Kirche*, Bd. 16, s.v. „Protestantismus"; vgl. auch Menéndez y Pelayo, Bd. 3, der von „Albingenses" und „Valdenses" spricht, ohne sie hyperonymisch als Protestanten zu bezeichnen.

[24] Vgl. alle o.a. Nachschlagewerke s.v. „Protestantismus" bzw. „Protestantism"; vgl. auch Menéndez y Pelayo, Bd. 7, der in Zusammenhang mit Quäkern, Unitariern etc. von Protestanten spricht.

englische oder zwinglianisch-calvinistische Kirchenreformation[25] verstanden wird.[26] Wenn nun nach der heutigen Auffassung z.B. auch die Täufer[27], die revolutionären Propheten[28] und die Spiritualisten als Protestanten verstanden werden, sie aber nicht als Anhänger der Reformation (sondern nur als Anhänger der 'radikalen Reformation') bezeichnet werden können, dann ergibt sich hieraus, daß der Begriff des Protestanten mehr Personen oder Personengruppen umfaßt als der Begriff des Reformationsanhängers: letzterer ist immer Protestant, ein Protestant ist jedoch nicht immer ein Anhänger der Reformation. - In Hinblick auf die spanischen und italienischen 'Häretiker' ist von Protestanten zu sprechen, weil sie sich aus Anhängern der 'radikalen Reformation', d.h. aus Antitrinitariern und, im Fall von Italien, auch aus Täufern, sowie aus Anhängern der Reformation zusammensetzten[29] (deren Gedankengut allerdings eine eigentümliche, nicht klar umrissene Synkrise aus Luthertum und Calvinismus war)[30]; dann aber auch weil die der Analyse halber vorgenommene Trennung zwischen Anhängern der Reformation und der 'radikalen

---

[25] Gaston Bonet-Maury, *Early sources of English Unitarian Christianity*, London 1884, S. 3 ff., bezeichnet die lutherische und englische Reformation auch als sächsisch-skandinavische Reformation, die zwinglianisch-calvinistische Reformation auch als franco-helvetische Reformation.

[26] So heißt es in der *Theologischen Realenzyklopädie*, Bd. 28, s.v. „Reformation“, S. 386-387: „Als 'reformatorisch' gilt [...] nur das, was in den der Reformation entstammenden großen Konfessionen und Kirchen gelehrt und vertreten wurde, umgreift also nicht ohne nähere Bestimmung den weiten Bereich dessen, was als 'linker Flügel' der Reformation oder auch als 'radikale Reformation' bezeichnet wird.“

So hat auch schon Ekkehard Mühlenberg, *Epochen der Kirchengeschichte* Heidelberg / Wiesbaden ^{2}1991, S. 229, zu verstehen gegeben: „Neben den vier Ausprägungen evangelischer Kirchenreformation (Luther, Zwingli, Calvin und England) stehen andere Gruppen und Personen. Sie wollten ebenfalls eine Erneuerung der Kirche. Es fällt der heutigen Forschung schwer, sie unter einer gemeinsamen Kategorie zusammenzufassen. Vorgeschlagen wurden 'radikale Reformation' und 'linker Flügel der Reformation'.“ Von Luther wurden sie seinerzeit „Schwärmer“, von Calvin „Esprits frénétiques“ genannt.

Es ist an dieser Stelle allerdings hervorzuheben, daß der Begriff *reformatorisch* zuweilen im weiteren Sinn gebraucht wird und sich dann mit dem Begriff *protestantisch* deckt (vgl. *Lexikon für Theologie und Kirche*, Bd. 8, S. 949, s.v. „reformatorisch“). Im folgenden wird er aber nur im engeren und in dem von der *Theologischen Realenzyklopädie* festgelegten Sinn verwendet, d.h. auf die großen Konfessionen und Kirchen beschränkt.

[27] Neben *Täufer* findet sich auch in der einschlägigen Literatur die auf Zwingli zurückgehende Bezeichnung *Wiedertäufer*, die allerdings als „diffamierend“ gilt (vgl. *Lexikon für Theologie und Kirche*, Bd. 9, s.v. „Täufer“, S. 1299) und daher im weiteren nicht verwendet wird.

[28] Mühlenberg, S. 233 ff., bezeichnet als 'revolutionäre Propheten' den Kreis um Thomas Müntzer und Melchior Hoffmann.

[29] Vgl. Forschungsbericht zu Spanien und Italien.

[30] Vgl. Kap. I/ 2 u. I/ 3.2-3 dieser Arbeit.

Reformation' in vielen Fällen in der Praxis nicht durchzuführen ist, wobei insbesondere die Anhänger der Reformation, geprägt vom Antitrinitarismus und Täufertum, häufig nicht mehr 'orthodox' gewesen zu sein scheinen. Calvin zumindest verdächtigte die in Genf ankommenden geflüchteten Spanier und Italiener als Kompatrioten von Servet bzw. Socinus des Antitrinitarismus.[31] Im Zusammenhang mit den französischen „Häretikern", die anfangs dem Luthertum und später dem Calvinismus anhingen,[32] ist es ausreichend, von Anhängern der Reformation zu sprechen - sofern man die wenigen Täufer ausklammert.[33] Im weiteren werden jedoch auch die französischen 'Heterodoxen' als Protestanten bezeichnet, so daß schon terminologisch ihre Einheitlichkeit und Vergleichbarkeit mit den spanischen und italienischen 'Heterodoxen' angezeigt wird, die eben genauso wie diese „acatholici"[34] waren, auch wenn sie bisweilen 'heterodox' in bezug auf die Reformation waren. - Deutlich zu unterscheiden von den Reformatoren und den Anhängern der Reformation sind die Reformer und deren Anhänger, die in der Regel ersteren zeitlich vorausgingen; sie werden von Arthur Gordon Kinder auch als „reform-minded heterodox antecedents"[35] bezeichnet, wobei „heterodox" sowohl in bezug auf den Katholizismus als auch auf die Reformation zu verstehen ist. Diese reformerischen Bewegungen, die sich von den reformatorischen dadurch unterscheiden, daß sie sich nicht von der katholischen Kirche lösten, nehmen einen wichtigen Stellenwert in der europäischen Religionsgeschichte des 16. Jahrhunderts ein. Im Gegensatz zu Deutschland, wo es keine reformerische Bewegung gab und man 'sofort' zur Reformation überging[36] (die ihrerseits ihre Wurzeln im italienischen Humanismus[37]

---

[31] Vgl. Kap. I / Fußnote 40 dieser Arbeit.

[32] Vgl. Kap. I/ 1 dieser Arbeit.

[33] Vgl. Forschungsbericht zu Frankreich.

[34] Die Katholiken bezeichneten im 16. und 17. Jahrhundert die Protestanten als „acatholici" (vgl. *Theologische Realenzyklopädie*, Bd. 27, s.v. „Protestantismus", S. 554).

[35] Arthur Gordon Kinder, *Spanish protestants and reformers in the sixteenth century.* A bibliography, London 1983, S. 7.

[36] So schreibt Manfred Edwin Welti, *Kleine Geschichte der italienischen Reformation*, Gütersloh 1985, S. 16: „Ich meine, daß eine der Voraussetzungen für eine Entstehung des Evangelismus in der Schweiz und rechts des Rheines in der Herausgabe und Übersetzung des Neuen Testaments durch Erasmus lag, und daß sich nach diesem Datum, 1516, in Deutschland nur deshalb keine evangelistische Bewegung entwickelte, weil gleich darauf die lutherische Reformation einsetzte und weil der Evangelismus hier praktisch mit dem werdenden Protestantismus zusammenfiel."

und im deutschen solafideistischen Augustinismus[38] hat), kannten die meisten europäischen Länder - neben dem ganz Europa durchdringenden Erasmismus[39] - reformerische Strömungen, die überall ein unterschiedliches Ausmaß erreichten: in Frankreich und in Italien gab es eine evangelistische Bewegung, deren Anhänger hier „spirituali“[40] und dort Fabristen[41] genannt wurden; in Spanien gab es keine evangelistische, sondern eine spiritualistische Bewegung, deren Träger die „alumbrados“[42] waren.

---

[37] So schreibt Frederic Church, *The Italian Reformers (1534-1564)*, New York [2]1974 [Reprint New York [1]1932], S. 4: „If Italian humanism was directly responsible for Pauline studies and hence for the doctrinal revolution beyond the Alps [...].“

[38] Welti, S. 16 ff. gibt zu verstehen, daß die lutherische Reformation ihr Dogma *sola scriptura* aus dem italienischen Humanismus mit seinem sorgfältigen Studium der schriftlichen Quellen und ihre Dogmen *sola fide* und *sola gratia* aus dem „solafideistischen Augustinismus“ geschöpft habe, den „es auch in Deutschland [...] vor Luther gegeben hat“.

[39] Zum Erasmismus

- in Frankreich, s. Margaret Mann, *Erasme et les débuts de la réforme française: 1517-1536*, Genf [2]1978 [Paris [1]1934];
- in Spanien, s. die Bibliographie von A. Kinder, *Spanish protestants and reformers in the sixteenth century*, S. 106 („Index“), s.v. „Erasmus, Desiderius, Erasmianism“, die einen umfassenden Überblick über die bis 1983 zu diesem Thema erschienene Literatur gibt. Für den Zeitraum von 1983 bis zur Gegenwart ist das neu aufgelegte Werk von Marcel Bataillon, *Erasme et l'Espagne: recherches sur l'histoire spirituelle du XVIe siècle*. Préface de Jean-Claude Margolin, Genf 1998 [Reprint Paris [2]1937], zu erwähnen.
- in Italien, s. Augustin Renaudet, *Erasme et l'Italie*. Nouvelle édition corrigée avec une préface de Silvana Seidel Menchi, Genf 1998, u. Silvana Seidel Menchi, *Erasmo in Italia*, Turin [2]1990 [[1]1987].

[40] Der Begriff der „spirituali“ bezeichnete im 16. Jahrhundert die um Contarini und Pole versammelten Leute, d.h. diejenigen, welche nach Reformen strebten. Welti, S. 17-18 / Fußnote 11, schreibt hierzu weiter: „Der Terminus wird seit 15 Jahren [sc. seit den 70er Jahren] regelmäßig in der italienischen Historiographie für die ‘Anhänger des Evangelismus’ benutzt.“
Zum italienischen Evangelismus, s. Welti, S. 16 ff.

[41] Der Name des Fabristen (und des Fabrismus) leitet sich von der lateinischen Form des Namens Lefèvre d'Etaples, d.i. Fabri, ab.
Zum französischen Evangelismus, s. Augustin Renaudet, *Préréforme et humanisme à Paris*, Paris 1916, der entgegen dem Titel nicht nur den Evangelismus in Paris untersuchte.

[42] Zum spanischen Illuminismus, s. die Bibliographie von A. Kinder, *Spanish protestants and reformers in the sixteenth century*, S. 105 („Index“), s.v. „Alumbrados, Illuminists“, die einen umfassenden Überblick über die bis 1983 zu diesem Thema erschienene Literatur gibt. Für den Zeitraum von 1983 bis zur Gegenwart ist noch die Arbeit von Claude Larquié, „Le protestantisme en Espagne au XVIe siècle“, *Bulletin de la Société de l'Histoire du Protestantisme Français* 129 (1983), S. 155-182, hier S. 155-164, zu erwähnen, die die Autonomie des spanischen Illuminismus in bezug auf die reformatorische Bewegung aufgezeigt hat, sowie das Werk von José Ma. Garcia Gutiérrez, *Herejía de los alumbrados: historia y filosofía*, Madrid 1999.

Die oben vorgenomme Trennung zwischen reformerisch und reformatorisch oder, inhaltlich weiter gefaßt, zwischen reformerisch und protestantisch kann allerdings in vielen Fällen nicht eindeutig durchgeführt werden, und man muß sich in bezug auf die Zielsetzung der Arbeit fragen, ob die in Frage kommenden Schriftsteller Protestanten oder 'nur' Reformgesinnte waren. Während in Frankreich und Spanien die Trennungslinie zwischen den beiden Gruppen in der Regel klar gezogen werden kann, verwischt sie sich in vielen Fällen in Italien: Juan de Valdés - falls man ihn zu Italien zählen darf - ist hierfür ein Beispiel, denn er scheint mehr als ein Reformer, aber weniger als ein Protestant gewesen zu sein; die italienische Forschung bezeichnet ihn häufig als „mistico luteraneggiante". In der vorliegenden Arbeit werden nur diejenigen Autoren behandelt, die 'eindeutige' Protestanten waren. Zu diesen gehören auch - das muß an dieser Stelle betont werden - die Waldenser, die sich im Jahre 1532 auf der Synode von Chanforan der Reformation angeschlossen hatten[43] und von diesem Zeitpunkt an mit dem Protestantismus verwoben waren: „Dall'assemblea di Chanforan fino ad oggi la storia valdese non sarà più la storia della resistenza accanita ma isolata di una minoranza di alcune migliaia di anime, ma sarà legata alle vicende del protestantesimo europeo."[44]

Nachdem der Begriff des Protestanten und somit schließlich der ganze Titel der Arbeit definitorisch festgelegt worden ist, sind noch zwei Anmerkungen zu machen: Wenn analysiert werden soll, wie die französischen, spanischen und italienischen protestantischen Schriftsteller der Reformationszeit ihre verfolgten Glaubensgenossen sehen, dann ist hierbei freilich schon stillschweigend vorausgesetzt worden, daß die Glaubensgenossen, d.h. die Protestanten, in den besagten romanischen Ländern *Verfolgte* waren. Dies ist zunächst einmal in einem Abriß über die historisch-politische Situation Frankreichs, Spaniens und Italiens zu zeigen. Émile G. Léonard verneint allerdings in Hinblick auf die französischen Protestanten, daß diese verfolgt worden seien:

---

[43] Die Waldenser hatten schon im Jahr 1526 ihre 'Sympathie' für die reformatorische Bewegung kundgetan und sie im Jahr 1530 auf der Synode in Mérindol bekräftigt, wobei sich schon hier ein Anschluß an die Reformation abgezeichnet hatte.

[44] Salvatore Caponetto, *La Riforma protestante nell'Italia del Cinquecento*, Turin 1992, S. 149. Auch Jochen Desel, *Hugenotten in der Literatur. Eine Bibliographie.* Hugenotten, Waldenser, Wallonen und ihr Umfeld in Erzählung, Biographie, Hagiographie, Drama, Geschichtsschreibung und Gedicht, Bad Karlshafen 1996, hat in diesem seinen bibliographischen Werk, wie der Untertitel schon zu erkennen gibt, die Waldenser gewissermaßen den Hugenotten gleichgestellt.

> [...] il [sc. le protestant français] est le représentant d'un passé de lutte et de résistance. Ne disons pas de persécutions, comme le font trop d'histoires protestantes. Outre qu'une attitude geignarde manque de dignité, elle n'est pas autorisée par les faits: chaque fois qu'ils ont pu, les protestants de France ont rendu les coups reçus (et parfois ils avaient commencé). D'autre part, une persécution séculaire [...] pousse les êtres et les groupes à la dissimulation: le protestant de France, lorsqu'il est originaire des vieilles terres huguenotes, aurait plutôt une mentalité de combattant encerclé que de gosse se protégeant, du coude levé, contre les taloches.[45]

Dieses Zitat macht aber auch deutlich, daß Léonard diejenigen Bedrängten, welche sich nicht verstecken und dem Feind trotzen, nicht zu den Verfolgten zählt. Die Aussage in Hinblick auf den französischen Protestanten „il est le représentant d'un passé de lutte et de résistance. Ne disons pas de persécutions [...]" begründet sich folglich durch ein anderes Sprachverständnis und nicht durch historische Fakten. Historisch richtig scheint indessen zu sein - hierfür gibt Léonard den Ansatz, wenn er schreibt : „parfois ils avaient commencé [sc. à donner des coups]" -, daß zur Zeit der Reformation die französischen Protestanten nicht immer Verfolgte waren: Nachdem sie in der ersten Hälfte des 16. Jahrhunderts wie die spanischen und italienischen Protestanten nur Bestrafte oder ins Ausland Fliehende und mithin immer nur von den Katholiken Verfolgte waren (Agrippa d'Aubigné spricht hier metaphorisch von „agneaux doux" und „loups outrecuideux")[46], griffen sie in der zweiten Hälfte mehrheitlich zu den Waffen („Israël courut aux justes armes")[47] und wurden zu Soldaten. Als Soldaten scheinen sie während der Zeit der Religionskriege aber nicht nur Verfolgte gewesen, sondern zumindest zeitweise selbst zu Verfolgern geworden zu sein - nämlich dann, wenn sie die katholischen Soldaten in die Flucht schlugen. Diese Überlegung ist allerdings im folgenden irrelevant, denn die französischen protestantischen Soldaten werden in der vorliegenden Arbeit zwecks Vereinfachung und Übersichtlichkeit generell zu der Gruppe der verfolgten Protestanten gerechnet.

Der Kreis der protestantischen Schriftsteller, deren Bild vom verfolgten Glaubensgenossen bestimmt werden soll, ist oben schon eingeschränkt worden, indem das Zeitalter der Reformation als der Zeitraum vom jungen Luther bis ungefähr zum Jahr 1600 definiert und die Romania auf Frankreich, Spanien und Italien begrenzt worden ist. Dennoch verbleiben so viele Autoren, die in ihren Werken den verfolgten

---

[45] Émile G. Léonard, *Le Protestant Français*, Paris ^{2}1955 [^{1}1953], S. 27.

[46] Agrippa d'Aubigné, *Les Tragiques*. Chronologie, introduction et glossaire par Jacques Bailbé, Paris 1968, VI, 160.

Protestanten beschrieben und dargestellt haben, daß sie nicht alle berücksichtigt werden können; vielmehr ist eine Auswahl unerläßlich, was insbesondere für die französischen protestantischen Schriftsteller gilt, die ein kaum eingrenzbares Spektrum eröffnen:[48] dieses erstreckt sich (um hier nur einige Säulen des den verfolgten Glaubensgenossen darstellenden französischen protestantischen Schrifttums zu nennen) von Jean Crespin mit seinem Martyrologium *Histoire des martyres* (1554) über Simon Goulart mit seinen *Histoires admirables et memorables de nostre temps* (1606) bis hin zu Agrippa d'Aubigné - und umfaßt hierbei, in diesem Zusammenhang sind Pierre Viret, Jacques Grévin etc. zu nennen, zahlreiche weniger bekannte protestantische Schriftsteller einschließlich derer, die die meistens tödlich verlaufenden Unterdrückungen ihrer Glaubensgenossen in der Neuen Welt, in der Kolonie *La France Antarctique* bzw. in Florida, in ihren Reiseberichten beschrieben haben, d.h. einschließlich Jean de Léry (*Histoire d'un voyage fait en la terre du Brésil*, 1578) bzw. Nicolas Le Challeux (*Discours de l'histoire de la Floride*, 1566), René de Laudonnière (*L'Histoire notable de la Floride situee es Indes Occidentales*, 1586) und Jacques Le Moyne de Morgues (*Brevis Narratio eorum quae in Florida Americae Provincia Gallis acciderunt*, 1591). Wie der zweite Teil des Arbeitstitels zeigt, soll von den französischen protestantischen Schriftstellern der Reformationszeit nur Agrippa d'Aubigné untersucht werden, der eindeutig dem 16. Jahrhundert zuzurechnen ist, trotz seines bis in das 17. Jahrhundert hineinragenden Lebens[49] und

---

47 IV, 714.

48 Hieße das Forschungsanliegen *bei den protestantischen Dichtern*, dann würde sich beim heutigen Verständnis von Dichter als der qualitativen Spitze der Schriftsteller das Spektrum im wesentlichen auf Guillaume du Bartas, Jean de Sponde und Agrippa d'Aubigné reduzieren. Wenn Pierre-André Sayous, *Études littéraires sur les écrivains français de la Réformation*, Bd. 2, Genf [2]1970 [Reprint Paris [1]1881], S. 237, zum Ende des 19. Jahrhunderts schreibt: [...] les littérateurs calvinistes ne sont représentés dans cette vive et ardente littérature poétique de l'époque des Valois que par deux poëtes qui méritent ce nom, Du Bartas et d'Aubigné", also nur Du Bartas und d'Aubigné den Rang eines protestantischen Dichters zuschreibt, dann resultiert dies daraus, daß Jean de Sponde erst im 20. Jahrhundert von dem englischen Gelehrten Alan Boase 'wiederentdeckt' wurde. Albert-Marie Schmidt, „Les poètes calvinistes français des origines à la révocation de l'Édit de Nantes - témoins d'une vie théologique", *Revue réformée* 1 (1950), S. 267-278, stuft allerdings eine Reihe namentlich weniger bekannter protestantischer Autoren als protestantische Dichter ein.

49 So schreibt Madeleine Lazard, *Agrippa d'Aubigné*, Paris 1998, S. 7: „Né sous le règne d'Henri II, mort sous celui de Louis XIII, Agrippa d'Aubigné appartient pourtant sans conteste au XVIe siècle."

seiner erst zu Beginn des 17. Jahrhunderts veröffentlichten Werke[50]. Gewiß wurde ihm im Gegensatz zu Guillaume Du Bartas, der schon zu Lebzeiten in mindestens gleich hohem Ansehen wie Ronsard stand,[51] zeit seines Lebens nur wenig Beachtung und Aufmerksamkeit geschenkt,[52] wofür es sicherlich mehrere Gründe gibt: hier sind zunächst einmal seine Person selbst, d.h. sein Charakter, der bei vielen auf Ablehnung stieß,[53] und sein Ruf zu nennen („[il] souffre d'une réputation douteuse d'auteur calviniste, sectaire et fanatique")[54]; dann aber auch, und vor allem, das Schicksal, das seinen Werken widerfuhr, die zum Zeitpunkt ihrer Veröffentlichung - die *Tragiques*[55] und die *Histoire universelle*[56] wurden erst im Jahr 1616 bzw. 1618 publiziert - anachronistisch waren, sowohl inhaltlich[57] als auch sprachlich[58], und darüber hinaus alsbald der Zensur anheimfielen.[59] Die literarische Wertschätzung d'Aubignés[60] hat sich jedoch im Laufe der Zeit, besonders im 20. Jahrhundert und mehr noch in jüngerer Vergangenheit, grundlegend geändert - so schreibt Raymond Lebègue zu recht: „A la Bourse des valeurs littéraires les poésies de D'Aubigné ont connu d'étonnantes fluctuations"[61] -, dergestalt daß er heute als einer der größten Dichter[62]

---

[50] So schreibt Sayous, Bd. 2, S. 236-237: „Les œuvres de d'Aubigné ont été imprimés seulement au dix-septième siècle; mais par la langue, le style, le sujet et le fond des idées, elles appartiennent entièrement au seizième siècle [...]."

[51] Vgl. S. 237.

[52] Sämtliche Forschungsliteratur stimmt in diesem Punkt überein; vgl. auch die nachfolgend angeführten einschlägigen Werke.

[53] Vgl. Eugène Réaume, *Étude historique et littéraire sur Agrippa d'Aubigné*, Paris 1883, S. 265.

[54] Lazard, S. 7.

[55] Zur Abfassung und Veröffentlichung der *Tragiques*, s. Frank Lestringant (Hrsg.), *Les Tragiques* [d'Agrippa d'Aubigné], Paris 1995, S. 27 ff.

[56] Zur Abfassung, Druck und Veröffentlichung der *Histoire universelle*, s. André Thierry, *Agrippa d'Aubigné. Auteur de l'Histoire universelle*, Paris 1982, S. 31 ff.

[57] Vgl. S. I; vgl auch Jacques Madaule, „Agrippa d'Aubigné (1552-1630)", *Europe* 563 (1976), S. 3-6.

[58] Vgl. Réaume, S. 265.

[59] Vgl. Lazard, S. 7.

[60] In der einschlägigen Literatur findet sich bald *Aubigné* (vgl. z.B. Thierry, *Agrippa d'Aubigné. Auteur de l'Histoire universelle*), bald *d'Aubigné* (vgl. z.B. Lazard, *Agrippa d'Aubigné*). Einzigartig scheint die Schreibung *D'Aubigné* zu sein, wie sie bei Raymond Lebègue zu finden ist (vgl. oben nachfolgendes Zitat). Im folgenden wird die in der einschlägigen Literatur häufiger anzutreffende Namensform *d'Aubigné* verwendet.

[61] Raymond Lebègue, „Préface" zu und in: Marguerite Soulié, *L'inspiration biblique dans la poésie religieuse d'Agrippa d'Aubigné*, Paris 1977.

[62] Vgl. Jean Plattard, *Une figure de premier plan dans nos Lettres de la Renaissance - Agrippa d'Aubigné*, Paris 1931 u. Marguerite Yourcenar, „Aubigné", in: *Tableau de la littérature française* (o. Hrsg.), Bd. 1, Paris 1962, S. 500-513, hier S. 501.

der französischen Literatur gilt. Auch als Historiker genießt „der Hugenotte von altem Schrot und Korn“[63] heutzutage ein beträchtliches Ansehen: „On le tient [sc.d'Aubigné] maintenant non seulement pour l'un des plus grands poètes français, mais aussi pour l'un de nos premiers historiens [...].“[64] Wenn er auch seinerzeit durch sein Werk keinen Einfluß ausüben konnte, so scheint er doch das zeitgenössische Bild vom Frankreich des 16. Jahrhunderts entscheidend mit bestimmt zu haben. So hat auch schon Marie-Madeleine Fragonard darauf hingewiesen, daß d'Aubigné sehr stark das Bild geprägt hat, das wir heute von Heinrich III. haben.[65] Ähnlich scheint es mit dem Bild zu sein - „ses œuvres [...] bénéficiant d'une autorité certaine [...]“[66] -, das wir heute von den (verfolgten) französischen Protestanten haben, das aber, im Gegensatz zu manch anderem Bild,[67] noch klar umrissen werden muß. D'Aubigné beschreibt den verfolgten Glaubensgenossen sowohl in den *Tragiques* als auch in der *Histoire universelle*. Die beiden Werke stehen, weil sie diesselben geschichtlichen Ereignisse wiedergeben, zwar zunächst einmal in konkurrierender Stellung zueinander, sind aber schließlich zwei nicht gleiche Erzählungen, da sie sich, wie C.X. Baxter sagt, im „Ton“[68] unterscheiden, d.h. in der Art und Weise, wie die Ereignisse dargestellt und beschrieben werden. So ist nämlich festzustellen:

> His long and powerful poem, *Les Tragiques*, both chronicles and interprets these events [sc. the Wars of Religion] with a partisan hatred and vehemence [...]. D'Aubigné also described the religious wars in his *Histoire universelle* which, unlike the *Tragiques*, does not aim to interpret the religious wars, but simply to chronicle and commemorate the acts of the Huguenots.[69]

Hieraus folgt, daß die beiden Werke ein unterschiedliches Bild vom verfolgten Glaubensgenossen aufweisen. Zu Beginn des Kapitels ist schon darauf hingewiesen worden, daß der Betrachter im Laufe der Zeit unterschiedliche Bilder von ein und demsel-

---

Vgl. auch Lazard, S. 8 u. Madaule, S. 4.

63 Agrippa d'Aubigné, *Der Hugenotte von altem Schrot und Korn. Denkwürdigkeiten Theodor Agrippa d'Aubignés.* Herausgegeben von Johann Wilhelm Baum, Leipzig 1854.

64 Lazard, S. 8.

65 Vgl. Marie-Madeleine Fragonard: „Stratégie de la diffamation et poétique du monstrueux: Aubigné et Henri III,“ in: Robert Sauzet (Hrsg.), *Henri III et son temps* (Actes du colloque international du Centre de la Renaissance de Tours, octobre 1989), Paris 1992, S. 47-55, hier 47.

66 Ebd.

67 Zu den schon untersuchten Bildern bei Agrippa d'Aubigné, s. Forschungsbericht.

68 C. R. Baxter, „The poetry of violence: d'Aubigné and the wars of religion“, in: John Cruickshank, *French literature and its background*, London 1968, S. 151-165, hier S. 152.

ben Gegenstand oder derselben Person zeichnen kann und diese alle wahr sind, wenn sie aus einer im Laufe der Zeit sich verändernden Sicht des Betrachters entstanden sind. Es gibt aber auch den Fall, daß der Betrachter ein und dasselbe Objekt unterschiedlich beschreibt, nicht weil er es im Laufe der Zeit anders sieht, sondern da er es aufgrund äußerer Zwänge - hierzu gehören staatliche Gesetze, ethische Regeln, beim Schrifttum aber auch die 'standardisierten' Gattungen und Genera - anders sehen 'muß'. Hier gilt es, das wahre oder das am ehesten wahre Bild ausfindig zu machen, d.h. dasjenige, welches tatsächlich oder am besten die Sicht des Betrachters widerspiegelt. Wenn in den *Tragiques* ein anderes Bild des verfolgten Glaubensgenossen vorliegt als in der *Histoire universelle*, dann resultiert diese Unterschiedlichkeit weniger aus einer veränderten Sichtweise d'Aubignés - die beiden Werke wurden ja zu annähernd gleicher Zeit veröffentlicht -, sondern vielmehr aus einem äußeren Zwang, der durch das Genus begründet ist. Das heißt, daß das Genus der *Tragiques* und der *Histoire universelle*, das Epos und die Geschichte, ein unterschiedliches Bild vom verfolgten Glaubensgenossen bedingt. Es stellt sich nun die Frage, welches von den beiden Bildern das wahre bzw. das 'wahrere' ist, also *d'Aubignés* Bild vom verfolgten Glaubensgenossen entspricht bzw. am besten entspricht. Hierauf soll in Kapitel III geantwortet werden. Dort soll auch untersucht werden, inwiefern das Bild, das d'Aubigné von sich als verfolgtem Glaubensgenossen in seinem Werk *Sa vie à ses enfants* zeichnet, *seinem* Selbstbild entspricht. Hierzu müssen Überlegungen zum Genus der Autobiographie angestellt werden, wobei allerdings zuvor zu zeigen ist, daß das Werk *Sa vie à ses enfants* eine Autobiographie ist.

Von den spanischen protestantischen Schriftstellern, deren Anzahl im Gegensatz zu den französischen protestantischen Schriftsteller überschaubar ist und rund ein Dutzend beträgt, werden Francisco de Enzinas, Juan Pérez de Pineda und Raimundo González de Montes, auch Raimundo Gonsalvius Montanus genannt, untersucht. Mit ihnen scheint die Totalität derjenigen spanischen protestantischen Schriftsteller erfaßt zu sein, die den *verfolgten* Protestanten beschreiben und darstellen. Schwierigkeiten hinsichtlich der Auswahl des 'richtigen' Werkes (wie es zum Beispiel bei d'Aubigné der Fall ist) gibt es bei den angeführten drei spanischen protestantischen Schriftstellern nicht, da jeweils nur ein Werk vorliegt, das den verfolgten Protestanten beschreibt und darstellt. Es werden untersucht und analysiert: Francisco de Enzinas und seine Werke

[69] S. 151.

Historia de statu Belgico, deque religione Hispanica: Historia Francisci Enzinas Burgensis (1558) und *Historia vera de morte sancti viri Ioannis Diazij Hispani* (1546)[70], Juan Pérez de Pineda und sein Trostbrief *Epistola consolatoria* (1560) sowie Reginaldus Gonsalvius Montanus und sein Werk *Sanctae inquisitionis hispanicae artes aliquot detectae, ac palam traductae* (1567)[71].

Von den italienischen protestantischen Schriftstellern, die zahlreicher als die spanischen protestantischen Schriftsteller sind, sollen Olympia Fulvia Morata, Scipione Lentolo und Taddeo Duno untersucht werden. Auch bei ihnen stellt sich nicht die Frage nach dem 'richtigen' Werk, da sie den verfolgten Protestanten in jeweils nur einem Werk beschreiben und darstellen. Es werden untersucht und analysiert: Olympia Fulvia Morata und ihre Briefe (1562), Scipione Lentolo („una delle figure centrali della storia del movimento riformato italiano del Cinquecento“[72]) und seine *Historia delle grandi e crudeli persecutioni fatte ai tempi nostri* (1595) sowie Taddeo Duno und seine Erzählung *De persequutione adversus Locarnenses* (1602). Hiermit ist allerdings noch nicht die Gesamtheit der den *verfolgten* Glaubensgenossen darstellenden italienischen protestantischen Schriftsteller erfaßt; zu diesen gehören auch Giulio Della Rovere und seine *Esortazione al martirio*[73], Francesco Negri und seine Beschreibung von Fanino Faventinos und Domenicos da Bassano Märtyrertod, d.i. *De Fanini Faventini ac Dominici bassanensis morte*, sowie Pietro Martire Vermigli und sein Brief *De fuga in persequutione*.

---

70 Da die Analyse des Werkes auf der Grundlage der spanischen Übersetzung [Francisco de Enzinas], *Historia de la muerte de Juan Díaz* (*Reformistas antiguos españoles*, N° 21), Barcelona ²1983 [Reprint Madrid ¹1865 mit Titel: *Historia de la muerte de Juan Díaz, por determinazión tomada en Roma, le hizo matár su hermano Alfonso Díaz, en la madrugada del sábado 27 iiim. del año 1546*] erfolgt, wird im folgenden an den entsprechenden Stellen der spanische Titel angeführt.

71 Da die Analyse des Werkes auf der Basis der spanischen Übersetzung Raimundo González de Montes, *Artes de la inquisición española* (*Reformistas antiguos españoles*, N° 5), Barcelona ²1981 [Reprint San Sebastian ¹1851 mit Titel: *Artes de la inquisizion española.* Primer traduczion castellana, de la obra escrita en latin, por el español Raimundo González de Montes] erfolgt, werden im folgenden an den entsprechenden Stellen der spanische Autorenname und Titel genannt. In der einschlägigen Literatur findet sich bisweilen auch der Name Reinaldo González de Montes.

72 Enea Balmas, „Un inedito di Scipione Lentolo“, *Bollettino della società di Studi Valdesi* 152 (1983), S. 31-56, hier S. 31.

73 Giulio Della Rovere wird bisweilen in der einschlägigen Literatur auch Giulio da Milano genannt, wobei sich auch die Schreibweise Da Milano findet.

2 DER FORSCHUNGSSTAND

2.1 Zu Frankreich

Weil in der vorliegenden Arbeit der historische Abriß den imagologischen Ausführungen vorangeht, soll hier zunächst die einschlägige Literatur zum Protestantismus im Frankreich des 16. Jahrhunderts, dann die zu Agrippa d'Aubigné, zu ihm allgemein und zu seinen Bildern der verschiedenen Zeitgenossen und Länder, angeführt werden.

Da im Frankreich des 16. Jahrhunderts - sieht man einmal vom Täufertum ab - der Protestantismus mit der Reformation zusammenfällt, deckt sich die Forschungsliteratur zum Protestantismus im wesentlichen mit der zur Reformation. Selbst diese ist aber noch so umfangreich, daß ihre vollständige Erfassung ein eigenes Forschungsgebiet darstellt.[74] Diesem hatte sich in Teilen Yvonne Lanhers zugewandt, die im Jahr 1944 einen kritischen Abriß über die bis dahin erschienene Forschungsliteratur zu den Anfängen der Reformation in Frankreich lieferte.[75] In den Jahren 1953-1954 publizierte Emile G. Léonard einen Forschungsbericht über die in den fünfzehn bzw. sechzehn vorhergegangenen Jahren erschienene Literatur zum Protestantismus,[76] der auch gebührend die Forschungsarbeiten über die Reformation im Frankreich des 16. Jahrhunderts erfaßt.[77] Von den in der zweiten Hälfte des 20.

---

[74] So heißt es auch in der „orientation bibliographique“ der *Histoire des Protestants en France* (o. Hrsg.), Toulouse 1977, S. 459, hier allerdings in bezug auf die Forschungsliteratur zum Protestantismus von seinen Anfängen bis zur Gegenwart: „[...] l'on ne peut ici dresser un tableau des sources de l'histoire des protestants français, - ce qui exigerait un volume plus gros que celui-ci [sc. de presque 500 pages], pour cette tâche seule - [...].“

[75] Yvonne Lanhers hat ihre kritische Bibliographie dem wieder aufgelegten Werk *Les origines de la Réforme* von Imbart de la Tour beigefügt, das seinerseits ein Klassiker der Forschungsliteratur über den Protestantismus im Frankreich des 16. Jahrhunderts ist. Zu dieser kritischen Bibliographie, die allerdings nicht nur die Literatur zur Reformation, sondern auch diejenige zu den mit der Reformation einhergehenden Strömungen (Humanismus, Evangelismus etc.) nennt, s. Pierre Imbart de la Tour, *Les origines de la Réforme*. Deuxième édition revue et augmentée d'une Bibliographie critique par Yvonne Lanhers, Bd. 2 , Melun ^{2}1944, S. 585-626.

[76] Emile G. Léonard, „Histoire du protestantisme (1939-1952)“, *Revue historique* 210 (1953) - 212 (1954), S. 307-340, S. 41-71 u. S. 279-326.

Obwohl der Titel des Forschungsbericht nur auf die Zeit von 1939 bis 1952 verweist, so umfaßt dieser dennoch die bis zum Jahre 1953 bzw. 1954 erschienene Forschungsliteratur.

[77] Zu der zwischen 1939 und 1954 erschienenen Forschungsliteratur über die Reformation im Frankreich des 16. Jahrhunderts, s. den zweiten Teil des o.a. Forschungsberichts von Léonard, und dortselbst die Seiten 55 ff.

Jahrhunderts, d.h. von 1954 bis zur Gegenwart publizierten einschlägigen Werken (für die bis jetzt noch kein Forschungsbericht erstellt worden ist) können an dieser Stelle nur die bedeutendsten genannt werden, wobei hier auch auf die jährliche Bibliographie der Zeitschrift *Revue d'histoire ecclésiastique*[78] zu verweisen ist: Im Jahre 1955 veröffentlichte Joseph Lecler seine *Histoire de la tolérance au siècle de la Réforme*[79], in der er nicht nur das Aufkommen und die Ausbreitung der verschiedenen protestantischen Strömungen in Deutschland, der Schweiz, Polen, Frankreich, den Niederlanden und England beschreibt, sondern dieselben auch in ihrem wechselseitigen Verhältnis untereinander sowie zur katholischen Kirche analysiert. Im Jahre 1961 erschien das Werk *Histoire du Protestantisme Français* von Raoul Stéphan[80], der die Reformation in Frankreich von ihren Anfängen bis zur Gegenwart sowie die dortige Täufer-Bewegung beschreibt. Zwischen 1961 und 1964 wurde das mehrere Bände umfassende Werk *Histoire générale du Protestantisme* von Émile G. Léonard[81] publiziert, der die Reformation und die Strömungen der 'radikalen Reformation' von den Anfängen bis zur Gegenwart aus der Perspektive des Historikers erläutert; eine Apologie für den Protestantismus ist allenfalls sein Vorwort zum Werk. Im Jahre 1977 wurde die *Histoire des Protestants en France*[82] herausgegeben. Aus der Kooperation mehrerer Fachleute entstanden, weist dieses Gemeinschaftswerk in allen seinen Teilen einen hohen Grad an Wissenschaftlichkeit auf und ist eine empfehlenswerte Quelle für die Geschichte des Protestantismus in Frankreich. Die mehrere Seiten umfassende und nach systematischen Gesichtspunkten

---

Zu erwähnen ist auch die *Bibliographie de la Réforme 1450-1648*. Série publiée sur la recommandation du Conseil international de la Philosophie et des Sciences Humaines, Bd. 4, Leiden 1963, die sämtliche zwischen 1940 und 1955 erschienene Forschungsliteratur zu den religiösen Ereignissen in Frankreich zwischen 1450 und 1648 aufführt. Bei diesem Werk handelt es sich - im Gegensatz zum kritischen Forschungsbericht von Léonard - um rein bibliographische Angaben, die darüber hinaus nicht nur die Reformation, sondern alle hiermit verbundenen religiösen Ereignisse zwischen 1450 und 1648 betreffen.

[78] Die (von der katholischen Universität zu Löwen) herausgegebene Zeitschrift *Revue d'histoire ecclésiastique* umfaßt ab 1903 pro Jahr zwei Bände. Der zweite Band mit dem Untertitel „Bibliographie" führt sämtliche Neuerscheinungen an, die sich mit der christlichen Religion beschäftigen. Unter dem Kapitel „Histoire du dogme et des héresies" findet man die neu erschienenen Werke zum Protestantismus, ohne daß diese allerdings nach Ländern oder Jahrhunderten geordnet sind.

[79] Zu den bibliographischen Angaben, s. Fußnote 15 der vorliegenden Einführung.

[80] Raoul Stéphan, *Histoire du Protestantisme Français*, Paris 1961.

[81] Émile G. Léonard, *Histoire générale du Protestantisme*, 3 Bde., Paris 1961-1964.

[82] Zu den bibliographischen Angaben, s. Fußnote 74 der vorliegenden Einführung.

gegliederte Bibliographie vervollkommnet dieses Werk. Einen neuen Ansatz bekam die Reformationsgeschichtsforschung zu Beginn der 90er Jahren durch Denis Crouzet.[83] Im Gegensatz zu früheren Historikern und Kirchenhistorikern, die die Reformation als kausales Mittelglied zwischen Vorreformation und Gegenreformation verstanden und beschrieben, vertritt Crouzet die (durchaus interessante) Hypothese, daß in Frankreich ab ca. 1525 die Furcht und Angst vor einem kollektiven Tod die Bevölkerung ergreifen - man beobachtet überall Zeichen, die auf ein baldiges Ende dieser Welt hindeuten - und daß diese Furcht vor dem Ende der Zeiten, die die katholische Kirche eher schürt als lindert, die reformatorische Bewegung gebiert, wobei insbesondere Calvin durch die Verwerfung aller prophetischen und astrologischen Voraussagungen die Menschen ihrer eschatologischen Angst entbindet. Bei den blutigen Auseinandersetzungen zwischen Protestanten und Anhängern der Reformation lenkt Crouzet das Augenmerk vor allem auf die Art der Gewaltausführung. Die Zerstörung der 'Götzenbilder' durch die Anhänger der Reformation und die 'diabolische' Verstümmelung ihrer Körper durch die Katholiken sind Ausdruck dafür, daß tatsächlich beide Gruppen sich als Soldaten Gottes und die jeweils andere Gruppe als dessen Feinde verstehen. In jüngster Zeit hat Crouzet seine Hypothese von der eschatologischen Angst der Menschen im 16. Jahrhundert nochmals aufgenommen und in dem Werk *La genèse de la Reforme française*[84] ausgearbeitet. Die Unversöhnbarkeit von Calvinismus, der aus dieser eschatologischen Angst heraus entstanden ist, und Katholizismus in Frankreich erklärt Crouzet durch die Person des französischen Königs, dessen religiöse Bedeutung, so wie die katholische Kirche sie festgelegt hatte, in Widerspruch zur calvinistischen Lehre stand. Die aus dieser Unversöhnbarkeit resultierende Bartholomäusnacht hat er einige Jahre zuvor in seinem Werk *La nuit de la Saint-Barthélemy*[85] dargestellt und beschrieben. Abschließend ist noch auf die unzähligen Artikel und Aufsätze zum Protestantismus in Frankreich hinzuweisen, die seit 1852 in dem erst monatlich, dann vierteljährlich erscheinenden *Bulletin de la Société de l'Histoire du Protestantisme Français* publiziert worden sind und von denen die meisten - zumindest in der Zeit von 1852 bis

---

[83] Denis Crouzet, *Les guerriers de Dieu*. La violence au temps des troubles de religion: vers 1525-vers 1610, 2 Bde., Champ Vallon 1990.

[84] Denis Crouzet, *La genèse de la Reforme française 1520-1560*, Paris 1996.

[85] Denis Crouzet, *La nuit de la Saint-Barthélemy*, Paris 1994.

1919 - der Reformation im Frankreich des 16. Jahrhunderts gewidmet sind.[86] Allerdings scheinen die zwischen 1852 und 1870 veröffentlichten Beiträge eher polemisch als wissenschaftlich zu sein: „Entre 1852 et 1870, nous notons peu de débats scientifiques, peu de publications vraiment sérieuses, mais une méthode plus proche de la polémique que de l'histoire [...]".[87]

Ein besonderer Teil der Geschichte des Protestantismus sind die protestantischen Schriftsteller. Die einschlägige Forschung hat besonders in diesem Jahrhundert die französischen protestantischen Schriftsteller zu ihrem Untersuchungsgegenstand gemacht und somit zum Teil eine neue Bewertung, zum Teil eine erstmalige Würdigung derselben in der französischen Literarturgeschichte bewirkt, die erst seit dem 19. Jahrhundert wieder[88] das protestantischen Schrifttum des 16. und 17. Jahrhunderts mit aufnimmt.

Im Gegensatz zu anderen französischen protestantischen Schriftstellern der Reformationszeit, die wie z.B. Jean de Sponde erst im 20. Jahrhundert wieder zur Kenntnis genommen worden sind, gelangte d'Aubigné - nachdem er in der zweiten Hälfte des 17. Jahrhunderts in Vergessenheit geraten und im 18. Jahrhundert von den Historikern und Literarhistorikern kaum beachtet worden war[89] - schon im 19. Jahrhundert zu Ruhm und Würdigung, wobei seine 'Rehabilitierung' auf zwei Umstände zurückzuführen ist:

> A l'origine de ce renouveau, il y a simultanément deux événements, de portée inégale, mais qui, chacun pour sa part, contribue à mener l'écrivain à l'apogée de sa gloire. Le premier concerne l'initiative de l'Académie Française qui, en 1828, met le poète huguenot au concours du Prix d'Éloquence, brillamment remporté par Saint-Marc Girardin et Philarète Chasles. Le second intéresse, la même année, le remarquable *Tableau historique et critique de la poésie française au XVIe siècle* de

---

[86] Vgl. Anne Reichert, „La Société de l'Histoire du Protestantisme Français et son Bulletin: un regard protestant sur l'histoire du protestantisme français", *Bulletin de la Société de l'Histoire du Protestantisme Français* 143 (1997), S. 63-97, hier S. 72 ff.

[87] S. 75.

[88] Mit der Aufhebung des Ediktes von Nantes und der daraufhin einsetzenden Verfolgung der Hugenotten scheint auch deren Literatur erst einmal in Vergessenheit geraten zu sein. So schreibt Schmidt, „Les poetes calvinistes français des origines à la révocation de l'Édit de Nantes - témoins d'une vie théologique", S. 267: „Avant le règne de Louis XIV florissait en France une poésie huguenote si considérable que les plus honnêtes parmi les catholiques romains la révéraient. Après la Révocation de l'Edit de Nantes, et la persécution de forme et d'esprit totalitaires dont elle fut le prélude, les Muses calvinistes françaises [...] se taisent [...]."

[89] Zu den Arbeiten der Historiker und Literarhistoriker zu Agrippa d'Aubigné im 18. Jahrhundert, s. Thierry, *Agrippa d'Aubigné*, S. II-V.

> Sainte-Beuve. Chez ce dernier surtout, d'Aubigné reçoit la consécration suprême [...].[90]

Der überaus positiven Bewertung d'Aubignés durch Sainte-Beuve[91] folgte nicht nur um die Mitte des 19. Jahrhunderts die Neuausgabe seiner Werke,[92] sondern auch die eingehende Beschäftigung der Forschung mit ihm.[93] In der ersten Hälfte des 20. Jahrhunderts veröffentlichten Armand Garnier und Samuel Rocheblave jeweils eine umfangreiche Biographie über den hugenottischen Schriftsteller;[94] diese Werke darf man wohl als die wichtigsten, nicht aber als die einzigen in jenem Zeitraum erachten, da noch andere - wenn auch wenige - Forschungsarbeiten über Agrippa d'Aubigné erschienen waren. In der zweiten Hälfte des 20. Jahrhunderts[95] - namentlich in den 80er und 90er Jahren - schenkte ihm die Forschung viel Interesse: Gilbert Schrenck editierte d'Aubignés Werk *Sa vie à ses enfants* neu[96] und untersuchte es in Hinblick auf

---

[90] Gilbert Schrenck, „La réception d'Agrippa d'Aubigné au XIXe siècle", *Albineana* 2 (1990), S. 49-57, hier S. 53.

[91] Antonia Darwin, „Agrippa d'Aubigné au XIXe siècle. Notes complémentaires", *Les Lettres Romanes* 33 (1979), S. 253-302, hier 301, bekräftigt zwar die Schlüsselrolle von Sainte-Beuve bei der 'Rehabilitierung' d'Aubignés im 19. Jahrhundert, weist aber auch darauf hin, daß man diesem schon vor Sainte-Beuve Aufmerksamkeit und Interesse geschenkt habe: „On a parlé de lui [sc. d'Aubigné] dès 1822. De nos jours, on a un peu oublié le rôle qu'a joué Viollet Le Duc dans la redécouverte des *Tragiques*." Diesem Gelehrten des 19. Jahrhunderts komme das Verdienst zu, so Darwin, S. 261, d'Aubigné wieder entdeckt zu haben: „Rendons à l'érudit ce qui lui revient: ce fut lui et non pas tellement Sainte-Beuve qui 'lança' d'Aubigné."

[92] Zur Ausgabe bzw. Neuausgabe der verschiedenen Werke von d'Aubigné im 19. Jahrhundert, s. Schrenck, S. 49-50.

[93] Zu den Forschungsarbeiten zu Agrippa d'Aubigné im 19. Jahrhundert, s. den o.a. Aufsatz von Darwin.

[94] Armand Garnier, *Agrippa d'Aubigné et le parti protestant*, Paris 1928.
Samuel Rocheblave, *Un héros de l'épopée huguenote, Agrippa d'Aubigné*, Paris 1930.

[95] Zu den in der zweiten Hälfte des 20. Jahrhunderts geleisteten Forschungsarbeiten zu Agrippa d'Aubigné, s. auch Henri Weber, „État présent des Études sur Agrippa d'Aubigné", *Albineana* 2 (1990), S. 9-20. Weber betont allerdings, daß sein Forschungsbericht nicht exhaustiv sei, und verweist auf die bibliographischen Angaben in Agrippa d'Aubigné, *Œuvres*. Introduction, tableau chronologique et historique par Henri Weber (*Bibliothèque de la Pléiade*, N° 206), Paris 1987.
Siehe auch die bibliographischen Angaben am Ende jedes Bandes der Fachzeitschrift *Albineana-cahiers d'Aubigné*. Publié par l'Association des Amis d'Agrippa d'Aubigné, Niort. Der erste Band, der im Jahre 1988 erschien, listet die zwischen 1984-1987 erschienenen Forschungsarbeiten zu d'Aubigné auf, die darauffolgenden Bände jeweils diejenigen des Vorjahres.

[96] Agrippa d'Aubigné, *Sa vie à ses enfants*. Edition critique préparée par Gilbert Schrenck, Paris 1986.

seinen historiographischen Wert sowie seine Funktion[97] oder, wie Philippe Lejeune es nennt,[98] auf seinen „désir historicisant" sowie „désir structurant". Noch bevor André Thierry für eine neue kritische Ausgabe der *Histoire universelle*[99] sorgte, verfaßte er eine umfangreiche Monographie[100] über dieses umfangreiche Prosa-Werk, in der nicht nur dessen Genese und Struktur beschrieben, sondern auch dessen dokumentarischer Wert und historiographische 'Objektivität' kritisch beurteilt werden. Frank Lestringant ist der Herausgeber einer neuen kritischen Ausgabe der *Tragiques*[101] und Verfasser einiger Sekundärliteratur über dieselben: neben einer allgemeinen Einführung zum Epos[102] verfaßte er auch eine Monographie, die sich mit der Frage des Märtyrertums, insbesondere seiner konzeptuellen Einordnung in die evangelische Anschauung und seiner Definition durch Agrippa d'Aubigné und Jean Crespin, sorgfältig auseinandersetzt.[103] Marguerite Soulié hat nicht nur die biblischen Quellen im Werke d'Aubignés herausgearbeitet, sondern auch deren Einfluß auf die religiöse Anschauung d'Aubignés analysiert.[104] Marie-Madeleine Fragonard hat einige Jahre später in ihrem umfangreichen Werk *La pensée religieuse d'Agrippa d'Aubigné et son expression*[105] das allgemeine religiöse Verständnis von d'Aubigné dargelegt und beschrieben, wobei sie sich am klassischen Konzept der Dogmatik orientierte und nacheinander die Punkte *Gott, Schöpfung, Sündenfall* etc. behandelte. Soulié hat kurze Zeit später die Arbeit von Fragonard gewissermaßen weitergeführt[106] und d'Aubignés allgemeines

---

[97] Vgl. Gilbert Schrenck, „Agrippa d'Aubigné, *Sa vie à ses enfants*. Approches et mise en perspective", *Réforme, Humanisme, Renaissance (Bulletin de l'Association d'Etude sur l'humanisme, la réforme et la Renaissance)* 5, 10 (1979), S. 3-11.

[98] Vgl. Philippe Lejeune, *L'autobiographie en France*, Paris 1971, S. 85.

[99] Agrippa d'Aubigné, *Histoire universelle*. Edité avec une introduction et des notes par André Thierry, 10 Bde., Genf 1981-1999.

[100] Thierry, *Agrippa d'Aubigné* (zu den vollständigen bibliographischen Angaben, s. Fußnote 56 der vorliegenden Einführung).

[101] Agrippa d'Aubigné, *Les Tragiques*. Edition présentée, établie et annotée par Frank Lestringant, Paris 1995.

[102] Frank Lestringant, *Agrippa d'Aubigné - „Les Tragiques"* , Paris 1986.

[103] Frank Lestringant, *La cause des martyrs dans „Les Tragiques" d'Agrippa d'Aubigné*, Mont-de-Marsan 1991.

[104] Marguerite Soulié, *L'inspiration biblique dans la poésie religieuse d'Agrippa d'Aubigné*, Paris /1977.

[105] Marie-Madeleine Fragonard, *La pensée religieuse d'Agrippa d'Aubigné et son expression*, 2 Bde., Paris/ Lille 1986.

[106] Marguerite Soulié, „Agrippa d'Aubigné théologien", *Albineana* 1 (1988), S. 28-40.

religiöses Verständnis, d.h. seine Theologie[107], der protestantischen Theologie vergleichend gegenübergestellt. In jüngster Vergangenheit hat Madeleine Lazard eine Biographie über Agrippa d'Aubigné verfaßt.[108] Abschließend sind noch die regelmäßig in der 1988 gegründeten Fachzeitschrift *Albineana - cahiers d'Aubigné* erscheinenden Aufsätze sowie die zahlreichen in der anderweitigen einschlägigen Literatur veröffentlichten Artikel zu nennen.

Unter diesen zahlreichen Aufsätzen und Artikeln[109] befinden sich nur wenige imagologische Untersuchungen: Den Anfang machte in den 70er Jahren Claude Gilbert Dubois, der als Imagologe d'Aubignés *Tragiques* analysierte und die Ergebnisse seiner Arbeit in zwei Aufsätzen zusammenfaßte. In seinem ersten Aufsatz[110] zeigte Dubois, daß die Bilder von der Vater-Kind, Mutter-Kind, Bruder-Bruder-Beziehung symbolisch und als Ausdruck des Imaginären zu verstehen sind, nämlich als Wunsch nach einer geregelten sozialen Ordnung, und einige Jahre später[111], daß diese Bilder in den *Tragiques* dynamisch sind, d.h. die genannten, metaphorisch zu verstehenden Beziehungen instabil sind und d'Aubigné für den Menschen eine stabile Ordnung nur in Gott sieht. In jüngerer Vergangenheit hat Dubois ausgehend von den *Tragiques* und der *Histoire universelle* d'Aubignés Spanienbild untersucht, hierbei jedoch auch betont, daß weitere Untersuchungen zu diesem Thema nötig seien.[112] Die umfangreichsten Arbeiten im Bereich der Imagologie scheint André Thierry geleistet zu haben. Er hat nicht nur ausgehend von d'Aubignés Gesamtwerk dessen Bild vom Soldaten[113] und der Guise[114] analysierend

---

107 Soulié, S. 26, spricht im Zusammenhang mit d'Aubignés religiösem Verständnis von Theologie, betont jedoch auch, daß der leidenschaftliche Hugenotte kein „théologien de profession" sei.

108 Lazard, *Agrippa d'Aubigné* (zu den vollständigen bibliographischen Angaben, s. Fußnote 49 der vorliegenden Einführung).

109 Die Anzahl der veröffentlichten Artikel zu Agrippa d'Aubigné beträgt bis zur Gegenwart ungefähr zweihundert.

110 Claude Gilbert Dubois, „Les images de parenté dans *Les Tragiques*", *Europe* 563 (1976), S. 27-42.

111 Claude Gilbert Dubois, „Saturne et le Phœnix. Temps et métamorphose dans les *Tragiques* d'Agrippa d'Aubigné", in: Gisèle Mathieu-Castellani (Hrsg.), *La Métamorphose dans la poésie baroque française et anglaise*. Variations et résurgences. Tübingen / Paris 1979, S. 91-101.

112 Claude Gilbert Dubois, „'L'Espagne au front.' Remarques sur quelques occurences des affaires d'Espagne dans les œuvres d'Agrippa d'Aubigné datées de 1616", *Albinena* 3 (1990), S. 79-94.

113 André Thierry, „L'homme de guerre dans l'œuvre d'Agrippa d'Aubigné", in: Gabriel-André Pérouse, André Thierry u. André Tournon (Hrsg.), *L'homme de guerre au XVIe siècle* (Actes du colloque de l'Association Réforme, Humanisme, Renaissance, Cannes 1989), Saint-Etienne 1992, S. 143-153.

beschrieben, sondern auch auf der Grundlage der *Histoire universelle* dessen Bild der Alten[115], des Volkes, der Adligen und der Monarchen bestimmt.[116] Untersuchungen zu d'Aubignés Bild von Heinrich III. und Heinrich IV. haben ebenfalls Fragonard[117] bzw. Jacques Bailbé [118] und Martine Walzer[119] durchgeführt. Thierry hat zwar auch in seiner umfangreichen Monographie über die *Histoire universelle* auf der Basis dieses umfangreichen Geschichtswerk d'Aubignés Bild von den Anführern des protestantischen Lagers (François de la Noue, Coligny, Louis de Bourbon etc.) beschrieben,[120] hierbei aber dieselben in ihrer Darstellung als individuellen Charakter und nicht in ihrer Darstellung als Bestandteil eines Kollektivs, nämlich der verfolgten Protestanten, analysiert.

Hieraus sowie aus der gesamten kritischen Darstellung der bisherigen Forschung ist zu ersehen, daß Agrippa d'Aubignés Bild vom verfolgten Glaubensgenossen noch nicht untersucht und analysiert worden ist.

2.2 Zu Spanien

Es soll zunächst wieder die Forschungsliteratur zum Protestantismus, dann die zu den Autoren und deren Bilder angeführt werden.

Bei der Beschäftigung mit dem spanischen Protestantismus des 16. Jahrhunderts ist zu berücksichtigen, daß dieser durch zwei Strömungen gekennzeichnet ist, die

---

[114] André Thierry, „La maison de Guise dans l'œuvre d'Agrippa d'Aubigné. Exécration et estime", in: Yvonne Bellenger u. Jean-Pierre Babelon (Hrsg.), *Le Mécénat et l'influence des Guises* (Actes du colloque tenu à Joinville, 31 mai - 4 juin 1994), Paris 1997, S. 81-94.

[115] André Thierry, „Les Vieillards dans l'*Histoire universelle* d'Agrippa d'Aubigné", in: Robert Aulotte (Hrsg.), *Etudes seizièmistes* (offertes à Monsieur le Professeur V.-L. Saulnier par plusieurs de ses anciens doctorants), Genf 1980, S. 371-379.

[116] André Thierry, *Agrippa d'Aubigné. Auteur de l'Histoire Universelle*, S. 403-459.
Zu d'Aubignés Bild von Heinrich III. und Heinrich IV., s. auch André Thierry, „Les années 1586-1588 dans l'Histoire Universelle d'Agrippa d'Aubigné", *Albineana* 2 (1990), S. 65-74, hier 69-71.

[117] Fragonard, „Stratégie de la diffamation et poétique du monstrueux: Aubigné et Henri III" (zu den vollständigen bibliographischen Angaben, s. Fußnote 65 der vorliegenden Einführung).

[118] Jacques Bailbé, „L'image d'Henri IV dans l'œuvre d'Aubigné", *Travaux de linguistique et de littérature* 22, 2 (1984), S. 27-40.

[119] Walzer, „Rapport de l'écrit à l'histoire et au 'politique': l'image d'Henri IV dans l'œuvre d'Agrippa d'Aubigné" (zu den vollständigen bibliographischen Angaben, s. Fußnote 2 der vorliegenden Einführung).

[120] Thierry, *Agripppa d'Aubigné*, S. 385-403.

nicht miteinander zu verwechseln sind: die Reformation (in Spanien) und die spanische Reformation, die mit dem Servetschen Antitrinitarismus gleichzusetzen ist.

Die spanische Reformation ist von der Reformationsgeschichtsforschung häufig untersucht worden[121], wozu gewiß auch der aufsehenerregende Umstand beigetragen hat, daß ihr Begründer, Miguel Servet, von Calvin im reformierten Genf auf den Scheiterhaufen gebracht wurde.

Der Reformation in Spanien hingegen - in der einschlägigen Literatur spricht man bisweilen hyperonymisch von Protestantismus - ist nur in beschränktem Maß Interesse geschenkt worden, und selbst A. Kinder kam in bezug auf ihre geflüchteten Anhänger (die später oft eine schriftstellerische Tätigkeit aufnahmen) noch vor einigen Jahren zu der Feststellung: „Their story is perhaps not as well known as some may think.“[122]

Nachdem in der ersten Hälfte des 19. Jahrhunderts nur Thomas McCrie[123] und Adolfo de Castro[124] die Reformation im Spanien des 16. Jahrhunderts untersucht hatten, regte sich das Interesse für dieses Thema in der zweiten Hälfte des Jahrhunderts[125] (als der Kulturprotestantismus, die ideologisch tragende Kraft im Viktorianischen Reich und im Bismarckschen Deutschland, seine Blütezeit hatte und Wissenschaftler nicht müde wurden, die Höherwertigkeit des Protestantismus in bezug auf den Katholizismus zu betonen): So haben der Engländer Benjamin Barron Wiffen und der Spanier Luis Usoz y Río (die beide Quäker waren) zwanzig „obras antiguas de los Españoles reformados“ in der Zes schreibt - die „verfolgten, vergessenen, mühevoll wieder entdeckten Schriften der protestantischen

---

[121] Zu einem umfassenden Überblick über die bis 1983 publizierte Literatur zu Miguel Servet und zum Antitrinitarismus , s. die Bibliographie von A. Kinder, *Spanish protestants and reformers in the sixteenth century*, S. 107 („Index“), s.v. „Servetus, Michael“. Für den Zeitraum von 1983 bis zur Gegenwart sind die folgenden Werke zu erwähnen: Mihály Balázs, *Early Transylvanian antitrinitarianisme (1566-1571): from Servet to Palaeogus*, Baden-Baden 1986; José Barón Fernández, *Miguel Servet: su vida y su obra*, Madrid 1989; Fernando Martínez Laínez, *Miguel Servet*, Barcelona 1991 u. Antonio Vives, *Miguel Servet: humanista crítico*, Villanueva de Sijena 1998.

[122] Arthur Gordon Kinder, „Religious literature as an offensive weapon: Cipriano de Valera’s part in England’s war with Spain“, *The Sixteenth Century Journal* 19 (1988), S. 223-235, hier S. 223.

[123] Thomas McCrie, *History of the progress and suppression of the Reformation in Spain in the sixteenth-century*, Edinburg / London 1829.

[124] Adolfo de Castro, *Historia de los protestantes españoles y de su persecucion por Felipe II*, Cadiz 1851.

Conquistadoren für bessre Zeiten zu erhalten."[126] Einige Jahre später „wandte der Professor der spanischen Litteratur an der Universität in Madrid D. Marcelino Menendez y Pelayo, ein Gelehrter ersten Ranges, seine staunenswerte Arbeitskraft und sein eminentes Wissen dem Stoff zu, alle Spuren der heimischen Ketzer mit einem Eifer verfolgend, als handele es sich um San Jagos Reliquien in Compostella."[127] Im Jahre 1880 erschien der erste Teil der *Historia de los heterodoxos españoles* von Marcelino Menéndez y Pelayo,[128] der als entschiedener Katholik die Reformation im Spanien des 16. Jahrhunderts zum ersten Mal aus antiprotestantischer Sicht darstellte und beschrieb. Im Jahr 1888 erschien das Werk von Wilkens, und einige Jahre später veröffentlichte Ernst Schäfer die Ergebnisse seiner Untersuchungen zur Reformation in Spanien.[129]

Neben der spanischen Reformation und der Reformation (in Spanien) als konfessionellen Bewegungen hat sich die Forschung auch mit einigen von ihren Änhängern beschäftigt, namentlich mit solchen, die durch ihre literarische Arbeit bekannt geworden sind. Den spanischen protestantischen Schriftstellern hatte sich im 19. Jahrhundert Wiffen zugewandt; Eduard Böhmer brachte dessen Werk zu Ende und publizierte hiervon im Jahre 1874 den ersten Teil mit dem Titel *Bibliotheca Wiffeniana*[130]. Im Jahr 1953 stellte William MacFadden[131] , im Jahre 1967 Paul J.

---

125 Zum deutschen Interesse an Spanien allgemein im 19. Jahrhundert, s. die verschiedenen Aufsätze im Sammelband von Manfred Tietz (Hrsg.), *Das Spanieninteresse im deutschen Sprachraum.* Beiträge zur Geschichte der Hispanistik vor 1900, Frankfurt a. M. 1989.

126 Cornelius August Wilkens, *Geschichte des spanischen Protestantismus im 16. Jahrhundert*, Gütersloh 1888, S. VIII.

127 Wilkens, S. IX.

128 Marcelino Menéndez y Pelayo, *Historia de los heterodoxos españoles*, 3. Bde., Madrid 1880-1882 (in der vorliegenden Arbeit wird auf die zweite, überarbeitete und erweiterte Auflage verwiesen: Marcelino Menéndez y Pelayo, *Historia de los heterodoxos españoles*, 7 Bde., Madrid ²1928).

129 Ernst H. J. Schäfer, „Sevilla und Valladolid. Die evangelischen Gemeinden Spaniens im Reformationszeitalter", *Schriften des Vereins für Reformationsgeschichte* 78 (1903-1904), S. 1-137, u. Ernst H. J. Schäfer, *Beiträge zur Geschichte des spanischen Protestantismus und der Inquisition im 16. Jahrhundert.* Nach den Originalakten in Madrid und Simancas bearbeitet, 3 Bde., Gütersloh 1902 (in der vorliegenden Arbeit wird an den gegebenen Stellen auf den Neudruck verwiesen: Ernst H. J. Schäfer, *Beiträge zur Geschichte des spanischen Protestantismus und der Inquisition im 16. Jahrhundert.* Nach den Originalakten in Madrid und Simancas bearbeitet, 3 Bde., Aalen ²1969).

130 Eduard Böhmer, *Bibliotheca Wiffeniana.* Spanish reformers of two centuries, 3 Bde., Straßburg 1874-1904 (in der vorliegenden Arbeit wird an den gegebenen Stellen auf den Neudruck verwiesen: Eduard Böhmer, *Bibliotheca Wiffeniana.* Spanish reformers of two centuries, 3 Bde., New York ²1971).

Hauben[132] seine Untersuchungsergebnisse zu den spanischen protestantischen Schriftstellern vor. In den 70er und 80er Jahren publizierte zu diesem Thema der Engländer A. Kinder[133] eine Reihe von Arbeiten.[134] Es ist festzustellen, daß sämtliche Untersuchungen zu den spanischen protestantischen Schriftstellern - gleichviel ob von Böhmer, Mac Fadden, Hauben und A. Kinder - biographischer und bibliographischer Natur sind; man hat sich also bisher darauf beschränkt hat, ihr Leben zu untersuchen und alle ihre Werke zu erfassen.

Die Werke als solche sind bisher noch nicht analysiert worden. Menéndez y Pelayo hat zwar einige Schriften stilistisch beurteilt (so lobt er zum Beispiel das Werk von Enzinas *De statu Belgico, deque religione Hispanica: Historia Francisci Enzinas Burgensis* wegen seines guten Stils)[135], doch seine Urteile scheinen mehr *en passant* gefällt worden als das Ergebnis einer systematischen Analyse zu sein. A. Kinder hat lediglich beobachtet, daß der Trostbrief *Epistola consolatoria* Verweise

---

131 William MacFadden, *The life and works of Antonio del Corro* (unveröffentlichte Dissertation), Belfast 1953.

132 Paul J. Hauben, *Three Spanish Heretics and the Reformation: Antonio del Corro, Casiodoro de Reina, Cipriano de Valera*, Genf 1967.

133 Arthur Gordon Kinder, *Three Spanish reformers of the sixteenth century: Juan Pérez de Pineda, Casiodoro de Reina, Cipriano de Valera* (unveröffentlichte Dissertation), Sheffield 1971.
Arthur Gordon Kinder, *Casiodoro de Reina: Spanish reformer of the sixteenth century*, London 1975.
Arthur Gordon Kinder, „Juan Pérez de Pineda (Pierius): a Spanish Calvinist minister of the Gospel in the sixteenth century Geneva ", *Bulletin of Hispanic Studies* 53 (1976), S. 283-300.
Arthur Gordon Kinder, „The pursuit of Spanish Heretics in the Low Countries: the activities of Alonso del Canto, 1561-1564", *Journal of Ecclesiastical History* 30 (1979), S. 65-93.
Arthur Gordon Kinder, *The pursit [sic] of Spanish heretics: new information about Casiodoro de Reina*, Genf 1980.
Arthur Gordon Kinder, „Antonio del Corro", in: André Séguenny (Hrsg.), *Bibliotheca Dissidentium*, Bd. 7, Baden-Baden 1986, S. 121-176.
Arthur Gordon Kinder, „Religious literature as an offensive weapon: Cipriano de Valera's part in England's war with Spain" (zu den vollständigen bibliographischen Angaben, s. Fußnote 122 der vorliegenden Einführung).
Arthur Gordon Kinder, *Spanish protestants and reformers in the sixteenth century* (zu den vollständigen bibliographischen Angaben, s. Fußnote 35 der vorliegenden Einführung).

134 Zu der Forschungsliteratur zur Reformation bzw. zum Protestantismus im Spanien des 16. Jahrhunderts, s. auch den oben (im Zusammenhang mit der Reformation bzw. dem Protestantismus im Frankreich des 16. Jahrhunderts) erwähnten zweiten Band der Zeitschrift *Revue d'histoire ecclésiastique*. Dort findet man unter dem Kapitel „Histoire du dogme et des hérésies" die neu erschienenen Werke zur Reformation und zum Protestantismus, ohne daß diese allerdings nach Ländern oder Jahrhunderten geordnet sind.

135 Vgl. Menéndez y Pelayo, Bd. 4, S. 294-295.

auf Ignatius von Antiochien und die römische Christenverfolgung sowie viele biblische Zitate enthält, [136] ohne allerdings erstere näher zu erläutern und letztere systematisch zu bestimmen (wie es z.B. Soulié für die biblischen Zitate in d'Aubignés *Tragiques* gemacht hat).

Der Forschungsstand gibt zu erkennen, daß das Bild des verfolgten Glaubensgenossen, so wie es die spanischen protestantischen Schriftsteller gezeichnet haben, bisher noch nicht untersucht worden ist. Menéndez y Pelayo erklärt sogar, daß die von Enzinas in seinem Werk *De statu Belgico, deque religione Hispanica: Historia Francisci Enzinas Burgensis* beschriebenenen Verfolgungen der Protestanten nicht interessieren („materia que ahora no nos interesa")[137], und es scheint, daß sich auch bis heute niemand dafür interessiert hat.

2.3 Zu Italien

Wenn man den Forschungsstand zum Protestantismus im Italien des 16. Jahrhunderts umreißen möchte, dann gilt hervorzuheben, daß dieser insbesondere, neben dem Täufertum, wie in Spanien durch zwei Strömungen gekennzeichnet ist: der „Reformation in Italy" und der „Italian Reformation"[138], die, in der einschlägigen Literatur auch als Sozinianismus[139] bezeichnet, ihren Ursprung in der spanischen Reformation, d.h. im Servetschen Antitrinitarismus, hat und eben durch diese Antitrinitätslehre gekennzeichnet ist. Der Antitrinitarismus ist also das Charakteristische sowohl der spanischen als auch der italienischen Reformation, was Bonet-Maury eben dazu bewogen hat, von einer hispano-italienischen Reformation[140] zu sprechen.

---

[136] Vgl. Kinder, „Juan Pérez de Pineda (Pierius): a Spanish Calvinist minister of the Gospel in the sixteenth century Geneva ", S. 295.

[137] Menéndez y Pelayo, Bd. 4, S. 280.

[138] Vgl. Church, S. 1.

[139] Delio Cantimori, „Recenti studi intorno alla Riforma in Italia e ai Riformatori italiani all'estero (1924-1934)", *Rivista Storica Italiana* 53 (1936), S. 83-110, hier S. 105, macht darauf aufmerksam, daß in der einschlägigen Literatur bisweilen die Bezeichnung *Sozinianismus* als nicht exakt erachtet werde: „ e questa precisazione è molto importante anche per chiarire meglio l'importanza degli altri italiani eretici del XVI secolo, accanto a quella prevalente di Fausto Socini."

[140] Bonet-Maury, S. 3, hat die verschiedenen reformatorischen Strömungen im Europa des 16. Jahrhunderts dreigeteilt: in eine sächsisch-skandinavische, franco-helvetische und hispano-italienische Reformation.

Studien, die ausschließlich die italienische Reformation zum Untersuchungsgegenstand haben, sind nicht sehr zahlreich - hier sind z.B. das Werk von Friedrich Trechsel[141], Charles Béard[142] sowie von Francesco Ruffini[143] zu nennen[144] - und vertreten fast alle die (durchaus interessante) Hypothese, daß der Sozinianismus Ursprung unseres wissenschaftlichen Denkens und unserer modernen Gesellschaft, kurzum unseres heutigen Soseins ist.

Wesentlich zahlreicher sind die Studien zur Geschichte der Reformation in Italien, die - auch wenn sie den Sozinianismus oder das Täufertum nicht mit aufnehmen - häufig, ähnlich wie die hispanistische Fachliteratur, hyperonymisch von Protestantismus sprechen: McCrie veröffentlichte in der ersten Hälfte des 19. Jahrhunderts seine *History of the progress and suppression of the Reformation in Italy in the sixteenth-century*[145], die das Pendant zu seiner Darstellung der Reformation im Spanien des 16. Jahrhunderts ist. In der zweiten Hälfte des 19. Jahrhunderts erschienen das Werk von Cesare Cantù[146] und Emilio Comba[147]. In der ersten Hälfte des 20. Jahrhunderts folgten die Monographien von Emmanuel Rodocanachi[148] und George Kenneth Brown[149], begleitet von mehreren in Zeitschriften veröffentlichten Studien;[150] in der zweiten Jahrhunderthälfte die von Salvatore Caponetto[151] und Manfred E. Welti[152].

---

141 Friedrich Trechsel, *Die protestantischen Antitrinitarier vor Faustus Socin*, 2 Bde., Heidelberg 1839-1844. Der erste Band dieses Werkes handelt allerdings nicht vom italienischen Antitrinitarismus, sondern von seinen Anfängen allgemein, die bei dem Spanier Servet und dessen Vorläufern liegen.

142 Charles Béard, *The reformation of the sixteenth century in its relation to modern thought and knowledge*, London 1883.

143 Francesco Ruffini, *Studi sui riformatori italiani*, Turin 1955.

144 Zu der zwischen 1924 und 1934 erschienenen einschlägigen Literatur, s. den kritischen Forschungsbericht von Cantimori, „Recenti studi intorno alla Riforma in Italia e ai Riformatori italiani all'estero (1924-1934)", S. 99-110.

145 Thomas McCrie, *History of the progress and suppression of the Reformation in Italy in the sixteenth-century*, Edinburg / London 1827.

146 Cesare Cantù, *Gli eretici d'Italia*, Turin 1865-1866.

147 Emilio Comba, *I nostri protestanti*, 2 Bde., Florenz 1895-1897.

148 Emmanuel Rodocanachi, *La Réforme en Italie*, Paris 1921.

149 George Kenneth Brown, *Italy and the reformation to 1550*, Oxford 1933 (in der vorliegenden Arbeit wird an den gegebenen Stellen auf den Neudruck verwiesen: George Kenneth Brown, *Italy and the reformation to 1550*, New York ^{2}1971).

150 Zu einem vollständigen Überblick über die vom 18. Jahrhundert bis 1920 publizierte einschlägige Literatur, s. die Bibliographie von Piero Chiminelli, *Bibliografia della storia della Riforma religiosa in Italia* (*Biblioteca di studi religiosi*, N° 10), Rom 1920, S. 48-52 u. 59-84.

Neben all den genannten Werken, [153] die die italienische Reformation oder die Reformation (in Italien) als protestantische Bewegung beschreiben und darstellen, gibt es solche, die einzelne Anhänger derselben, besonders die mit schriftstellerischer Tätigkeit, zum Untersuchungsgegenstand haben. Verschiedene Arbeiten liegen zu den italienischen protestantischen Schriftstellern vor (wobei folgender Überblick nicht als erschöpfend erachtet werden darf):[154] Benedetto Nicolini hat Studien über Bernardino Ochino[155] unternommen, Jules Bonnet und Caponetto über Aonio Paleario,[156] Comba über Baldo Lupetino,[157] Karl Benrath und Giuseppe Paladino über Giulia Gonzaga,[158] Louis Ruffet und Oddone Ortolani über Pietro Carnesecchi [159]; Frederic Church[160] und Delio Cantimori[161] haben ihre Untersuchungen auf mehrere Schriftsteller ausgedehnt.

Zu der zwischen 1924 und 1934 erschienenen einschlägigen Literatur, s. den o.a. kritischen Forschungsbericht von Cantimori, S. 87-96.

[151] Salvatore Caponetto, *Studi sulla riforma in Italia*, Florenz 1987.

Salvatore Caponetto, *La riforma protestante nell'Italia del Cinquecento* (zu den vollständigen bibliographischen Angaben, s. Fußnote 44 der vorliegenden Einführung).

[152] Welti, *Kleine Geschichte der italienischen Reformation* (zu den vollständigen bibliographischen Angaben, s. Fußnote 36 der vorliegenden Einführung).

[153] Zu der Forschungsliteratur zur Reformation bzw. zum Protestantismus im Italien des 16. Jahrhunderts, s. auch den oben (im Zusammenhang mit der Reformation bzw. dem Protestantismus im Frankreich und Spanien des 16. Jahrhunderts) erwähnten zweiten Band der Zeitschrift *Revue d'histoire ecclésiastique*. Dort findet man unter dem Kapitel „Histoire du dogme et des hérésies" die neu erschienenen Werke zur Reformation und zum Protestantismus, ohne daß diese allerdings nach Ländern oder Jahrhunderten geordnet sind.

[154] Zu einem vollständigen Überblick über die zwischen dem 18. Jahrhundert und 1920 erschienene einschlägige Literatur, s. die o.a. Bibliographie von Chiminelli, S. 85-148.

Zu der zwischen 1924 und 1934 erschienenen einschlägigen Literatur, s. den o.a. kritischen Forschungsbericht von Cantimori, S. 96-99.

[155] Benedetto Nicolini, *B. Ochino e la Riforma in Italia*, Neapel 1935.

[156] Jules Bonnet, *Aonio Paleario. Eine Studie über die Reformation in Italien*. Ins Deutsche übertragen von Friedrich Merschmann, Hamburg 1863.

Salvatore Caponetto, *Aonio Paleario (1502-1570) e la Riforma protestante in Toscana*, Turin 1979.

[157] Emilio Comba, *Baldo Lupetino, martire della religione e della libertà*, Rom 1875.

[158] Karl Benrath, „Giulia Gonzaga. Ein Lebensbild aus der Geschichte der Reformation", *Schriften des Vereins für Reformationsgeschichte* 65 (1900), S. 1-127, u. Giuseppe Paladino, *Giulia Gonzaga*, Neapel 1909.

[159] Louis Ruffet, *Pietro Carnesecchi, un martyr de la Réforme en Italie*, Toulouse 1874.

Oddone Ortolani, *Per la storia della vita religiosa italiana nel Cinquecento: Pietro Carnesecchi*. Con estratti dagli Atti del Processo del Santo Officio, Florenz 1963.

[160] Church, *The Italian Reformers (1534-1564)* (zu den vollständigen bibliographischen Angaben, s. Fußnote 37 der vorliegenden Einführung).

[161] Delio Cantimori, *Per la storia degli eretici italiani del secolo XVI in Europa*, Rom 1937.

Was die drei italienischen protestantischen Schriftsteller anlangt, die in die vorliegende Arbeit aufgenommen worden sind, so stellt sich der Forschungsstand folgendermaßen dar: Zu Olympia Morata gibt es eine Reihe von Monographien, deren Anfang das Werk von Georg Ludwig Nolten[162] bildet und die im 19. Jahrhundert von Johann Gottfried Kneschke[163], Ernst H. Münch[164], Caroline Bowles[165] und Jules Bonnet[166], im 20. Jahrhundert von Theodor Vogel[167] und Hermann Walser[168] weitergeführt wird. In der zweiten Hälfte des 20. Jahrhunderts bilden vor allem Aufsätze und Zeitschriftenartikel die einschlägige Literatur zu Olympia Morata. All die genannten Studien zu der italienischen Protestantin sind allerdings nur biographischer Art,[169] wobei ihre Briefe (anhand deren man ihre Biographien erarbeitet hat) immer wieder erwähnt und zitiert werden. Eine Auswertung der Briefe unter einem anderen Gesichtspunkt als dem biographischen hat Gertrud Weiss-Stählin vorgenommen, die den Einfluß der Briefe Olympia Moratas auf den 'späten' Goethe[170] sowie auf sein Gedicht *Vermächtnis*[171] untersucht hat; hierbei hat sie u.a. gezeigt, daß die Briefe den „Geist der Reformation"[172] atmen. Einige Jahre später führte Dorothea Vorländer insofern die Arbeit von Weiss-Stählin weiter, als sie (im Anschluß an den biographischen Abriß über Olympia Morata) das „theologisch-

---

[162] Georg Ludwig Nolten, *Comment. hist. critica de Olympiae Moratae vita, scriptis, fatis et laudibus [...]*, Frankfurt a. Oder 1775.

[163] Johann Gottfried Kneschke, *Ad Augusti Iusti cancellari olim Martisburgensis anniversaria die XIX. Julii MDCCCIIX hora IIX matutina concelebranda invitat [...] Praemissa est Commentatio I, de Olympia Fulvia Morata*, Zittau 1808.

[164] Ernst Hermann Joseph Münch, *Olympia Fulvia Morata*. Beitrag zur Gelehrtengeschichte Badens. Freiburg i. Breisgau 1827.

[165] Caroline Bowles, *Olympia Morata, her times, life and writings*, London 1834.

[166] Jules Bonnet, *Vie d'Olympia Morata: épisode de la Renaissance et de la Réforme en Italie*, Paris 1850.

[167] Theodor Vogel, *Olympia Fulvia Morata*, Schweinfurt 1927.

[168] Hermann Walser, *Olympia Morata*, Stuttgart 1933.

[169] Die Biographien von Vogel und Walser sind im romanesken Stil abgefaßt.

[170] Vgl. Gertrud Weiss-Stählin, „Die Briefe der Olympia Fulvia Morata. Goethes letzte Auseinandersetzung mit der Reformation", *Goethe-Jahrbuch* 25 (1963), S. 220-249.

[171] Vgl. Gertrud Weiss, „Goethe und die Briefe der Olympia Morata", *Goethe-Jahrbuch* 105 (1988), S. 370-372.

[172] Weiss-Stählin, „Die Briefe der Olympia Fulvia Morata. Goethes letzte Auseinandersetzung mit der Reformation", S. 238.

reformatorische Gedankengut" [173] derselben anhand einer Analyse des überlieferten Schrifttums aufzeigte; hierbei stellte sie u.a. Moratas Anschauung von Gott als Lenker allen Geschehens und vom Leiden als seiner strafenden Liebe in kurzer Form dar. Die Ergebnisse ihrer Analyse sind als solche gewiß wertvoll, bauen aber noch nicht Olympias Bild vom verfolgten Protestanten vollständig auf.

Später als mit mit Olympia Morata beschäftigte sich die Forschung mit Scipione Lentolo[174] bzw. Scipio Lentulus, dessen Manuskripte Comba am Ende des 19. Jahrhunderts in der Berner Bürgerbibliothek entdeckte hatte. Der Waldenser-Pfarrer Teofilo Gay publizierte zu Beginn des 20. Jahrhunderts Lentolos *Historia delle grandi e crudeli persecutioni fatte ai tempi nostri*[175] und machte im Vorwort biographische Angaben zum Autor. Eine ausführliche Biographie über Lentolo lieferte unwesentlich später Traugott Schliess.[176] Ein Jahr später, d.h. im Jahr 1907, lieferte Teofilo Gay in einem Vorspann zu Lentolos *Sofismi mondani* neue Erkenntnisse zu dessen Leben und Werken.[177] Nachdem Lentolo für mehr als ein halbes Jahrhundert in 'Vergessenheit' geraten war, beschäftigte sich in den 70er und 80er Jahren wieder die Forschung mit ihm, wobei hier einzelne Aspekte im Vordergrund standen.[178] Studien über Lentolos Leben und sein Werk *Historia delle grandi e crudeli persecutioni fatte ai tempi nostri* hat Jean François Gilmont in den 80er Jahren präsentiert.[179] Der

---

173 Dorothea Vorländer, „Olympia Fulvia Morata - eine evangelische Humanistin in Schweinfurt", *Zeitschrift für bayerische Kirchengeschichte* 39 (1970), S. 95-113, hier S. 96 (zu den Ergebnissen der Analyse, s. S. 111-113).

174 Man findet in der einschlägigen Literatur auch die Schreibung *Lentulo* statt *Lentolo* (s. unten Fußnote 178). Balmas, S. 31 / Fußnote 1, macht allerdings darauf aufmerksam, daß die Form *Lentulo* ungerechtfertigt sei: „Lentolo o Lentulo? L'esitazione non appare giustificata, in quanto lo scrittore [...] usa la forma italiana Lentolo per firmare i suoi scritti in questa [...] lingua."

175 Scipione Lentolo, *Historia delle grandi e crudeli persecutioni fatte ai tempi nostri*. Copiata alla biblioteca di Berna, ed edita da Teofilo Gay; con prefazione ed appendice, Torre Pellice 1906.

176 Traugott Schliess (Hrsg.), *Korrespondenz mit den Graubündnern* [von Heinrich Bullinger], Bd. 3, Nieuwkoop ^{2}1968 (Reprint Basel ^{1}1906), S.XXVI-XXXI.

177 Scipione Lentolo, *Sofismi mondani*. Trattato scritto nel 1560 da Scipione Lentolo, ora copiato alla biblioteca di Berna ed edito da Teofilo Gay, colla biografia dell'autore, Torre Pellice 1907.

178 Valerio Marchetti, „Una polemica di Scipione Lentulo con l'antitrinitario Fabrizio Pestalozzi (1581)", *Il pensiero politico* 5 (1972), S. 284-301.
Gianpaolo Zucchini, *Riforma e società nei Grigioni. G. Zanchi, S. Fiorillo, S. Lentulo e i conflitti dottrinari e socio-politici (1563-1567)*, Coira 1978.
Paola Buzzoni, *I „Praecepta" di Scipione Lentulo e l'adattamento inglese die Henry Grantham*, Florenz 1979.

179 Jean François Gilmont, „L'*Historia delle grandi e crudeli persecutioni* de Scipione Lentolo", *Bollettino della Società di Sudi Valdesi* 151 (1982), S. 51-68, und Jean François Gilmont, „Aux ori-

Forschungsstand läßt erkennen, daß es noch, wie in der einschlägigen Literatur mehrmals gesagt worden ist, umfangreicher Studien zu Lentolo bedarf und daß sein Bild vom verfolgten Waldenser als Glaubensgenossen noch nicht bestimmt worden ist.

Als Ferdinand Meyer im Jahre 1836 sein Werk *Die evangelische Gemeinde in Locarno, ihre Auswanderung nach Zürich und ihre weitern Schicksale*[180] veröffentlichte, war damit ein vergessenes historisches Ereignis wissenschaftlich aufgearbeitet worden, wobei Meyer besonders der politische Aspekt interessiert hatte. In den 50er Jahren des 20. Jahrhunderts machte Rudolf Pfister den Auszug der protestantischen Locarnesen zum Gegenstand seiner Untersuchungen und veröffentlichte seine Ergebnisse im Jahre 1955 in seinem Werk *Um des Glaubens willen*[181], wobei hier der theologische Aspekt dieses historischen Ereignisses in den Vordergrund gestellt ist. Meyer und Pfister haben mit ihren Beiträgen nicht nur auf ein vergessenes historisches Ereignis, sondern auch auf eine mit diesem Ereignis eng verbundene Person aufmerksam gemacht: Taddeo Duno. Albert Chenou hat sich Ende der 60er und zu Beginn der 70er Jahre mit dieser historischen Person beschäftigt, wobei seine ersten Beiträge biographischer Art waren,[182] die darauffolgenden[183] wieder einer breiteren Schicht Dunos Werk *De persequutione adversus Locarnenses* zugänglich machten, das neben einem Bericht von Heinrich Bullinger die einzige zeitgenössische Erzählung über den Auszug der Locarnesen im Jahr 1555 ist, aber bis dahin im Archiv der Familie von Muralt brachlag (sieht man einmal von den wenigen 'fehlerhaften' Ausgaben ab, die nicht das Original zur Grundlage hatten). Aus den kritischen bibliographischen Angaben wird deutlich, daß es nur wenige Untersuchungen zu Taddeo Duno als historischer Person gibt und daß sein Werk *De*

---

gines de l'historiographie vaudoise du XVI siècle: Jean Crespin, Etienne Noël et Scipione Lentolo", *I Valdesi e l'Europa* (o. Hrsg.) (*Collana della Società di Studi Valdesi*, N° 9), Torre Pellice 1982, S. 165-202, hier S. 170-173.

180 Ferdinand Meyer, *Die evangelische Gemeinde in Locarno, ihre Auswanderung nach Zürich und ihre weitern Schicksale*. Ein Beitrag zur Geschichte der Schweiz im sechszehnten Jahrhundert, 2 Bde., Zürich 1836.

181 Rudolf Pfister, *Um des Glaubens willen*. Die evangelischen Flüchtlinge von Locarno und ihre Aufnahme zu Zürich im Jahre 1555, Zürich 1955.

182 Albert Chenou,, „Taddeo Duno (1523-1613)", *Bolletino della Società di Studi Valdesi* 87 (1966), S. 55-61.

183 Albert Chenou, „Taddeo Duno et la Réforme à Locarno", *Archivio storico Ticinese* 12 (1971), S. 237-294.

persequutione adversus Locarnenses - gleichviel unter welchem Aspekt - noch nicht Gegenstand einer systematischen Analyse gewesen ist.

Aus dem Forschungsbericht ergibt sich, daß namentlich biographische Untersuchungen zu den drei besagten italienischen Schriftstellern vorliegen; des weiteren daß Moratas Briefe und Lentolos *Historia delle grandi e crudeli persecutioni fatte ai tempi nostri* bisher vereinzelt, jedoch noch nicht unter imagologischem Gesichtspunkt analysiert worden sind und daß schließlich ihr Bild genauso wie Taddeo Dunos Bild vom verfolgten Glaubensgenossen noch nicht bestimmt worden ist.

3 BEMERKUNGEN ZUM WEITEREN VORGEHEN

Nachdem der Untersuchungsgegenstand eingegrenzt und der Forschungsstand skizziert worden ist, soll nun noch kurz das weitere Vorgehen erläutert werden:

Kapitel I wird darlegen, daß der Protestantismus in Frankreich, Italien und Spanien scheiterte und daß der Protestant dort von den Katholiken verfolgt wurde. In Kapitel II wird gezeigt, daß die konfessionellen Streitigkeiten zwischen Katholiken und Protestanten theoretisch-theologisch nicht gelöst werden konnten und beide über sich und die jeweils anderen als *Personen* das 'wahre' Christentum in jeweils ihrem Sinne zu bestimmen versuchten. Dies bedeutete für die Katholiken und Protestanten, daß sie von sich ein positives und von der anderen, ihnen feindlich gegenüberstehenden Gruppe ein negatives Bild zeichnen mußten. Das (positive) protestantische Gleichbild, das nur eines der insgesamt vier von den Protestanten und Katholiken projizierten Bilder ist, muß folglich als Beitrag begriffen werden, der die 'Legitimation' des Protestantismus und die 'Unhaltbarkeit' des Katholizismus aufzeigen sowie schließlich die Frage nach dem 'wahren' Christentum im Sinne der Neuerungsbewegung lösen sollte. Aus Kapitel I ergibt sich, daß das protestantische Gleichbild dem Bild vom *verfolgten* Glaubensgenossen gleichkam. Es ist schon oben darauf hingewiesen worden, daß es nicht *das* protestantische Gleichbild, d.h. *das* protestantische Bild vom verfolgten Glaubensgenossen gibt, sondern nur das der einzelnen Protestanten. Hier sind allen voran die protestantischen Schriftsteller zu nennen, deren Bild aufgrund der Fixierung im Schrifttum nicht 'verlorengegangen' ist. In Kapitel III wird am Beispiel von Agrippa d'Aubigné das Verhältnis zwischen dem Bild des Autors und dem Bild im Werk untersucht, d.h. erläutert, welches nicht-fiktionale Schrifttum das Bild des Autors am 'wahrheitsgetreusten' vermittelt. Welches (positive) Bild vom verfolgten Glaubensgenossen die protestantischen Schriftsteller der Romania zeichneten und wie sie schließlich hierüber den Protestantismus als das 'wahre' Christentum aufzuzeigen versuchten, wird in den Kapiteln IV-VI erarbeitet. Hierbei wird die Reihenfolge *Frankreich, Spanien, Italien* (die der Einheitlichkeit halber auch für das Kapitel I übernommen worden ist) gewählt, da das Bild des verfolgten Glaubensgenossen bei d'Aubigné das variantenreichste, das komplexeste ist und somit als Folie für die spanischen und italienischen Bilder dient, d.h. deren 'Einfachheit' herausstellt. Durch den Kontrast wird schließlich deutlich, daß es eine imagologische Entwicklung innerhalb der romanischen protestantischen Literatur der Reformationszeit gab, deren

Höhepunkt die erst in nachreformatorischer Zeit , d.h. im barocken und romanesken Zeitalter[184], erschienenen Werke d'Aubignés sind.

[184] Pierre-Georges Castex u. Paul Surer, *Manuel des études littéraires françaises*, Bd. 1, Paris 1954, S. 177, bezeichnen den Zeitraum von 1598 bis 1661 der französischen Literaturgeschichte als „l'âge du romanesque et du baroque." Allerdings gibt es in der Literaturgeschichtsschreibung keine einheitliche terminologische Regelung. So nennen Pierre Brunel u.a., *Histoire de la littérature française*, Paris/ Brüssel/ Montreal 1972, S. 175, die Epoche „le siècle de Louis XIII". Louis Cazamian, *Geschichte der französischen Literatur*. Aus dem Englischen übertragen von Walter Neft, München 1963, S. 137, wiederum spricht in bezug auf den etwa gleichen Zeitraum (1590-1660) von der „Vorklassik".

KAPITEL I

DAS SCHEITERN DES PROTESTANTISMUS UND DER VERFOLGTE PROTESTANT IN DER ROMANIA - EIN HISTORISCHER ABRISS

1 IM 'REPRESSIVEN' FRANKREICH

Als Martin Luther nach damaligem Brauch seine 95 Thesen an die Wittenberger Schloßkirchentür schlug,[1] löste er in der Christenwelt ein Echo aus, das nicht nur weit über die Stadtgrenzen, sondern auch über die Grenzen des Heiligen Römischen Reiches deutscher Nation hinausging und zunächst einmal vielerorten positiv erwidert wurde. Gewiß, die Ideen Martin Luthers wurden bekannt, indem sie in Deutschland nicht nur mündlich, sondern auch schriftlich verbreitet wurden; aber das Schrifttum allein war das Medium, welches die Ideen dem Ausland mitteilen konnte - entweder indem die auf Deutsch verfaßten Werke in die jeweilige Landessprache übersetzt wurden oder indem man die lateinischen Schriften Luthers der belesenen Bevölkerungsschicht des Landes zukommen ließ. Das schweizerische Basel erwies sich als der schlechthinnige Umschlagplatz für die Schriften Luthers, und spätestens ab 1519 - soviel ist gewiß[2] - wurden von dort aus Bücher nach Frankreich verschickt. Die Schriften Luthers wurden jedoch nicht nur von progressiven Kreisen der Bildungsschicht gelesen, sondern auch von den konservativen Theologen der Sorbonne zustimmend aufgenommen, wie der Baseler Drucker Johannes Froben in einem an Martin Luther gerichteten Brief vom 14. Februar 1519 behauptet: „[...] sexcentos [sc. libros] in Galliam misimus et in Hispaniam, venduntur Parisiis, leguntur etiam a Sorbonicis et

---

[1] Richard Staufer, „L'affichage des 95 Thèses. Réalité ou légende", *Bulletin de la Société de l'Histoire du Protestanisme Français* 113 (1967), S. 332-346, hat in seinem Aufsatz die Anfang der 60er Jahre aufgekommene Diskussion, ob der Thesenanschlag je stattgefunden hat, wiedergegeben und die wichtigsten Vertreter dieser Kontroverse benannt.

[2] Vgl. Will Grayburn Moore, *La Réforme allemande et la littérature française*. Recherches sur la notoriété de Luther en France, Straßburg 1930, S. 46 ff.

probantur [...].“[3] Nachdem der Vatikan eine Bannandrohungsbulle herausgegeben und Luther eine Kopie derselben am 10. Dezember 1520 verbrannt hatte, spitzte sich der Streit zwischen der katholischen Kirche und dem Reformator zu, und angesichts der Verhärtung der Fronten war jeder direkt oder indirekt aufgefordert, seine Zustimmung dem Vatikan zu geben und somit seine ablehnende Haltung gegenüber dem Wittenberger Augustinermönch auszudrücken - oder umgekehrt. Die Sorbonne, die Eck und Luther nach ihrem großen Disput im Juni 1519 neben der Universität von Erfurt zwecks eines Schlichtungsurteils angerufen hatten, bekräftigte die Verdammung der Ideen Luthers am 15. April 1521, wobei die rund 21 Monate Beratungszeit nicht allein der akademischen Bürokratie und Entscheidungsunfreudigkeit zuzuschreiben, sondern vielmehr als ein Warten auf das Urteil aus Rom anzusehen sind.[4] Auf die „Determinatio“[5] der Sorbonne folgte vier Monate später, im August 1521, ein Erlaß des Parlaments, der den Besitz der Schriften Luthers unter Strafe stellte und die Verbrennung der „Martiniens“, d.h. der Thesen Martin Luthers, auf dem Platz Maubert anordnete. Es ist sicher, daß mit dem Verbot durch den Vatikan, die Sorbonne, das Parlament und andere Instanzen keineswegs das Interesse an Luthers Ideen erlosch; eher das Gegenteil war der Fall. Bis 1524 waren fast überall in Frankreich die Werke Martin Luthers in irgendeiner Form im Umlauf,[6] wobei Antwerpen, Straßburg und Basel als Umschlagplätze dienten.[7]

Neben dem Luthertum, das sich sehr früh nach Frankreich ausbreitete und sich spätestens ab dem Jahr 1519 über das Schrifttum verbreitete, gab es ab ca. 1520 eine im Land ‘selbstgestaltete’ reformerische (aber nicht reformatorische) Bewegung, die ihren Ursprung in Meaux hatte; der Bischof Guillaume Briçonnet gründete mit Jacques Lefèvre d’Etaples den „Cénacle de Meaux“, dem auch bald Marguerite de Valois-Angoulême, die Schwester des damaligen Königs Franz I., angehörte. Dieser Kreis von Reformgesinnten, die man als „bêlitriens“ verspottete, vertrat einige lutherische Ideen (wie z.B. Gebet und Bibellesung in der Volkssprache, Reduzierung des Heiligen- und Marienkults etc.), ohne sich jedoch mit der Schärfe des deutschen

---

[3] Martin Luther, *Briefwechsel*. Bearbeitet und mit Erläuterungen versehen von Ernst Ludwig Enders u.a., Frankfurt a.M. 1884-1932, Bd. 1, N°149.

[4] Vgl. Grayburn Moore, S. 51.

[5] Zum Inhalt der „Determinatio“ der Sorbonne, s. James K. Farge, *Orthodoxy and Reform in early Reformation France*. The Faculty of Theology of Paris, 1500-1543, Leiden 1985, S. 165-169.

[6] Vgl. Grayburn Moore, S. 65.

Reformators von der katholischen Kirche abzusetzen. Im Jahre 1524 verbot sogar Briçonnet selbst alle lutherische Schriften in seiner Diozöse und schloß aus seinem Kreis den radikalen Guillaume Farel rechtsverbindlich aus, der schon 1523, als der Augustiner-Mönch Jean Vallière als erster lutherischer Ketzer verbrannt wurde, Frankreich verlassen hatte. Als im Jahre 1525 einige Anhänger des „Cénacle de Meaux" eine Bulle zerrissen und den Papst als Antichrist beschimpft hatten, wurde das Schicksal der Fabristen durch die Sorbonne endgültig besiegelt, die die Abwesenheit des in Spanien gefangengehaltenen Königs genutzt hatte, um gegen diesen 'häretischen' Kreis vorzugehen. Während Briçonnet fügsam zur Orthodoxie zurückkehrte, flüchtete d'Etaples zunächst nach Straßburg.

Mit der Rückkehr des Königs nach Frankreich im Jahre 1526 entspannte sich das Klima für die 'Heterodoxen', da Franz I. als Renaissance-Fürst empfänglich für neue Ideen war und aus machtpolitischen Gründen zeitweise die Verbindung zu den Protestanten suchte. Im Oktober 1534 änderte sich mit der „affaire des placards", d.h. mit dem Anbringen pamphletischer Plakate gegen das Meßopfer[8] im ganzen Land und selbst an der Schlafzimmertür des Königs im Schloß von Amboise, radikal die Situation der Protestanten; von nun an ließ Franz I. diese als „malpensants" brutal verfolgen. Im Juli 1535 folgte das Edikt von Coucy, das den Protestanten Amnestie gewährte, wenn sie abschworen. Ab 1538 verschlechterte sich ihre Situation wieder, da das Edikt von Coucy nur noch *de jure*, nicht aber mehr *de facto* in Kraft war, und ab 1540 stärkte ein anderes Edikt die Katholiken in ihrer Position. Hieraufhin setzte auf Seiten der Katholiken eine große Verfolgungs-, auf Seiten der Protestanten eine breite Flüchtlingswelle ein; unter den Flüchtenden befand sich auch der Dichter Clément Marot. Im Jahre 1544 wurde ein Credo erlassen, das alle Untergebenen in sämtlichen Punkten unter Strafandrohung anzunehmen hatten; diejenigen, die sich weigerten, bekamen die harte Hand der katholischen Obrigkeit zu spüren. So kam es im Jahre 1545 zum Massaker an den Waldensern und - neben der Hinrichtung vieler einzelner 'Ketzer' - im Jahre 1546 zur Verbrennung von 14 Calvinisten aus Meaux, wo sich im selben Jahr die erste Kirchengemeinschaft nach den Prinzipien des

---

[7] Vgl. S. 82-101.

[8] Der genaue Titel dieser Plakate lautete: „Articles véritables sur les horribles, grands et importables abus de la Messe papale, inventée directement contre la Saincte Cène de Nostre Seigneur, seul Médiateur et seul Sauveur Jésus-Christ" (zitiert nach Lecler, S. 402).

Calvinismus gebildet hatte,[9] der immer stärker die französische Ausrichtung der Reformation geworden war;[10] entscheidend für diese Entwicklung war Calvins *Christianae religionis institutio*, die nach ihrer Veröffentlichung von immer mehr französischen Anhängern der Reformation als Manifest und 'großer Katechismus' angenommen wurde. Heinrich II., der Sohn und Nachfolger von Franz I., der sich entschlossen hatte, den Protestantismus, d.h. die Reformation und das Täufertum, auszumerzen, verschärfte abermals das Vorgehen gegen ihre Anhänger, indem er die Häretiker-Prozesse den kirchlichen Gerichten entzog und den strengeren königlichen Gerichten überantwortete.[11] Im Jahre 1551 erließ er das Edikt von Châteaubriant, das sämtliche 'Häretiker' zum Tode verurteilte und den Untertanen unter strenger Strafe gebot, alle 'Irrgläubigen' anzuzeigen. Unbeschadet dieser rigorosen Repressionspolitik, die viele Opfer forderte, weitete sich die Reformation, die mittlerweile fast ganz calvinistisch geprägt war, [12] immer mehr in Frankreich aus. Als im Jahre 1559 in Paris heimlich die erste Nationalsynode der französischen Calvinisten abgehalten wurde, die ein offizielles Glaubensbekenntnis formulierten, waren schon einige französische Adlige zur calvinistischen Konfession übergetreten.[13] Im Jahre 1561 zählte man 2150 calvinistische Gemeinden in Frankreich[14] - trotz der von Franz II. noch intensivierten Verfolgungspolitik. Als am 1. März 1562 der Herzog von Guise in Wassy ein Blutbad an den Protestanten anrichtete, fühlten diese sich stark genug, um nicht mehr den Verfolgungen tatenlos zusehen zu müssen, und griffen zu den Waffen, womit sie den ersten Religionskrieg auslösten. Diesem folgten bis zum Ende des 16. Jahrhunderts sieben weitere, wobei den Protestanten in den Friedensverträgen mal mehr,

---

[9] Vgl. Gottlob von Polenz, *Geschichte des französischen Calvinismus*, Bd. 1, Aalen [2]1964 [Reprint Gotha [1]1857], S. 648.

[10] Polenz, S. 348 u. 352, macht darauf aufmerksam, daß die Katholiken unbeschadet dieses konfessionellen Wandels im französischen reformatorischen Lager noch unter Heinrich II. ganz allgemein von Lutheranern sprachen.

[11] Vgl. Charles Seignobos, *Histoire sincère de la nation française*, Paris [8]1982 [[1]1933], S. 186.

[12] Vgl. Polenz, S. 648-656.

[13] Grayburn Moore, S. 405, macht darauf aufmerksam, daß auch noch nach 1560, d.i. nach der Aufstellung des calvinistischen Glaubensbekenntnisses, das Interesse an den deutschen reformatorischen Schriften nicht erloschen sei.

[14] Wieviele Protestanten, d.h. Anhänger der Reformation und Täufer, es zu jener Zeit in Frankreich gab, bleibt unklar; Polenz, S. 656, gibt einen Überblick über die verschiedenen Angaben, die sich zwischen 1% und 50% bewegen. Geht man mit de Thou, den d'Aubigné als einen guten Historiographen bezeichnet, von zwei Millionen Protestanten aus, so entspricht das bei einer

mal weniger Rechte zugebilligt wurden. Als Heinrich von Navarra und König von Frankreich im Juli 1593 endgültig[15] zum Katholizismus konvertierte, war die konfessionelle Ausrichtung der französischen Krone entschieden und somit im Grunde auch das Schicksal des Protestantismus in Frankreich besiegelt. Diesem räumte zwar der nun katholische Heinrich IV. durch das Edikt von Nantes eine gewisse rechtliche Stellung ein, die offizielle Akzeptanz des Protestantismus wurde jedoch schon zu Beginn des 17. Jahrhunderts immer fragwürdiger. Richelieu, der das Prinzip vom „une foy, une loy, un roy" vertrat,[16] widerrief durch das Edikt von Alès im Jahre 1629 die den Protestanten zuvor zugebilligten politischen und militärischen Privilegien. Im Jahre 1685 hob Ludwig XIV. schließlich das Edikt von Nantes auf, was das definitive Ende für den französischen Protestantismus bedeutete.

2 IM 'INQUISITORISCHEN' SPANIEN

Aufgrund des Briefes Johannes Frobens an Martin Luther (der schon im Zusammenhang mit der Ausbreitung des Luthertums nach Frankreich erwähnt wurde) ist bekannt, daß spätestens ab 1519 lutherische Schriften nach Spanien geschickt wurden: „[...] sexcentos [sc. libros] in Galliam misimus et in Hispaniam [...]."[17] Zeitgleich mit Frankreich wurden auch in Spanien ab dem Jahr 1521 die Einfuhr und der Besitz von lutherischen Büchern unter Strafe gestellt, aber auch hier ging genauso wie dort der Handel mit den verbotenen Schriften weiter,[18] die nicht nur die Ideen Luthers,[19] son-

---

Bevölkerung von 18-19 Millionen einen Satz von ca. 11%. (Zur Bevölkerungszahl, vgl. *Quid 1999*. [Edité par] Dominique et Michèle Frémy, Paris 1998, S. 594, s.v. „Evolution".)

[15] Heinrich von Navarra hatte zuvor sechs bis acht Mal die Konfession gewechselt.

[16] Zu den antiprotestantischen Ideen Richelieus, s. Jörg Wollenberg, *Staatsräson und Kircheninteresse*. Zur Legitimation der Politik des Kardinalpremiers, Bielefeld 1977, S. 199-208.

[17] Luther, *Briefwechsel*, Bd. 1, N°149.

[18] Vgl. Hans Peter Zürcher, *„Nehmen sie den Leib ...!"*, Zürich 1943, S. 272, und Schäfer, „Sevilla und Valladolid. Die evangelischen Gemeinden Spaniens im Reformationszeitalter", S. 28.
Zum Ablauf des klandestinen Bücherhandels schreibt Menéndez y Pelayo, *Historia de los heterodoxos españoles*, Bd. 5 , S. 122: „Parece que nuestros emigrados [...] escogieron al principio la residencia de Alemania. Todos los años llevaban a la feria de Francfort sus libros, y los más audaces llegaban a Flandes con algunas cajas para remitirlas a España. Los protestantes que aquí quedaron, particularmente en Andalucia, costeaban los gastos de las ediciones, y Pedro Bellero, Esteelsio y otros libreros de Amberes, servían de intermedios para este contrabando. Los libros venían en toneles desde Francfort, y llegaron a venderse, más o menos encubiertamente, en la feria de Medina del Campo y en Sevilla [...]."

dern im Laufe der Zeit auch die 'ketzerischen' Ideen spanischer Protestanten ins Land brachten, die sich dem Protestantismus entweder im Ausland verschrieben hatten und dort geblieben waren (wie Francisco de Enzinas und Juan Díaz)[20] oder die sich ihm in Spanien zugewandt hatten und dann ins Ausland geflüchtet waren (wie Juan Pérez de Pineda, Cassiodoro de Reina, Cypriano de Valera, Antonio del Corro und Raimundo González de Montes)[21]. Dennoch konnte sich der Protestantismus in Spanien bei weitem nicht in dem gleichen Umfang ausbreiten wie in Frankreich. Als Begründung hierfür schreibt Mühlenberg: „In [...] Spanien verhinderte die Inquisition, daß die evangelische Kirchenreformation eindringen konnte."[22] Wesentlich stärker als in Frankreich war zweifelsohne die Inquisition in Spanien, die hier schon eine gewisse Tradition hatte: bereits im 13. Jahrhundert wurde das heilige Offizium der Inquisition im östlichen Spanien, im Königreich Aragon, zur Verteidigung gegen die den Kreuzzügen entkommenen und nun auf die iberische Halbinsel eindringenden Albingenser eingesetzt, ab dem Jahr 1478 dann in ganz Spanien gegen die Juden und Mauren. Die Inquisition hatte sich im Laufe der Zeit so gut organisiert und so sehr verselbständigt, daß sie zu Beginn des 16. Jahrhunderts eine gefürchtete und autonom arbeitende Maschinerie war,[23] die nicht nur infolge der strengen Kontrollen an den Grenzen und im Land selber den Handel mit 'ketzerischen' Schriften nahezu unmöglich machte, son-

---

[19] Vgl. John Edward Longhurst, *Luther's Ghost in Spain 1517-1546*, Lawrence (Kansas) 1969.

[20] Zu erwähnen sind in diesem Zusammenhang auch die im Ausland zum Protestantismus konvertierten Spanier Jaime de Enzinas, ein Bruder von Francisco de Enzinas, Francisco de San Román und Pedro Núñez Vela, deren schriftstellerische Tätigkeit allerdings nicht nachgewiesen oder so geringfügig ist, daß sie für den spanischen Protestantismus irrelevant ist. Es versteht sich von selbst, daß durch die wenigen angeführten Namen nicht die Totalität aller sich im Ausland dem Protestantismus zugewandten Spanier erfaßt wird; so verweist z.B. Menéndez y Pelayo, Bd. 4, S. 280, auf einige wenige Spanier, die in Wittenberg studierten: „[...] protestantes, a no dudarlo, porque nadie que no lo fuera podía estudiar, en aquellos tiempos, en una escuela que era el principal foco de luteranismo y la residencia habitual de Lutero y Melanchton." Mangels biographischer Informationen bleibt allerdings unklar, wer diese spanischen Protestanten waren.

[21] Zu erwähnen sind in diesem Zusammenhang auch die geflüchteten spanischen Protestanten Diego de la Cruz und Luis Hernández del Castillo, die mit Juan Pérez de Pineda zusammen Sevilla verlassen hatten, sowie die (mit Antonio del Corro, Cipriano de Valera, Casiodoro de Reina und Raimundo González de Montes) aus dem Kloster Isidoro del Campo geflüchteten Hieronymiten-Mönche; sie haben allerdings den spanischen Protestantismus nicht literarisch geprägt. Es muß nicht explizit erwähnt werden, daß die hier mit Namen angeführten Protestanten nicht die Gesamtheit der wegen des Glaubens geflüchteten Spanier darstellen.

[22] Mühlenberg, S. 241.

[23] Zur Vorgehens- und Arbeitsweise des Heiligen Offiziums, s. Zürcher, S. 266 ff., und Schäfer, S. 36-39.

dern auch jeden protestantischen Ansatz, der irgendwo im Land zu verzeichnen war, im Keim erstickte. Das Heilige Offizium ist bei weitem der wichtigste Grund für die fehlende Ausbreitung des Protestantismus. Einen weiteren Grund sieht Schäfer in der Haltung der Spanier selbst, die jeder vom Katholizismus abweichenden Neuerung a priori feindlich gegenüberstanden:[24] „Die tapferen, stolzen Castilianer waren durch diese Kämpfe [sc. mit den Mauren] längst mit dem Glauben verwachsen, daß ein Feind der Kirche und des katholischen Glaubens auch zugleich derjenige Spaniens sei, daß ein rechter Spanier kein Ketzer oder Ungläubiger sein könne. Demnach galt jeglicher Abfall von dem katholischen Glauben dem Spanier von vornherein als Verrat am Vaterlande [...].“[25]

Aufgrund dieser beiden Faktoren ist die protestantische Anschauung zumindest zunächst einmal nur von ganz vereinzelten Spaniern angenommen worden. Es ist oft vermutet worden, daß die ersten spanischen Protestanten sich unter den Franziskanern befanden, und zwar ab dem Jahr 1526.[26] Wieviele Spanier - gleichviel ob Kleriker oder Laien - sich in der Folgezeit zum Protestantismus bekannten, darüber liegen (noch) keine Angaben vor. Bekannt sind lediglich der Fall von Pedro de Lerma[27], der Abt und Prediger in Alcalá de Henares war, und Egidio[28], gegen die die Inquisition im Jahre 1537 bzw. 1549 einen Prozeß wegen „lutherischer Häresie“ anstrengte.

In den 50er Jahren des 16. Jahrhunderts kam es jedoch, unbeschadet der beiden oben genannten Faktoren, zur Bildung von drei protestantischen Glaubenskreisen.

---

[24] Ludwig Pfandl, „Das spanische Lutherbild des 16. Jahrhunderts. Studien und Vorarbeiten“, *Historisches Jahrbuch der Görres-Gesellschaft*, 50 (1930), S. 464-497, hier S. 465, erinnert auch an die aggressive antilutherische Haltung der in Deutschland sich aufhaltenden Spanier: „Die im Gefolge des Kaisers in Deutschland [...] weilenden Spanier ließen es erst recht an feurigem Kampfeswillen nicht fehlen. Sie fingen auf öffentlichem Markte mit den Lutheranern die heftigsten Religionsdispute an, sie nahmen den Buchhändlern oder Austrägern reformatorische Schriften gewaltsam weg, zerrissen sie und traten sie mit Füßen, sie gingen gegen Lutheraner, die sie reizten, mit gezücktem Degen los und verfolgten die hurtig Entweichenden in blinder Wut bis an die Türen ihrer Häuser [...].“

[25] Schäfer, S. 2.

[26] Vgl. McCrie, *History of the progress and suppression of the Reformation in Spain in the sixteenth-century*, S. 140.

[27] Vgl. Franzisco de Enzinas, *Historia de statu Belgico, deque religione Hispanica*. Edidit Francisco Socas, Stuttgart / Leipzig 1991, S. 116 ff. (Kap. 77, 8 ff.).

[28] Vgl. weiter unten im Text.

Jean-Louis Flecniakoska hat gezeigt,[29] daß es im Jahre 1554 in Cuenca zu einem Einschreiten der Inquisition gegen mehrere Franzosen mit protestantischer Anschauung kam.[30] Dem französischen protestantischen Zirkel in Cuenca folgten die spanischen in Sevilla und Valladolid, wobei Sevilla der zahlenmäßig stärkere Glaubenskreis war.

Die protestantische Lehre fand bereits gegen Ende der 40er Jahre des 16. Jahrhunderts[31] durch die Predigten der Doktoren Constantino Ponce de la Fuente[32] und Juan Gil, auch Egidio[33] genannt, langsam Eingang in Sevilla. Die neue Lehre ergriff aber nicht nur einige Bürger der Stadt,[34] wobei unklar ist, wie „diese Gemeinschaft sich gefunden hat, wie und ob sie überhaupt eine Organisation hatte,“[35] sondern auch einige Nonnen und Mönche der in Sevilla und dessen Umgebung liegenden Klöster. „Die Gesamtzahl der Gemeinde, die sich so um das Evangelium geschart hat, ist mehrfach sehr bedeutend übertrieben worden. Man hat nach dem Vorgange des Montanus von über 800 Mitgliedern geredet [...]. Aber alles das entspricht nicht den Tatsachen. Vielmehr ergibt sich aus den offiziellen Akten der Inquisition mit Sicherheit, daß die Zahl der Gemeindemitglieder nicht wesentlich größer als etwa 130 gewesen ist.“[36] Während Egidio schon im Jahr 1549 von der Inquisition verhört

---

[29] Vgl. Jean-Louis Flecniakoska, „La propagation des idées protestantes par les Français en Espagne et l'inquisition de Cuenca (1554-1578)“, *Bulletin de la Société de l'Histoire du Protestantisme Français* 120 (1974), S.532-554.

[30] Diese Beobachtung ist wertvoll, da in der einschlägigen Literatur das erste massive Vorgehen der spanischen Inquisition gegen Protestanten immer in Zusammenhang mit dem protestantischen Glaubenskreis in Sevilla gebracht wurde, wie auch Flecniakoska, S. 533, erklärt: „Les procès que nous avons étudiés nous ont semblé significatifs: ils complètent les faits déjà connus pour Séville et Valladolid et révèlent un aspect nouveau de la propagation des idées protestantes en Espagne. Le premier procès de Cuenca débute le neuf février 1554 c'est-à-dire trois ans avant ceux de Séville [...].“

[31] Schäfer, „Sevilla und Valladolid. Die evangelischen Gemeinden Spaniens im Reformationszeitalter“, S. 9, wähnt zwar den Anfang der protestantischen Bewegung in den frühen fünfziger Jahre, aber die von der neueren Forschung gelieferten Erkenntnisse über den spanischen Protestantismus lassen auf sein ‘Erwachen’ bereits zum Ende der vierziger Jahre schließen.

[32] Zum Leben und zu den Werken von Constantino Ponce de la Fuente, s. Menéndez y Pelayo, Bd. 5, S. 81-93.

[33] Zum Leben von Egidio, s. Menéndez y Pelayo, Bd. 5, S. 77- 81.

[34] Zu den Namen dieser Bürger, s. Schäfer, S. 11-15.

[35] S. 10.

[36] S. 15; zu den einzelnen Märtyrerakten, s. Schäfer, *Beiträge zur Geschichte des spanischen Protestantismus und der Inquisition im 16. Jahrhundert.*
Die von González de Montes in die Diskussion gebrachte Zahl von 800 Protestanten findet sich in

wurde,[37] was einige Mitglieder der kryptoprotestantischen Bewegung in Sevilla, darunter Juan Pérez de Pineda, zur Flucht nach Genf veranlaßte, brach die Inquisition über die sich gerade organisierende protestantische Gemeinde im Sommer 1557 herein, nachdem sie von einem strengen Katholiken, dem man irrtümlicherweise Pérez de Pinedas *Imagen del Anticristo* ausgehändigt hatte, auf den protestantischen Kreis in der Stadt aufmerksam gemacht worden war. Nur die elf[38] Hieronymiten-Mönche[39] des einige Kilometer nordwestlich von Sevilla gelegenen Klosters San Isidoro del Campo, die schon im Frühsommer 1557 die Flucht nach Genf ergriffen hatten (wo sie allerdings wie die Mehrzahl ihrer Kompatrioten von Calvin nicht besonders freundlich aufgenommen worden waren)[40], hatten sich retten können. Die Protestanten aber, die

---

seinem Werk *Artes de la inquisición española*, S. 240: „Vieronse [...] juntos en sola Sevilla, ochozientos cautivos por causa de su piedad [...].“

[37] Geht man davon aus, daß das Einschreiten der Inquisition gegen Egidio verschiedene Glaubensgenossen aus Sevilla, darunter Juan Pérez de Pineda, zur Flucht veranlaßt hat, dann muß man dank der neuen Untersuchungen von A. Kinder, der Pérez de Pinedas Flucht im Jahr 1549 erfolgt glaubt (vgl. Kinder, „Juan Pérez de Pineda (Pierius): a Spanish Calvinist minister of the Gospel in the sixteenth-century Geneva“, S. 285, und Kinder, „The Pursuit of Spanish Heretics in the Low Countries: the activities of Alonso del Canto, 1561-1564“, S. 74 u. S. 77.), das Vorgehen der Inquisition gegen Egidio auch auf das Jahr 1549 festlegen und die Jahreszahl 1550 (vgl. McCrie, S. 157) als nicht richtig erachten.

[38] Wenn Kinder, „The pursuit of Spanish Heretics in the Low Countries: the activities of Alonso del Canto, 1561-1564“, S. 65, schreibt: „[...] a dozen Hieronymite monks from San Isidoro at Seville fled their monastery and their country [...]“, und auch González de Montes, S. 275, von zwölf Geflüchteten spricht, dann resultiert diese zahlenmäßige Abweichung wohl daraus, daß beide den Vikar von Ecija zu den geflüchteten Hieronymiten-Mönchen gezählt haben. Schäfer, „Sevilla und Valladolid. Die evangelischen Gemeinden Spaniens im Reformationszeitalter“, S. 29, scheint hier präziser zu sein: „ [...] nicht weniger als elf Mönche zogen das Exil der drohenden Gefahr vor. [...] Der Vikar von Ecija, Fran Cristobal de Arellano, schloß sich ihnen an, kehrte aber zu seinem Schaden bald wieder um, während die anderen glücklich nach Genf gelangten.“

[39] Zu den Namen der geflüchteten Mönche, s. Schäfer, S. 29.

[40] Kinder, „Religious literature as an offensive weapon: Cipriano de Valera's part in England's war with Spain“, S. 224, schreibt: „The indications are that, save for a few notable exceptions, Calvin did not take kindly to Spaniards or Italians. So, when Elizabeth came to the throne of England, a group of Spanish refugees, amongst them Valera, decided [...] that England would be a more congenial place for them to live, and accordingly arrived in London in 1558.“ Die skeptische Haltung Calvins gegenüber den italienischen und spanischen Protestanten hat ihren Ausgangspunkt in Socinus und Servet, wie Kinder, „Juan Pérez de Pineda (Pierius): a Spanish Calvinist minister of the Gospel in the sixteenth-century Geneva“, S. 285, zu verstehen gibt: „Because of Servetus and certain Italian anti-Trinitarian writers, chief amongst whom was Socinus, Spanish and Italian Protestants were almost automatically suspected of having similar views by Reformed churchmen and subjected to stringent controls.“ Eine Ausnahme scheint hier nur Juan Pérez de Pineda zu bilden; so schreibt Kinder, ebd.: „It has been pointed out that he [sc. Pérez] was the only Spaniard in Geneva who enjoyed the complete confidence of the city leaders, both doctrinally and personally.“

im Sommer 1557 aus Sevilla flüchteten, als das heilige Offizium seine Nachforschungen schon eingeleitet hatte, wurden fast alle von der Inquisition eingeholt, in deren Händen sie sich als wenig hartnäckig erwiesen - zumindest weniger hartnäckig, so scheint es, als die französischen Glaubensgenossen (die schon seit der Christianisierung eine besondere Heldenhaftigkeit aufzuweisen scheinen)[41] gegenüber ihren Peinigern:[42]

> Die Sevillaner Protestanten haben sich geradeso, wie schon früher die Häupter der Gemeinde, Dr. Egidio und Dr. Constantino, gegenüber dem furchtbaren Gericht durchweg nicht als begeisterte, opferfreudige Märtyrer gezeigt, die keine schönere Ehrenkrone kennen, als den Tod für den wahren Glauben, sie waren nicht überirdische, mit Himmelskraft begabte Wesen, als die sie Montanus hinstellen möchte, sondern sie waren Menschen, mit menschlicher Schwachheit und Todesfurcht weit mehr erfüllt, als man von den früheren eifrigen Bekennern hätte erwarten sollen.[43]

Die Skepsis hinsichtlich der spanischen Protestanten - mit der Ausnahme von Pérez de Pineda - war allerdings nicht nur in Genf, sondern auch unter den französischen und flämischen Protestanten in London zu beobachten. Arthur Gordon Kinder (Hrsg.), *Confessión de fe christiana: the Spanish protestant confession of faith (London, 1560/ 61)* [de Casiodoro de Reina], Exeter 1988, S. IX ff., weist darauf hin, daß auch das Konsistorium der Franzosen und Flamen in London mehrmals sein Bedenken gegen Casiodoro de Reina und andere spanische Protestanten angemeldet hat - man warf ersterem seine Sympathie fürs Schwärmertum und letzteren Antitrinitarismus vor -, so daß Reina im Jahre 1561 zur Anerkennung seiner Orthodoxie dem Konsistorium sein Credo *Confessión de fe christiana: the Spanish protestant confession of faith (London, 1560/ 61)* vorlegte, das ihn endlich berechtigte, eine spanische Gemeinde in London zu gründen. Als Antonio del Corro im April 1567 in England ankam, sah er sich mit ähnlichen Problemen konfrontiert wie einige Jahre zuvor sein Landsmann Casiodoro de Reina, denn die französischen Protestanten in London zeihten auch ihn gewissermaßen der Heterodoxie. So schreibt, die Vorwürfe an Antonio del Corro präzisierend, Kinder, „Antonio del Corro“, S. 123: „The French accused him [sc. Antonio del Corro] of denying the humanity of Christ, a Servetan and Anabaptist tenet.“ Auch in der Folgezeit konnte sich der ehemalige Hieronymiten-Mönch nicht von diesen oder ähnlichen Anklagen reinwaschen.

41 Zu den heldenhaften christlichen Gallier, s. Eusebius von Caesarea, *Kirchengeschichte*. Herausgegeben und eingeleitet von Heinrich Kraft. Die Übersetzung von Philip Haeuser (Kempten 1932) wurde neu durchgesehen von Hans Armin Gärtner, München /Kempten 1967, S. 233ff., (Buch 5, Kap. 1).

42 Vor der spanischen Inquisition scheinen allerdings auch die ‘heldenhaften’ französischen Protestanten ihren Mut gänzlich verloren zu haben; so macht nämlich Schäfer, „Die Vereinigung französischer Protestanten zu Toledo um die Mitte des 16. Jahrhunderts“, S. 401, über diese im Jahre 1565 von der Inquisition ausgehobenen französischen Protestanten folgende Beobachtung: „Es ist traurig, aber in den Protokollen schwarz auf weiss zu lesen, dass von den Dutzenden von Zeugen und Angeklagten fast kein einziger selbst Protestant gewesen sein will, dagegen seine sämtlichen Genossen in der ausgiebigsten Weise zu denunzieren bereit war.“

43 Schäfer, „Sevilla und Valladolid. Die evangelischen Gemeinden Spaniens im Reformationszeitalter“, S. 34.

So mancher Sevillaner Protestant konnte, wenn er Reue und den Willen zeigte, in den Schoß der Kirche zurückkehren zu wollen, sein Leben retten, so mancher jedoch konnte oder wollte die Inquisition auch nicht von seiner Orthodoxie überzeugen, so daß er sein Leben verlor und vor den Augen vieler tausend Zuschauer 'feierlich' verbrannt wurde. Das erste Autodafé fand in Sevilla am 24. September 1559 statt,[44] dem am 22. Dezember 1560 das zweite, am 26. April 1562 das dritte und am 28. Oktober 1562 das vierte Autodafé folgte: „Mit den [...] vier großen Autos de Fe war die Vernichtungsarbeit des heiligen Offiziums gegen die Sevillaner Vereinigung im wesentlichen getan, über hundert Angehörige derselben, also reichlich vier Fünftel, waren mit dem Tode oder mehr oder weniger schweren Strafen für ihren Abfall von der Kirche bestraft worden, vom Jahre 1563 an zeigten sich nur noch einige wenige Nachzügler."[45] Nachdem die Inquisition auch diese ausgehoben hatte, war der Protestantismus in Sevilla gänzlich ausgelöscht - im Jahre 1565 war die Stadt wieder katholisch, und nur katholisch.

Unwesentlich später als die protestantische Bewegung in Sevilla entstand die in Valladolid, die auf den italienischen und mit dem Kaiser Karl V. verschwägerten Edelmann Don Carlos de Seso[46] zurückgeht. Dieser war nämlich nicht nur selbst Protestant, als er im Jahre 1551 in Valladolid ankam, sondern hatte in seinem Reisegepäck auch protestantische Schriften. Der Umstände wegen konnte er allerdings zunächst einmal seine evangelische Anschauung nicht kundtun. Im Jahre 1554 vertraute er sich jedoch als Protestant seinem Freund Pedro de Gazalla an, den er bald von der neuen Lehre überzeugte. Beide zusammen konnten in der Folgezeit, d.h. in den nächsten vier Jahren, weitere Katholiken dazu bewegen, zum Protestantismus überzuwechseln, der allmählich nicht nur in Valladolid, sondern auch in den Orten Toro und Pedrosa aufzukeimen anfing. Die Ausbreitung des Protestantismus in Alt-Kastilien[47] bewegte sich jedoch immer nur in einem relativ schmalen Rahmen, denn „die Zahl der Gemeindemitglieder hat niemals mehr als etliche fünfzig betragen, und was sich an

---

[44] Zu einer Berichterstattung über das erste Autodafé in Sevilla, s. auch [N.N.],*Relación del auto de fe que se hizo en Sevilla contra los luteranos en el año 1559*. [Descubierta y copiada] por Pedro Roca, *Revista de archivos, bibliotecas y museos* 8 (1903), S. 215-218.

[45] Schäfer, S. 53.

[46] Zu den biographischen Angaben zu Seso (es findet sich auch die Orthographie *Sesso*), s. José Ignacio Tellechea Idígoras, *Tiempos recios: inquisicion y heterodoxias*, Salamanca 1977, S. 53-110.

[47] Zu den einzelnen Orte um Valladolid, in die der Protestantismus vorgedrungen war, s. McCrie, S. 231 ff.

gegenteiligen Nachrichten findet, erweist sich durchweg als phantastische Übertreibung, sei es der Freunde oder der Feinde."[48] Auch war es noch zu keiner abschließenden Reifung der Konfession im protestantischen Konventikel gekommen[49] (obgleich man mehr zu Calvin als zu Luther tendiert zu haben scheint)[50], noch gab es eine gemeindliche Organisation mit Pastor, Ältesten etc., als die Inquisition im Jahre 1558 zupackte. Panik ergriff die Protestanten, und drei von ihnen versuchten sich durch Flucht zu retten - doch vergeblich, denn die Inquisition konnte ihrer früher oder später habhaft werden,[51] wobei sie Spione[52] eingesetzt und 4000 Dukaten bezahlt hatte, um schließlich den letzten Geflüchteten, Juan Sánchez, der schon über Antwerpen bis nach Genf gekommen und nun auf dem Weg nach England war, auch noch zu ergreifen.[53] Es scheint, daß keiner der Vallisoletaner Protestanten sich der Inquisition durch Flucht definitiv entziehen konnte: „No tenemos noticia de que llegase a escapar uno sólo de los luteranos de Valladolid".[54] Als die Protestanten im Netz der Inquisition gefangen waren, versuchte fast jeder von ihnen, wie es schon ähnlich in Sevilla zu beobachten war, sich daraus zu befreien, indem er die evangelische Anschauung leugnete und die ehemaligen Glaubensgenossen denunzierte:

> Es ist eine traurige Tatsache, geht aber aus den Akten mit Sicherheit hervor, daß die Mehrzahl der Gefangenen unter dem Druck des gefürchteten Gerichts und in der Angst vor dem schrecklichsten Tode dem so begeistert und freudig angenommenen evangelischen Glauben [...] entsagt hat [...]. Um das eigene elende Leben zu retten, beeilte man sich, die Genossen durch umfassende Geständnisse ihrer

---

48 Schäfer, S. 77.
Zu den einzelnen Märtyrerakten, an denen sich die Zahl der Protestanten in Valladolid ablesen läßt, s. Schäfer, *Beiträge zur Geschichte des spanischen Protestantismus und der Inquisition im 16. Jahrhundert*, Bd. 2.

49 Man bezeichnete in Spanien, ähnlich wie in Frankreich bis zum Beginn der Religionskriege, die Protestanten allgemein als Lutheraner, so daß der von der Inquisition in einem bestimmten Kontext verwandte Begriff des Lutheraners nicht auf einen Lutheraner, sondern erst einmal nur allgemein auf einen Protestanten schließen läßt.

50 Vgl. Schäfer, „Sevilla und Valladolid. Die evangelischen Gemeinden Spaniens im Reformationszeitalter", S. 98.

51 Vgl. S. 94-95.

52 Zur Verfolgung der spanischen Protestanten durch Spione der Inquisition, besonders in den Niederlanden, s. den Artikel von Kinder, „ The pursuit of Spanish Heretics in the Low Countries: the activities of Alonso del Canto, 1561-1564".

53 Vgl. Schäfer, S. 100-101.

54 Menéndez y Pelayo, Bd. 5, S. 121.

> Verfehlungen preiszugeben, während die eigene Anteilnahme an der Ketzerei so geringfügig wie möglich dargestellt wurde [...].[55]

Einigen Protestanten vergab die Inquisition und führte sie unter Bußstrafen als sogenannte 'Versöhnte' in den Schoß der Kirche zurück; die meisten überantwortete sie jedoch als der weltlichen Macht 'Übergebene' den 'reinigenden' Flammen des Scheiterhaufens: das erste Autodafé fand in Valladolid am 21. Mai 1559 statt, gefolgt von dem zweiten am 8. Oktober desselben Jahres, dem der „Rey prudente" als Augenzeuge selber beiwohnte.

Nach Aushebung der protestantischen Glaubenskreise gab es nur noch, ähnlich wie vorher, vereinzelte spanische Protestanten, wie Menéndez y Pelayo zu verstehen gibt: „ Recojamos [...] los escasos y aislados rastros de Luteranismo fuera de Valladolid y Sevilla. La tarea es fácil y breve [...]."[56] Folgende Spuren des Protestantismus lassen sich außerhalb der erwähnten Zirkel finden, wobei die nachfolgend aufgeführten Autodafés nicht als ausschließlicher Prozeß gegen Protestanten, sondern als Prozeß zu verstehen sind, bei dem *auch* Protestanten abgeurteilt und entweder als „reconciliados" unter Strafe wieder in die Kirche aufgenommen oder als „relajados" zum Tode verurteilt wurden:

- in Murcia gab es zwei Autodafés, am 8. September 1560 und am 20. Mai 1563;
- in Toledo gab es jeweils ein Autodafé am 25. Februar 1560, am 9. März 1561 und am 17. Juni 1565, wobei letzteres ein Prozeß gegen ca. 40 in Toledo ansässige französische Protestanten war.[57]

Nachdem die drei protestantischen Glaubenskreise Cuenca, Sevilla, Valladolid ausgehoben, Protestanten in anderen Teilen Spaniens dem Autodafé übergeben und schließlich im Jahre 1568 und 1570 einige der 'Versöhnten' von Valladolid als Rückfällige zum Tode verurteilt worden waren, war die Kraft des Protestantismus in Spanien gebrochen - das Land war im Grunde wieder ausnahmslos katholisch[58] und durfte sich nun wieder rühmen, das „allerkatholischste"[59] zu sein.

---

[55] Schäfer, S. 101-102.

[56] Menéndez y Pelayo, Bd. 5, S. 116.

[57] Vgl. Ernst Schäfer, „Die Vereinigung französischer Protestanten zu Toledo um die Mitte des 16. Jahrhunderts", *Zeitschrift für Kirchengeschichte* 21 (1901), S. 399-434.

[58] Nach 1570 gab es noch vereinzelte Spuren von Protestantismus. So weist Menéndez y Pelayo, Bd. 5, S. 116 ff., noch auf folgende Autodafés hin, bei denen neben Juden und Mauren auch Protestanten verurteilt wurden:

- in Toledo am 4. Juni 1571 und am 18. Dezember 1580

3 IM 'DESINTERESSIERTEN' ITALIEN

3.1 Italien im Zeitalter der Reformation

Im Gegensatz zu den Ländernamen *Frankreich* und *Spanien*, die schon im 16. Jahrhundert einen Staat im völkerrechtlichen Sinn bezeichneten,[60] darf der Name *Italien*, der schon seit der Zeit Diokletians das ganze Territorium meint,[61] das das heutige italienische Staatsgebiet umfaßt, im 16. Jahrhundert nur im geographischen Sinne verstanden werden. Im politischen Sinn muß die Apenninenhalbinsel im „Cinquecento" in vier Zonen aufgeteilt werden: das zu Spanien gehörende Königreich Neapel, das Patrimonium Petri, die (sich bis zur dalmatinischen Küste erstreckende) unabhängige Republik Venedig, die verschiedenen (Mark-) Grafschaften, Herzogtümer und Republiken Oberitaliens, die allesamt infolge der Staufer-Zeit zumindest nominell noch zum Heiligen Römischen Reich deutscher Nation gehörten.

- in Logroño und in Granada im Jahre 1593
- in Cádiz, wobei die bei den hier durchgeführten Autodafés verurteilten Protestanten bis auf einen alle Ausländer waren.

Die wenigen bei den genannten Autodafés abgeurteilten „luteranos" sind aber für den Protestantismus in Spanien so unbedeutend, daß McCrie, S. 336, dessen Ende auf das Jahr 1570 festlegt: „ The year 1570 may be fixed upon as the period of the suppression of the reformed religion in Spain. After that date, protestants were still discovered at intervals by the Inquisition, and brought out in the auto-de-fe; but they were 'as the gleaning grapes when the vintage is done'."

[59] Im 16. Jahrhundert sprach man in Zusammenhang mit Spanien, weil es den Katholizismus so energisch verfocht, auch vom „allerkatholischsten" oder „allerchristlichsten" Spanien. Allerdings weist Joseph Perez, „La unidad religiosa en la España del siglo XVI", in: Pedro M. Piñero Ramírez y Rogelio Reyes Cano (Hrsg.), *Seis lecciones sobre la España de los Siglos de Oro* (homenaje a Marcel Bataillon), Sevilla 1981, S. 97-110, darauf hin, daß im 16. Jahrhundert einige der bedeutendsten Nicht-Spanier - hierzu gehören u.a. Erasmus und Rabelais - Skepsis hinsichtlich der 'Katholizität' der Spanier anmeldeten, die man noch mit dem Erbe der „convivencia" belastet glaubte.

[60] Ein Staat wird gemäß der Dreielementelehre durch das Staatsgebiet, das Staatsvolk sowie durch die Staatsgewalt konstituiert. Vgl. z.B. Hans-Wolfgang Arndt u. Walter Rudolf, *Öffentliches Recht*, München [7]1989, S. 27 ff.

[61] Schon in den ersten Jahrzehnten des 3. Jahrhunderts v.Chr. bezeichnete der Name *Italien* das sich vom Arno bis zur Meerenge von Messina erstreckende Gebiet; unter Oktavian verstand man dann unter Italien das ganze Territorium zwischen den Alpen und Sizilien; unter Diokletian weitete sich der Name schließlich auch auf die Inseln Sizilien, Sardinien und Korsika aus, so daß man seit jener Zeit mit Italien das Gebiet in seinen heutigen Grenzen bezeichnet (sieht man einmal von dem heute zu Frankreich gehörenden Korsika ab). Vgl. *Enciclopedia italiana di scienze, lettere ed arti*. Istituto della enciclopedia italiana fondata da Giovanni Treccani, Bd. 19, Rom 1951, S. 694, s.v. „Italia".

Diese Parzellierung in politisch vier verschiedene Zonen macht verständlich, daß es auf der Apenninenhalbinsel keine einheitliche Regelung der verschiedenen Angelegenheiten gab, zumal das nominell noch zu Deutschland-Habsburg gehörende Reichsgebiet Oberitaliens seinerseits auch noch in verschiedene (Mark-) Grafschaften, Herzogtümer und Republiken aufgeteilt war.

Fast zeitgleich mit der lutherischen Reformation in Deutschland erhob sich der Kampf um die Apenninenhalbinsel zwischen den Herrschern Franz I. und Karl V., die wie ihre Nachfolger das politische Leben Italiens - die Republik Venedig und das Patrimonium Petri können noch ihre Handlungsfreiheit wahren - durch ihre Kriege bestimmten: „Die einzelnen Staaten der Halbinsel werden zu Schachfiguren im politischen Spiel der Großmächte, die keine Eigenbewegung mehr besitzen, von den Spielern nach ihrem Gutdünken benutzt und gelenkt."[62] Das Ringen der beiden Herrscher um Italien sowie das stete von eigenen Interessen bestimmte Lavieren der Päpste zwischen diesen beiden führte bald zu politischen Veränderungen, von denen die folgenden nicht unerheblich für das Los des Protestantismus auf der Apenninenhalbinsel gewesen zu sein scheinen:

- Das Herzogtum Mailand ist von 1515-1525 unter französischer Herrschaft, wird aber Franz I. nach der Schlacht bei Pavia im Jahre 1525 entzogen und erneut der Sforzadynastie anheimgegeben; als diese im Jahr 1535 erlischt, zieht Karl V. es als erledigtes Reichslehen ein.
- Als Reaktion auf diese politische Umwälzung besetzt Franz I. im Jahre 1536 das Herzogtum Savoyen, das bis zum Frieden von Cateau-Cambrésis unter französischer Herrschaft bleibt (die Markgrafenschaft Saluzzo bleibt es auch noch nach 1559).
- Paul III., noch tief im Renaissancepapsttum mit seinem politischen Nepotismus verwurzelt, gründet 1545 wider den Willen von Karl V. und einem Großteil der Kardinäle für seinen Sohn Pierluigi Farnese das Herzogtum Parma-Piacenza.
- Im Jahre 1555 annektiert das Herzogtum Florenz die Republik Siena und weitet sein Gebiet aus.
- Im Zusammenhang mit der Einverleibung der Republik Siena durch das Haus Medici (das dank des Eingreifens von Karl V. seit dem Jahr 1530 wieder das Herzog-

---

[62] Michael Seidlmayer, *Geschichte Italiens*, Stuttgart ^{2}1989, S. 303.

tum Florenz regiert) entsteht im Jahr 1557 der „Stato dei Presidi“[63], der das Fürstentum von Elba und Piombino sowie einige kleine Orte der ehemaligen Republik Siena umfaßt; der „Stato dei Presidi“ untersteht genau wie Mailand direkt den Spaniern.

Als im April 1559 der Friede von Cateau-Cambrésis den ersten großen Kampf zwischen den beiden Mächten Frankreich und Spanien zum Abschluß gebracht hatte, war Spanien der große Gewinner auf der Apenninenhalbinsel: ihm gehörten nun nicht nur wie zu Beginn des Jahrhunderts Neapel-Sizilien und Sardinien, sondern auch die Lombardei und der „Stato dei Presidi“. Mit dieser Umklammerung durch die Spanier gerieten auch der Kirchenstaat und die anderen Herzogtümer, (Mark-) Grafschaften und Republiken, die nach wie vor zumindest nominell noch zu Deutschland-Habsburg gehörten, immer stärker unter Druck.[64] Nur die Republik Venedig berührten die verschobenen Machtverhältnisse auf der Apenninenhalbinsel nicht; sie hatte es geschafft, ihre schon lange währende Unabhängigkeit zu wahren.

Aus diesem kurzen Abriß über das Italien des 16. Jahrhunderts wird ersichtlich, daß der Protestantismus auf der Apenninenhalbinsel nicht nur aufgrund der zahlreichen Staaten nicht überall den gleichen Eingang finden konnte, sondern selbst auch in einem bestimmten Gebiet, infolge der von Frankreich und Spanien hervorgerufenen politischen Veränderungen, in Abhängigkeit vom Zeitpunkt ein unterschiedliches Los erfahren mußte. Letzterer Aspekt trifft vornehmlich auf die Herzogtümer Mailand und Savoyen zu. Es scheint folglich angemessen, die Frage nach dem Verhältnis von Italien und Protestantismus auf die Frage nach dem Verhältnis von Protestantismus und den verschiedenen italienischen Staaten sowie auf die Frage nach der Entwicklung des Protestantismus in den einzelnen Staaten unter Berücksichtigung der spanischen oder französischen Einflüsse auszuweiten. Eine solche analytische Vorgehensweise, die in bezug auf den Protestantismus die fremdherrschaftlichen Einflüsse auszumachen sucht, wird die ‘wahrhafte’ Haltung der Italiener gegenüber den ‘Heterodoxien’ verdeutlichen.

---

[63] Nach der alten italienischen Schreibweise auch: „Stato degli Presidi“.

[64] Vgl. S. 309.

3.2 Der Protestantismus und der Protestant in den italienischen Staaten

3.2.1 Die italienischen Staaten unter fremder Herrschaft

Wie nach Frankreich und Spanien drang spätestens[65] von 1519 an das Luthertum auch in das Herzogtum Mailand ein; das ergibt sich aus dem (oben im Zusammenhang mit der Ausbreitung der Reformation nach Frankreich und Spanien erwähnten) Brief Frobens an Martin Luther. Dort heißt es nämlich, daß Bücher nicht nur nach Frankreich und Spanien verschickt worden sind, sondern es ist auch die Rede von einem Buchhändler aus Pavia: „Calvus quoque bibliopola Papiensis, vir eruditissimus et Musis sacer, bonam libellorum partem in Italiam deportavit, per omnes civitates sparsurus."[66] Schon bald zeigten die in die Mailänder Gegend in immer größeren Mengen eindringenden reformatorischen Schriften (die ab dem Jahr 1525 auch ins Italienische übersetzt wurden)[67] ihre Wirkung: im Jahre 1521 verkündigte ein Prediger die 'neuen Ideen', drei Jahre später gab es die ersten Anhänger der Reformation.[68] Wenn die reformatorische Bewegung in der Lombardei in den folgenden Jahren einen stets größer werdenden Umfang erreichte, dann lag das nicht nur an der stets umfangreicheren Einfuhr reformatorischer Schriften - zu den lutherischen kamen nun auch die zwinglianischen -, sondern auch am Zustrom aus der Eidgenossenschaft flüchtender Zwinglianer. Zwar hatte Papst Klemens VII. schon im Jahre 1528 seine Bischöfe mittels eines Rundschreibens aufgefordert, gegen die 'Häretiker' vorzugehen und die Hartnäckigen unter ihnen mit schwerer Strafe zu belegen, doch zu einer Durchführung dieser päpstlichen Anordnung scheint es in den darauffolgenden Jahren im Herzogtum Mailand genauso wenig gekommen zu sein wie in den anderen italienischen Staaten: „Tout se passa encore en paroles, en rapports et en projets; en fait, on ne fit rien."[69] Wenn, wie Brown schreibt, die Kirche ab 1535 im Herzogtum Mailand dezidiert

---

[65] Rodocanachi, *La Réforme en Italie*, S. 1, ist der Überzeugung, daß schon im Jahr 1518 lutherische Schriften in der Poebene im Umlauf gewesen seien (wofür er allerdings keine Belege anführt): „Dans le cours de l'année 1518, les premiers livres hérétiques firent leur apparition dans la vallée du Pô [...]."

[66] Luther, *Briefwechsel*, Bd. 1, N°149.

[67] Vgl. Caponetto, *La Riforma protestante nell'Italia del Cinquecento*, S. 33 ff.

[68] Vgl. Brown, *Italy and the Reformation*, S. 78 u. 81.

[69] Rodoncanachi, S. 17.

gegen die Protestanten vorging,[70] dann scheint der Zeitpunkt für das massive Vorgehen nicht zufällig zu sein: im selben Jahr nämlich erlosch die Sforzadynastie und gelangte die Region unter spanische Vorherrschaft. In den darauffolgenden Jahren wurden die Maßnahmen gegen die 'Häretiker' verschärft (deren Zentrum die Gegend um Cremona war)[71], wobei ein im Jahr 1538 erlassenes Edikt den Besitz von protestantischen Schriften unter Strafe stellte und im Jahr 1542 die Inquisition eingesetzt wurde, die der Papst im gleichen Jahr ins Leben gerufen hatte und die ein Abbild der spanischen Inquisition war.[72] Mit der Ernennung Philipps II. zum König von Spanien im Jahr 1556 wurden die Repressionen gegen die Protestanten in dem Gebiet von Mailand verschärft. Im selben Jahr ordnete auch Paul IV. (der selbst den Vorsitz des Inquisitionstribunal führte) rigorose Maßnahmen zur Unterdrückung des Protestantismus an, die von seinen Nachfolgern aufrechterhalten, wenn nicht sogar verschärft wurden.

Wenn das Eindringen lutherischer Schriften in das Herzogtum Mailand hier mit dem Jahr 1519 angegeben worden ist, dann stellt sich die Frage, wie es in Hinblick auf den Bücherhandel um die anderen Staaten Italiens bestellt war. In dem von Froben an Luther gerichteten Brief heißt es, daß der Buchhändler aus Pavia die Schriften in allen Städten verteilen werde: „Calvus [...] bonam libellorum partem in Italiam deportavit, per omnes civitates sparsurus."[73] Es ist zwar wenig wahrscheinlich, daß er die Bücher bis in die Städte Mittel- und Süditaliens brachte, jedoch durchaus möglich, daß er sie in den Städten der norditalienischen Staaten verteilte.

Hiervon ausgehend kann man hypothetisch sagen, daß lutherische Schriften auch schon gegen das Jahr 1519 in dem an die Lombardei angrenzenden Piemont-Savoyen kursierten. Allerdings ist erst für das Jahr 1523 das Eindringen der Reformation in

---

[70] Vgl. Brown, S. 81-82; vgl. auch Rodocanachi, S. 338.

[71] Vgl. Welti, *Kleine Geschichte der italienischen Reformation*, S. 59 ff.

[72] Zwar gab es in Frankreich und Italien auch schon vor dem Jahr 1542 eine Inquisition, doch unterschied sie sich deutlich von der berüchtigten spanischen Inquisition, die eine selbständig arbeitende Institution mit judikativer Gewalt (ähnlich den Gerichten) war. In Frankreich und Italien hingegen war vor 1542 die Inquisition nichts anderes als das Wachen einzelner Personen über die Orthodoxie der Bewohner; diese dem Bischof unterstellten Personen besaßen jedoch keine rechtsprechende Gewalt und mußten alle denunzierten 'Häretiker' dem Bischof selbst anheimgeben, der sich häufig nur mit großer Nachlässigkeit um die Ketzer-Prozesse kümmerte. Im Jahr 1542 wurde auch in Italien eine Inquisition geschaffen, die wie die spanische organisiert war; allerdings scheint die italienische Inquisition weniger schrecklich gewesen zu sein als die spanische; so schreibt McCrie, S. 267: „It has been observed, that the procedure of the inquisition was milder in Italy than in Spain."

diese Gegend dokumentiert, und zwar durch Celio Secondo Curione,[74] einen Turiner Studenten, dessen Interesse für die 'Häresie' aus eines Augustiner-Mönchs mahnenden Worten - das Wettern gegen das Luthertum war hier wie in so vielen anderen Fällen kontraproduktiv - erwachsen war.[75] Noch im selben Jahr ergriff der Bischof des Aosta-Tals Maßnahmen gegen die stets zahlreicher werdenden Anhänger der Reformation, die auch in den folgenden Jahren von Repressionen und Verfolgungen nicht verschont blieben. Eine systematische und rigorose Verfolgungspolitk wurde in Savoyen-Piemont dennoch erst mit der Besetzung des Gebietes durch die Franzosen eingeleitet, die ihre zunehmend radikale antiprotestantische Haltung ebenfalls auf den annektierten Alpenstaat ausweiteten. Doch diese durch königliche Edikte angeordnete strenge antiprotestantische Politik wurde von den französischen Gouverneuren keineswegs immer rigoros umgesetzt, da diese oft selbst zur evangelischen Anschauung neigten.[76] Diese philoprotestantischen französischen Gouverneure[77] sind die Erklärung dafür, daß die evangelische Anschauung trotz ihrer Verdammung durch den französischen König sich in Piemont-Savoyen ausbreiten konnte. Zu ihrer Ausbreitung trugen auch die im französischen Dienst stehenden deutschen und schweizerischen Soldaten bei, von denen viele selbst dem Protestantismus anhingen und sich nun als eifrige Katechisten erwiesen. Sein faktisches Schicksal erfuhr der Protestantismus schließlich, als infolge des Friedenvertrages von Cateau-Cambrésis am 3. April 1559 dem Herzog von Savoyen sein ganzes Territorium zurückgegeben wurde. Schon zu Beginn des Jahres 1560 erließ Emmanuel-Philibert ein Edikt, das die Ausübung des protestantischen Kultes unter Strafe stellte, wobei er besser als einst die französischen Monarchen die Einhaltung der Anordnung kontrollieren konnte. Während es im Jahre 1561 durch den Pakt von Cavour vorerst zur Aussöhnung zwischen dem Herzog und den Waldensern kam, die fortan eingeschlossen in ihren Alpentälern lebten, wurde die systematische Zerstörung des Protestantismus weiter vorangetrieben: „Nel ventennio

---

73 Luther, *Briefwechsel*, Bd. 1, N°149.

74 „The most eminent Piemontese to join the Reformation party was Curione, the youngest of a family of twenty-three children", schreibt Brown, S. 74. Bekannt als Anhänger der Reformation ist Celio Secondo Curione wegen seiner bis heute noch erhaltenen theologischen Schriften *Pasquillus ecstaticus* und *De amplitudine beati regni Dei* sowie seiner Brieffreundschaft mit Olympia Fulvia Morata.

75 Vgl. Brown, S. 63.

76 Vgl. S. 71-74, und Rodocanachi, S. 447.

77 Zu den Namen einiger proprotestantischer Gouverneure, s. Caponetto, S. 154-155.

1560-1580 Emanuele Filiberto, con l'abilità, l'accortezza, la forza e la crudeltà di un vero principe del Rinascimento, attuò il piano, predisposto fin dal rientro nel ducato, della sistematica distruzione delle comunità riformate. Alla sua morte ben poco rimase dell'organizzazione delle fiorenti comunità [...]."[78]

Genauso wie das Herzogtum Mailand und der 'Stato dei Presidi' stand der Süden Italiens, d.h. das Königreich Neapel, das Königreich Sizilien und das Königreich Sardinien, unter direkter spanischer Vorherrschaft. Im Gegensatz zu den beiden Staaten Norditaliens jedoch war der Süden Italiens schon vor dem Ausbruch der Reformation in spanischer Hand, und besonders Sizilien und Sardinien, die schon seit dem Ende des 13. bzw. Anfang des 14. Jahrhunderts unter aragonischer Herrschaft standen, waren auch in kultureller Hinsicht bis zu einem gewissen Grad 'hispanisiert'. So nimmt es nicht wunder, daß die rigorose spanische Inquisition sich hier - wenn auch nur unter Widerstand - durchsetzen konnte,[79] wohingegen ihre Einführung in dem erst seit 1458 zu Aragon gehörenden Königreich Neapel trotz mehrfacher Versuche genauso an der Gegenwehr der Bevölkerung scheiterte[80] wie im Territorialstaat Mailand[81]. Auf Sizilien arbeitete die Inquisition schon bald nach ihrer Einführung mit der gleichen 'Effektivität' wie auf der iberischen Halbinsel: im Jahr 1541 fielen dreiundzwanzig Leute, davon neunzehn Juden und drei Lutheraner, einem Autodafé zum Opfer; im Jahre 1549 wurden zwei weitere 'Häretiker' hingerichtet und im Jahre 1551 wiederum zwei. In den darauffolgenden Jahren kam es zu weiteren Hinrichtungen: „Presque chaque année avaient lieu des exécutions solennelles auxquelles le public était convoqué par des ordonnances [...]."[82]

Die spanische Inquisition war zwar auch auf Sardinien vertreten, doch anders als auf Sizilien mußte sie hier nicht gegen 'Heterodoxe' vorgehen - sieht man einmal von dem Autodafé in Sassari im Jahre 1590 ab, bei dem drei protestantische Handwerker aus dem Piemont zur Buße gezwungen wurden. Sechs protestantische Sarden hingegen hatten zuvor die Insel verlassen: fünf von ihnen erreichten wohlbehalten

---

[78] S. 171.
[79] Zu einer genauen Schilderung der Ereignisse, s. Rodocanachi, S. 173-192.
[80] Zu einer genauen Schilderung der Ereignisse, s. S. 162-172.
[81] Einige Jahre nach der Ernennung von Philipp II. zum König von Spanien, d.h. im Jahr 1563, versuchte man die spanische Inquisition in dem mailändischen Territorialstaat einzuführen, was jedoch am Widerstand der Bevölkerung scheiterte.
[82] S. 187; zur Liste der Hingerichteten, s. S. 187 ff.
Zum Protestantismus auf Sizilien, s. Caponetto, *Studi sulla Riforma in Italia*, S. 13-196.

Genf, der sechste, Sigismondo Arquer, wurde nach mehr als sieben Prozeßjahren in Toledo im Juli 1571 hingerichtet.[83]

Im Königreich Neapel gab es zwar keine spanische Inquisition, doch praktizierte man auch hier in bezug auf die namentlich in Neapel, Salerno und einigen Teilen Kalabriens anzutreffenden Protestanten[84] eine repressive Verfolgungspolitik: im Jahre 1536 untersagte der Vizekönig Pedro de Toledo auf Befehl Karls V. den Besitz sämtlicher 'häretischen' Schriften und rief die Priester zur Wachsamkeit gegenüber 'Irrgläubigen' auf; im Jahr 1541 kam es zu Verurteilungen, die auch in den darauffolgenden Jahren nicht abrissen, zumal ab 1544 die Lektüre jedweder vor 1519 gedruckten Schrift einer besonderen Genehmigung bedurfte. Mit der Thronbesteigung Philipps II. kam es im spanischen Süditalien wie in der spanischen Lombardei zu einer noch rigoroseren Verfolgungspolitik als sie ohnehin schon an der Tagesordnung stand.

3.2.2 Die unabhängige Republik Venedig

Für das Eindringen der Reformation in das Herzogtum Mailand ist oben als frühester bekannter Zeitpunkt das Jahr 1519 genannt worden. Daß die lutherischen Ideen auch schon zu diesem Zeitpunkt in dem angrenzenden Savoyen-Piemont kursierten, ist angenommen worden. Gewißheit besteht darüber, daß in der unabhängigen Republik Venedig das Luthertum schon früh im Umlauf war; dies läßt sich einem dort im September 1520 aufgesetzten Brief[85] sowie der Tatsache entnehmen, daß ein dort ansässiger deutscher Buchhändler schon im August 1520 wegen des Verkaufs lutherischer Schriften mit den Behörden in Konflikt gekommen war.[86] Anders aber als in Frankreich und Spanien wurde die Verdammung Luthers durch den Papst nicht oder nur halbherzig von der weltlichen Gewalt in der Seefahrer-Republik gestützt; sie nahm auch in den darauffolgenden Jahren gegenüber der reforma-

---

[83] Zum Protestantismus auf Sardinien, s. Caponetto, *La Riforma protestante nell'Italia del Cinquecento*, S. 433 (der übrigens der einzige in der einschlägigen Forschung zu sein scheint, der die Situation des Protestantismus auf Sardinien untersucht hat).

[84] Zu den Stätten des Protestantismus im Königreich Neapel, s. Welti, S. 31-32.

[85] Vgl. McCrie, *History of the progress and suppression of the Reformation in Italy in the sixteenth century*, S. 33.

torischen Bewegung keine dezidierte ablehnende Haltung ein. Man könnte die Haltung der Republik Venedig in jenem Zeitraum hinsichtlich der Reformation als ambivalent einstufen, denn einerseits wurde schon im Jahre 1526 ein Mönch auf Veranlassung der Podestà von der weltlichen Macht in Brescia hingerichtet und kam es im Jahr 1527 in Venedig zu einer öffentlichen Bücherverbrennung, andererseits wurden oft weitere Maßnahmen zur Eindämmung der 'neuen' Lehre verworfen, und nicht selten genau dann - so scheint es - , wenn diese von der katholischen Kirche eingefordert wurden. Die Reformation war gewiß eine 'Ketzerei', die die katholische Kirche besiegt sehen wollte, aber sie bot der Republik Venedig auch lange Zeit die Möglichkeit, ihre Unabhängigkeit gegenüber dem Papst zu demonstrieren. In dieser Phase der 'laxistischen' Haltung Venedigs gegenüber der Reformation kam es zu ihrer Ausbreitung: „The evangelical doctrine had made such progress in the city of Venise between the years 1530 and 1542, that its friends [...] held deliberations on the propriety of organizing themselves into regular congregations, and assembling in public."[87] Erst im Jahr 1542, als der Papst die Inquisition nach spanischem Muster ins Leben rief, nahm die weltliche Gewalt eine entschiedenere Haltung gegenüber der protestantischen Lehre an[88] und schwenkte so auf den von der katholischen Kirche eingeschlagenen Kurs ein: Sie machte nun und in den folgenden Jahren Front gegen die in der Republik weit verbreiteten 'häretischen' Ideen[89] (die indessen nicht nur reformatorisch, sondern auch täuferisch geprägt waren)[90], so daß viele Protestanten die Flucht ergriffen oder sich im Kerker wiederfanden.[91] Im Jahr 1546 richtete der

---

86 Vgl. Paul F. Grendler, „The circulation of protestant books in Italy", in: Joseph C. McLelland (Hrsg.), *Peter Martyr Vermigli and Italian Reform*, Waterloo (Kanada) 1980, S. 5-16, hier S. 6.

87 McCrie, S. 94.

88 Vgl. Brown, S. 137.

89 Vgl. S. 137 ff.

90 Vgl. Welti, S. 77; über das quantitative Verhältnis von Reformation und Täufertum in der Republik Venedig schreibt Welti, S. 80: „Es [sc. das Täufertum] war mindestens so verbreitet wie der konservative Protestantismus oder sogar weiter verbreitet." Caponetto, S. 249, weist allerdings darauf hin, daß das Täufertum im Veneto, das dort von einer (der Forschung noch unbekannten) Person namens Tiziano verbreitet wurde, ein 'schweizerisches' Täufertum war, d.h. durch die von den Zürichern Conrad Grebel, Simon Stumpf und Felix Manz ausgearbeiteten Dogmen gekennzeichnet war: „Le dottrine diffuse [...] da un enigmatico personaggio, concordemente indicato in tutte le fonti con il nome di Tiziano, non hanno nulla in comune con l'anabattismo rivoluzionario di Thomas Müntzer [...]. Il misterioso personaggio [...] aveva accetto le dottrine anabattiste di origine svizzera."

91 Zu den Namen der bekanntesten geflüchteten oder inhaftierten Protestanten in der Republik Venedig, s. Caponetto, S. 58 ff.

Papst einen Brief an den Senat der Republik Venedig, in welchem er sich über die Ausbreitung des Protestantismus in Vicenza beklagte; dieser Beschwerde wurde alsbald nachgegangen, und zur gleichen Zeit ordnete man in allen Teilen der Republik an, daß über die Orthodoxie gewacht werden sollte. Im Jahr 1548 erfolgte ein Edikt, das die Herausgabe aller 'ketzerischen' Schriften anordnete. Ungefähr zur gleichen Zeit trat die Republik ein Teil ihrer jurisdiktionalen Gewalt den kirchlichen Behörden ab, die nun selbst das Recht hatten, im Prozeß gegen die 'Häretiker' die Tortur anzuwenden und das Todesurteil auszusprechen. Aufgrund dieser Regelung zugunsten der Inquisition konnte später das von Papst Paul IV. und dessen Nachfolger Pius IV. eingeleitete massive Vorgehen gegen die Protestanten auch in der Republik Venedig wirksam werden: Spätestens von 1560 an[92] kam es in der Republik Venedig und in Venedig selbst zu Hinrichtungen, zumeist durch Ertränken, die auch unter dem 1566 auf den Papstthron gestiegenen Pius V. und dessen Nachfolgern andauerten.

3.2.3 Der Kirchenstaat

Daß die lutherische Reformation schon im Jahr 1519 ihren Weg bis nach Rom gefunden hatte, belegt ein dort im gleichen Jahr aufgesetzter Brief, auf den McCrie verweist: „A letter has [...] been preserved, written about this time [sc.1519] by an individual in Rome, and applauding the spirit and writings of Luther."[93] Fast zwanzig Jahre lang zirkulierten lutherische Schriften mehr oder weniger ungehindert im Kirchenstaat, bis es im Jahr 1538 in Bologna zur ersten öffentlichen Bücherverbrennung kam. Fünf Jahre später wurde ein strenges Edikt erlassen, das die Verbreitung 'ketzerischer' Schriften im Kirchenstaat verbot. Wieviele zum Protestantismus Konvertierte es zu jener Zeit gab, kann heute nicht genau gesagt werden. Brown erachtet die bisweilen vorgebrachte Zahl von 6000 Protestanten für die Stadt Bologna als übertrieben: „Although the converts were numerous, it was probably an exaggeration on Altieri's part when he wrote to Germany that a Bolognese nobleman was, if a war against the Pope were deemed necessary by the Protestants, prepared to lead six

---

[92] Bruto Amante, *Giulia Gonzaga*, Bologna 1896, S. 265, legt den ersten Märtyrer-Tod auf das Jahr 1548 fest, wohingegen McCrie, S. 232 ff., die erste Hinrichtung im Jahr 1560 erfolgt glaubt.

[93] McCrie, S. 32-33.

thousand men into the field."[94] Neben Bologna gab es auch in Ravenna und in Faenza Protestanten. Sie scheinen allerdings im gesamten Kirchenstaat nicht sehr zahlreich gewesen zu sein. Mit der durch Paul IV. eingeleiteten und von seinen Nachfolgern weitergeführten strengen Verfolgungspolitik verschwanden sie fast gänzlich: im Jahr 1568 betrug z.B. in Faenza die Anzahl der Protestanten nur sechzig.

3.2.4 In den Herzogtümern und (Mark-)Grafschaften Italiens

„The Lutheran Reformation reached Mantua somewhat later than most other places in Italy," schreibt Brown.[95] Hiervon und von der These ausgehend, daß im Jahr 1519/1520 lutherische Schriften die meisten Landesteile Italiens erreicht hatten,[96] muß man das Eindringen von reformatorischem Schriftgut nach Mantua auf den Beginn der zwanziger Jahre festlegen. Während in dem von den Spaniern besetzten Herzogtum Mailand und in dem von den Franzosen eingenommenen Savoyen-Piemont die Reformation schon mit Beginn der jeweiligen 'Fremdherrschaft' unterdrückt wurde, wobei die französische Repressionspolitik in Savoyen-Piemont zuweilen nur theoretischen Charakter hatte, scheint es in der Markgrafschaft Mantua wie in der Republik Venedig lange Jahre eine gewisse religiöse Freiheit gegeben zu haben: „[...] towards 1541, discussion became very free in Mantua. The subjects of Papel power, intercession of saints, fasting, and confession, became very topical, as did also the freedom of will and predestination - terms as widely spread as they were suspiciously viewed by the Roman Church."[97] Eine Wendung erfolgte jedoch schon im selben Jahr, und gemäß der erlassenen Ordonnanzen waren von nun an alle Anhänger der 'neuen Ideen' mit Strafe zu belegen; im Jahr 1545 wurden offiziell Verfolgungen angeordnet. Von 1555 an machte sich auch hier die antiprotestantische repressive Haltung des Papstes Paul IV. und seiner Nachfolger bemerkbar: nach mehreren Verurteilungen und Hinrichtungen in den folgenden Jahrzehnten - im Jahr 1567 wurden zehn

---

[94] Brown, S. 198.

[95] S. 83; Hervorheb. d. Verf.

[96] Diese These scheint angesichts der o.a. Belege für ein Vorkommen von lutherischen Schriften in Pavia, Venedig und Rom im Jahr 1519/1520 durchaus haltbar.

[97] S. 84.

Protestanten auf den Scheiterhaufen gebracht - war am Ende der 80er Jahre die protestantische Bewegung in Mantua gebrochen.[98]

Wie die anderen Staaten war auch das von dem Haus der Este angeführte Herzogtum Modena bald mit reformatorischen Ideen in Kontakt gekommen, die im Jahr 1533 durch Pallavicino, der zuvor schon in der Republik Venedig einiges Aufsehen erregt hatte, noch weiter propagiert wurden. Zur Verbreitung des Protestantismus trugen auch die von Castelvetro und Grillenzone angeführten intellektuellen Kreise sowie ein gewisser Paolo Ricci bei, der im Jahr 1538 einen Kreis protestantisch Gesinnter um sich zu sammeln suchte, die schon bald ihre konfessionelle Anschauung nach außen trugen: „A controversial atmosphere being thus cultivated, the points at issue between Romanists and Protestants were discussed eagerly and by large numbers in the city, of all ranks and degrees of education."[99] Im März 1541 erließ Kardinal Gonzaga ein Edikt, das allen Bürgern Treue zur römisch-katholischen Kirche anordnete. Im Dezember desselben Jahres schaltete sich der Papst ein, und einige Monate später, im Juni 1542, wurden die Leute um Castelvetro sowie dieser selbst vom Kardinal Sadoleto aufgefordert, sowohl ihm als auch dem Papst ihre 'Treue' zu bezeigen; dieser Aufforderung kamen sie ohne Zögern nach. Im darauffolgenden Jahr wurde ein weiteres Edikt erlassen, das unter Androhung der Zwangsexilierung die Herausgabe 'ketzerischer' Schriften befahl. Mit der Flucht von Castelvetro und seines Gefolgsmannes Filippo Valentino im Jahre 1544 scheint das allgemeine Interesse für die protestantischen Ideen nachgelassen zu haben. Als auf Veranlassung von Pius V. den wenigen Protestanten von der Inquisition der Prozeß gemacht werden sollte, zeigten sich die meisten von ihnen sich reumütig und kehrten in den Schoß der katholischen Kirche zurück.[100]

Das ebenfalls vom Haus der Este angeführte Herzogtum Ferrara war selbst an seiner Spitze einige Zeit lang reformatorisch gefärbt; die mit dem Herzog verheiratete Renée de France, eine Tochter des Königs Ludwig XII., war nämlich schon in ihrer Jugendzeit unter ihrem Lehrer Lefèvre d'Etaples mit reformerischem Gedankengut vertraut gemacht worden. An ihrem Hof in Ferrara empfing sie viele Personen - darunter Clément Marot -, deren 'Orthodoxie' alles andere als eindeutig war. Selbst

---

[98] Vgl. Rodocanachi, S. 324 ff.
[99] Ebd.
[100] Vgl. Welti, S. 67.

Calvin soll unter dem Namen von Charles Hippeville[101] im Sommer 1536 bei ihr gewesen sein, und in den späteren Jahren stand sie nicht nur mit ihm, sondern auch mit Bullinger und Curione in Schriftverkehr. „Even if [...] we are uncertain of Renée's fidelity to the Reformation until late in life [sc.until she did not make her way to Montargis], the course of events in Ferrara during her residence there furnish us with abundant evidence of the spread of heresy in Ferrara, and show us how much that spread was aided by her presence and activity."[102] Allerdings ist nicht geklärt, wie weit die Reformation sich in Ferrara ausgebreitet hat. Fest steht, daß sie in den fünfziger Jahren zweimal entscheidend an Kraft verlor: „In the year 1550, the reformed church, which had subsisted for a number of years at Ferrara, was dispersed [...]."[103] Der zweite Schlag wurde der Reformation versetzt, als Renée de France nach dem Tod ihres Ehemannes Ferrara verließ. Hiernach verblieben nur noch einige wenige Anhänger der Reformation im Herzogtum, die auch bald den Verfolgungen zum Opfer fielen.

Auch in der Republik Lucca scheinen lutherische Schriften schon am Ende des zweiten Jahrzehnts des 16. Jahrhunderts in Umlauf gewesen sein. Im Jahr 1525 stellte ein Edikt den Besitz von 'häretischen' Schriften unter Strafe. „But the civil authorities were loath to carry out the edict: they were not in agreement with the Reformers, but they were not disposed to attack them."[104] Dieses fehlende Eingreifen der Behörden hatte zur Folge, daß die evangelische Anschauung sich gleichsam ungehindert in der kleinen Republik ausbreiten konnte. Im Juni 1542, als der Protestantismus seinen ersten Höhepunkt in Lucca erreichte, wurde die Kurie auf die 'Mißstände' aufmerksam, die die im Juli desselben Jahres ins Leben gerufene, sich am spanischen Modell orientierende Inquisition alsbald in die kleine toskanische Republik entsandte. Mehr widerwillig als zustimmend akzeptierten die politisch Verantwortlichen die Einmischungen des Papstes, der seinen Forderungen durch die Drohung, den 'allerchristlichsten' Kaiser zur Hilfe zu holen, ausreichend Nachdruck verlieh;[105] zu gut wußten nämlich die Lucchesen noch, daß zwölf Jahre zuvor mit des Kaisers Hilfe die Medici wieder an die Spitze Florenz gelangt waren. Der Unmut der Lucchesen

---

101 Vgl. McCrie, S. 70.
102 Brown, S. 104.
103 McCrie, S. 213.
104 S. 160.
105 Vgl. S. 163.

über den Einsatz der Inquisition findet ihren Ausdruck nicht nur in der an die stadtbekannten Protestanten gerichtete Warnung, die Flucht zu ergreifen, sondern auch in der in den folgenden Jahren nur mäßigen Umsetzung der päpstlich angeordneten Auslieferung von 'Ketzern'. Unbeschadet des wiederholten Drängens seitens von Rom, gegen die Protestanten strenger vorzugehen, kam es in Lucca zu keiner auf Ausrottung ausgerichteten Verfolgungspolitik durch die staatlichen Behörden. Mit der Einleitung der strengen Verfolgungspolitik durch Paul IV. änderte sich freilich auch die Situation der Protestanten in Lucca, so daß in jenem Jahr viele von ihnen die Flucht ergriffen. Zwischen 1558 und 1570 wurden in Lucca dreißig Verurteilungen wegen 'Häresie' ausgesprochen.[106]

Ähnlich wie in der Republik Lucca ist die Situation der Reformation in der Republik Siena, die, angetrieben und unterstützt von einigen Mitgliedern der beiden in Siena ansässigen Akademien, schnell Aufwind erhielt und sich bis zum Jahr 1541 relativ ungestört ausbreiten konnte. In jenem Jahr erging ein Erlaß, der den Besitz 'häretischer' Schriften mit der Todesstrafe belegte. Aber ähnlich wie in anderen Staaten Italiens scheint es hier nicht zur Ausführung der Vorschrift gekommen zu sein: „Like several other ordinances put forth in Italian cities, this one probably remained a dead letter [...].“[107] Sieben Jahre später, im Jahr 1548, wurde eine Kommission ins Leben gerufen, die den Buchdruck überwachte und die Verbrennung sämtlicher 'heterodoxen' Schriften anordnete. Zu repressiveren Maßnahmen scheint es allerdings in den darauffolgenden Jahren nicht gekommen zu sein; ganz im Gegenteil, man bemühte sich sogar um ein Verbleiben der deutschen Lutheraner und der französischen Calvinisten im toskanischen Siena.[108] Eine entscheidende Wende zu Ungunsten der Protestanten scheint auch hier erst nach 1555 eingetreten zu sein. Im Zeitraum von 1558-1560 scheint der Protestantismus in Siena seinen Höhepunkt erreicht zu haben, der nun allerdings nur noch verdeckt gelebt wurde.[109] „Zwanzig Jahre nach der Blütezeit des sienesischen Kryptoprotestantismus kam sein Ende. 1578 schwappte eine neue Woge der Verfolgung über die Stadt.“[110]

---

[106] Vgl. Rodocanachi, S. 405.
[107] McCrie, S. 182.
[108] Vgl. S. 182.
[109] Vgl. Welti, S. 47.
[110] Ebd.

Anders als in den toskanischen Republiken Lucca und Siena ist die Entwicklung des Protestantismus im Herzogtum Florenz: während die politisch Verantwortlichen von Siena und Lucca eine distanzierte Haltung zur katholischen Kirche einnahmen und ihre eigene Politik betrieben, die der evangelischen Anschauung nur mäßig feind war, gab es zwischen Florenz und Rom eine besonders enge Verbindung („Florence had lately seen two of her citizens advanced to the Papal throne; an intimate connection subsisted between her and Rome")[111], die sich auf die Verbreitung des Protestantismus nachteilig auswirkte. Zwar gab es auch in dem von Savonarola schon vorreformierten Florenz einige Protestanten,[112] doch scheinen die papsttreuen Medici sorgfältig über die Orthodoxie ihrer Bewohner gewacht haben. Im Jahr 1551 fand in Florenz - nachdem man dort schon einige Jahre vorher vereinzelte „luterani" gefangengenommen und verurteilt hatte - ein Autodafé nach spanischem Muster statt; hierbei wurden 15 'Ketzer' pönitentiert, d.h. zur Buße gezwungen, und ihre Bücher den Flammen überführt.[113] Jedoch im Gegensatz zum spanischen Autodafé wurden beim Autodafé in Florenz die „luterani" nobler Herkunft (deren Zahl sich auf zwanzig belief) von der Prozession dispensiert und wurde den Pönitentierten nur eine leichte Strafe auferlegt: „No pare siano state comminate pene severe."[114] Nach dem florentinischen Autodafé scheint es kaum noch Vorkommnisse in Hinblick auf den Protestantismus gegeben zu haben, denn die Inquisitionsakten der 1560er Jahre scheinen zu erkennen geben, daß man es „nunmehr in Florenz weniger mit 'Lutheranern' als vielmehr wieder mit der alten Kategorie von Kirchentreuen zu tun hatte, die in irgendwelcher Hinsicht von der Norm abwichen."[115] Die noch vereinzelt aufgespürten und angeklagten Protestanten wurden wie diejenigen beim Autodafé im Jahre 1551 mit einer milden Strafe belegt.[116]

---

111 McCrie, S. 78-79.
112 Vgl. Brown, S. 172-173.
113 Vgl. Caponetto, *Aonio Paleario (1503-1570) e la Riforma protestante in Toscana*, S. 88.
114 Ebd.
Rodocanachi, S. 392, spricht ganz im Gegensatz zu Caponetto von 22 Hingerichteten. Die neuere Forschung unter Caponetto scheint mit ihrer Aussage allerdings richtig zu liegen, da auch Welti im Zusammenhang mit den in Florenz verurteilten Protestanten nur von leichten Strafen spricht.
115 Welti, S. 51.
116 Ebd.

3.3 Der Protestantismus und die Italiener

Nach dieser Skizze des Protestantismus in den einzelnen Teilstaaten Italiens läßt sich zu dem Verhältnis von Italien und Protestantismus abschließend folgendes sagen: Die unter spanischer Herrschaft stehenden Staaten haben die 'neuen Ideen' früh bekämpft, so daß sie sich nicht ausbreiten konnten. Diese Vernichtungspolitik ist allerdings weniger den Italienern als vielmehr der 'Besatzungsmacht' zuzuschreiben, die ihre landestypische Haltung hinsichtlich des Protestantismus auch in den von ihr eingenommenen Staaten auf der Apenninenhalbinsel durchgesetzt hatte.

In den Staaten Italiens, die von Italienern regiert wurden, ist eine wesentlich liberalere Haltung gegenüber der evangelischen Anschauung zu beobachten als in den Gebieten unter spanischer Herrschaft, wobei das von Frankreich besetzte Piemont-Savoyen gewissermaßen eine Mittelstellung zwischen diesen beiden Blöcken einnimmt, insofern als es in bezug auf die Protestanten *de jure* den spanischen Staaten Italiens, *de facto* jedoch eher den italienischen Staaten Italiens nahestand. Für die relativ liberale Haltung hinsichtlich des Protestantismus sind unter den von Italienern regierten Staaten die unabhängige Republik Venedig und die kleine Republik Lucca bedeutsame Beispiele. Diese relative Toleranz gegenüber den Protestantismus nahm in den besagten Staaten erst ab, als Paul III. eine am spanischen Modell orientierte Inquisition ins Leben rief. Doch auch in den folgenden Jahren kam es noch zu keiner systematischen Verfolgung der Protestanten in diesen Staaten, was auch Brown betont: „There was no really systematic persecution of heretics there [sc. in Italy] until after our period [sc. until 1550], in spite of the fact that the Inquisition was reorganized on Spanish lines in 1542 to secure greater efficiency.“[117] Erst unter Paul IV.[118] kam es zu

[117] Brown, S. 55.

[118] Daß die Inquisition ihre volle Härte erst unter Paul IV. ausspielte, erklärt sich durch die Haltung von Paul III. und Julius III. zu den Protestanten: ersterer hatte nur auf Drängen des Bischofs Carafa, d.h. nur sehr halbherzig, die Inquisition als Repressionsinstrument für die Protestanten ins Leben gerufen, letzterer zeigte sich ziemlich langmütig gegenüber den 'Abgefallenen' und versuchte sie vor allem durch Nachsicht und Duldsamkeit in den Schoß der Kirche zurückzuführen; vgl. Rodocanachi, S. 78 u. S. 114.

einem radikalen Vorgehen und einem massiven Einsatz der Inquisition, die zum Lieblingsinstrument des Carafapapstes geworden war: [119]

> Geradezu mit Leidenschaft warf sich der Papst auf den Ausbau der Römischen Inquisition. Sie erhielt den Vorrang vor allen anderen Behörden [...]. Immer mehr konzentrierte sich das Interesse des Papstes auf die Inquisition, deren Sitzungen er nie versäumte.[120]

Während sein Nachfolger, Pius IV., noch einmal die Zügel lockerte - zahlreiche „Repressivmaßnahmen wurden widerrufen“[121] -, erhärtete sich der Kurs endgültig unter dessen Nachfolgern (vor allem unter dessen direktem Nachfolger, Pius V., der in Strenge dem Carafapapst nicht nachstand)[122], die als nachtridentinische Päpste auf die Durchführung der Beschlüsse des Konzils von Trient und die Wahrung der *Confessio fidei tridentina* gegenüber dem Protestantismus bedacht waren,[123] den es zu ersticken galt. Hierzu diente der 1564 erlassene *Index librorum prohibitorum*, der das Eindringen protestantischer Ideen verhindern sollte, und die Inquisition, die gegen die vom katholischen Glauben Abgefallenen vorging. Unter ihrem Druck scheint die Mehrheit der Protestanten in den Schoß der katholischen Kirche zurückgekehrt zu sein; die ‘hartnäckigen’ unter ihnen wurden indessen ins Gefängnis geworfen oder sogar hingerichtet,[124] wenn sie sich nicht zuvor der Strafe durch Flucht entziehen konnten. Nach Mühlenberg[125] und McCrie ist das endgültige Scheitern des Protestantismus in Italien eindeutig der Inquisition zuzuschreiben: „The peaceable establishment of the inquisition in Italy was decisive of the unfortunate issue of the movements in favour of re-

---

[119] Nach Rodocanachi versuchte allerdings auch der Carafapapst zu Beginn seiner Herrschaft im Mai 1555 erst einmal wie sein Vorgänger Julius III., die Protestanten auf milde Art und Weise ‘umzustimmen’. „ [...] mais devant le peu de succès de cette tentative, il résolut d’agir avec sévérité“ (S. 105). Das violente Vorgehen gegen die Protestanten unter Paul IV. legt er auf das Jahr 1556 fest.

[120] Hubert Jedin (Hrsg.), *Handbuch der Kirchengeschichte*, Bd. 4, Freiburg/ Basel/ Wien 1967, S. 509.

[121] S. 511.

[122] Vgl. S. 523 u. Hubert Jedin, „Reformation und Kirchenverständnis“, in: Raymund Kottje u. Joseph Staber (Hrsg.), *Probleme der Kirchenspaltung im 16. Jahrhundert*, Regensburg 1970, S. 59-82, hier S. 73.

[123] Vgl. Jedin (Hrsg.), *Handbuch der Kirchengeschichte*, Bd. 4, S. 521 ff.

[124] Zu den einzelnen Verurteilungen und Hinrichtungen von ‘Irrgläubigen’ unter Paul IV., Pius IV., Pius V., Gregor XIII. und Sixtus V., siehe Rodocanachi, S. 111-113, S. 241-244, S. 289-314, S. 373-389 u. S. 418-423.

[125] Vgl. Mühlenberg, S. 241.

ligious reform in that country."[126] Diese hatte allerdings für ihre Exterminationsarbeit gut dreißig Jahre[127] gebraucht. Am Ende der 80er Jahre des 16. Jahrhunderts war der Protestantismus in Italien endgültig verschwunden:[128] „[...] vingt ans plus tard [sc. en 1589], toute trace de protestantisme avait, a proprement parler, disparu en Italie."[129]

An dieser Stelle erhebt sich die Frage, ob die Inquisition tatsächlich der Grund für das Scheitern des Protestantismus in Italien war. Im Gegensatz zu Spanien, wo die strenge Inquisition von Anbeginn an jeden auch noch so kleinen Ansatz protestantischer Bewegung im Keim erstickte und somit jede potentielle Ausbreitung verhinderte, verstrichen in den nicht von den Spaniern regierten Staatsgebieten Italiens (also in ganz Italien, außer dem Süden, dem „Stato dei Presidi" und dem mailändischen Gebiet) gut zwanzig Jahre, bis eine 'effektive' Inquisition organisiert wurde, und gut dreißig Jahre, bis es zu einer auf Ausrottung hin angelegten Verfolgungspolitik kam. Dies bedeutet, daß der Protestantismus in den nicht fremdregierten Gebieten Italiens genug Zeit gehabt hätte, um sich zu einer starken, nicht so schnell zu vernichtenden Bewegung zu entwickeln, wie es im Nachbarland Frankreich geschehen war, wo sich - trotz des härteren Vorgehens gegen die Protestanten als in Italien, aber wegen des eben nicht so absolut radikalen Vorgehens wie in Spanien - bis zur Mitte der 50er Jahre eine relativ starke protestantische Gemeinschaft gebildet hatte. Die Inquisition scheint folglich nicht der Grund oder zumindest nicht der einzige Grund für das Scheitern des Protestantismus in den nicht von den Spaniern oder Franzosen regierten italienischen Staaten zu sein. Massimo Firpo hat sich zwar beflissen, all die Gründe für die fehlende Ausbreitung des Protestantismus in Italien zu erfassen,[130] doch auch er

---

[126] McCrie, S. 205.

[127] McCrie, S. 206, spricht von 20 Jahren: „[...] it required all the exertions and violence of the inquisitors during twenty years to discover and exterminate them [sc. the Protestants]." Legt man aber mit Rodocanachi das endgültige Scheitern des Protestantismus auf das Ende der 80er Jahre fest, so ergibt sich ein Zeitraum von 30 Jahren.

[128] Der starke Rückgang des Protestantismus zwischen den Jahren 1556 und 1589 läßt sich auch an der Anzahl der in Rom inhaftierten Protestanten ablesen: während es im Jahr 1568 noch mehr als 1200 gefangengenommene 'Häretiker' im Gefängnis des Heiligen Offiziums in Rom gab, betrug ihre Anzahl im Jahr 1592 nur noch zweiunddreißig; vgl. Rodocanachi, S. 301 u. S. 430.

[129] Rodocanachi, S. 316.

[130] Massimo Firpo, „Juan Valdés tra alumbrados e 'spirituali'. Note sul valdesianesimo in Italia", in: Quintin Aldea (Hrsg.), *Ignacio de Loyola en la gran crisis del siglo XVI* (congreso internacional de historia, Madrid, 19-21 noviembre de 1991), Bilbao 1993, S. 293-319, hier S. 293, schreibt: „Moltiplici, naturalmente, si presentavano agli occhi degli storici le cause della mancata espansione della Riforma al di qua delle Alpi: la debolezza e le contraddizioni interne del movimento

geht gleichsam selbstverständlich von einem Interesse der Italiener für die 'neuen Ideen' aus. Nun war aber - obgleich bis ca. 1555, d.h. bis zur Thronbesteigung durch Papst Paul IV., dem Protestantismus in den von Italienern regierten Staaten Italiens kein großer Einhalt geboten wurde - die Anzahl der bis zu diesem Zeitpunkt zur evangelischen Anschauung Übergetretenen relativ gering:

- Obwohl die Republik Venedig aufgrund ihrer „erstaunlichen Öffnung gegenüber dem Protestantismus"[131] diesem genug Zeit zum Aufblühen gelassen hatte, gab es in der Stadt Venedig im Jahre 1556 nur ca. 6000 Protestanten[132] bei einer Gesamteinwohnerzahl von ca. 170.000[133], was einem Anteil von ca. 3,5% gleichkommt.
- Auch in den anderen Staaten Italiens scheint die Anzahl der Protestanten während der ersten Jahrhunderthälfte nie mehr als einige Hundert betragen zu haben: 1. In Lucca z.B. soll es im Jahre 1542 zweihundert 'Häretiker' gegeben haben.[134] 2. Wieviele Protestanten es in Bologna gab, vermag Caponetto zwar nicht zu sagen, doch hält er die Angabe des im März 1543 verurteilten Ludovico Medigini, daß es in Bologna 4000 Protestanten gebe, für eine eindeutige Übertreibung.[135]

---

filoprotestante, la corposa presenza del papato, gli stretti legami tra classi dirigenti italiane e istituzione ecclesiastica, l'assenza di un polo di aggregazione politica, l'inserimento della penisola nell'orbita spagnola e imperiale di Carlo V, l'efficacia della reazione messa in atto dalla Chiesa romana sul piano sia di un profundo [sic] rinnovamento *in capite et in membris* [...] sia della repressione dell'eresia tramite l'Inquisizione [...]."

[131] Welti, S. 77; zu den Gründen der (anfänglichen) venezianischen Toleranz gegenüber dem Protestantismus, s.. Welti, S. 75.

[132] Vgl. Caponetto, S. 261.

[133] Vgl. *quid 1999*, S. 1088, s.v. „population citadine"; hier wird für das Jahr 1563 die Einwohnerzahl Venedigs auf 170.000 geschätzt, die nur unwesentlich von der des Jahres 1556 abweichen dürfte.

[134] Vgl. Welti, S.52, der sich für diese Zahl auf die Aussage eines Zeitgenossen aus Mantua stützt. Diese Zahl bestätigt auch Caponetto, S. 333, der sich anscheinend auf eine andere Quelle stützt: „Secondo l'ambasciatore dei Gonzaga a Roma, Nino Sernini, circa 200 cittadini professavano la fede 'luterana' [...]."

[135] Vgl. Caponetto, S. 302.
Schon Rodocanachi, S. 83, hat darauf aufmerksam gemacht, daß die Anzahl der italienischen Protestanten oft übertrieben worden ist: „Sans doute il y avait, de part et d'autre, quelque exagération; les partis se plaisent à comprendre dans leurs rangs les douteux, les indécis. Il était, au surplus, avantageux aussi bien pour les catholiques que pour les protestants, de proclamer que les idées nouvelles gagnaient tout le pays, car les uns faisaient ainsi ressortir la gravité du péril et l'urgence d'y porter remède, les autres exaltaient leurs succès. Incontestablement il existait un peu partout des groupements importants de luthériens mais qui n'étaient pas constitués en communautés [...]."

- In Rom konnte sich der Protestantismus in der ersten Jahrhunderthälfte, obgleich man nur milde gegen ihn vorging,[136] nicht einmal etablieren.[137]

Diese geringe Anzahl an zum Protestantismus Konvertierten, die, gemessen an der Gesamtbevölkerung, nur einen verschwindend kleinen Prozentsatz ausmachte, zeigt das nur sehr mäßige Interesse der Italiener für die evangelische Anschauung. „[...] the majority of princes and people [...] did not want to become Protestants [...]“[138], schreibt zustimmend Paul F. Grendler. Aber auch schon Comba hat am Ende des 19. Jahrhunderts ganz unzweideutig zu verstehen gegeben, daß die Italiener wenig Interesse für den Protestantismus gezeigt hätten.[139]

Während die Forschung zu Beginn dieses Jahrhunderts die Reformation in Italien lutherisch geprägt und den Calvinismus nur im Herzogtum Ferrara verbreitet sah,[140] betont die neuere Forschung das Vorkommen der französischen Reformationslehre auch in anderen italienischen Territorialstaaten.[141] Beim Calvinismus in Italien handelt es sich aber in der Regel weniger um seine reine Form als vielmehr um einen lutherisch geprägten Calvinismus, so wie das Luthertum seinerseits oft calvinistisch gefärbt war, so daß die reformatorische Bewegung in Italien im Grunde ein Synkretismus beider Reformationslehren war: „[...] la commistione di elementi luterani e calvinisti [è] diventata la componente fondamentale del movimento italiano, e lo sara per tutto il secolo, nonostante la diffusione dell'anabattismo.“[142] Dieser Synkretismus resultiert daraus, daß zumindest in der ersten Jahrhunderthälfte die sich zur Reformation Bekennenden schon das Luthertum angenommen hatten, als sie mit dem Calvinismus in Berührung kamen[143] (dessen Schriften ab 1545 in Italien in die

---

136 Rodocanachi, S. 51, erklärt das relativ milde Vorgehen gegen die Protestanten in Rom mit folgender Beobachtung: „A vrai dire, la papauté eut toujours une tendance à se montrer plus indulgente envers les adversaires qu'elle avait près d'elle, sous ses yeux et à sa discrétion, que pour ceux qui étaient lointains.“

137 Vgl. Brown, S. 206; auch Welti, S. 32, macht auf die schwache Position des Protestantismus in Rom aufmerksam.

138 Grendler, S. 16.

139 Vgl. Comba, *I nostri protestanti*, Bd. 2, S. 24.

140 Vgl. Church, S. 5, und Brown, S. 99.

141 Vgl. Welti, S. 44 ff., und Caponetto, S. 145 ff.

142 Caponetto, S. 235.

143 Caponetto, S. 54, schreibt: „Nel periodo preso in esame [sc. 1517-1546] tutte le manifestazioni di dissenso religioso [...] sono d'ispirazione luterana. Non dobbiamo lasciarci fuorviare dall'esito della vicenda individuale di alcuni luterani di questi anni, che approderanno [...] alla riforma svizzera [...]. [...] quasi sempre la spinta alla conversione proviene dall'insegnamento luterano.“

Landessprache übersetzt wurden)[144], und daß in der zweiten Jahrhunderthälfte das Luthertum nicht vom Calvinismus verdrängt oder gar durch diesen ersetzt wurde (wie dies z.B in Frankreich geschehen war).

Wenn also die Italiener, wie oben festgestellt worden ist, nur ein sehr mäßiges Interesse für den Protestantismus zeigten und der italienische Protestantismus namentlich durch die Reformation gekennzeichnet war, die ihrerseits sowohl lutherisch als auch calvinistisch geprägt war, dann stellt sich die Frage, warum die Italiener in ihrer Mehrheit weder das Luthertum noch den Calvinismus annahmen. Aufschlußreich für die Beantwortung dieser Frage scheint die Beobachtung Rodocanachis zu sein, der auf die Unvereinbarkeit von reformatorischer Anschauung und italienischer Lebensart aufmerksam macht: „[...] l'on dut constater alors combien peu elles [sc. les revendications dogmatiques et les réformes liturgiques des protestants] étaient compatibles avec les goûts et les concepts italiens."[145] Wenn Voltaire in seinen *Essais sur les mœurs et l'esprit des nations* bei der Abhandlung über das 16. Jahrhundert die Italiener als „peuple ingénieux, occupé d'intrigues et de plaisirs"[146] bezeichnet, wenn man also dessen eingedenk ist, daß die Italiener gerne den sinnlichen Freuden frönten und wie einst die römische Gesellschaft „intensely sophisticated"[147] waren, dann versteht man die ablehnende Haltung der Italiener gegenüber dem Calvinismus, der mit ihrer Lebensweise kaum in Einklang zu bringen war.[148] Gewiß, das Luthertum war weniger geselligkeitsfeindlich als der Calvinismus (Luther untersagte nicht Tanzveranstaltungen oder Theateraufführungen wie Calvin in Genf), doch es hatte aus italienischer Sicht einen anderen Schwachpunkt: es war eine deutsche Bewegung. Die 'snobbistischen' Italiener erachteten nämlich die Deutschen als 'barbarisch'[149] - und somit

---

[144] Vgl. S. 265 ff.

[145] Rodocanachi, S. 319.

[146] Voltaire, *Essai sur les mœurs et l'esprit des nations.* Introduction, bibliographie, relevé de variantes, notes et index par René Pomeau, Bd. 2, Paris 1963, S. 222 (Essai CXXVIII: *De Luther. Des indulgences*).

[147] Brown, S. 290 u. vgl. S. 291 / Fußnote 1.

[148] Im selben Maße, wie die Italiener dem Calvinismus ablehnend gegenüberstanden, so stand Calvin den Italienern ablehnend gegenüber, der sie als eine „nation tortue et perverse" bezeichnete (zitiert nach Comba, Bd. 2, S. 11).

[149] Vgl. Giulio Ferroni, *Storia della letteratura italiana*, Bd. 2, Mailand 1991, S. 7; vgl. auch Menéndez y Pelayo, Bd. 4, S. 15.
Birgit Rumpenhorst, *Deutschland-Berichterstattung des italienischen Wochenblatts L'Espresso in den 90er Jahren* (unveröffentlichte Magister-Arbeit der Ruhr-Universität Bochum) Bochum 1998, S. 13, beschreibt das Deutschlandbild der Italiener im Mittelalter folgendermaßen: „Zusammenfassend

auch Luther,[150] dessen vulgäres Auftreten und grobe Ausdrucksweise die Italiener nur in ihrem Urteil bestärkten. Diese vulgäre Art Luthers konnte kaum mit der kultivierten römischen Höflichkeit vereint werden, die das Luthertum alsbald an sich abprallen ließ; von den Deutschen, die selbst von derbem Schlag waren, wurde es hingegen ohne großen Widerstand angenommen, wie schon Voltaire beobachtete: „Ces basses grossièretés [sc. de Luther], aujourd'hui si dégoûtantes, ne révoltaient point des esprits assez grossiers."[151]

Daß weder das Luthertum noch der Calvinismus großen Eingang in Italien gefunden haben, muß also durch die beiden großen reformatorischen Strömungen selbst erklärt werden: Während der Calvinismus in seiner Lehre zu streng für die heitere Lebensauffassung der Italiener war, fand das Luthertum aufgrund seiner typisch deutschen vulgären Form wenig Anklang bei ihnen. Daß aber die Reformation wenigstens von einigen Italienern angenommen wurde, kann nicht bestritten werden: „No one to-day doubts that the great northern Reformation affected Italy".[152] Sofern sie nicht ins Ausland geflüchtet waren, bekamen jedoch die zur Reformation übergetretenen oder einem Flügel der 'radikalen Reformation' anhängenden Italiener, je nach dem Staatsgebiet, in welchem sie lebten, früher oder später die harte Hand der Obrigkeit oder der Inquisition zu spüren, die schließlich ein Jahrzehnt vor dem Ende des 16. Jahrhunderts den Protestantismus in Italien definitiv zu Fall brachte - und relativ einfach zu Fall brachte, da die wenigen zum Protestantismus Konvertierten genauso wie in Spanien mehrheitlich wieder zum Katholizismus zu rekonvertieren bereit waren.

---

läßt sich sagen, daß das antike Bild der Germanen ('barbarisch' gleichbedeutend mit 'grausam', 'wild', 'gefräßig', 'von geringer geistiger Kompetenz') im Mittelalter übernommen und bestätigt wurde." Rumpenhorst, S. 28, erklärt weiterhin, daß dieses mittelalterliche Deutschlandbild auch von den Italienern der Reformationszeit aufrecht erhalten wurde.

[150] Die Antipathie war auch hier - analog zum Verhältnis von Calvin und Italienern - beidseitig: Luther sah seinerseits die Italiener als verdorben an (vgl. Comba, Bd. 2, S. 11).

[151] Voltaire, S. 221 (Essai CXXVIII: *De Luther. Des indulgences*).

[152] Brown, S. 289.

KAPITEL II

DIE PROTESTANTISCHEN SCHRIFTSTELLER DER ROMANIA ALS „ECRIVAINS ENGAGÉS" FÜR DEN PROTESTANTISMUS

Mit dem Aufkommen der Reformation kam unweigerlich auch die Frage nach der Rechtmäßigkeit, d.h. nach der Legitimität, ihrer Existenz auf. Schon Thomas Murner stellte, sich an Martin Luther wendend und sich auf dessen Bücherverbrennung beziehend,[1] in seiner am 17. Februar 1521 erschienenen Kontroversschrift die Frage, „ob du das billich oder unbillich gethon habest."[2] Diese Frage Murners und seine Auseinandersetzung mit Luther geben zu erkennen, daß es zwischen jeder Reformbewegung und der katholischen Kirche immer nur ein Entweder-Oder gibt, also die Reformbewegung, gemessen an der katholischen Orthodoxie, entweder „billich" oder „unbillich" ist. Ein Nebeneinander von Reform und katholischer Kirche kann es schon deshalb nicht geben, weil diese als Hüterin der absoluten Wahrheit jede über den Bereich der Orthodoxie hinausgehende Erneuerung konsequenterweise verwerfen muß. Murner, stellvertretend für sämtliche kritischen Christen seiner Zeit, hatte sich folglich für oder wider die katholische Kirche, d.h. wider oder für Martin Luther, entscheiden müssen, als die Kluft zwischen diesem und jener

---

[1] Martin Luther hatte am 10. Dezember 1520 in Wittenberg einen Druck der päpstlichen Bannbulle, das kanonische Recht sowie einige Bücher Emsers und Ecks ins Feuer geworfen. Diese Handlung Luthers gilt als der Akt, durch den der endgültige Bruch mit der katholischen Kirche herbeigeführt wurde.

[2] Thomas Murner, *Wie doctor M. Luter von falschen ursachen bewegt das geistlich recht verbrennet hat*, in: Thomas Murner, *Kleine Schriften. Prosaschriften gegen die Reformation*. Herausgegeben von Wolfgang Pfeiffer-Belli, Bd. 3, Berlin / Leipzig 1928, S. 4.

unüberbrückbar groß wurde, d.h., als die Reformbewegung des Wittenberger Augustinermönches nicht mehr in Einklang mit der katholischen Lehre zu bringen war. Wenn der Straßburger Franziskanermönch Murner sich schließlich gegen Luther stellte, dann scheint diese Haltung das Ergebnis seiner persönlichen Überzeugung zu sein und nicht aus einem Bekenntnis zur katholischen Kirche zu resultieren; Murner war nämlich alles andere als ein fügsames Schäfchen, und seine scharfe Kritik brachte ihm die Bezeichnung eines deutschen Savonarola ein.[3] Nichtsdestotrotz lehnte er jede Reform, die die katholische Lehre dogmatisch zu ändern beabsichtigte, entschieden ab, „uss das die hochuerstendigen des Conciliums [...] die warheit erkennen mogen."[4] Diejenigen, welche sich auf die Seite Luthers stellten, mußten, um nicht folgerichtigerweise der Irrlehre bezichtigt zu werden, ihrerseits den absoluten Wahrheitsanspruch der katholischen Kirche verwerfen und den nämlichen Anspruch für sich stellen. So war es logischischerweise nur richtig, wenn Luthertum und Katholizismus einander ausschlossen, wobei beide sich als Vertreter der reinen Wahrheit verstanden.

Ungleich leichter zu begründen schien der absolute Wahrheitsanspruch der katholischen Kirche, weil diese ihre Rolle als Glaubenshüterin und mithin Kennerin der Glaubenswahrheit aus der Vergangenheit schöpfte. Das Luthertum bzw. später auch der Calvinismus, die beide nur das Konzil von Nicäa (325 n.Chr.) und das Konzil von Chalcedon (451 n.Chr.), d.h. die Dogmen von der Trinität und den zwei Naturen Christi, als verbindlich ansehen,[5] hatten indessen erst einmal ihren Wahrheitsanspruch hinsichtlich des christlichen Glaubens zu rechtfertigen. Gewiß begründeten die Reformatoren der Renaissance den eigenen Wahrheitsanspruch mit ihren Normen vom Glauben, d.h. mit den drei Prinzipien *sola fide, sola gratia* und *sola scriptura*. Da aber „das Prinzip 'sola fide' oder 'sola gratia' auch innerhalb des vortridentinischen Katholizismus vertreten werden konnte"[6], war der Konflikt zwischen Reformation und katholischer Kirche durch das *sola scriptura*-Prinzip bedingt. Das bedeutet, daß

---

[3] Vgl. Paul Merker (Hrsg.), *Von dem großen lutherischen Narren* [von Thomas Murner], Straßburg 1918, S. 4.

[4] Thomas Murner, *Von doctor martinus luters leren und predigen*, in: Thomas Murner, *Kleine Schriften. Prosaschriften gegen die Reformation*, Bd. 1, S. 121.

[5] Während die katholische Kirche bis zur Gegenwart 21 ökumenische Konzile zählt, ließ die Reformation nur die Beschlüsse des - nach katholischer Zählung - ersten und vierten Konzils, des Nicaenum I und des Chalcedonense, unangetastet (vgl. *Die Religion in Geschichte und Gegenwart*, Bd. 3, S. 1803, s.v. „Konzile").

[6] Welti, S. 16. Auf dem Tridentinum wurde dann allerdings das *sola fide*-Prinzip verdammt.

die Reformation den Wahrheitsanspruch erhob, weil sie das *sola scriptura*-Prinzip verfocht, ihn aber auch gleichzeitig durch dieses Schriftprinzip zu beweisen suchte, welches im folgenden Sinne verstanden werden muß:

> Das protestantische Schriftprinzip besteht nicht schon darin, daß allein die Schrift als Quelle der Offenbarung angesehen und alle außerbiblische Tradition als nicht autoritativ unter sie gestellt wird. Ein solches Schriftprinzip kannte auch die mittelalterliche Scholastik, und in diesem formalen Sinn hat Luther das sola scriptura aus dem Erfurter Ockhamismus übernommen. Das reformatorisch Neue ist, daß die Schrift nach Luther allein aus sich selbst heraus, aus ihrem eigenen Geist heraus verstanden werden soll, daß das Licht zu ihrem Verständnis nicht von außen, von den Auslegungsregeln und Meinungen der Tradition oder von einem kirchlichen Lehramt herbeigeholt werden darf, sondern aus der Schrift selbst fließen muß. Die Heilige Schrift legt sich selbst aus, sie ist ihr eigener Interpret (sui ipsius interpres) [...].[7]

Die reformatorische Norm vom Glauben,[8] daß die Bibel die einzig zweifellose Quelle der Rede Gottes sei und auch nicht durch die kirchlichen Väter oder ein kirchliches Lehramt 'glossiert' werden müsse, konnte aber den reformatorischen Wahrheitsanspruch deshalb nicht beweisen, weil es sich eben nur um eine Norm handelte und diese der katholischen Norm vom Glauben gegenüberstand: Auf der vierten Sitzung des Konzils zu Trient im Jahre 1546 stellte nämlich die katholische Kirche „neben die Heilige Schrift die Tradition [...], die von den Aposteln herrührende außerbiblische kirchliche Überlieferung [...]. [...] Über die rechte Auslegung von Schrift und Tradition wacht das kirchliche Lehramt der Bischöfe und des Papstes. So wird dem [...] reformatorischen Schriftprinzip die katholische Trias 'Schrift - Tradition - kirchliches Lehramt' gegenübergestellt."[9] Die Reformation sah sich in ihrer Norm der alleinigen Schriftautorität aber nicht nur von der katholischen Kirche und deren Norm bedrängt, sondern auch von der 'radikaler Reformation' und deren Normen, die das *sola scriptura*-Prinzip teilweise bzw. gänzlich verneinten und als Autorität auch bzw. nur den unmittelbar beauftragenden Heiligen Geist vorgaben. Hier sind zum einen die ver-

---

[7] Wallmann, S. 22.

[8] Wallmann, S. 22 u. S. 107, macht darauf aufmerksam, daß zwar schon in Luthers frühen Vorlesungen das reformatorische Schriftprinzip, d.h. das *sola scriptura*-Prinzip, sich herausgebildet habe, aber innerhalb der lutherischen Bekenntnisschriften „es erst die Konkordienformel von 1577 [ist], die in Abwehr einer zu hohen Einschätzung der Tradition Rang und Geltung der Heiligen Schrift bestimmt, sie als 'einige (=einzige) Regel und Richtschnur, nach welcher alle Lehren und Lehrer geurteilt werden sollen' definiert."

[9] S. 126.

schiedenen Täufergemeinschaften zu nennen, die sich zwar auf den Geist beriefen, aber diesen „an das schriftliche Wort Gottes banden“[10], sowie Thomas Müntzer, der jedoch unter Berufung auf den Geist nicht nur wie die Täufer die Heilige Schrift 'richtig' aufschlüsselte, sondern auch, und vor allem, revolutionäre Prophetien machte, d.h., vom Chiliasmus geprägt, das baldige Kommen des irdischen Reiches Gottes weissagte.[11] Zum anderen sind die Spiritualisten zu erwähnen, die nicht nur wie die Täufer und Müntzer den „Geistbesitz über das äußere Wort“[12] stellten, sondern, viel radikaler als diese, allein das Geistprinzip gelten ließen, so daß „sie jegliche Bindung des göttliches Geistes an Bibelwort, Sakramente oder gottesdienstliche Gemeinschaftsformen öffentlich“[13] verwarfen. Die verschiedenen Normen vom Glauben sowie die Norm des Schriftprinzips selbst, das Raum für die Pluralität von Bibelexegesen ließ, haben eine Vielzahl von Wahrheitsansprüchen gezeitigt, sollten diese aber paradoxerweise gleichzeitig beweisen.

Ronsard spottete der durch die verschiedenen Wahrheitsansprüche hervorgerufenen verschiedenen protestantischen Kirchen:

> Les Apostres jadis preschoient tous d'un accord:
> Entre vous aujourd'hui ne regne que disacord:
> Les uns sont Zvingliens, les autres Lutheristes,
> Les autres Puritains, Quintins, Anabaptistes,
> Les autres de Calvin vont adorant les pas,
> L'un est predestiné et l'autre ne l'est pas,
> Et l'autre enrage apres l'erreur Munverienne,
> Est bien tost s'ouvrira l'escole Bezienne.[14]

Die Vielfalt der protestantischen Kirchen war für Bossuet im 17. Jahrhundert sogar der Beweis dafür, daß sie nicht die Wahrheit vertreten können,[15] da es laut Definition

---

[10] Mühlenberg, S. 233.
[11] Vgl. Wallmann, S. 56-57.
[12] S. 62.
[13] Mühlenberg, S. 235.
[14] Piere de Ronsard, *Continuation du discours des miseres de ce temps, à la royne Catherine de Medicis*, (V. 225-232), in: Pierre de Ronsard, *Discours des misères de ce temps*. Texte établi et présenté par Jean Baillou, Paris 1949, S. 82.
[15] Johann Adam Boost, *Geschichte der Reformation und Revolution von Frankreich, England und Deutschland (von 1517 bis 1843)*, Bd. 1, Augsburg 1843, S. 29, erklärt implizit noch im 19. Jahrhundert, daß die Vielfalt der protestantischen Kirchen Beweis für deren Illigitimiät ist, wenn er schreibt: „Wenn [...] die Einheit, wie Christus erklärte, zu den wesentlichsten Attributen seiner Kirche gehört, und ihr zum wahren Kennzeichen dient, wenn diese Einheit in der Lehre und ihrer Anwendung seit 1800 Jahren von der katholischen Kirche unter allen Völkern gleichmäßig

nur eine Wahrheit geben könne. Die einzelnen protestantischen Gemeinschaften ließen sich freilich von der Existenz der verschiedenen Kirchen nicht beirren. Vielmehr beharrten sie alle auf der Richtigkeit ihrer Norm und /oder ihrer Exegese, d.h. auf ihren Wahrheitsanspruch, wobei jede einzelne protestantische Gemeinschaft wie die katholische Kirche bald mit großer theologischer und philologisch-historischer Gelehrsamkeit[16] den eigenen Anspruch als richtig und den der anderen als falsch zu beweisen suchte. Die Auseinandersetzungen zwischen den verschiedenen konfessionellen Gemeinschaften, namentlich zwischen dem protestantischen und katholischen Lager, führten, da die Kontroverse hauptsächlich über das Schrifttum abgewickelt wurde, zur Ausbildung einer Kontroversliteratur.

Den Anfang dieser Kontroversliteratur bilden die Schriften der katholischen Kontroverstheologen, die Luthers Wahrheitsanspruch, der aus dessen selbst aufgestellter Norm des Schriftprinzips resultiert, als haltlos und den der katholischen Kirche als berechtigt zu beweisen suchen. In Deutschland antworteten auf den Reformator u.a. Hieronymus Emser, Johannes Eck, Johannes Cochlaeus sowie zahlreiche Dominikanermönche[17], in Frankreich vor allem die Theologen der Sorbonne,[18] von denen u.a. Josse Clichtove, Beda Noël und Hieronymus Hangest[19] zu nennen sind,[20] in Italien z.B. die zur Polemik neigenden Prioren Ambrosius Catharinus und Silvester Prierias

---

behauptet wurde, und sie hierdurch sich als die Kirche Gottes legitimierte, so geht aber aus der großen Verschiedenheit, mit welcher die sogenannte Reformation in Deutschland, Frankreich und England eintrat, hinlänglich hervor, daß alle jene Religionsverbesserungen nur eitles Menschenwerk gewesen [sind] [...].“

[16] Pontien Polman, *L'Élement Historique dans la Controverse religieuse du XVIe Siècle*, Gembloux 1932, hat untersucht, welche Elemente die protestantischen und katholischen Kontroverstheologen des 16. Jahrhunderts der Dogmen- und Kirchengeschichte entnommen haben, um ihre eigene Position zu rechtfertigen. Hierbei hat er aus dem protestantischen Lager Luther, Melanchthon, Zwingli, Ökolampad, Calvin, Bullinger, Flacius Illyricus, Peter Martyr Vermigli und Theodor von Beza ausgewählt, aus dem katholischen Lager u.a. Eck, die Jesuiten, Cochlaeus, Hosius, die Theologen der Universität zu Löwen und diejenigen der Sorbonne.

[17] Vgl. Rudolf Paulus, *Die deutschen Dominikaner im Kampfe gegen Luther*, Freiburg i. Br. 1903.

[18] Zu den französischen Kontroversisten außerhalb der Sorbonne, s. Karl Werner, *Geschichte der apologetischen und polemischen Literatur der christlichen Theologie*, Bd. 4, Osnabrück ^{2}1966 [Reprint Schaffhausen ^{1}1861-1867], S. 293-294.

[19] Hieronymus Hangest ist der Sorbonnist, welcher u.a. schriftstellerisch auf die „affaire des placards“ antwortete; vgl. hierzu M.M. de La Garanderie, „La réponse catholique aux Placards de 1534. Le *contre les tenebrions* de Jérôme d'Hangest, 'marteau des hérétiques'“, in: Michel Péronnet (Hrsg.), *La controverse religieuse (XVIe - XIXe siècles)*, Bd. 1, Montpellier 1981, S. 1-6.

[20] Zu einem Überblick über die bedeutendsten Kontroverstheologen der Sorbonne und deren Streitschriften, s. Werner, Bd. 4, S. 292-293.

sowie die gemäßigten Kardinäle Jacopo Sadoleto und Gasparo Contarini,[21] in Spanien Alfonso de Castro.[22] Sehr früh schalteten sich auch auf reformatorischer sowie katholischer Seite Laientheologen in diese Kontroverse ein und setzten Schriften auf. Die Kontroversliteratur riß, zumindest in Frankreich, bis zum Ende des 16. Jahrhunderts, ja sogar bis zur Aufhebung des Ediktes von Nantes im Jahre 1685[23] und selbst darüber hinaus[24] nicht ab. Spätestens jedoch seit dem Erscheinen der Schriften, die Luther zu seiner Verteidigung gegen die Angriffe aus dem katholischen Lager aufgesetzt hatte, wurde deutlich, daß die von den Theologen und Laientheologen verfaßte diskursive Kontroversliteratur zu keinem siegreichen Ausgang für die eine oder andere Partei, d.h. nur zu einem Unentschieden führte. Des weiteren war offensichtlich, daß diese Art der Kontroversliteratur, auch wenn in der Volkssprache abgefaßt, nicht die unteren Bevölkerungsschichten erfassen konnte.

Angesichts dieser zwei Nachteile der diskursiven Kontroversliteratur brachte das reformatorische Lager schon früh eine 'affektive' Kontroversliteratur[25], und zwar die

---

[21] Friedrich Lauchert, *Die italienischen Gegner Luthers*, Freiburg i. Br. 1912, nennt 47 italienische Theologen, die der religiösen Neuerung schriftstellerisch entgegentraten.

[22] Zu einer sehr ausführlichen und chronologisch angelegten Gesamtdarstellung der katholischen Kontroverstheologen der Reformationszeit und deren Literatur, s. Werner, Bd. 4.

[23] Louis Desgraves, *Répertoire des ouvrages de controverse entre Catholiques et Protestants en France (1598-1685)*, 2 Bde., Genf 1984, nennt 7007 Kontroversschriften für den besagten Zeitraum und erklärt (Bd.1, S. II): „A l'intérieur du cadre chronologique ainsi choisi, on distingue aisément plusieurs périodes marquant une évolution de certains thèmes et la continuité de beaucoup d'autres: la période la plus riche en ouvrages va de 1598 à 1628 avec 3595 n^{os} représentant près de la moitié des ouvrages recencés; entre 1629 et 1659, on relève 1811 titres et 1599 pour les années 1660 à 1685." [Anmerkung: Es liegt ein Rechenfehler vor: es liegen 1812 bzw. 1600 Titel für den Zeitraum von 1629 bis 1659 bzw. von 1660 bis 1685 vor, die zu den 3595 Titel für den Zeitraum 1598 bis 1628 hinzuaddiert schließlich die Summe von 7007 ergeben.]
Zu einer ersten Gliederung der zwischen 1598 und 1685 aufgesetzten Kontroversschriften, s. Jacques Solé, „Le débat confessionnel français entre 1598 et 1685: esquisse de bilan", in: Péronnet (Hrsg.), *La controverse religieuse (XVIe - XIXe siècles)*, Bd. 2, S. 17-23.

[24] So schreibt Desgraves, Bd. 1, S. I: „De même que ces controverses ont débuté bien avant 1598 de même, elles se sont poursuivies bien au delà de 1685."

[25] Zu der 'affektiven' Kontroversliteratur gehört gewiß auch die Andachtsliteratur, die auf katholischer Seite im Laufe des 16. Jahrhunderts in Spanien entstanden und alsbald in den europäischen Nachbarländern in Umlauf gekommen ist. Zur Entstehung der Andachtsliteratur in Frankreich, s. Manfred Tietz, *Saint Francois de Sales' „Traité de l'amour de Dieu" (1616) und seine spanischen Vorläufer*. Cristóbal de Fonseca, Diego de Estella, Luis de Granada, Santa Teresa de Jesús und Juan de Jesús María, Wiesbaden 1973.

Prodigienliteratur[26], ins Spiel, an deren Anfang Luthers und Melanchtons im Jahre 1523 erschienene *Deuttung der czwo grewlichen Figuren, Bapstesels czu Rom und Munchkalbs zu Freijberg ijnn Meijsszen funden* steht.[27] Die Prodigienliteratur berichtet von ungewöhnlichen Ereignissen, wobei sie diese bald implizit, bald explizit[28] zu Lasten des katholischen Lagers deutet. Sie wurde allerdings in ihrer Idee früh von katholischer Seite übernommen und beschränkte sich nicht nur auf Deutschland, sondern war bald auch in Italien und Frankreich in Umlauf, wobei hier jedoch erst einige Jahre später als dort von sonderbaren Ereignissen berichtet wurde. Der zeitliche Verzug Frankreichs wurde allerdings schnell durch die dort beobachteten Ereignisse wettgemacht, die an Spektakularität nichts zu wünschen übrig ließen. So kursierte in Frankreich im Jahre 1530 die Erzählung von einem „espoventable dragon", die zusammengefaßt lautet:

> C'est au son du tonnerre et dans une grande clarté que le monstre a été vu pour la première fois au dessus de Saint-Denis par des témoins dont le récit cherche à transmettre au lecteur la réaction paniquée: „que chascun que le veoit estoit moult esbay et ni avoit si hardi que les cheveux dressent sur la teste". Sa course dans le ciel n'est pas le fait du hasard, elle le mène au dessus du sanctuaire évangélique de Meaux, puis le dirige vers l'est, en direction des pays infectés d'hérésie, comme si

---

[26] Der Terminus der Prodigienliteratur findet sich in der Forschung; vgl. z.B. Rudolf Schenda, *Die französische Prodigienliteratur in der zweiten Hälfte des 16. Jahrhunderts* (*Münchener Romanistische Arbeiten*, N° 16), München 1961.
Es scheint sich bei diesem Terminus um eine Übersetzung des in der französischen Forschung geläufigen Begriffs „littérature prodigieuse" (vgl. z.B. Crouzet, *Les guerriers de Dieu*, Bd. 1, S. 168) zu handeln.

[27] So schreiben Katharine Park u. Lorraine J. Daston, „Unnatural conceptions: the studies of monsters in the sixteenth- and seventeenth-century France and England", *Past and Present* 92 (1981), S. 20-54, hier S. 26: „It seems to have been Luther and Melanchthon who assured the success of monsters as a tool of religious polemic [...] with their short pamphlet, *Deuttung der czwo grewlichen Figuren, Bapstesels czu Rom und Munchkalbs zu Freijberg ijnn Meijsszen funden*, published in 1523."
Vgl. Martin Luther, *Werke*. Kritische Gesamtausgabe von Hermann Böhlaus, Bd. 11, Weimar 1900, S. 369-385.

[28] Im Gegensatz zur Prodigienliteratur attackiert die (katholische) Andachtsliteratur nie explizit das andere konfessionelle Lager, sondern lediglich implizit, indem sie die katholische Lehre in klarer Abgrenzung zur protestantischen Lehre darstellt. So schreibt Tietz, S. 7 / Fußnote 29, in bezug auf Franz von Sales, den Begründer der französischen (katholischen) Andachtsliteratur: „Trotz seiner Ablehnung der traditionellen Kontroversschriften hat François ihr eigentliches Ziel, die katholische Lehre als die einzig wahre zu erweisen, auch in der Andachtsliteratur vertreten. Dieses Ziel verfolgt er aber mit gänzlich anderen Mitteln in einer Art 'geheimer' Kontroverse. Sie besteht darin, daß er die katholische Lehre in bewußt antiprotestantischer Prägung darstellt, ohne jedoch die protestantischen Auffassungen in irgendeiner Form explizit zu erwähnen."

> Dieu voulait désigner ce qui suscite Sa colère. „Et dict on que cest signe est pour les hereticques pour leure sus la terre en plusieurs contrées et principallement aux allemaine." Le dragon est un signe de violence, qui fait prendre conscience de l'imaginaire d'une violence de Dieu en suspens. Il dit, en s'abattant sur une maison située tout près de Meaux, implicitement celle d'un hérétique, que la violence va s'abattre sur tous ceux qui peuvent être tentés de délaisser la foi catholique [...].[29]

Obgleich ursprünglich von Luther und Melanchthon als Waffe gegen den 'Papismus' ins Feld geführt, wurde die Prodigienliteratur nicht nur bald von den Katholiken übernommen, sondern geradezu, namentlich in Italien und Frankreich, zum typischen Mittel der katholischen Propaganda: „La littérature prodigieuse est effectivement un instrument de la résistance catholique [...]."[30] Bis zum Ausbruch der Religionskriege kursierten in Italien und Frankreich viele katholische Schriften, die von ungewöhnlichen Ereignissen zum Schaden der Menschen berichteten und diese als die göttliche Strafe für die Existenz der 'protestantischen Häresie' interpretierten,[31] was nicht ohne Wirkung auf die Menschen blieb: „Dès qu'il advient un phénomène qui sort de l'ordinaire, il est reçu et interprété [...], selon la grille de lecture que la littérature prodigieuse a établie ou remise en mémoire, comme une punition de l'hérésie."[32]

Angesichts der katholischen Prodigienliteratur, die die göttliche Verdammnis des Protestantismus aufzeigte, und der Tatsache, daß dieser - mit verschiedenen Abstufungen - in Frankreich, Italien und Spanien vom Katholizismus zurückgedrängt wurde und im Scheitern begriffen war, gerieten die 'neuen Ideen' in den genannten romanischen Ländern bald unter hohen Legitimationsdruck. Während die protestantischen Kontroverstheologen der Romania ihre Konfession weiterhin mit großer theologischer und philologisch-historischer Gelehrsamkeit zu beweisen suchten, griffen protestantische Schriftsteller in die Kontroverse ein und versuchten darüber, daß sie die göttliche Auserwählung ihrer Glaubensgenossen aufzeigten, ihrer konfessionellen Überzeugung Nachdruck zu verleihen und den Forderungen der Katholiken nachzukommen, die der für den Katholizismus streitende Ronsard auf prägnante Formel gebracht hatte:

> De vostre election faites nous voir la Bulle
> Et nous monstrez de Dieu le sing et la cedulle:

---

[29] Crouzet, Bd. 1, S. 166 u. Fußnote 10.
[30] S. 168.
[31] Vgl. S. 163-182.
[32] S. 171.

> Si vous ne la monstrez, il faut que vous croyez
> Que je ne croiray pas que vous soyez envoyez.[33]

Wie die protestantischen Schriftsteller der Romania über die verfolgten Glaubensgenossen die göttliche Auserwählung der Protestanten aufzeigten bzw. aufzuzeigen suchten, das wird im weiteren durch die Untersuchung ihres Schrifttums, das eben aufgrund seines ideologischen Auftrages eine „littérature engagée“[34] ist, herausgearbeitet.

---

[33] Ronsard, *Continuation du discours des miseres de ce temps, à la royne Catherine de Medicis*, (V. 207-210), in: Pierre de Ronsard, *Discours des misères de ce temps*, S. 81.

[34] So spricht auch Bruno Romani, *Impegno e retorica in Agrippa d'Aubigné*, Lecce 1976, S. 5, in Hinblick auf d'Aubignés Werke von einer „poesia 'impegnata' e 'militante'."

KAPITEL III

DAS BILD DES AUTORS UND SEINE WIDERSPIEGELUNG IM WERK: UNTERSUCHUNGEN ZUM VERHÄLTNIS VOM BILD DES AUTORS UND VOM BILD IM WERK AM BEISPIEL VON AGRIPPA D'AUBIGNÉ

1 DAS BILD IM EPOS *LES TRAGIQUES* UND IN DER GESCHICHTE *HISTOIRE UNIVERSELLE*

In der Einleitung ist gesagt worden, daß die *Tragiques* und die *Histoire universelle* ein unterschiedliches Bild vom verfolgten Glaubensgenossen aufweisen und diese Unterschiedlichkeit unmittelbar durch deren unterschiedliche Erzählung, mittelbar jedoch durch deren Genera begründet ist. Hierbei ist vorausgesetzt worden, daß das Genus die Erzählung bestimmt und nicht die Erzählung das Genus ergeben hat. Daß das Genus die Erzählung der *Histoire universelle* geformt hat und nicht umgekehrt, darauf hat schon Bruno Romani hingewiesen: „[...] da buon umanista egli [sc. d'Aubigné] rispetta i generi, e lo vediamo quando si dedica al severo esercizio dello storico. Allora, egli cerca di realizzare il massimo di obiettività compatibile con il suo temperamento focoso e fanatico."[1] Dies zeigt aber auch d'Aubignés Erklärung, in seiner Geschichte nicht wie üblich und gewöhnlich erzählt, d.h. sich als ungestümer Erzähler gebändigt zu haben: „Mais tout cela attendra l'édition de l'*Histoire*, en laquelle c'est chose mer-veilleuse qu'un esprit igné et violent de son naturel ne se soit monstré en aucun point partisan [...]."[2] Es gilt nun, gattungstheoretische Über-

---

[1] Romani, S. 98.
[2] D'Aubigné, *Les Tragiques*, „Aux lecteurs".

legungen anzustellen, um zu wissen, welche Regeln das Epos und die Geschichte (als Genus)[3] d'Aubigné als Erzähler auferlegt, d.h. wie sie seine Erzählung geprägt haben.

Die gattungstheoretische Diskussion war im 16. Jahrhundert in Frankreich dadurch gekennzeichnet, daß sich Dichtungstheoretiker (wie Sebillet, Du Bellay, Peletier du Mans und Ronsard) beflissen, das Epos (neu) zu definieren und es von der Geschichte (als Genus) abzugrenzen. Auch ohne auf die Vorstellungen der einzelnen Theoretiker, was ein Epos ist oder sein soll, genau einzugehen, kann man grundsätzliche Unterschiede zwischen dem Epos und der Geschichte (als Genus) erkennen. Zum einen ist oder soll das Epos wesentlich ästhetischer sein als die Geschichte (als Genus), die des Moments der 'Ausschmückung' oder, wie es in der aristotelischen Rhetorik heißt, des *ornatus* entbehrt:

> Das ganze Gedicht müsse von universaler Schönheit durchdrungen sein, der Pracht („majeste") und Würde („grauite") zur Seite stünden. Diese zentralen Eigenschaften sollten von den „ornemans" getragen und unterstrichen werden. Durch den Gebrauch zahlreicher Schmuckelemente wie Fabeln, Beschreibungen, Metaphern, Allegorien, Gleichnisse, Periphrasen usw. unterscheide sich der

---

[3] Der Begriff der Geschichte hat heutzutage neben seiner Bedeutung von Geschichtswissenschaft einen doppelten Sinn: Er bezeichnet einerseits die *res gestae*, d.h. das Geschehene, andererseits die *historia rerum gestarum*, d.h. die Kunde, Erzählung vom Geschehenen (vgl. Konrad Fuchs u. Heribert Raab, *Wörterbuch zur Geschichte*, München [10]1996, s.v. „Geschichte, Geschichtswissenschaft", S. 285, und *Enzyklopädie Philosophie und Wissenschaftstheorie*. Herausgegeben von Jürgen Mittelstraß, Bd. 1, Mannheim/ Wien/ Zürich 1980, s.v. „Geschichte", S. 751). Die Erzählung vom Geschehenen kann ihrerseits zum einen dadurch gekennzeichnet sein, daß die Ereignisse nur in ihrer chronologischen Reihenfolge erzählt werden („historia quae nude res gestas tantum narrat"), und hierbei verschiedene Formen, das literarische Genus der Annalen, der Chronik etc., annehmen (vgl. Fuchs u. Raab, S. 287). Sie kann zum anderen dadurch charakterisiert sein, daß die Ereignisse nicht nur in ihrer Abfolge erzählt, sondern auch im Sinn von Ursache und Wirkung miteinander verknüpft werden (vgl. ebd.); dann liegt die Erzählung vom Geschehenen im engeren Sinn vor, d.h. die Geschichte im engsten Sinn, das literarische Genus der Geschichte. Diese doppelte Bedeutung des Begriffs *Geschichte*, Erzählung vom Geschehenen unter rein chronologischem Aspekt und Erzählung vom Geschehenen auf erklärende Art und Weise im Sinne von Ursache und Wirkung, weist auch schon der lateinische Ausdruck *historia rerum gestarum*, bisweilen auch schlichtweg *historia*, auf. Neben der Erzählung vom Geschehenen auf rein chronologische Art und Weise bezeichnet er nämlich auch „bereits eine tiefere Zusammenhänge erfassende oder zeitgeschichtliche Darstellung [...]" (*Enzyklopädie Philosophie und Wissenschaftstheorie*, Bd. 1, s.v. „Geschichte", S. 750). Gleiches gilt für den entsprechenden, sich etymologisch aus dem Lateinischen entwickelten französischen Ausdruck, so daß *histoire* auch in Abgrenzung zu den Annalen, der Chronik und anderen Genera stehen kann.

Dichter grundlegend vom Historiker, der die Wörter der Sprache nur in ihrer prosaischen Bedeutung verwende und sie nicht rhythmisch gliedere.[4]

Zum anderen soll der Epiker „die moralische Tiefe des Lebens [...] ausloten und Lebenslehren [...] vermitteln. Der Dichter erscheint also als jener von zahlreichen Poetiken des 16. Jahrhunderts her bekannte 'praeceptor vitae'."[5] Wenn der Dichter nun das Recht hat, moralisch zu unterweisen, dann folgt hieraus, daß er die im Epos geschilderten Ereignisse nicht nur ästhetisch erzählt, sondern auch kommentiert. Infolgedessen setzt sich das Epos aus zwei Bestandteilen zusammen, nämlich der Erzählung (mit der 'Erzählung von Ereignissen' und der 'Erzählung von Worten')[6] sowie dem 'Erzählerkommentar' (der von Gérard Genette als 'kommentierende Exkurse'[7], aber allgemein auch als 'Einschübe' oder 'Einmischungen' des Autors bezeichnet wird). Schon William Paton Ker hat darauf aufmerksam gemacht, daß das Epos mehr umfaßt als die Geschichte (als Genus), ja sie sogar umfassen kann.[8]

Strenggenommen bedeutet allerdings ein Kommentieren der erzählten Ereignisse im 'Erzählerkommentar' noch nicht, daß der Erzähler im Epos die Ereignisse der Vergangenheit anders erzählt als der Erzähler in der Geschichte (als Genus). Doch auch was die lineare Abfolge der Ereignisse angeht, so hat der Dichter mehr Spielraum als der Historiker, und Ronsard empfiehlt ersterem sogar, die Ereignisse umzustellen: „Nach Ronsard ist das geschickte Verknüpfen der Teile der Handlung miteinander ein Kennzeichen guter Dichtung. Besonders wichtig ist dies im Epos, wo im Gegensatz zur chronologisch-geradlinig verlaufenden Geschichtsschreibung die Handlung in die Mitte („in medias res") hineinführt bzw. in der Nähe des Endes einsetzt."[9] Das heißt, daß der Dichter über die vorgegebenen Ereignisse verfügen und sie 'subjektiv' erzählen darf bzw. soll, im Gegensatz zum Historiker, der die vorgegebenen Ereignisse 'objektiv'[10] erzählen muß. Diese dichterische Freiheit geht sogar

---

4 Klaus Werner, *Die Gattung des Epos nach italienischen und französischen Poetiken des 16. Jahrhunderts*, Frankfurt a.M. 1977, S. 183.
5 S. 187.
6 Vgl. Gérard Genette, *Die Erzählung*. Aus dem Französischen von Andreas Knop, mit einem Vorwort herausgegeben von Jürgen Vogt, München 1994, S. 117 ff.
7 S. 67 / Fußnote 11.
8 Vgl. William Paton Ker, *Epic and Romance*. Essays on medieval literature, London ^{2}1908 [^{1}1896], S. 15.
9 Werner, S. 193.
10 Natürlich handelt es sich hier nur um eine vermeintliche Objektivität, da jegliche Erzählung - und die Geschichte ist eine solche - subjektiv ist; vgl. weiter unten im Kapitel.

soweit, daß der Epiker die vorgegebenen Ereignisse nicht nur umstellen, sondern auch bis zu einem gewissen Grad umformen darf:

> Encore que l'Histoire en beauccoup de sortes se conforme à la Poësie, comme en vehemence de parler, harangues, descriptions de batailles, villes, fleuves, mers, montaignes, & autres semblables choses, où le Poëte ne doibt non plus que l'Orateur falsifier le vray, si est-ce quand à leur sujet, ils sont aussi eslongnez l'un de l'autre que le vraysemblable est eslongné de la verité. L'histoire reçoit seulement la chose comme elle est, ou fut, sans desguisure ny fard, & le Poëte s'arreste au vraysemblable, à ce qui peut estre, & à ce qui est desja receu en la commune opinion.[11]

Diese von den Dichtungstheoretikern des 16. Jahrhunderts, namentlich von Ronsard, aufgestellten Anweisungen für das Epos bewirken, daß es im Vergleich zur Geschichte (als Genus) seinen eigenen Weg geht[12], oder wie Hegel sagt die Weltgeschichte in schönster und freier Lebendigkeit darstellt.[13]

Nachdem gezeigt worden ist, daß in Frankreich im 16. Jahrhundert das Epos durch eine 'subjektive', d.h. parteiische Historiographie und die Geschichte (als Genus) durch eine 'objektive', d.h. unparteiische Geschichtsschreibung gekennzeichnet ist, stellt sich abschließend die Frage, wie das im Epos *Les Tragiques* und in der Geschichte *Histoire universelle* vorliegende Bild vom verfolgten Glaubensgenossen in Hinblick auf d'Aubignés *wahrhaftiges* Bild vom verfolgten Glaubensgenossen zu bewerten ist. Hierüber gibt die Argumentation Aufschluß, die Baxters Erklärung zugrunde liegt, die *Tragiques* seien wahrer („more truthful") als die *Histoire universelle*, oder auch der allgemeiner gehaltenen Hypothese, das Epos ist wahrer als die Geschichte (als Genus).

Die von den Dichtungstheoretikern im 16. Jahrhundert vorgenommene Trennung zwischen Geschichtsschreibung und Dichtung fand zunächst einmal ihre Bestätigung in der klassischen empiristischen Wissenschaftseinteilung, die zwischen Wissenschaft, Geschichtsschreibung und Dichtung unterscheidet, wobei laut Francis Bacon, dem Begründer dieser Wissenschaftseinteilung, erstere im Verstand („ratio"), zweitere im Gedächtnis („memoria"), das die erfahrenen Tatsachen aufbewahrt, und letztere in der

---

[11] Pierre de Ronsard, *Franciade*, („Au lecteur"), in: Pierre de Ronsard, *Œuvres complètes*. Edition critique avec introduction et commentaire par Paul Laumonier, Bd. 16, Paris 1950, S. 3-4.
Die Unterscheidung von Wahrheit und Wahrscheinlichkeit macht schon Aristoteles in seiner *Poetica*.

[12] Vgl. Ker, S. 24.

Einbildungskraft („imaginatio") gründet, die die erfahrenen Tatsachen in ihrer linearen Abfolge umstellt und neu formt. Seit dem 18. Jahrhundert haben allerdings immer mehr Theoretiker die scharfe Abgrenzung jener drei Bereiche in Zweifel gezogen und namentlich seit dem 20. Jahrhundert Gedächtnis und Einbildungskraft, d.h. Historie und Poesie, ineinanderfließen, oder genauer gesagt die Historie in die Poesie hineinfließen sehen: Dem Historiker steht eine gegebene Menge von zufällig überlieferten Ereignissen zur Verfügung. Diese Ereignisse (die keine abgeschlossene, sondern angesichts möglichen neuen Quellenmaterials eine offene Menge sind) können „niemals für sich selbst eine Geschichte darstellen"[14], d.h. sind „ein gesichtsloser Torso und ein sprachliches Regest (res gestae), wenn nicht die geistige Konstruktion (res cogitatae) genauso programmatisch als Aufgabe anerkannt und bewußt übernommen wird."[15] Die Ereignisse werden also durch die geistige Konstruktion „zu einer Geschichte *gemacht* [...]."[16] Deshalb ist Geschichte nie Rekonstruktion, sondern immer nur Konstruktion (des Historikers),[17] wobei die Konstruktion selbst dadurch gekennzeichnet ist, daß bestimmte (der überlieferten) Ereignisse bewußt oder unbewußt ausgelassen[18] und die letztendlich berücksichtigten Ereignisse mit Hilfe des 'emplotment'[19], d.h. durch die Verleihung einer Plotstruktur, verknüpft werden. Diese Konstruktion, d.h. die Art des Konstruierens, ist ohne Einschränkung mit der vergleichbar, die man vom Roman her kennt.[20] Wenn die Geschichte vom Geschichtsschreiber konstruiert und auf dieselbe Art und Weise konstruiert wird wie jeder andere literarische narrative Text, dann sind hieraus zwei Schlußfolgerungen zu ziehen, die eng beieinander liegen: Die Geschichte hat erstens einen kontingenten und 'revidierbaren' Charakter, ist also nur *eine* Geschichte[21] und nicht zum Anspruch berechtigt, *die* Geschichte zu sein.[22]

---

13 Vgl. Georg Wilhelm Friedrich Hegel, *Vorlesungen über die Ästhetik*, Bd. 3, Frankfurt a. M. 1979, S. 345.

14 Hayden White, „Der historische Text als literarisches Kunstwerk", in: Christoph Conrad u. Martina Kessel (Hrsg.), *Geschichte schreiben in der Postmoderne*. Beiträge zur aktuellen Diskussion, Stuttgart 1994, S. 123-157, hier S. 128.

15 Oberman, „Reformation: Epoche oder Episode", S. 56.

16 White, S. 128.

17 Vgl. Oberman, S. 57.

18 Vgl. Oberman, S. 57-58, und White, S. 128.

19 White, S. 127.

20 Vgl. S. 128.

21 White, S. 129, hat darauf hingewiesen, daß z.B. Michelet in seiner Geschichte die Französische Revolution als ein Drama romantischer Transzendenz darstellt, wohingegen Tocqueville sie in seiner Geschichte als eine ironische Tragödie präsentiert.

Sie ist zweitens keine Geschichte, sondern genaugenommen immer eine Erzählung. Die neuere Forschung hat auch entschieden verneint, daß es in der Praxis den (theoretisch denkbaren) alsolut richtig konstruierenden, d.h. 'idealen Historiker' gibt, und dies mit der fehlenden Existenz eines externen Beobachters begründet. Somit gilt weiterhin, daß die Geschichte eines Historikers immer nur eine Version der Vergangenheit und immer nur eine Erzählung ist, die als solche genauso wenig wie jede andere literarische Erzählung objektiv, d.h. ein „metarécit"[23] zu sein beanspruchen darf. Als vergeblich erweist sich also in bezug auf die *Histoire universelle* d'Aubignés Beteuerung: „je ne me presente point juge en aucun endroit"[24].

Wie läßt sich nun durch das Gesagte die oben aufgestellte Behauptung begründen, daß das Epos wahrer ist als die Geschichte (als Genus)? Es ist doch genauso wie diese nur eine Version der Vergangenheit und nur eine Erzählung! Der Begriff der Wahrheit muß hier stark relativiert werden: Das Epos ist wahrer gegenüber dem Leser, und zwar insofern als lange Zeit in Hinblick auf die vergangene Realität die 'Zuverlässigkeit' der Geschichte und die 'Unzuverlässigkeit' der literarischen Werke unterstrichen worden ist. Das bedeutet, daß der Leser lange Zeit im Glauben verhaftet war, in der Geschichte die Vergangenheit, so wie sie sich abgespielt hat, zu finden und in den literarischen Werken nur einen Teil davon. Die literarischen Werke haben, weil sie eben solche sind, dem Leser gleich signalisiert, nicht in ihnen den ursprünglichen Ablauf der vergangenen Ereignisse zu suchen. Die Geschichte indessen hat dem Leser vorgegaukelt, diesen Ablauf zu kennen. Den kennt aber nur die 'ideale Geschichte', d.h. die Geschichte, die vom (theoretisch konstruierbaren) 'idealen Historiker', also von dem Historiker geschrieben wird, der die vergangenen Ereignisse im ursprünglichen Sinne zu verknüpfen weiß.

---

22 So schreibt Oberman, S. 58: „Die in der Geschichtsschreibung zum Tragen kommenden Interessen wirken erst dann beengend und gefährlich, wenn die Ansprüche autoritär und somit zur Dogmatik werden und Historiker nicht mehr nur den Interessen der eigenen Zeit zu dienen vorhaben, sondern nun auch behaupten, nur so den *eigentlichen* Interessen früherer Zeiten [...] gerecht werden zu können."

23 Niklas Luhmann spricht von „metarécit"; zitiert nach Christoph Conrad u. Martina Kessel, „Geschichte ohne Zentrum", in: Christoph Conrad u. Martina Kessel (Hrsg.), *Geschichte schreiben in der Postmoderne*, S. 9-36, hier S. 15 u. Fußnote 20.

24 Théodore-Agrippa d'Aubigné, *Lettre à M.Goulard, ministre à Geneve*, in: Théodore-Agrippa d'Aubigné, *Œuvres complètes*. Publiées pour la première fois d'après les Manuscrits originaux, accompagnées de Notices biographique, littéraire et bibliographique, de Variantes, d'un

Es ist gesagt worden, daß in der Geschichte die Ereignisse vom Historiker 'emplotet', d.h. durch eine Plotstruktur miteinander verknüpft werden und folglich die Geschichte sein Konstrukt ist, das nur *eine* Version der Vergangenheit darstellt. Die überlieferten Ereignisse sind bisher immer in ihrer Verknüpfung zur Geschichte, oder genauer gesagt zu einer Geschichte betrachtet worden. Zu untersuchen sind aber auch die einzelnen Ereignisse an sich. Sie werden - abgesehen davon, daß wir sie als solche „nie positivistisch genug oder auch nur hinreichend positivistisch re-ferierend registrieren können [...]“[25] und daher schon bei der referierenden Registrierung zu einem gewissen Grad fiktionalisieren - in der Geschichte unverändert wiedergegeben, wohingegen diese im Epos neu geformt werden. D'Aubigné hält sich an diese gattungstheoretischen Regeln, denn er erklärt in bezug auf seine *Histoire universelle*, aber auch in Abgrenzung zu den *Tragiques*: „[...] vous ne verrez ni digressions ni exclamations, n'estant mon metier que d'escrire sans juger des actions [...]“[26], oder an anderer Stelle:

> [...] c'est chose merveilleuse qu'un esprit igné et violent de son naturel [...] ait escrit sous [= sans] loüanges et blasmes, fidelle tesmoin et jamais juge, se contentant de satisfaire à la question du faict sans toucher à celle du droict.[27]

Es ist folglich festzustellen, daß die Geschichte in Hinblick auf die einzelnen vergangenen Ereignisse die Wahrheit vermittelt. Wenn die Geschichte die einzelnen Ereignisse unverändert wiedergibt und diese daher historisch wahr sind, dann darf man nicht schlußfolgern, daß die im Epos umformten Ereignisse unwahr sind - sie sind historisch unwahr, aber psychologisch, d.h. im Sinne des Autors wahr; hierbei wird allerdings vorausgesetzt, daß die Ereignisse im Sinn der psychologischen Wahrheit neu geformt, also so sind, wie der Autor sie sieht, und nicht dergestalt, daß sie äußere, d.h. ethische, politische usw. Normen oder gar propagandistische Zwecke erfüllen. In bezug auf die einzelnen Ereignisse muß man also zwischen historischer und psychologischer Wahrheit, oder anders gesagt zwischen 'objektiver Wahrheit' und 'subjektiver Wahrheit', unterscheiden. In der Geschichte sind die einzelnen Ereignisse historisch wahr, während sie im Epos aufgrund ihrer Umformung durch den Autor psychologisch wahr

---

Commentaire, d'une Table des noms propres et d'un Glossaire par Eugène Réaume et François de Caussade, Bd. 1, Genf ²1967 [Reprint Paris ¹1873], S. 475.

[25] Oberman, „Reformation: Epoche oder Episode“, S. 56.

[26] D'Aubigné, *Histoire universelle*, Bd. 1, S. 9-10 („Préface“).

sind, d.h. so sind, wie der Autor sie sieht. Wenn oben mit Baxter gesagt worden ist, daß die *Tragiques* wahrer sind als die *Histoire universelle*, dann war nicht die historische, sondern die psychologische Wahrheit gemeint,[28] wie auch die folgende Aussage zu verstehen gibt: „[...] the violent emotionalism and distorting passion of the *Tragiques* is more truthful, more convincing, more adequate to the events described, than an attitude of impartiality."[29] Es stellt sich noch die Frage, warum die psychologische Wahrheit, oder wie Baxter sagt „the violent emotionalism and distorting passion", der *Tragiques* wahrer ist als die historische Wahrheit der *Histoire universelle*. „[Elle est] la Vérité vraie", schreibt Yves Delègue begründend, „qui traverse la précédente [sc. la Vérité du fait] au point de la bousculer, parce qu'elle en est l'âme, le moteur vivant, animant: la Vérité de la passion qui elle ne ment pas."[30] Die psychologische Wahrheit, oder wie Delègue sagt „la Vérité de la passion", ist also immer und stets wahr, d.h. kann nie und unter keinen Umständen falsch sein, im Gegensatz zur historischen Wahrheit, oder wie Delègue sagt zur „Vérité du fait", die sich auf die Realität bezieht - „[une] réalité, toujours contestable même si elle est avérée."[31]

Nach dem Abriß über das Verhältnis von Epos und Wahrheit sowie von Geschichte (als Genus) und Wahrheit ist folgendes festzustellen: Die Geschichte (als Genus) ist durch die historische, d.h. 'objektive' Wahrheit gekennzeichnet, da die von ihr erzählten einzelnen Ereignisse historisch wahr, d.h. in Übereinstimmung mit den sich zugetragenen Ereignissen sind. Sie ist aber auch durch die psychologische, d.h. 'subjektive' Wahrheit charakterisiert; das liegt an dem 'emplotment' der einzelnen Ereignisse durch den Geschichtsschreiber, also an der subjektiven Verknüpfung, das schließlich der Geschichte ihr subjektives Gepräge verleiht. Das Epos weist eine 'doppelte' psychologische, d.h. 'subjektive' Wahrheit auf, weil die einzelnen Ereignisse aufgrund ihrer Umformung so sind, wie der Autor sie sieht, d.h. nicht historisch, sondern psychologisch wahr und weil sie von ihm so verknüpft sind, wie er ihre Ursache und Wirkung versteht. Sieht man im Vergleich mit der 'objektiven' Wahrheit

---

27 D'Aubigné, *Les Tragiques*, „Aux lecteurs".

28 Zum bisweilen in der einschlägigen Literatur vertretenen Standpunkt, daß die Ereignisse nicht der psychologischen Wahrheit entsprechen, sondern nach rhetorischen Kriterien neu geformt und propagandistisch ausgerichtet sind, s. Kap. IV / 7.2.4, insbesondere dort Fußnote 72.

29 Baxter, S. 152-153.

30 Yves Delègue, „L'écriture de la vérité dans *Les Tragiques*", *Albineana* 3 (1990), S. 7-17, hier S. 11.

31 Ebd.

die 'subjektive' Wahrheit als die höhere Form der Wahrheit an, dann wird Baxters Aussage, die *Tragiques* seien wahrer als die *Histoire universelle*, verständlich.

Abschließend bleibt zu fragen, ob dem Bild des verfolgten Glaubensgenossen in den *Tragiques* oder dem in der *Histoire universelle* der Vorzug zu geben ist, um d'Aubignés wahrhaftiges Bild des verfolgten Glaubensgenossen zu bestimmen. Die Antwort ist eindeutig und fällt wegen der 'doppelten subjektiven Wahrheit' des Epos zu dessen Gunsten aus. Das Bild ist nämlich aufgrund seiner Definition eine „subjektive Brechung"[32], also das, was der Beobachter sieht. Das auf der Grundlage der *Tragiques* fixierte Bild entspricht, da es nur auf Subjektivität, auf den neu geformten, d.h. 'subjektivierten' Ereignissen und auf deren subjektiver Verknüpfung, und keineswegs auf 'Objektivität' gründet, d'Aubignés (wahrhaftigem) Bild, spiegelt also das Objekt so wider, wie er es sieht. Daher soll die Bestimmung von d'Aubignés Bild des verfolgten Glaubensgenossen auf der Basis der *Tragiques* erfolgen und auf die *Histoire universelle* nur an den Stellen zurückgegriffen werden, wo Ereignisse beschrieben und dargestellt werden, die das Epos verschweigt.

---

[32] Leiner, S. 4.

2 D'AUBIGNÉS AUTOBIOGRAPHIE *SA VIE A SES ENFANTS*

2.1 *Sa vie à ses enfants*: Memoiren oder Autobiographie?

Agrippa d'Aubignés Werk *Sa vie à ses enfants* wurde zum ersten Mal im Jahre 1729 veröffentlicht,[32] und zwar zunächst als *Histoire secrete de Theodore Agrippa d'Aubigné, écrite par luy-même et adressée à ses enfants*, dann zwei Jahre später unter dem Titel *Mémoires anecdotes de la vie de Théodore Agrippa d'Aubigné, ayeul de Mme de Maintenon, ecrits par lui-même et adressez à ses enfants*[33], der gleichzeitig auf das literarische Genus der Memoiren hinweist. So bezeichnet auch Sainte-Beuve am Anfang des 19. Jahrhunderts dieses Werk als „petits *Mémoires*"[34]. Léon Feugère spricht um die Mitte des 19. Jahrhunderts ebenfalls von Memoiren.[35] Wenn die Forschung heutzutage dieses Werk als autobiographisch einstuft,[36] ohne hierfür Beweise anzuführen, dann kann dies seine Ursachen darin haben, daß man den Begriff der Memoiren einfach durch den Begriff der Autobiographie ersetzt hat, der erst am Ende des 18. Jahrhunderts bzw. im 19. Jahrhundert aufkam.[37] Nun hat aber dieser Begriff nicht jenen verdrängt, noch sind beide Termini austauschbar. Vielmehr ist im 19. Jahrhundert eine Präzisierung eingetreten, insofern als man nun die Autobiographie von den Memoiren unterscheidet, welche bis dahin als Titel „für Aufzeichnungen rein sachlichen Inhalts, für offizielle Berichte z.B. von Gelehrten, Gesellschaften, ebenso wie für eine autobiographische Schrift"[38] galten. Man könnte sagen, daß die Autobiographie nur eine Teilmenge dessen ist, was die Memoiren umfaßten, und sich

---

[32] Vgl. Gilbert Schrenck, *Sa vie à ses enfants* [d'Agrippa d'Aubigné], Paris 1986, S. 7.
Zum Zeitraum zwischen Entstehung des Manuskriptes und seiner Veröffentlichung, siehe S. 20-24.

[33] Zu den verschiedenen Ausgaben dieses Werkes, siehe S. 38-41.

[34] Charles Augustin Sainte-Beuve, *Les grands écrivains français*. Etudes des lundis et des portraits classées selon un ordre nouveau et annotées par Maurice Allem, Paris 1926, S. 293.

[35] Vgl. Léon Feugère, *Caractères et portraits littéraires du XVIe siècle*, Paris 1859, S. 330.

[36] Vgl. Schrenck, S. 24 ff; vgl. ebenfalls André Thierry, „Agrippa d'Aubigné: De l'histoire aux mémoires et à l'autobiographie", *Cahiers de l'association internationale des études françaises* 40 (1988), S. 23-38.

[37] Vgl. Georg Misch, „Begriff und Ursprung der Autobiographie", in: Günter Niggl (Hrsg.), *Die Autobiographie*. Zu Form und Geschichte einer literarischen Gattung (*Wege der Forschung*, N° 565), Darmstadt 1989, S. 33-54, hier S. 38-39.

[38] S. 40.

bestenfalls mit den 'persönlichen Memoiren' deckt.[39] Hinsichtlich d'Aubignés Werk steht noch die Frage offen, ob es der Autobiographie oder den Memoiren (im neueren Sprachgebrauch) zuzurechnen ist, also ob der von der einschlägigen Forschung bis ca. Mitte des 19. Jahrhunderts gebrauchte Terminus *Memoiren* im Sinne der Autobiographie oder der Memoiren (nach heutigem Verständnis) zu verstehen ist. Für die Beantwortung dieser Frage sind zunächst einmal allgemeine Abgrenzungskriterien nötig, die es erlauben, ein Werk entweder der Autobiographie (d.h. den 'persönlichen Memoiren') oder den Memoiren zuzuschreiben:

- Wenig aufschlußreich für die Klassifizierung scheint die zunächst von Georg Misch gemachte Feststellung: „An und für sich bringt das Wort [sc. *Memoiren*] [...] nur die Anspruchslosigkeit einer Schrift in Bezug auf die literarische Form zum Ausdruck: daß der Autor keinen schriftstellerischen Ehrgeiz hat - oder wenigstens keinen zu haben vorgibt."[40] Es erweist sich nämlich als keineswegs einfach, ein Werk in bezug auf seine Ästhetik und Literarität im formalistisch-strukturalistischen Sinn den Memoiren bzw. der Autobiographie zuzurechnen, zumal da hinsichtlich dieser Aspekte die Linie zwischen den beiden Genera fließend ist.
- Zutreffender für die Bestimmung des Genus scheint das Kriterium des 'erzählten Ich' als Protagonisten oder handelnder Person der Diegese, d.h. der 'Geschichte'[41]:

> Der Bezug des Menschen zur Umwelt kann aktiv oder passiv gefaßt werden. Hieraus läßt sich der Unterschied zwischen Selbstbiographien und Memoiren ableiten. In Memoiren ist das Verhältnis passiv, da die Memoirenschreiber, obwohl sie von sich zumeist - regelmäßiger als der Selbstbiograph - in der ersten Person schreiben, sich meist nur als Zuschauer der Vorgänge und Aktionen einführen, von denen sie erzählen. Wenn sie unter den handelnden Personen auftreten, so nur in Nebenrollen. Was sie von ihrem eigenen Leben erzählen, erklärt, warum sie in die Zeitereignisse verwickelt oder gar zu deren Augenzeugen wurden; daß sie Gelegenheit hatten, zu lernen, hervorragende Personen aus nächster Nähe zu beobachten und Kunde von den geheimen Vorgängen zu erlangen. Der Autobiograph dagegen befaßt sich mit der Umwelt nur, soweit es für das Verständnis seiner eigenen Lebensgeschichte notwendig ist. Diese hat ihren Sinn und Zusammenhang in sich selbst und ihr eigenes Zentrum in der Person des Autors, auch wenn er sich nicht als Aktionszentrum, sondern als Subjekt einer Leidensgeschichte darstellt.[42]

---

[39] Vgl. ebd.
[40] Ebd.
[41] Zum Begriff der 'Geschichte' und des *discours*, s. Kap. IV/ 7.2.1.
[42] S. 50.

Hält man an dem Kriterium des unterschiedlich stark dosierten 'erzählten Ich' als Unterscheidungsmerkmal zwischen dem Genus *Autobiographie* und *Memoiren* fest, so ist nach der Definition Gérard Genettes[43] ersteres eine 'autodiegetische', letzteres eine 'homodiegetische Erzählung' (im engeren Sinne), wobei beide Genera zur 'homodiegetischen Erzählung' (im weiteren Sinne) gehören, in Abgrenzung zur 'heterodiegetischen Erzählung', wo der Erzähler nie die Rolle einer handelnden Person der Personenkonfiguration innehat. Es bereitet allerdings vielfach Mühe, den Grad des Homodiegetischen (im weiteren Sinne) an der Diegese auszumachen, so daß das Ziehen der Linie zwischen dem Schon-Autodiegetischen und dem Noch-Homodiegetischen (im engeren Sinne) keineswegs aller Schwierigkeiten entbunden ist. Dies scheint besonders auf die homodiegetischen Erzählungen (im weiteren Sinne) des 16. und 17. Jahrhunderts zuzutreffen: „[...] l'ambition même des mémorialistes du XVIe et du XVIIe siècles fut de témoigner de ce qu'ils ont fait, à côté de ce qu'ils ont vu. Il coexiste à la fois en chacun d'eux un spectateur et un acteur, dont les interférences multiples rendent délicates les délimitations strictes des différentes catégories du récit."[44] Aber auch in den neueren Erzählungen ist die Abgrenzung des Autodiegetischen vom Homodiegetischen (im engeren Sinne) nicht immer einfach, zumal dann, wenn das Autodiegetische durch andere Schilderungen scheinbar in den Hintergrund gerückt wird: „Die Autobiographie kann [...] Züge der Memoiren annehmen, indem [...] der Entwicklungs- und Individualitätsgedanke zugunsten der Schilderung öffentlicher, politischer und kulturgeschichtlicher Ereignisse, die Erinnerung an berühmte Zeitgenossen oder das eigene politische, kulturelle oder gesellschaftliche Wirken in den Hintergrund tritt."[45] Auch wenn sich die Abgrenzung zwischen Autobiographie und Memoiren oftmals schwierig gestaltet, so läßt sich Agrippa d'Aubignés Werk *Sa vie à ses enfants* dennoch eindeutig als autobiographisch einstufen. Über die ganze Länge der Erzählung hin gibt es nämlich nur eine handelnde Person, die eindeutig im Vordergrund, oder wie Lejeune sagt an der Spitze der Hierarchie steht,[46] und zwar Agrip-

---

[43] Vgl. Genette, S. 174.

[44] Gilbert Schrenck, „Aspects de l'écriture autobiographique au XVIe siècle - Agrippa d'Aubigné et *Sa vie à ses enfants*", *Nouvelle revue du seizième siècle* 3 (1985), S. 33-51, hier S. 34.

[45] Rolf Tarot, „Die Autobiographie", in: Klaus Weissenberger (Hrsg.), *Prosakunst ohne Erzählen. Die Gattungen der nicht-fiktionalen Kunstprosa*, Tübingen 1985, S. 27-43, hier S. 33.

[46] Vgl. Philippe Lejeune, *Le pacte autobiographique*, Paris 1975, S. 15.

pa d'Aubigné. So steht an ihrem Anfang die Geburt von „Theodore Agrippa d'Aubigné, fils de Jean d'Aubigné, Seigneur de Brie en Xaintonge et de Damoiselle Catherine de l'Estang."[47] Dann folgen seine Kindheit und seine Zeit als Soldat, wobei die Erzählung der verschiedenen, zum Teil viele Monate auseinanderliegenden Ereignisse häufig dadurch gekennzeichnet ist, daß er sich sogleich erwähnt: „En cest aage Aubigné [...]"[48], „A sept ans et demi il [...]"[49], „Estant à Pons, il [...]"[50], „Aubigné se retirant à Talcy envoya [...]"[51]. Den Schluß bildet seine Erklärung, in Genf einen ehrenvollen Tod finden zu wollen: „[...] jugeant bien qu'il n'y avoit point de capitulation pour luy [sc. Aubigné], ne laissa pas de se resoudre de quitter tous autres desseins, pour chercher dans Geneve une honorable mort."[52]

- Definiert man mit Jean Starobinski als Autobiographie die Erzählung, die durch „die Identität des Erzählers mit dem Helden der Erzählung"[53] charakterisiert ist, und versteht man das Wort *Held* nicht im quantitativen, sondern im qualitativen Sinn, so kommt man wiederum zu dem Ergebnis, daß die Erzählung *Sa vie à ses enfants* autobiographisch ist. Der heldenhafte Charakter der handelnden Person *Aubigné* wird schon allein durch den Satz „ [...] rien ne luy estoit impossible [...]"[54] zum Ausdruck gebracht.
- Wenn man von 'homodiegetischen' bzw. 'autodiegetischen Erzählungen' spricht, dann implizieren diese beiden Begriffe eine Identität von Erzähler und handelnder Person bzw. Protagonisten, die bisher in d'Aubignés Werk *Sa vie à ses enfants* stillschweigend vorausgesetzt wurde. Während diese Identität bei einer Erzählung in der ersten Person (im grammmatikalischen Sinne) offensichtlich ist - das 'Ich' verweist ja auf den Aussagenden und ist zugleich Ausgesagtes[55] -, liegt bei einer

---

47 D'Aubigné, *Sa vie à ses enfants*, S. 49.
48 S. 51.
49 Ebd.
50 S. 67.
51 S. 77.
52 S. 226.
53 Jean Starobinski, „Der Stil der Autobiographie", in: Günter Niggl (Hrsg.), *Die Autobiographie*, S. 200-213, hier S. 200.
54 D'Aubigné, *Sa vie à ses enfants*, S. 95.
55 Genette, S. 175, erklärt allerdings, daß das 'erzählende Ich' nicht in allen Fällen das 'erzählte Ich' nach sich ziehe, d.h., daß das 'erzählende Ich' nicht immer automatisch etwas über das Ich erzähle, wie z.B. in Vergils Satz „Arma virumque cano [...]". Hier ist die erste Person, d.h. Vergil, nicht handelnde Person und schon gar nicht Protagonist der Diegese.

Erzählung in der dritten Person (im grammatikalischen Sinne) zunächst einmal fehlende Identität zwischen Erzähler und handelnder Person bzw. Protagonisten vor. Ließe man es mit der Analyse an dieser Stelle bewenden, so müßte man auch d'Aubignés *Sa vie à ses enfants* zwangsläufig aus der Kategorie der 'homodiegetischen Erzählungen' herausnehmen, da auch hier in der dritten Person (im grammatikalischen Sinne) erzählt wird. Diese fehlende Identität zwischen Erzähler und handelnder Person bzw. Protagonisten entfällt jedoch, wenn sich die Identität auf anderen Wegen zeigen läßt: „Diese Identität, die [...] nicht mehr im Inneren des Textes durch den Gebrauch des Ich begründet ist, wird indirekt, jedoch ohne jegliche Zweideutigkeit, durch die doppelte Gleichung Autor = Erzähler und Autor = Figur begründet, woraus man ableitet, daß Erzähler = Figur ist, auch wenn der Erzähler implizit bleibt."[56] Um also die Identität zwischen Erzähler und Figur herzuleiten, gilt es zunächst, diejenige zwischen Autor und Erzähler, dann diejenige zwischen Autor und Figur aufzuzeigen:

1. Der Autor deckt sich mit dem Erzähler, wenn letzterer im „[...] Eingangsabschnitt [...] gegenüber dem Leser Verpflichtungen eingeht, indem er sich so benimmt, als wäre er der Autor"[57], oder wenn aufschlußreiche Untertitel wie „Geschichte meines Lebens" das Zusammenfallen beider Instanzen anzeigen.[58] In dem Eingangsabschnitt des Werkes *Sa vie à ses enfants*[59] wird durch den Ausdruck „[...] et voicy le discours de ma vie [...]"[60] die Übereinstimmung von Autor und Erzähler deutlich.
2. Die zweite Gleichung Figur = Autor erfüllt sich dadurch, daß die Figur den gleichen Namen trägt wie der Autor, nämlich *Aubigné*.

Aus dieser Doppelgleichung läßt sich nun die Identität von Erzähler und Figur herleiten. Die Namensgleichheit zwischen Autor, Erzähler und Figur begründet deren Identität, die es erlaubt, hier von einem 'Pakt'[61] zwischen den dreien zu sprechen. Dieser 'Pakt' ist zwar eine notwendige Bedingung für die Bestimmung der Autobiographie, aber keine hinreichende, da die Namensidentität zwischen Autor,

---

[56] Philippe Lejeune, „Der autobiographische Pakt". Aus dem Französischen übersetzt von Hildegard Heydenreich, in: Günter Niggl (Hrsg.), *Die Autobiographie*, S. 200-257, hier S. 218.
[57] S. 232.
[58] Vgl. ebd.
[59] Vgl. d'Aubigné, *Sa vie à ses enfants*, S. 47-49.
[60] S. 48.

Erzähler und Figur ein Kriterium ist, „das neben der Autobiographie alle weiteren Gattungen intimer Literatur kennzeichnet (Tagebuch, Selbstporträt, Essay).“[62] Nachdem über die Doppelgleichung die Identität zwischen Erzähler und Figur dargelegt worden ist, bleibt zur unzweideutigen Abgrenzung des Genus der Autobiographie noch die Frage zu klären, ob es einerseits überhaupt eine Diegese (deren z.B. das Selbstporträt entbehrt) gibt und andererseits welche Position der Erzähler als Figur in der Diegese einnimmt. Indem d'Aubigné die Ereignisse zwischen 1552 und 1629 beschreibt, die mittel- oder unmittelbar sein Leben betreffen, entsteht zwangsläufig eine Geschichte, so daß der erste Teil der Frage beantwortet ist. Der zweite Teil der Frage, der die Diegese betrifft, ist dadurch geklärt, daß bereits oben d'Aubigné als Protagonist und Held der Diegese aufgezeigt worden ist.

Das bald als Memoiren, bald als Autobiographie eingestufte Werk *Sa vie à ses enfants* war zunächst in Hinblick auf das Genus eindeutig zu bestimmen. Mithilfe der von Misch, Genette, Starobinski und Lejeune vorgeschlagenen Untersuchungskriterien ist sein autobiographischer Charakter aufgezeigt worden, dergestalt daß nicht nur hierin Übereinstimmung mit Misch herrscht, der in dem Werk eine lautere, gar hohe Stufe von Autobiographie (d.i. eine „aus der Fülle des Lebens die eigene Persönlichkeit in allseitiger Vollendung“[63] betonende) sieht, sondern auch darin, daß das Genus der Autobiographie schon vom Renaissance-Menschen[64] - was allerdings nicht unumstritten ist[65] - geschaffen worden ist.

---

[61] Vgl. Lejeune, S. 230 ff., der den Ausdruck *Pakt* in diesem Zusammenhang gebraucht.

[62] S. 228.

[63] Georg Misch, *Die Geschichte der Autobiographie*, Bd. 4, 2, Frankfurt a. M. 1969, S. 624.

[64] Vgl. Misch, S. 597 ff. und - falls man mit Ernest Renan den in Arezzo geborenen Toskaner Petrarca für den „ersten modernen Menschen“ erachtet - auch Misch, S. 577-582. André Bertière, *Le cardinal de Retz mémorialiste*, Paris 1977, S. 25-26, stellt, in Anlehnung zu Misch, in einigen Memoiren der Renaissance autobiographische Züge fest: „Les Mémoires, tels que le XVIe siècle les lègue au XVIIe, oscillent [...] entre d'un côté la chronique [...] et d'un autre côté l'autobiographie, où la personne du narrateur donne au récit son unité et sa cohérence.“

Misch sowie Bertière relativieren den Gebrauch des Terminus der Autobiographie für jene Zeit: Bertière, S. 25, sieht den Leserkreis dieser autobiographischen Memoiren auf die Familie beschränkt. Ausnahme bilden hier, so Bertière, S. 26, nur die *Mémoires de Marguérite de Valois*, wo Marguerite ihre eigene Geschichte in der ersten Person (im grammatikalischen Sinn) für eine weite Leserschaft schreibt und somit, nach Elsbeth Nachtigall, *Die „Mémoires“ der Marguerite de Valois als Quelle zu Samuel Richardsons „Clarissa“*, Bonn 1960, S. 57, eine „Bahnbrecherin auf literarischem Gebiet“ ist.

Misch, S. 624 erklärt seinerseits, daß die Autobiographie der Renaissance mit ihrer „naiven Aussprache der Lebenswirklichkeit“ (gleichviel, ob der Leserkreis intim ist oder nicht) sich von

2.2 Das Bild in der Autobiographie *Sa vie à ses enfants*

Bei Lejeunes Definition von Autobiographie „Récit rétrospectif en prose qu'une personne réelle fait de sa propre existence, lorsqu'elle met l'accent sur sa vie individuelle, en particulier sur l'histoire de sa vie"[66] soll zunächst der Schwerpunkt auf den Aspekt gelegt werden, daß eine reelle, d.h. Effekte produzierende Person ihr gelebtes Leben erzählt. Dies bedeutet, daß die erzählende Person, der Erzähler, ein „echtes Aussagesubjekt"[67] ist und mit der Person, die die Erzählung niederschreibt, dem Autor, zusammenfällt; des weiteren, daß das Erzählte Gegenstand der nicht-fiktiven Wirklichkeit ist, in Abgrenzung zur fiktiven Wirklichkeit des autobiographischen Romans, wo der Erzähler ein „fingiertes Aussagesubjekt"[68] ist und nicht mit dem Autor identisch ist. Wenn nun der Erzähler sowie das Erzählte einer Autobiographie aufgrund der Definition der nicht-fiktiven Wirklichkeit entsprechen beziehungsweise entsprechen müssen, dann impliziert dies den Ausschluß der fiktiven Wirklichkeit, und ein Abweichen in der Erzählung von der nicht-fiktiven Wirklichkeit widerspricht der Wahrheit:

> Verfälschungen von Sachverhalten ist Lüge. 'Erfindungen', die sich der Autobiograph einfallen lassen könnte, fiktionalisieren seinen autobiographischen Text

---

derjenigen eines Rousseau und Goethe unterscheidet, wo „die Richtung auf das Verständnis das Entscheidene" ist. Vorläufer dieser neuen Kunstform, wo das Sich-zur-Schau-Stellen den Zweck hat, ein gelebtes Leben zu rechtfertigen, ist nach Misch, S. 69 ff., der Magier und Wissenschaftler Girolamo Cardano.

65 Schrenck, „Aspects de l'écriture autobiographique au XVIe siècle - Agrippa d'Aubigné et sa *Vie à ses enfants*", S. 34, paraphrasiert hierzu die einschlägige Kritik: „Tout texte antérieur à 1760, estime le critique, entre dans une espèce de 'préhistoire' du genre, au sein de laquelle l'histoire de la personnalité [...] n'estqu'un concept 'dérisoire'. Ce parti pris chronologique [...] consiste à faire naître l'autobiographie sur l'écritoire de Rousseau [...].

Vgl. auch Lejeune, *Le pacte autobiographique*, S. 313 ff., der diachronische Untersuchungen über ein Genus anhand bestimmter Kriterien für wenig sinnvoll erachtet, da die epochalen Rahmenbedingungen das Genus 'prägen'. Infolgedessen kann man ebensowenig von der Entstehung eines bestimmten Genus sprechen, so Lejeune, S. 317: „Il existe une seconde illusion de perspective: celle de la naissance du genre, après laquelle le nouveau genre, né d'un seul coup, se maintiendrait conformément à son essence. C'est là la forme d'illusion très tentante, en particulier dans le domaine français, où Rousseau a établi une sorte de modèle qui a longtemps obsédé les autobiographes."

66 Lejeune, *Le pacte autobiographique*, S. 14.

67 Tarot, S. 37.

68 Ebd.

> nicht, machen ihn nicht zum Roman, sondern sind - als Abweichung von der Wahrheit - : Lüge. Autobiographen können lügen [...].[69]

Da die Sprache selbst keine Kriterien für die Wahrheit ihrer Inhalte kennt, kann die Wahrheit einer nicht-fiktiven Erzählung nur durch externe Quellen widerlegt oder belegt werden.

Der Historiker Auguste Poirson hat mit Hilfe historiographischen Materials die Ereignisse in d'Aubignés *Sa vie à ses enfants* ausfindig gemacht, die nicht der vergangenen nicht-fiktiven Wirklichkeit entsprechen und daher nicht wahr sind.[70] Diese 'Lügen' widersprechen zunächst einmal des Hugenotten Anspruch auf Wahrheit seiner Erzählung, von der er den Leser überzeugen möchte: „Chez d'Aubigné [...] la totalité des efforts consistent d'entrée de jeu à frapper la narration du sceau de la vérité."[71] Dieser Widerspruch zwischen fehlender Wahrheit und behaupteter Wahrheit löst sich auf, wenn man zwischen der vergangenen nicht-fiktiven Wirklichkeit, so wie sie die Historiographie festlegt, und der vergangenen nicht-fiktiven Wirklichkeit, so wie der einzelne sich daran erinnert, unterscheidet - wenn man also zwischen der historischen und psychologischen Wirklichkeit und somit wieder „zwischen historischer und psychologischer Wahrheit"[72] trennt. Als Historiographie kann die Autobiographie nicht ohne eine gewisse Skepsis angesehen werden, da die historische Wirklichkeit manchmal vom Autobiographen falsch wiedergegeben wird: „Die eigene Lebensbeschreibung ist vielfach als geschichtliche Quelle angezweifelt worden, ihr Wert mag denn auch wirklich in Hinsicht auf die Tatsachen, welche sie übermittelt, zweifelhaft sein".[73] Nicht absichtlich kommen allerdings die historischen Unwahrheiten zustande, da der Autobiograph sie beim Abfassen seiner Erzählung aus der Retrospektive wahr wähnt. „Über das Datum eines Ereignisses kann der Lebensbeschreiber sich irren, zumal wenn er aus der Erinnerung schreibt, Einzelheiten der Vorgänge, an denen er teilnahm, mögen sich ihm verwirren".[74] Die historischen Unwahrheiten einer Selbster-

---

[69] S. 31-32.

[70] Vgl. Auguste-Simon-Jean-Chrysostome Poirson, *Histoire du règne de Henri IV*, Paris 1866, S. 518 ff.

[71] Schrenck, „Aspects de l'écriture autobiographique au XVIe siècle - Agrippa d'Aubigné et sa *Vie à ses enfants*", S. 40-41.

[72] Tarot, S. 31 u. Fußnote 21.

[73] Werner Mahrholz, „Der Wert der Selbstbiographie als geschichtliche Quelle", in: Günter Niggl (Hrsg.), *Die Autobiographie*, S. 72-74, hier S. 72.

[74] Ebd.

zählung sind also - abgesehen von vorsätzlichen Verfälschungen - keine Lügen, sondern Irrtümer des Gedächtnisses; was historisch unwahr ist, bleibt indessen psychologisch wahr. Agrippa d'Aubigné wird sich dieses Konfliktes zwischen historischer und psychologischer Wahrheit wohl bewußt gewesen sein, denn er relativiert in seinem Testament die zuvor betonte Wahrheit seiner Autobiographie, indem er die Fehlbarkeit seines Gedächtnisses signalisiert: „Je laisse à mes enfans l'exemple de ma vie, de laquelle ils ont pour livre domestique le plus véritable et plus exprès discours que ma mémoire ait pu fournir."[75] Die von Poirson aufgezeigten historischen Unwahrheiten der Autobiographie sind hier als psychologische Wahrheit eines irrenden greisen Agrippa d'Aubigné anzusehen. Während also der Epos-Dichter bewußt die ihm überlieferten vergangenen Ereignisse neu formt, gibt der Autobiograph unbewußt die vergangenen Ereignisse abweichend von der historischen Wirklichkeit wieder - und zwar deshalb, weil er sich irrt, wobei dieses Sich-Irren mit dem ihm zeitlich vorausgehenden Sich-Erinnern verknüpft ist.

Aber nicht nur die sich von der historischen Wirklichkeit unterscheidenden, sondern sämtliche vom Autobiographen wiedergegebenen Ereignisse hängen in ihrer Form vom Sich-Erinnern ab, das ein 'dynamischer', d.h. situationsgebundener Vorgang ist. Es besteht kein Zweifel, daß das Sich-Erinnern und das Erleben in einem besonderen Verhältnis zueinander stehen, wobei jenes eine Teilmenge von diesem ist. Während das Erlebnis durch die Sinne aufgenommen wird, ist die Erinnerung des Menschen an Schon-Geschehenes ein Phänomen, „das mit den Aktivitäten seiner Psyche als verquickt angesehen werden muß."[76] Der augenblickliche psychische Zustand als Endgestaltung zuvor abgelaufener seelischer Entwicklungen entscheidet - in Verbindung mit dem Über-Ich, jener durch die Erziehung entwickelten normativen Kontrollinstanz, - zunächst einmal über die Erinnerung an ein Ereignis oder über dessen Verdrängung. Er ist des weiteren dafür verantwortlich, wie sich die Erinnerung an Vergangenes darstellt. Dies bedeutet schließlich, daß ein und dasselbe Ereignis sich dem Erinnernden in unterschiedlichem Licht darstellt, daß man das einzelne Ereignis nicht objektiv zu fassen und sich zu vergegenwärtigen vermag. Helene Deutsch, Assistentin von Sigmund Freud, schreibt hierzu: „Während des Schreibens ist mir klarge-

---

75 Agrippa d'Aubigné, *Testament de Théodore Agrippa d'Aubigné*, in: Théodore-Agrippa d'Aubigné, *Œuvres complètes*, S. 117-125, hier S. 119.

worden, daß selbst bei aufrichtigster Bemühung um Objektivität jede Erinnerung mehr oder weniger von der augenblicklichen psychischen Verfassung [...] abhängig ist.“[77] Hieraus wird deutlich, daß das einzelne Ereignis keinen Eigenwert besitzt, sondern daß sein Wert von seiner Bedeutung für den augenblicklichen psychischen Zustand bestimmt wird. Man versucht also nicht, jedes Ereignis einzeln und für sich allein stehend zu betrachten, sondern die verschiedenen Ereignisse zu ‘emploten’, d.h. durch eine Plotstruktur miteinander zu verknüpfen, und jedes einzelne dieser Ereignisse als auf das Leben als Ganzes einwirkend zu betrachten. Da nicht alle Ereignisse sich als logisch-kausales Glied in die Kette einbinden lassen, werden einige von ihnen bewußt nicht beachtet; man mißt ihnen sozusagen einen Null-Wert zu: „[...] jetzt, da ich zurückdenke, erhält auch von dem, was mir noch reproduzierbar ist, nur dasjenige eine Stellung im Zusammenhang meines Lebens, was eine Bedeutung hat für dieses, wie ich es heute ansehe.“[78] Demzufolge ist der vom Autobiographen geschilderte Lebenslauf nur eine Teilmenge der Erinnerungen.

Es soll im folgenden untersucht werden, in welchem Verhältnis d’Aubignés Leben, so wie er es in seiner Autobiographie be- und niedergeschrieben hat, zur Erinnerung steht. Das Datum des Abfassens der Autobiographie, das Schrenck mit dem Jahr 1629 angibt[79], spielt für die Beantwortung eine größere Rolle, als man zunächst glauben mag. Helene Deutsch macht folgende interessante Beobachtung:

> Die Erinnerungen eines alten Menschen werden unter ganz bestimmten psychobiologischen Voraussetzungen niedergeschrieben, die individuell nur wenig voneinander abweichen. Der beim Schreiben einer Autobiographie wirksame Sublimierungsprozeß und die Abnahme des Sexualtriebes scheinen eine Atmosphäre zu schaffen, die das freie Aufsteigen von Assoziationen begünstigt. [...] Ein weiterer Grund für die Freisetzung von Erinnerungen ist das Nachlassen der strafenden Macht des Über-Ichs.[80]

---

[76] Joachim Kronsbein, *Autobiographisches Erzählen*. Die narrativen Strukturen der Autobiographie, München 1984, S. 94.

[77] Helene Deutsch, *Selbstkonfrontation*. Die Autobiographie der großen Psychoanalytikerin, München 1975, S. 13.

[78] Wilhelm Dilthey, „Das Erleben und die Selbstbiographie“, in: Günter Niggl (Hrsg.), *Die Autobiographie*, S. 21-32, hier S. 24.

[79] Vgl. Schrenck (Hrsg.), *Sa vie à ses enfants*, S. 17.
Thierry, „Agrippa d’Aubigné: de l’histoire aux mémoires et l’autobiographie“, S. 26 / Fußnote 6, glaubt, daß die Autobiographie schon einige Jahre früher abgefaßt worden ist.

[80] Deutsch, S. 11.

Auf d'Aubigné angewandt, bedeutet dies, daß er, der seine Autobiographie kurze Zeit vor dem Tod abfaßte, sich vieler Ereignisse erinnern konnte, die möglicherweise lange Zeit seines Lebens durch das Über-Ich verdrängt worden waren. Das Filtern der Erinnerungen durch den psychischen Instanzenweg ist also abgebaut, und die von d'Aubigné zu einer Struktur von Sinn und Einheit zusammengefügten Ereignisse sind eine bewußte Auswahl aus den Erinnerungen, die ihm das Gedächtnis als Speicher für Vergangenes liefert. Wenn nun das 'Erinnerbare' im Alter infolge des nachlassenden Über-Ich größer wird, man einen freieren Zugriff auf das Gedächtnis als Speicher für Vergangenes hat, dann zieht dies auch ein größeres Selektieren der für die Lebensgeschichte relevanten Ereignisse nach sich. Durch diese Auswahl subjektiviert d'Aubigné bewußt seine Lebensgeschichte, die auf den von ihm so gehaltenen Lebenssinn ausgerichtet ist. Indem nun Agrippa d'Aubigné an seinem Lebensabend seinem Leben als einheitlichem Ganzen einen bestimmten Sinn beimißt, 'unterschlägt' er die Erinnerungen, die sich auf Ereignisse beziehen, die nicht in das von ihm präsentierte einheitliche Lebensbild passen. „En fin de compte, le récit est construit en fonction d'une série d'exclusions et d'inclusions, délibérément choisies par l'auteur [...].“[81] Dieses 'paralliptische Erzählen'[82] führt zu der Schlußfolgerung: „[...] la *Vie à ses Enfants* n'est qu'une version de la vie de d'Aubigné [...].“

Es ist gesagt worden, daß das Leben des Menschen, so wie er es in seiner Autobiographie be- und niedergeschrieben hat, nur eine Version seines Lebens ist, da er die Ereignisse gemäß dem Sinn verknüpft hat, den er seinem Leben beim Abfassen seines Werkes zuschreibt. Hierbei hat er den einzelnen Ereignissen, die ihrerseits eine Auswahl aus den 'erinnerbaren' Ereignissen darstellen, eine bestimmte Bedeutung und in Abhängigkeit hiervon einen bestimmten Wert beigemessen. Was die einzelnen, d.h. nicht verknüpften und 'lose' nebeneinander stehenden Ereignisse angeht, so können sie, wie oben bereits gesagt, historisch unwahr sein, zumal wenn sie vom Autobiographen zeitlich und geographisch in das vergangene Geschehen eingeordnet werden. Diese historischen Unwahrheiten sind als psychologische Wahrheiten anzusehen, vorausgesetzt der Autobiograph wähnt wahr, was historisch unwahr ist, also vorausgesetzt er irrt sich und lügt nicht vorsätzlich. Gerade aber die vergangenen Ereignisse, die den Autobiographen in ein schlechtes Licht rücken würden, drohen wissentlich

---

[81] Schrenck, „Agrippa d'Aubigné, *Sa vie à ses enfants*. Approches et mise en perspective“, S. 7.
[82] Zu den Ausdrücken der 'Paralepse' und 'Paralipse', s. Genette, S. 139.

falsch wiedergegeben zu werden. Skepsis läßt sich folglich nicht nur hinsichtlich der historischen Wahrheit, sondern auch bezüglich der psychologischen Wahrheit anmelden. Die menschliche Eitelkeit verbietet nämlich dem Autobiographen, negative Stimmungselemente zu offenbaren, wie Misch beobachtet:

> Es ist dem Menschen natürlich, im Siege zu frohlocken. Aber noch mehr drängt es die Gescheiterten, sich über ihr Leben zu äußern. Sie möchten aus dem Schiffbruch ein ideales Bild von sich retten, das sie der Welt zeigen oder auch sich selbst vorhalten mögen, sei es, um sich über ihr Scheitern hinwegzutäuschen, sei es mit dem sittlichen Willen, dem Ideal nachzuleben, da das Leid den Charakter stärkt.[83]

Es ist also durchaus möglich, daß der Autobiograph aus Eitelkeit die psychologische Wahrheit fälscht, indem er z.B. die von Drangsal und Wehmut gekennzeichneten Lebensabschnitte nicht in seine Lebensbeschreibung aufnimmt oder sie nicht stimmungsgerecht wiedergibt. Dieses 'Lügen' auf der Ebene der psychologischen Wahrheit ist dem Autobiographen indessen nur partiell möglich, insofern als er nicht ein falsches Stimmungsmoment in das Leben als Ganzheit hineinzuprojizieren vermag:

> Im voraus bemerken wir [...] was allgemein für die autobiographischen Schriften gilt, daß ihre Wahrheit nicht so sehr in den Teilen zu suchen ist, als in dem Ganzen, das mehr ist als die Summe der Teile. Was die einzelnen Teile betrifft, so wird auch der aufrichtigste Autobiograph, der eine *Konfession* schreibt, nicht eine *Apologie* verfassen, oder der, der nicht für die Öffentlichkeit, sondern zu seinem eigenen Vergnügen oder zur Unterhaltung und Belehrung seiner Nachkommen schreibt, manche charakteristischen Einzelheiten vergessen oder verschweigen, da wohl jeder einen wunden Punkt in seinem Selbstgefühl hat, den er nicht berühren möchte. Andererseits wird auch der geschickteste Lügner uns durch die erfundenen oder aufgeputzten Geschichten, die er von sich erzählt, nicht über seinen wahren Charakter täuschen.[84]

Es ist abschließend festzustellen, daß d'Aubignes Autobiographie *Sa vie à ses enfants* nicht ohne weiteres als Quelle für das vergangene Geschehen geeignet ist; das ist allerdings kein spezieller Mangel dieser Selbstbiographie, sondern vielmehr genusspezifisch.[85] Wenn sie hingegen sein Leben beschreibt, dann ist sie aufrichtig. Diese Aufrichtigkeit resultiert daraus, daß der Autobiograph sich in bezug auf die psychologische Wahrheit nicht irren kann und diese auch nicht, wie mit Misch festgestellt wor-

---

[83] Misch, „Begriff und Ursprung der Autobiographie", S. 44.
[84] S. 45.

den ist, in ihrem Grundzug verfälschen kann. Lediglich an den Stellen, wo der Autobiograph sich in seinem Werk anders beschrieb, als er sich selbst sah, fällt die Aufrichtigkeit der Autobiographie, d.h. geht das 'authentische' Selbstbild zum Wunschbild über: „D'Aubigné [...] tel qu'il voulut être dans *Sa vie à ses enfants*."[86] Die 'Authentizität' des Selbstbildes bleibt jedoch in ihrem Grundzug von den Verfälschungen unberührt, so daß das in der Autobiographie *Sa vie à ses enfants* gezeichnete Bild von d'Aubigné auf jeden Fall 'authentisch' ist, d.h. *seinem* Selbstbild entspricht, also widerspiegelt, wie d'Aubigné sich selbst zu dem Zeitpunkt sah, als er sein Werk abfaßte.

---

[85] Vgl. S. 46.
[86] Schrenck, S. 6.

KAPITEL IV

DER FRANZÖSISCHE PROTESTANTISCHE SCHRIFTSTELLER AGRIPPA D'AUBIGNÉ UND SEIN BILD VOM VERFOLGTEN GLAUBENSGENOSSEN: DER UNBESIEGBARE PROTESTANT

1 DER SCHRIFTSTELLER AGRIPPA D'AUBIGNÉ UND SEINE WERKE *HISTOIRE UNIVERSELLE*, *LES TRAGIQUES* UND *SA VIE À SES ENFANTS*

Der 1552 geborene Théodore-Agrippa d'Aubigné[1] wurde schon im Alter von acht Jahren von seinem Vater durch einen Schwur zum Protestantismus verpflichtet, zu dem er selbst erst einige Jahre zuvor konvertiert war. Nachdem d'Aubigné einige Zeit lang von dem protestantischen Humanisten Matthieu Béroald und anschließend zwei Jahre lang von Théodore de Bèze in Genf unterrichtet worden war, trat er im Alter von 16 Jahren den protestantischen Truppen bei, in denen er solange kämpfte, bis Heinrich von Navarra zum Katholizismus konvertierte. Im Frühsommer 1593 zog er sich auf sein Landgut in den Landes-Guinemer zurück, wo er seine schriftstellerische Arbeit fortführte und vertiefte. In den darauffolgenden Jahren faßte er die meisten seiner Werke ab, stellte sich aber auch gleichzeitig den politisch-religiösen Herausforderungen seiner Zeit, ohne im geringsten vom protestantischen Glauben und seiner Haltung als „ferme" abzulassen. Im Jahre 1620 flüchtete er nach Genf, wo er, unbeeindruckt von seiner Verurteilung zum Tod durch das Pariser Parlament,

---

1 Zum Leben von Agrippa d'Aubigné, s. die schon oben erwähnte Biographie von Lazard, *Agrippa d'Aubigné*.

weiterhin mit der Feder für den Protestantismus kämpfte. Kapituliert hat er nur 1630 vor dem Tod.

Im Jahre 1600 begann d'Aubigné mit der Abfassung der *Histoire universelle*, die ihm seinen Angaben zufolge schon im Jahre 1577 Heinrich von Navarra nahegelegt hatte. Obgleich schon im Jahre 1612 nahezu fertiggestellt, wurde das Werk erst einige Jahre später gedruckt. Der erste Band, obwohl auf 1616 datiert, verließ die Druckerpresse in Maillé im Jahre 1618; der zweite Band folgte ein Jahr später. Doch noch bevor der dritte und letzte Band im Frühling 1620 gedruckt wurde, war im Januar desselben Jahres der Erlaß ergangen, die *Histoire universelle* zu verbrennen, von der die ersten beiden Bände sich im Umlauf befanden. In seinem Exil in Genf überarbeitete d'Aubigné sein Werk, das dort 1626 neu gedruckt wurde, wobei allerdings aus politischen Gründen als Erscheinungsort Amsterdam angegeben wurde. Da die Zeit, die er in seinem Genfer Exil verbrachte, in Frankreich durch das Wiederaufflackern der Religionskriege gekennzeichnet war, wurde er gebeten, seine *Histoire universelle* fortzuführen und die Ereignisse bis zum Frieden von Montpellier (1622) wiederzugeben. D'Aubigné kam zwar der Bitte nach, konnte sie aber kaum umsetzen, da ihn der Tod ereilte, lange bevor die Fortsetzung seiner Geschichte abgeschlossen war (er vermochte lediglich, und darüber hinaus auch nur unvollständig, die Ereignisse der Jahre 1620-1622 historiographisch aufzuzeichnen). So geht die *Histoire universelle* kaum über die zweite, überarbeitete, d.h. über die Genfer Ausgabe von 1626 hinaus (3 Bände mit insgesamt fast 1000 Seiten in 2°).

Was sie als Geschichte abdeckt, gibt ihr Titel zu verstehen:

> Le XVIe siècle a l'habitude de distinguer *l'histoire générale*, qui porte sur la totalités des siècles, mais peut revêtir un sens limité du point de vue spatial, de *l'histoire universelle*, qui est une histoire du monde, mais avec une acception souvent limitée du point de vue de la chronologie. En ce qui nous concerne, nous donnerons à *universel* sa plus vaste extension dans les deux domaines du temps et de l'espace.[2]

Ganz in Übereinstimmung mit dem Verständnis des Begriffs *Histoire universelle* versteht sich die Universalität der *Histoire universelle* von d'Aubigné nicht zeitlich - es wird lediglich der Zeitraum von 1550 bis 1602, d.h. das „siècle d'Henri IV", berücksichtigt -, sondern nur geographisch. Allerdings wird den verschiedenen

Ländern nicht gleichviel Interesse beigemessen: „On peut distinguer, a partir du centre d'intérêt que sont les affaires de France, une série de nations qui lui sont concentriques, et qui gravitent autour d'elle à la manière de planètes, définies par leur distance par rapport au centre."[3] Dubois weist darüber hinaus darauf hin, daß die verschiedenen Länder in einer bestimmten Anordnung zu Frankreich als dem Mittelpunkt des Interesses stehen:

> [...] on remarquera également l'importance accordée à l'élément quaternaire qui est une dimension fondamentale du globe terrestre (la quaternité étant en rapport avec les deux axes d'orientation fondamentaux, Nord-Sud et Est-Ouest). Ce rythme se retrouve à l'intérieur de ce microcosme que constitue la France: lorsque les événements de France prennent un aspect de guerre civile, la division quaternaire réapparaît autour de quatre centres régionaux: Normandie, Guyenne, Languedoc, Provence. Par là 'l'univers' terrestre se trouve en analogie et en résonance avec l'univers cosmique: tout s'organise autour d'un centre, la France, à l'intérieur duquel on peut distinguer un autre centre, qui est la personne royale ou la monarchie, et quatre provinces: un premier cercle de nations étrangères gravite autour du Royaume, ce sont les 'Quatre voisins', et sur des orbites plus éloignées groupées autour de quatres directions cardinales, les pays d'Orient, d'Occident, du Septentrion et du Midi. Une hiérarchie d'intérêts est obtenue à partir de la distance par rapport au centre, et le système historique se trouve subordonné à la disposition macrocosmique des pays.[4]

Dubois hat diese räumliche Vierteilung graphisch wiedergeben:[5]

---

[2] Claude-Gilbert Dubois, *La conception de l'histoire en France au XVIe siècle (1560-1610)*, Paris 1977, S. 17.

[3] S. 189.

[4] Ebd.

[5] S. 196.

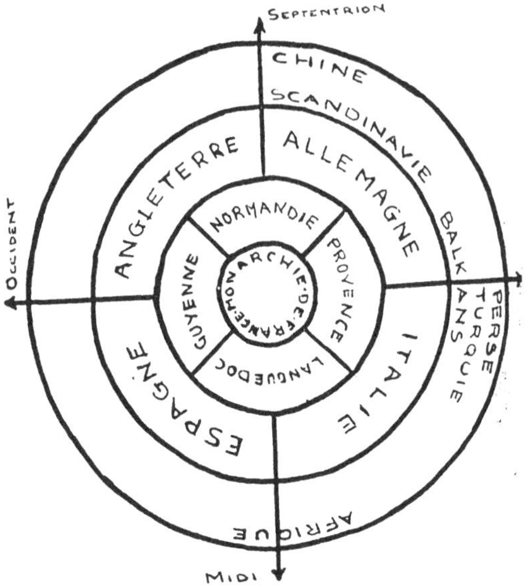

Die *Histoire universelle* weist aber nicht nur eine mathematische Struktur in Hinblick auf die geographische Universalität auf, sondern auch in bezug auf den zeitlichen Rahmen: „Le déroulement historique obéit également à un rythme qui est structuration mathématique du temps: la base est constituée par des symétrie. [...] La division ternaire vient compléter la disposition quaternaire relevée dans la disposition cosmographiques des pays étudiés."[6] Dabei stellt sich die Dreiteilung der von d'Aubignés Geschichte abgedeckten Zeitspanne folgendermaßen dar:

> La division en trois, le retour périodique aux points cruciaux ou aux charnières des mêmes thèmes, évoquent une force d'organisation dont la base est en rapport avec une structuration mathématique et rhétorique de l'histoire. Le déroulement général suit le rythme des guerres, dans leurs trois phases essentielles - déclenchement, déroulement, dénouement -. Par trois fois est repris ce mouvement pour aboutir à la paix générale, après la troisième reprise des troubles, qu'est le règne d'Henri IV.[7]

Dubois hat auch diesen Sachverhalt graphisch verdeutlicht:[8]

---

[6] S. 192.
[7] S. 193.
[8] S. 197.

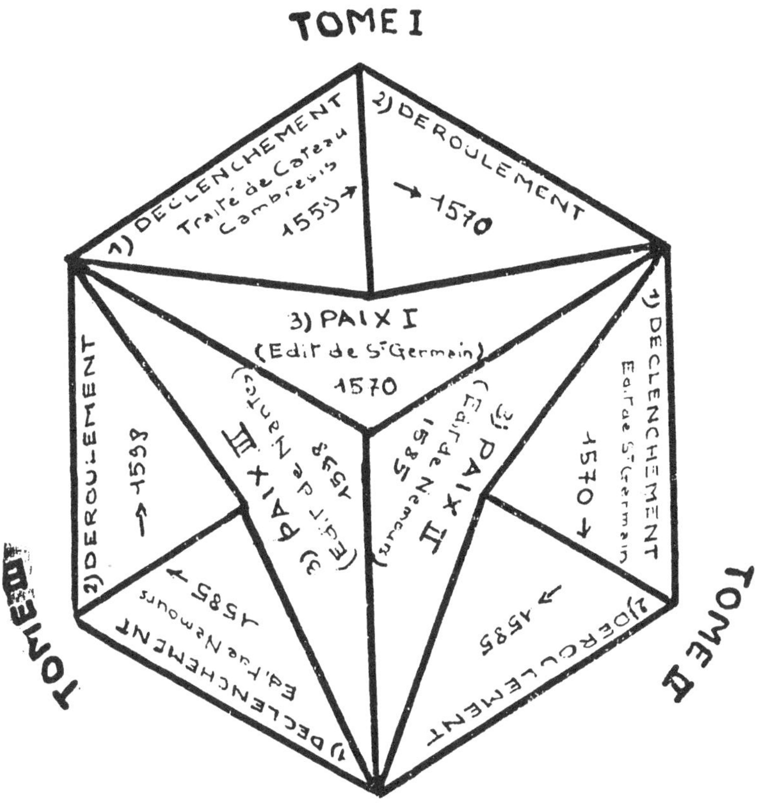

Im Jahre 1593 wurden die ersten handgeschriebenen Kopien des Epos *Les Tragiques* verteilt, dessen erste Verse d'Aubigné schon im Jahre 1577, schwerverwundet und infolge mehrerer bei der Schlacht von Casteljaloux davongetragener Verletzungen dem Tode nahe, vom Bett aus diktiert hatte. Im Jahre 1616 wurde das Werk gedruckt und anonym veröffentlicht, das nun in seiner endgültigen Version mehr als 9300 Alexandriner umfaßt, wobei ein Drittel oder sogar die Hälfte hiervon nach 1600 abgefaßt wurde.[9] Noch vor dem Tod d'Aubignés wurden die *Tragiques* in Genf neu aufgelegt, wobei er diesmal als Autor ausgewiesen wurde.

---

[9] Vgl. Jean-Raymond Fanlo, *Traces, ruptures: la composition instable des „Tragiques"* (*Bibliothèque de la Renaissance,* série 2, N° 25), Paris 1990.

Das Epos besteht aus sieben Büchern, wobei die Zahl sieben hier gewiß in Analogie zur mystischen Zahl sieben der Johannes-Offenbarung steht. - Im ersten Buch („Misères“) beschreibt d'Aubigné das von den Religionskriegen verwüstete Frankreich, das durch Hungersnot, Seuchen und jähen Tod gekennzeichnet ist. Gleichzeitig richtet er seinen Groll gegen die Herrscher, die unfähig sind, das Land zu regieren und dem Elend zu steuern. - Das zweite Buch („Princes“) ist eine Invektive gegen die Herrscher aus dem Haus Valois, d.h. gegen die Könige Karl IX. und Heinrich III. sowie den Herzog von Anjou, deren Bruder. Offen werden ihre 'Unsitten' dargestellt, wobei die Satire insbesondere auf den letzten Valois-König abzielt, der („un roi-femme ou bien un homme-reine“) oftmals 'weiblich' gekleidet und von seinen „mignons“ umgeben ist. - Das dritte Buch („La chambre dorée“) brandmarkt die Bestechlichkeit und Parteilichkeit des obersten Gerichtshofes. Die korrupten Richter und Justizangestellten legen die Verordnungen zuungunsten der Protestanten aus, wobei ihr schändliches Verhalten in der Gestalt allegorischer Personen wie „Ambition“, „Injustice“, „Faveur“, „Envie“ und „Formalité“, einer Form der Pedanterie, dargestellt wird. - Der Titel des vierten Buches, „Les Feux“, gibt zu erkennen, daß es den Märtyrern gewidmet ist, denn unter „les feux“ verstand man seinerzeit die Scheiterhaufen. Nachdem d'Aubigné den Einzug der um des Glaubens willen Hingerichteten in das Himmlische Jerusalem beschrieben hat, erzählt er das Schicksal verschiedener Märtyrer im In- und Ausland. - Das fünfte Buch („Les Fers“) ist eine Erzählung der Religionskriege. Bevor verschiedene Schlachten und das Massaker der Bartholomäusnacht beschrieben werden, macht eine Himmelsszene deutlich, daß das Geschehen auf Erden aus einer zwischen Gott und Satan abgeschlossenen Wette resultiert. Das Buch schließt mit der Vorstellung, daß der Ozean, über die Flüsse mit dem Blut der Protestanten in Berührung, deren letzte Ruhestätte ist. - Das sechste Buch („Vengeances“) zeigt, wie Gott noch im Diesseits die Verfolger seiner Kirche bestraft. Hierbei stellt d'Aubigné ausgehend von Kain ein Verzeichnis der Racheakte Gottes bis zur Reformationszeit auf. - Im siebten und letzten Buch („Jugement“) wird das Weltgericht beschrieben. Die im sechsten Buch erwähnte Bestrafung, die schon einige Gegner der Kirche Gottes auf Erden zu spüren bekommen haben, erstreckt sich am Tag des Jüngsten Gerichts auf alle ihre Verfolger. Die Protestanten als Verfolgte hingegen erhalten nun den Lohn für ihr (zuvor beschriebenes) auf Erden erfahrenes Leid.

Es ist schon darauf hingewiesen worden, daß d'Aubigné gegen 1629 in seinem Genfer Exil seine Autobiographie *Sa vie à ses enfants* (86 Seiten in 4° in Form des Manuskriptes *Tronchin*) abgefaßt hat. Diese für seine Kinder, nicht aber für den Druck und die Öffentlichkeit bestimmten autobiographischen Aufzeichnungen geben die einschneidendsten und wichtigsten Ereignisse seines bewegten und abenteuerlichen Lebens wieder, angefangen von seiner Geburt bis hin zu seiner Flucht nach Genf. Den Abschluß bilden seine Klagen über seinen zum Katholizismus konvertierten und ausschweifend lebenden Sohn Constant sowie seine Erklärung, nicht vor dem Tod zu kapitulieren und gegebenenfalls für den Protestantismus zu sterben.

Nachdem Agrippa d'Aubigné sowie seine Werke *Histoire universelle*, *Les Tragiques* und *Sa vie à ses enfants* vorgestellt worden sind, soll nun sein Bild vom verfolgten Glaubensgenossen fixiert werden. Im vorherigen Kapitel ist schon gezeigt worden, warum hierbei den *Tragiques* gegenüber der *Histoire universelle* der Vorzug zu geben ist und weshalb sowohl das Epos als auch die Autobiographie hierfür eine gute Basis sind.

2 DER SIEGENDE PROTESTANT IN DER VORREFORMATIONSZEIT

2.1 Die Geschichte der Protestanten der Vorreformationszeit

Der Calvinismus, der in Frankreich die dominierende Form des Protestantismus war und von der ersten nationalen Synode der reformierten Kirchen Frankreichs im März 1559 offiziell sanktioniert wurde - man betonte in Abgrenzung zum Luthertum die starke Stellung der Prädestination des Einzelnen und verneinte die Ubiquitätslehre, d.h. die Konsubstantation[10] -, beanspruchte für sich den Titel der „wahren Kirche“[11]. Wenn die calvinistische Kirche sich selbst als die „wahre Kirche“ definierte, dann ist dieser Anspruch zumindest aus der Sicht der katholischen Kirche schon deshalb wenig überzeugend, weil in der Vergangenheit andere ‘heterodoxe’ Glaubensgemeinschaften und im Zeitalter der Reformation andere protestantische Kirchen denselben Anspruch erhoben hatten.

Diesen Widerspruch versucht Agrippa d'Aubigné dadurch aufzulösen, daß die verschiedenen vom Katholizismus abgefallenen Gemeinschaften nicht als ein Nebeneinander, sondern als ein Hintereinander aufgefaßt werden. Hierbei wird nämlich klar, daß die calvinistische Kirche des 16. Jahrhunderts keine ‘Neuerscheinung’, sondern eine Jahrhunderte alte Kirche ist, die zu einem bestimmten Zeitpunkt in der Geschichte ins Leben gerufen wurde und seitdem nicht mehr vernichtet werden konnte. Eine

---

[10] Hans Leube, *Kalvinismus und Luthertum im Zeitalter der Orthodoxie*. Der Kampf um die Herrschaft im protestantischen Deutschland, Bd. 1, Aalen ^{2}1966 [Reprint Leipzig ^{1}1928], S. 8 ff., beschreibt die Punkte, welche der Irenik entgegenstehen, folgendermaßen: „(1) Der [...] Streit um die Abendmahlsauffassung führte im Luthertum zum Ausbau der christologischen Begründung der Abendmahlslehre. Schriftstellen wie Mt. 28,20 und Mt. 18,20 wurden zur Begründung der substantiellen Gegenwart Christi im Abendmahl herangezogen. Christus, der aus göttlicher und menschlicher Natur besteht, ist *personali ubiquitate* im Abendmahl gegenwärtig. Diese sog. Ubiquitätslehre hat den Gegensatz zwischen den Anhängern der lutherischen und calvinistischen Anschauung sehr verschärft. [...] (2) [...] im Gottesbegriff selbst trennen sich die beiden Reformatoren. Luther selbst geht von der Nähe Gottes in Christus aus. In der Liebe erkennt er die Eigenschaft Gottes. Im Heilsplan zu Gunsten der sündigen Menschheit sieht er das große Werk Gottes. [...] Auch Kalvins Glaube ist evangelischer Heilsglaube. Aber man sucht bei ihm vergebens nach Aussprüchen, in denen er mit so überschwenglichen Worten die Liebe Gottes preist, wie das Luther getan hat. Daß er der Lehre von der partikularen Prädestination die größte Bedeutung beigemessen hat, verleiht seinem Gottesberiff ein anderes Gepräge.“

[11] Vgl. d'Aubigné, *Histoire universelle*, Bd. 1, S. 159 (II, 3, Punkt 29), wo von der „vraye Eglise“ die Rede ist.

von Gott geschützte Kirche darf sich dann folgerichtigerweise (gegenüber der von der Treue zu Christus abgefallenen römischen Kirche) die „wahre Kirche“ nennen.

Daß Agrippa d'Aubigné den Calvinismus als das Endglied eines diachronisch ablaufenden Vorganges ansieht, dafür spricht zunächst schon einmal die Aufnahme einer Thematik - und zwar die der Waldenser und Albigenser - , in seine *Histoire universelle*, die als solche eine Transgression darstellt; denn in dem Einleitungsabschnitt „L'imprimeur au lecteur“ (in dem d'Aubigné nur unter dem Decknamen des Druckers schreibt)[12] grenzt er selbst die *Histoire Universelle* als Chronik ein:

> Il fait trois Tomes de ses Histoires; Le premier des guerres qui ont esté menees par Louïs de Bourbon et l'Admiral de Chastillon [...]. Le second Tome entre un peu devant la S. Barthelemy, et acheve aux premiers exploits apparents de la Ligue, où commence le Troisième pour se reposer au grand repos de la France, quand Henri le Grand s'est veu paisible Roi.[13]

Wenn die zeitliche Eingrenzung aufgrund der Formulierung "guerres menees par Louïs de Bourbon et l'Admiral de Chastillon" noch nicht eindeutig ist, so erfolgt zu Beginn der *Histoire Universelle* als eigentlicher Chronik[14] eine Präzisierung: „A la moitié du siecle seizieme, an natal du livre [...].“[15] Die Chronik der Ereigisse beginnt also im Jahr 1550.

Aber nicht nur die Aufnahme der Albigenser und Waldenser als Themen in die *Histoire Universelle*, sondern auch deren Kollokation im Werk - der Abriß über die ‘heterodoxen’ Bewegungen des Mittelalters folgt unmittelbar der Gegenüberstellung von Katholizismus und Protestantismus[16]- lassen einen gewissen Zusammmenhang zwischen der Abkehr von der katholischen Kirche im Mittelalter und der Reformation vermuten. Der formelle Aufbau nimmt also schon das vorweg, was der Inhalt bestätigen und präzisieren wird. D'Aubigné hat das Thema der Waldenser in seiner *Histoire universelle* aufgegriffen,

[12] Vgl. André Thierry (Hrsg.), *Histoire universelle* [d'Agrippa d'Aubigné], Bd. 1, S. 17 / Fußnote 1.
[13] D'Aubigné, *Histoire universelle*, Bd. 1, S. 17 („L'imprimeur au lecteur“).
[14] Unter dem Chronikteil der *Histoire universelle* wird derjenige verstanden, welcher sowohl das Vorwort (wie „Préface“, „L'imprimeur au lecteur“ und „Au lecteur“) als auch das Nachwort (wie „Attache aux deux premiers tomes de l'Histoire universelle“ oder „Appendix“) ausschließt.
[15] S. 23 (I, 1).
[16] Vgl. S. 132-206 (II, 2-9).

> tant pource que les Réformés veulent avoir relevé l'enseigne de ceux-là [sc. des Vaudois], comme aussi pource que ces peuples ruinez ont espandu par l'Europe les semences de ceux à qui plus ouvertement on peut attribuer la reformation.[17]

Der zweite Teil des Kausalsatzes gibt zu verstehen, daß die Waldenser das Anfangsglied einer langen Kette von 'protestantischen' Gemeinschaften bilden. Das nachfolgende Glied sind die Albingenser, die - nach d'Aubignés geschichtlicher Darstellung - ein Teil der Waldenser sind, und zwar diejenigen, welche sich in der Gegend von Albi aufhielten.[18] Die Albigenser waren bald das Ziel des von Papst Innozenz III. ausgerufenen Kreuzzuges, des sogenannten Albigenserkreuzzuges, sowie daran anschließender weiterer Vernichtungskriege, die nur die wenigen Anhänger überlebten, die ins Ausland flohen, wo sie allerdings oft gleiches oder gar schlimmeres Schicksal erwartete. In London z.B. wurden die Geflohenen wie Aussätzige behandelt, denen man das zum Leben Notwendige verwehrte, so daß sie auf elendigste Art und Weise nackt auf der Straße dahinsiechten.[19] Ihr Geist jedoch lebte über den Tod hinaus und fand seine Aufnahme in dem englischen Theologen Wiclif, der mit seinen Anhängern ein weiteres Glied dieser Kette von 'protestantischen' Gemeinschaften bildet: „Après les fugitifs Albigeois ce recueil faict par les Reformés maintient leur doctrine enseignee par Wiclef".[20] Allein Wiclif konnte seine 'heterodoxe' Kirchenlehre nicht beim katholischen Klerus durchsetzen, und während er selbst zeit seines Lebens von Repressionen oder gar Folter verschont blieb, waren nach seinem Tod seine Anhänger grausamen Verfolgungen ausgesetzt. Diejenigen, welche die Flucht ergreifen konnten, suchten Schutz in Böhmen, wo Schüler Wiclifs, namentlich Hieronymus von Prag, dessen Lehre schon verbreitet hatten.[21] Aber auch hier konnte sich die 'protestantische' Gemeinschaft, die nun von Hieronymus von Prag und Jan Hus angeführt und ausgebaut wurde, nicht durchsetzen. Von der katholischen Kirche aufgefordert, sich dem Konzil in Konstanz (1414-1418) zu stellen, und im Vertrauen auf einen Geleitbrief des Königs Sigismund dort erschienen, wurden nämlich die beiden Anführer alsbald verurteilt und auf den Scheiterhaufen gebracht. Auf die 'protestantische' Gemeinschaft der Hussiten folgte einige Zeit später die von Martin

---

[17] S. 171 (II, 6).
[18] Vgl. S. 178 (II, 7).
[19] S. 195 (II, 8).
[20] S. 207 (II, 10).
[21] Vgl. S. 196 (II, 8).

Luther, die ungeahnte Ausmaße annahm. „Douze ans après Luther fut secondé de Zuingle à Zurich, d'Oecolampade à Basle, de Capito à Strasbourg, d'Ambroise Blaurer à Constance, de Haller à Berne, et puis de la reformation de Geneve".[22]

Nach d'Aubignés Darstellung sind also die Waldenser die ersten 'Protestanten' und gleichzeitig der Prototyp, auf den alle nachfolgenden 'Protestanten' einschließlich der Protestanten der Reformationszeit zurückgehen. D'Aubigné selbst hat diese Geschichte der 'Protestanten' der Vorreformationszeit folgendermaßen paraphrasiert:

> Tous les historien non passionnés sont d'accord, qu'unze cens après Jesus-Christ la Religion des Vaudois [...] commença de secouër la doctrine et l'authorité des Papes, comme firent après eux les Albigeois, lesquels dissipés s'espandirent en Angleterre, en Boheme, en Allemagne et autres lieux. Ceste creance relevee par Wiclef, par Jean Hus, par Hierosme de Prague et Luther [...].[23]

Auf die Lehre übertragen, heißt dies, daß der Protestantismus, insonderheit der Calvinismus, nur das Endglied einer großen Reformbewegung[24] war. Diese war allerdings

---

[22] S. 197-198 (II, 8).

[23] S. 26-27 (I, 2).

[24] Schon der protestantische Theologe Mathias Flacius hatte in seinem 1552 fertiggestellten und 1556 editiertenWerk *Catalogus testium veritatis* zu beweisen versucht, daß die Lehre Luthers keine 'Neuerfindung' des 16. Jahrhunderts ist; im Gegensatz zu d'Aubigné, der von einer mit den Waldensern einsetzenden großen Reformbewegung spricht, geht er zeitlich zwar weiter zurück, entwirft aber nicht das Bild *einer* großen Reformbewegung, sondern zeigt lediglich, wie Heinz Scheible, *Die Entstehung der Magdeburger Zenturien*, Gütersloh 1966, S. 16, sagt, „daß es zu allen Zeiten die 'Siebentausend' derer gab, die ihre Knie vor Baal nicht gebeugt haben; 1 Kön 19 ist ein Leitmotiv der historiographischen Arbeit des Flacius. Natürlich hielt Flacius die von ihm zusammengetragenen Zeugnisse nicht für Vertreter der 'reinen Lehre' schlechthin." Sie sollen zeigen, daß es in allen Jahrhunderten Kritik am Papsttum und mithin an den 'Mißständen' in der Kirche gegeben hat, die nicht mehr die Reinheit und Einfalt der apostolischen Zeit besitzt.

Diese Gedanken des *Catalogus testium veritatis* stellt Flacius in dem von ihm konzipierten, allerdings nicht von ihm selbst abgefaßten Geschichtswerk *Ecclesiastica historia* noch einmal ausführlich dar, jedoch mit einer verschobenen Gewichtung, wie Joachim Massner, *Kirchliche Überlieferung und Autorität im Flaciuskreis*, Berlin / Hamburg 1964, S. 37, feststellt: „Während er dort die Zeugen vor allem unter dem Gesichtspunkt ihrer Gegnerschaft zum Papsttum, also unter negativem Aspekt aufführt, sind hier ihre positive Funktion und der Gedanke von der Erhaltung der wahren Lehre und Kirche auch durch das 'finstere Mittelalter' hindurch bestimmend." In Flacius' Geschichtswerk liegt also schon d'Aubignés Idee von einer sich erhaltenden Kontinuität der 'wahren' Kirche und Lehre ausgearbeitet vor, ja diese Idee war sogar ein Grund, wenn nicht gar der Hauptgrund für das Entstehen dieser unter dem Namen der *Magdeburger Zenturien* bekannten Kirchengeschichte; so liest man nämlich in Mathias Flacius Illyricus u.a., *Ecclesiastica historia, integram ecclesiae Christi idem*, Bd. 1, Basel 1560, („Praefatio in historiam ecclesiasticam"): „ Prima [sc. utilitas] est: Ideam Ecclesiae Domini nostri Jesu Christi ob oculos videre, quasi in tabula depictam, facilique labore complecti posse, res est per se iucunda & necessaria. Est fidei articulus, credere Ecclesiam sanctam catholicam: docet igitur historia eiusmodi Ecclesiastica, quod omnibus nicht zu allen Zeiten gleichstark, sondern nahm im Laufe der Zeit an Kraft und Ausmaß zu und hatte im 16. Jahrhundert ihren Höhepunkt im Protestantismus, wie d'Aubigné metaphorisch zu verstehen gibt: „[...] de petites estincelles qui de si grand feu ont embrasé la Chrestienté."[25]

2.2 Der 'Protestant' als Zeuge für das Wirken Gottes oder sein Sterben-Leben

Nachdem gezeigt worden ist, daß die verschiedenen 'heterodoxen' Gemeinschaften des Mittelalters von d'Aubigné als 'protestantische' Gemeinschaften der Vorreformationszeit dargestellt, die von ihnen ausgelösten Bewegungen zu einer Kette zusammengefügt werden und so das Bild von *einer* großen Reformbewegung vermittelt wird, soll im folgenden gezeigt werden, daß diese Reformbewegung nicht unterdrückt werden konnte.

Wenn die Umstände, unter welchen der reiche Lyoner Kaufmann Petrus Waldes[26] sich 'bekehrte', d.h., dem 'liederlichen' Leben für immer entsagte, die Aufmerksamkeit auf sich ziehen, dann weil sie als solche ziemlich außergewöhnlich sind:

> Valdo, jeune marchand tres-riche et tres-debauché, compagnon des plus perdus de la ville de Lyon, estant un soir à folastrer aux rais de la Lune, vit un de ses mauvais garçons, qui ayant renié Dieu et blasphemé en termes horribles, tomba sur le champ roide mort sur le pavé. L'effroi ayant saisi l'ame de Valdo se convertit en penitence, et changea de tout point la vie du jeune homme [...].[27]

---

aetatibus mirabili Dei clementia & potentia, ministerio verbi divini colligatur & consistat Ecclesia, in qua Deus est efficax [...] Secunda [sc. utilitas]: Monstrat perpetuum consensum in doctrina singulorum articulorum fidei, omnibus aetatibus".

[25] D'Aubigné, S. 206 (II, 9).

[26] Magda Martini, *Pierre Valdo: Le pauvre de Lyon*. L'épopée vaudoise, Genf 1961, S. 165, erklärt, daß der in der einschlägigen Literatur vorkommende Name Petrus Waldus insofern inkorrekt sei, als der Begründer der Waldenser-Bewegung mit Vornamen Waldes bzw. Valdo heiße. Die Frage nach dem Zunamen löst sie allerdings nicht. Giovanni Gonnet, „Pierre Valdo ou Vaudès de Lyon", *Bulletin de la Societé de l'Histoire du Protestantisme Français* 126 (1980), S. 247-250, stützt die Hypothese Martinis, da auch er den Vornamen Pierre bzw. Petrus für historisch nicht korrekt hält, und legt unter Vorbehalt den Namen des Begründers des Waldensertums fest auf Valdesius, „qu'on peut facilement traduire en français par *Valdès* ou *Vaudès*."

[27] D'Aubigné, *Histoire universelle*, Bd. 1, S. 172 (II, 6).

Dieses spektakuläre Ereignis steht aber nicht für sich allein, sondern im zeitlichen Kontext des Weltgeschehens. Waldes' Bekehrung und die von ihm ausgelöste Bewegung setzten nämlich zu einer Zeit ein, als die katholische Kirche wichtige dogmatische Entscheidungen traf:

> Ce fut en l'onzieme siecle, lors que la Transsubstantation fut establie, après grandes altercations, et long retardement, par l'opposition de plusieurs Evesques, et sur tout des Espagnoles, se trouvant dès lors plusieurs qui aimerent mieux souffrir la mort, que consentir à une telle nouveauté.[28]

D'Aubigné setzt praktisch die Einführung der Lehre der Transsubstantation und die Waldenser-Bewegung, die diese dogmatische Erneuerung verneinte, in kausale Beziehung. Als eine unter ehrfurchteinflößenden Umständen ins Leben gerufene Bewegung, deren Ziel die Aufrechterhaltung der 'wahren' und von der katholischen Kirche nun 'verkannten' Glaubensdogmatik war, gewann das Waldensertum viele Anhänger und verbreitete sich nicht nur im Südosten, sondern auch im Norden Frankreichs und endlich sogar in Deutschland. Hieran änderte auch nichts die Verfolgungspolitik mit ihren Verbrennungen auf dem Scheiterhaufen: „[...] cela eschauffant au lieu d'esteindre, l'an 1315 toutes les parties de l'Europe Orientale conceurent ceste Religion [...]."[29] Dieser Aussage liegt das frühchristliche Konzept „sanguis martyrum, semen christianorum" zugrunde, das d'Aubigné hier in seiner Idee aufgenommen hatte: das zur Vernichtung eingesetzte Feuer brennt 'anders', d.h. ist generativ und nicht destruktiv, so daß die Asche zur Saat wird. In den *Tragiques* stellt d'Aubigné dieses Konzept noch einmal explizit vor:

> Les cendres des bruslez sont precieuses graines
> Qui, apres les hyvers noirs d'orage et de pleurs,
> Ouvrent au doux printemps d'un million de fleurs
> Le baume salutaire, et sont nouvelles plantes
> Au milieu des parvis de Sion fleurissantes.
> (III, 654-658)

Wie die Asche des Märtyrers Saat für neue Pflänzchen ist, so ist das vergossene Blut des Niedergemetzelten Lebenselixier:

---

[28] Ebd.
[29] S. 173 (II, 6).

> Tant de sang que les Rois espanchent à ruisseaux
> S'exhale en douce pluye et en fontaines d'eaux,
> Qui, coulantes aux pieds de ces plantes divines,
> Donnent de prendre vie et de croistre aux racines.
> (III, 659-663)

Dieses Konzept vom Sterben-Leben stellt sich in Hinblick auf die konkrete geschichtliche Situation nun folgendermaßen dar: Die Asche der Waldenser-Märtyrer gebar die Albingenser („Les pauvres de Lyon avoyent mis leur semence / Sur les peuples d'Alby [...]"[30]), die ihrerseits durch ihr Sterben Leben zeugten.[31] Hier sind allen voran der Engländer Gérard und seine Anhänger zu nennen, welche wiederum durch den Tod, in den sie von den Katholiken getrieben worden waren, das Leben Wiclifs gebaren.[32] Nach dessen Tod flohen dessen nun von der Inquisition verfolgten Schüler nach Böhmen, wo sie allerdings - genauso wie die in England gebliebenen Anhänger - auf den Scheiterhaufen und an andere Hinrichtungsstätten gebracht wurden. Doch auch diesmal hatte das Feuer keine destruktive, sondern vielmehr eine generative Funktion:

> Là [sc. en Boheme] encore maltraictés par Wenceslaus: mais les constantes morts des persecutez donnerent vie à ceste Religion: Les spectacles des feux et supplices publics envoyerent des messagers par toutes les parts d'Allemagne, de Pologne, et par toutes les parties des pays Septentrionaux, toutes ces parts de l'Europe ayans espousé ceste Doctrine.[33]

Mit der Verbrennung der Anhänger Wiclifs entstand die Reformbewegung, an deren Spitze Jan Hus und Hieronymus von Prag standen. „Lesquels après longues prisons et disputes furent bruslés, le dernier ayant trempé un an dans un cachot."[34] Aber auch diesmal bedeutete das Sterben auf dem Scheiterhaufen neues Leben:

> Leurs cendres [sc. de Jean Hus et Hierome de Prague] qu'on jetta au
> vent, en l'air, en l'eau
> Profiterent bien plus que le puant monceau
> Des Charognes des grands que, morts, on emprisonne
> Dans un marbr'ouvragé: Le vent leger nous donne

---

[30] D'Aubigné, *Les Tragiques*, IV, 73-74.
[31] Vgl. IV, 74-76.
[32] Vgl. IV, 85-89.
[33] D'Aubigné, *Histoire universelle*, Bd.1, S. 196 (II, 8).
[34] Ebd.

De ces graines par tout; l'air presqu'en toute part
Les esparpille, et l'eau à ses bords les depart.
(IV, 67-72)

Nicht nur sammelten sich unter dem Hussitenführer Ziska 40.000 Anhänger, um mit ihm gegen den Kaiser Sigismund und den katholischen Klerus in den Krieg zu ziehen (in dem sie, lange Zeit unbesiegbar, erst durch falsche Versprechungen bezwungen wurden)[35], sondern die Asche der Märtyrer als Samen gebar auch - mit zeitlicher Verzögerung - schließlich den Erneuerer, der die Reformbewegung zu ihrem 'Durchbruch' verhalf und aus der Reformbewegung eine Reformationsbewegung machte, d.h., sie gebar Martin Luther. Analog zu den Märtyrern der vorausgegangenen Reformbewegungen verbrannten auch diejenigen der Reformation nicht zu barer Asche, sondern zu Asche-Saat: „Oui, le ciel arrosa ces graines espanduës,/ Les cendres que fouloit Rome parmi les rues".[36]

Wenn nun unbeschadet aller vom katholischen Klerus eingeleiteten Vernichtungszüge die von Petrus Waldes als erstem 'Protestanten' ins Leben gerufene Reformbewegung, die die göttliche Antwort auf das neu ausgearbeitete Dogma der Transsubstantation zu sein schien, in ihrer Idee nicht auszulöschen war, dann weil das zur Vernichtung eingesetzte Feuer 'anders' brannte, d.h. aufgrund des göttlichen Wirkens nicht mehr destruktiv, sondern generativ war, und die 'protestantischen' Märtyrer zu Asche-Saat verbrannte, die wieder neues 'protestantisches' Leben gebar. Hier liegt also die frühchristliche Auffassung „sanguis martyrum, semen christianorum" in der abgewandelten Form „cinis martyrum, semen protestantorum" vor, von der schon der auf dem Scheiterhaufen brennende Jan Hus überzeugt gewesen zu sein schien:"[...] Hus [...] avoit dit sur le buscher que des cendres de Hus (c'est a dire une oye en Bohemien) esclorroit un œuf dans 100 ans duquel sa doctrine reprendroit vie."[37]

---

[35] Vgl. S. 197 (II, 8).
[36] D'Aubigné, *Les Tragiques*, IV, 1181-1182.
[37] D'Aubigné, *Histoire universelle*, Bd.1, S. 197 (II, 8).

3 DER SIEGENDE MÄRTYRER

3.1 Sein himmlischer Sieg

3.1.1 Der Märtyrer und seine Reinigung durch das Feuer

Nachdem im vorherigen Kapitel, im Rahmen der von d'Aubigné so dargestellten großen Reformbewegung, die generative Funktion des Feuers aufgezeigt wurde, das die Märtyrer, oder genauer gesagt den Körper der Märtyrer auf dem Scheiterhaufen zu Asche-Saat verbrennt, soll im folgenden das Schicksal des Märtyrers im metaphysischen Sinn untersucht werden.

Nach christlicher Auffasssung, namentlich nach neutestamentlich-eschatologischem Verständnis, hat das Feuer, neben seiner Rolle als Zerstörer der Erde zu ihrer Endzeit („[...] es kam Hagel und Feuer, mit Blut vermengt, und fiel auf die Erde; und der dritte Teil der Erde verbrannte, und der dritte Teil der Bäume verbrannte, und alles grüne Gras verbrannte"[38]), eine doppelte Funktion: einerseits dient es als Ordal am Tag des Jüngsten Gerichts, wobei es die Menschen in von Gott Auserwählte und Verworfene scheidet, indem erstere unversehrt gelassen und letztere verbrannt werden; andererseits ist das Feuer Instrument der Züchtigung der Verworfenen, die nicht nur durch das Feuer verbrannt und somit von den Auserwählten getrennt, sondern schließlich auch in den „feurigen Pfuhl"[39] geworfen werden. Während das Feuer in seiner Funktion als letzte und ewige Strafe unzweideutig ist, bleibt das Bild des sich im Feuer offenbarenden Jüngsten[40] Gerichts ziemlich verschwommen: zwar sprechen Matthäus und Lukas vom Verbrennen der (metaphorisch zu verstehenden) Spreu durch das Feuer[41] und somit von ihrer Trennung vom Weizen, aber dennoch bleibt die Bedeutung des Feuers für den Weizen ungeklärt. Wenn das Feuer die Spreu verbrennt, also zu ihr im negativen Verhältnis steht, dann liegt ein positives Verhältnis zwischen Feuer und Weizen nahe, zumal da bei den beiden Evangelisten eine positive Funktion des Feuers angedeutet wird, d.h. die Rede von einer durch die Parusie sich

---

[38] Offb 8, 7.

[39] Offb 20, 14.

[40] Vgl. 1. Kor 3, 13.

[41] Vgl. Mt 3,12 und Lk 3, 17.

vollziehenden Feuertaufe ist.[42] Carl-Martin Edsman hat die Frage der Feuertaufe zu klären versucht.[43] So weist er darauf hin, daß - im Gegensatz zu den meisten modernen Exegeten, nach denen z.B. der Bibelvers des Paulus „er selbst aber wird gerettet werden, doch so wie durchs Feuer hindurch“[44] sich nicht auf eine Läuterung bezieht, sondern nur auf eine Errettung mit Mühe und Not hindeutet[45] - nach frühpatristischer Auffasssung, vor allem nach Origenes und den apokryphen Apokalypsen[46], das Feuer Instrument der Reinigung für die zu läuternde Seele ist,[47] die wegen der begangenen Sünden und der Erbsünde stets befleckt ist. Zu der oben genannten doppelten Funktion des Feuers kommt also eine dritte hinzu: „[...] on le considère [sc. le feu] comme un lieu de passage vers le paradis - avec la pensée plus ou moins clairement exprimée d'une purification partielle ou universelle - [...].“[48]

Das Schicksal der von der katholischen Kirche verbrannten protestantischen Märtyrer offenbart d'Aubigné in dem Buch „Les Feux“ der *Tragiques*, das sich im einzelnen wie folgt darstellt:

Zunächst einmal ist das Feuer des Scheiterhaufens, auf dem der Hugenotte hingerichtet wird, reinigend: "Les feux qui vous [sc. les martyrs] brusloyent vous ont rendus candides".[49] Wenn das Feuer hier purgativ wirkt, dann wird ersichtlich, daß die Idee eines Fegefeuers, die namentlich in der Frühpatristik konzipiert worden war, von d'Aubigné in der Reformationszeit wieder aufgenommen wurde. Die gleiche Konzeption vom Feuer wie die Frühchristen hat d'Aubigné aber nicht nur, weil er das

---

42 Vgl. Mt 3, 11 und Lk 3, 16.

43 Vgl. Carl-Martin Edsman, *Le baptême du feu*, Leipzig / Uppsala 1940.

44 1. Kor 3, 12-15b.

45 Vgl. *Lexikon für Theologie und Kirche*. Begründet von Michael Buchberger u. herausgegeben von Josef Höfer u. Karl Rahner, Bd. 4, Freiburg ^{2}1960, S. 51, s.v. „Fegfeuer“ [Anmerkung: Wenn im folgenden an den entsprechenden Stellen auf diese ältere Ausgabe des *Lexikon für Theologie und Kirche* verwiesen wird, ist dies durch den Zusatz *2. Ausgabe* gekennzeichnet. Wird nur der Titel erwähnt, so ist die letzte, d.h. dritte Ausgabe gemeint.]

46 Von ungefähr dem zweiten Jahrhundert an entstanden viele christliche apokalyptische Schriften, die entweder aus der Überarbeitung jüdischer Apokalypsen resultierten oder in katholischen und häretischen Kreisen neu geschaffen wurden. Diese Apokalypsen werden jedoch alle - bis auf diejenige des heiligen Johannes - als apokryph angesehen. Zur Funktion des Feuers in den (apokryphen) Apokalypsen des Peter, Paul, Bartholomäus u.a., s. Edsman, S. 57-87.

47 Origenes zitiert nach Edsman, S. 2, schreibt : „[...] sic stabit in igneo flumine Dominus Jesus Christus juxta flammeam rompheam, ut quicunque post exitum vitae hujus ad paradisum transire desiderat et purgatione indiget, hoc eum amne baptizet [...].“

48 Edsman, S. 7.

49 D'Aubigné, *Les Tragiques*, IV, 14.

Feuer als Fegefeuer begreift, sondern auch weil er es in einem bestimmten Abstand zu Gott sieht. Während noch in den apokryphen Apokalypsen der Frühpatristik das Feuer als Fegefeuer auf irgendeine Art berührt oder überwunden werden muß, bevor man zu Gott gelangt, findet man in den Berichten über den im Jahre 306 hingerichteten Märtyrer Theodoros von Euchaïta[50] die Vorstellung einer vor dem Antlitz Gottes ausgeführten Feuertaufe: „[...] nous trouvons bien l'idée d'un baptême de feu céleste devant le trône, baptême qui purifiait le baptisé et le rendait parfait et digne d'appartenir à la troupe de ceux qui servent le Très-Haut."[51] Diese Idee von der Gegenwart Gottes bei der Feuertaufe findet sich auch bei Agrippa d'Aubigné; nicht nur wird Gott, der auf die Erde hinabgestiegen ist,[52] der rauchenden Feuerglut als territorialer Bedrohung für Europa[53] ansichtig, sondern er ist auch, gleichviel, wo und wann die Flammen des Scheiterhaufens als Marter für den einzelnen Hugenotten auflodern, immer zugegen („car le prompt changement / de cent ans, de cent lieux ne luy est qu'un moment")[54]. Und es scheint, daß der Allmächtige nicht nur der Feuertaufe auf dem Scheiterhaufe beiwohnt, sondern sogar in ihr wohnt:

> [...] cette constance extreme
> Qui vous a fait tuer l'enfer et la mort blesme,
> Qui a fait les petits resister aux plus grands,
> Qui a fait les bergers vainqueurs sur les tyrans,
> Vient de Dieu, qui present au milieu de vos flammes
> Fit mespriser les corps pour delivrer les ames.
> (IV, 1353-1358)[55]

Die Nähe bzw. extreme Nähe Gottes zu dem Feuer als Fegefeuer ist also eine Anschauung, die d'Aubigné mit den Frühchristen teilt.

Zusammenfassend läßt sich sagen, daß dem Feuer des Scheiterhaufens, so wie d'Aubigné es in dem Buch „Les Feux" der *Tragiques* darstellt, das frühpatristische Konzept der Feuertaufe zugrunde liegt. D'Aubigné hat also, wie schon einige Zeitzeugen von Martyrien im Frühchristentum,[56] auf das (perzeptible) Feuer des

---

[50] Zu den verschiedenen Berichten über den Märtyrer Theodorus von Euchaïta, d.i. Theodoros von Anatolien, s. Edsman, S. 31-57.
[51] S. 35.
[52] Vgl. d'Aubigné, *Les Tragiques*, III, 161-163 u. 175-177.
[53] Vgl. IV, 347-350.
[54] V, 147-148.
[55] Hervorheb. d. Verf.
[56] Vgl. die Worte der heiligen Katharina am Ende des nachfolgenden Kapitels.

Scheiterhaufens das Konzept der Feuertaufe übertragen, das sich ursprünglich, etwa bei Origenes, in den apokryphen Apokalypsen und auch noch in den Berichten über den Märtyrer Theodorus von Euchaïta, erst einmal nur auf das (intelligible) im Himmel vor dem Eingang zum Paradies brennende Feuer bezieht.

3.1.2 Der Märtyrer und seine postmortale himmlische Erhöhung

3.1.2.1 Durch das Feuer

Im vorangegangenen Kapitel ist d'Aubignés Vorstellung vom 'anders' brennenden Feuer des Scheiterhaufens aufgezeigt worden, das nicht destruktiv, sondern purgativ ist. Hierzu bedarf es wohl ganz offensichtlich des Eingreifens Gottes. „Le feu destructeur peut par grâce divine purifier [...]", schreibt Edsman,[57] wobei deutlich wird, daß der Funktionswandel des Feuers nicht ohne die göttliche Allmacht erklärt werden kann. Oben ist zwar schon auf die 'leibliche' Nähe Gottes zum Feuer des Scheiterhaufens hingewiesen worden - er sieht, wie die Hugenotten verbrannt werden, und steht ihnen bei -, aber strenggenommen bildet nur die Tatsache, daß das Feuer des Scheiterhaufens 'anders' brennt als das kosmische, den ersten Berührungspunkt zwischen Gott und dem Menschen. So stellt auch Lestringant fest, allerdings mit Bezug auf das ganze vierte Buch der *Tragiques*: „[...] 'Les Feux' représentent un premier contact entre l'humanité aveugle et Dieu rayonnant."[58] Wenn das Feuer des Scheiterhaufens in seiner Eigenschaft als göttliches Feuer den ersten Kontakt zwischen Gott und dem Märtyrer bildet, dann kann dieser sich - Gott offenbart sich ihm ja durch das Fegefeuer wohlwollend - seiner abschließenden Annahme durch den Allmächtigen sicher sein.

Nach d'Aubignés Schilderung ist der Hugenotte auf dem Scheiterhaufen von seinem unmittelbaren Eingehen in das Reich Gottes überzeugt. So heißt es über die Verbrennung des Märtyrers Louys Courtet in den Savoyen im Jahre 1538: „[...] le feu estant allumé, comme le peuple s'escrioit, Misericorde, Louys respondit, ' Elle m'est asseuree, demandons-la pour vous.'"[59] Deutlich expliziter zum Tragen kommt diese

---

[57] Carl-Martin Edsman, *Ignis divinus*. Le feu comme moyen de rajeunissement et d'immortalité: contes, légendes, mythes et rites, Lund 1949, S. 178.

[58] Frank Lestringant (Hrsg.), *Les Tragiques* [d'Agrippa d'Aubigné], Paris 1995, S. 19.

[59] D'Aubigné, *Histoire universelle*, Bd. 1, S. 213 (II, 10).

Überzeugung durch den Ausruf des in Ferrara hingerichteten Märtyrers Fanino: „Ce dernier enquis pourquoi il estoit si joyeux à la mort, veu que Christ s'estoit contristé à la sienne, respondit 'que Christ s'estoit contristé de nos pechés qu'il portoit, et moi, je m'esjouys, dit-il, d'en estre delivré, et d'aller devant la face de celui qui les a portés.'"[60] Geradezu spektakulär sind die Worte des in Paris verbrannten Märtyrers Thomas de S. Paul, „qui retiré du feu qui l'avoit atteint, et sollicité de reprendere la vie en se desdisant, dit, 'Je suis en train d'aller à Dieu, remettez-moi au feu, et me laissez suivre mon chemin.'"[61] Die Frauen, welche auf dem Scheiterhaufen als Märtyrer sterben, gebrauchen oft die Metapher der Hochzeit, um ihre Vorstellung von dem Zu-Gott-Hinübergehen auszudrücken. So ruft die Frau eines im Jahre 1547 auf den Scheiterhaufen gebrachten Märtyrer-Ehepaares aus: „'Mon mari, c'est à ceste heure que nostre mariage s'accomplit avec Christ'".[62] Noch mehr Ausdruckskraft verleiht dieser Vorstellung das Bild von der Hochzeitsnacht mit Christus, das zwei zum Feuertod verurteilte Hugenotten-Frauen vorbringen.[63]

Der Hugenotten-Märtyrer ist sich seiner Errettung durch Gott, d.h. seiner unmittelbaren Aufnahme in den Himmel, sicher und nimmt damit eine etwas andere Position ein als der Märtyrer des Frühchristentums, der insbesondere die Unsterblichkeit als solche unter Beweis stellen wollte, wie Edsman feststellt: „[...] il est significatif que ces descriptions [sc. récits de martyres] contiennent précisément, en termes plus ou moins clairs, le thème du renouvellement lié à la mort sur le bûcher."[64] Laut den Akten, die Eusebius in seiner Kirchengeschichte zusammengefaßt hat, gab z.B. der im Jahre 250 auf den Scheiterhaufen gebrachte Pionios, ein Priester in Smyrna, die Auferstehung bzw. den Beweis der Auferstehung als Grund für seinen Märtyrertod an.[65]

Die mit dem Feuertod einhergehende physische Verjüngung des Märtyrers Pionios ist als Zeichen der Unsterblichkeit, mithin der Auferstehung gewertet worden,

> Subito [sc. cum ignis exstinctus esset] namque illi quos illuc aut misericordia, aut videndi cura conduxerat, tale corpus Pionii viderunt, ut addita sibi membra possent

---

[60] S. 222 (II, 10).
[61] S. 223 (II, 10).
[62] S. 220 (II, 10).
[63] S. 222 u. 234 (II, 10).
[64] Edsman, S. 168.
[65] Vgl. S. 171.

> credi. Habeat erectas aures, meliores crines, barbam florentem, atque ita erat omni membrorum mole compositus, ut juvenis crederetur [...] et corpus post ignem quasi minorem in aetatem redactum ostenderet et illius meritum, et *resurrectionis exemplum* [...].[66]

wohingegen bei Agrippa diese physische Verjüngung durch das Feuer - dieses ist nun nicht mehr reinigend im konzeptionellen Sinne, sondern verjüngend im visuellen Sinne - Zeichen für die Aufnahme ins Himmelreich ist:

> Ils bruslent son visage [sc. d'un martyre anglais], ils luy crevent les yeux
> Pour chasser la pitié en le monstrant hideux:
> Le peuple s'y trompoit, mais *le ciel de sa place*
> *Ne contempla jamais une plus claire face;*
> (IV, 1171-1174)[67]

Bei Agrippa d'Aubigné und seiner Beschreibung des Hugenotten-Märtyrers steht also nicht, wie bei den Frühchristen und deren Märytrerbeschreibungen, das Moment der Auferstehung als solcher, sondern dasjenige des In-das-Himmelreich-Hinübergehens, des In-die-himmlische-Gottesnähe-Gelangens im Vordergrund. Dieser Unterschied zwischen dem Hugenotten-Märtyrer und dem frühchristlichen Märtyrer resultiert offensichtlich aus den verschiedenen historisch-politischen Situationen. Während die Frühchristen mittels des Aspektes *Auferstehung* die Heiden von der 'Richtigkeit' ihrer Religion zu überzeugen suchten, konnten die Protestanten nur mit Hilfe des enger gefaßten Aspektes *Aufnahme in den Himmel* - die anderen Christen, namentlich die katholischen, stellten ja nicht das Christentum mit seiner Vorstellung von Auferstehung und Unsterblichkeit in Frage - die Richtigkeit ihrer Konfession beweisen (denn wer zu Gott in den Himmel aufsteigt, gehört zu den Seinigen).

Wenn nun der auf dem Scheiterhaufen verbrannte Hugenotte in das Himmelreich eingeht, dann geht er von der terrestrischen in die himmlische Sphäre über. So schreibt auch Lestringant: „Le bûcher flamboyant des martyrs permet une première fois le passage de la terre au ciel."[68] D'Aubigné veranschaulicht in den *Tragiques* diesen Übergang vom Diesseits ins himmlische Jenseits, wobei der brennende Scheiterhaufen bald die nun vom Körper losgelöste Seele, reiner und leichter denn

---

[66] P. Theodor Ruinart (Hrsg.), *Acta martyrum*, Acta SS. firmi et rustici ex optimis codicibus veronensibus. Regensburg 1859, S. 347 (s.v. „Passio sanctorum Pionii et sociorum ejus martyrum",Kap. 22); Hervorheb. d. Verf.

[67] Hervorheb. d. Verf.

[68] Lestringant, S. 20.

Luft, in den Himmel aufsteigen läßt („L'ame s'en vole en haut [...]“[69]), bald selbst als Himmelsleiter metaphorisiert wird:[70]

> Fricht apres l'imita, quand sa main deliee
> Fut au secours du feu; il print une poignee.
> De bois et la baiza, tant luy semblerent beaux
> Ces eschellons du ciel comm'ornemens nouveaux.
> (IV, 97-100)

Die Vorstellung, daß man über eine Leiter in den Himmel hinaufsteigt, findet sich aber nicht erst bei Agrippa d'Aubigne. Das Frühchristentum mit seinen Märtyrern kennt schon die Idee, über eine Leiter in den Himmel zu gelangen,[71] wie Edsman feststellt: „L'échelle reliant le ciel à la terre, fait partie de nombreuses légendes de saints [...].“[72] Die Himmelsleiter als Verbindungsglied zwischen Himmel und Erde ist also ein weiterer Punkt, der der Darstellung des frühchristlichen Märtyrers und derjenigen des Hugenotten-Märtyrers durch d'Aubigné gemeinsam ist.

Rekapitulierend ist festzustellen, daß d'Aubignés Vorstellung und Darstellung von dem auf dem Scheiterhaufen sterbenden Hugenotten-Märtyrer einige Aspekte aufweisen, die auf das frühchristliche Märtyrertum zurückgehen oder zumindest dort, wenn sie in einer noch früheren Zeitepoche ihren Ursprung haben, ihre Erwähnung finden: da ist die Feuertaufe in der Gegenwart Gottes, die zuerst einmal reinigend wirkt, dann aber auch, und vor allem, die Unsterblichkeit bringt, wobei d'Aubigné ihren positiven Aspekt, die Aufnahme ins himmlische Reich Gottes, besonders betont; schließlich das In-den-Himmel-Gelangen über eine Leiter, die das Diesseits mit dem

---

[69] D'Aubigné, *Les Tragiques*, IV, 279.

[70] Lestringant, S. 21, sieht den brennenden Scheiterhaufen noch als Metapher für eine mit ihrer Spitze in den Himmel ragende Pyramide an. Wenig geklärt ist allerdings die Frage, wie man sich den Aufstieg in den Himmel über eine Pyramide, die darüber hinaus als solche bildlich keine Erwähnung in den *Tragiques* findet, vorzustellen hat.

[71] Edsman, *Le baptême du feu*, S. 41, erklärt, daß die Idee von der Himmelsleiter auf die Zeit des Vorchristentums, ja sogar auf die Zeit der alten Ägypter zurückgehe. Edsman, S. 41 / Fußnote 1, beobachtet, daß man den 'faktischen' Fall der Himmelsleiter in Westafrika mit einem Ereignis erklärt, das für die Menschheit folgenschwere und immerwährende Konsequenzen - ähnlich dem Sündenfall im Garten Eden - hat: „ Un jour un petit garçon se mit à y grimper [sc. à l'échelle] et il avait fait un bon bout, lorsqu'il fut découvert par sa mère, qui le poursuivit. Or les dieux, effrayés de la perspective de recevoir aux cieux des femmes et des enfants, jetèrent l'échelle à terre et abandonnèrent l'humanité à son sort.“

[72] Edsman, S. 42.
Zur Vorstellung von der Himmelsleiter in den Texten über die Märtyrer des Frühchristentums, s. Edsman, S. 31-57.

Jenseits verbindet. Angesichts dieser Parallelen könnte man d'Aubigné, um seine Idee vom Feuertod des Hugenotten-Märtyrers auf prägnante Formel zu bringen, das ausrufen lassen, was die heilige Katharina einem zum Tode verurteilten und kurz zuvor konvertierten Philosophen zurief: „[...] le feu, dont ces impies vous menacent, vous servira dans une certaine mesure de baptême et d'échelle pour le ciel. S'il se trouve en vous quelque tache ou souillure, il les purifiera; comme de claires étoiles il vous emmènera jusqu'à ce roi en personne [...]".[73]

3.1.2.2 Durch die übrigen Naturelemente (Erde, Wasser, Luft)

Die Tatsache, daß nicht alle Hugenotten-Märtyrer auf dem Scheiterhaufen ihren Tod fanden, verlangt Aufklärung über das Geschick der auf andere Art und Weise Hingerichteten.

Neben der 'Marter durch das Feuer' gibt es noch andere Arten der Marter, die das katholische Lager sich mit dem Ziel einer höheren Abschreckung und Wirksamkeit ausdachte: Hier ist zunächst einmal die 'Marter durch die Erde' zu erwähnen, die darin bestand, daß Märtyrer lebendig begraben wurden. Diese Form des Marterns wurde vor allem den Märtyrer-Frauen zum Schicksal;[74] d'Aubigné unterstreicht aber auch im selben Moment ihre Nicht-Wirksamkeit und Nutzlosigkeit:

> [sc. les femmes], vives, sans paslir et d'un cœur tout nouveau,
> D'un œil non effrayé regardoyent leur tombeau,
> Prenoyent à gré la mort dont cette gent faussaire
> Diffamoit l'estomac de la terre leur mere.
> (IV, 519-522)

Noch deutlicher wird das fehlende Greifen dieser Marter durch das Beipiel der „beharrlichen Marie", die, sich vom Himmel angenommen wissend, dem Martyrium ohne Schrecken in die Augen schaut:

---

[73] Zitiert nach Edsman, *Ignis divinus*, S. 176-177.

[74] Vgl. d'Aubigné, *Les Tragiques*, IV, 515-518.
Vgl. auch Lestringant (Hrsg.), *Les Tragiques*, S. 464, s.v. „[Anmerkung zu Vers] 518", der schreibt: „Ce supplice avait été prescrit dans certains cas contre les hérétiques en Flandres par l'édit de Bruxelles (1535). Il fut renouvelé en 1550 par Charles Quint et confirmé par Philippe II au début de son règne."

„Si la moitié de moy pourrit devant mes yeux,
Je diray que cela va le premier aux cieux;
La belle impatience et le desir du reste,
C'est de haster l'effect de la terre celeste.
Terre, tu es legere et plus douce que miel,
Saincte terre, tu es le droict chemin du ciel."
(IV, 535-540)

In Verbindung mit dem Element *Erde* sind hier auch die vier Märtyrer der französischen Kolonie *La France antarctique* zu nennen,[75] die von hohen Uferfelsen in die Tiefe gestürzt wurden, wobei sich hier der Übergang von der 'Marter durch die Erde' zur 'Marter durch das Wasser' vollzieht. Aber wieder betont d'Aubigné die Vergeblichkeit des Hinrichtens, denn das Wasser vermag zwar die Märtyrer zu ertränken, jedoch keineswegs zu 'verschlingen':

[...] ces peuples nouveaux
Ont esté spectateurs des faits de nos bourreaux.
Leurs flots ont sçeu noyer, ont servi de supplices,
Et leurs rochers hautains presté leurs precipices:
[...]
La mer ne devora le fruict de leur constance.
(IV, 331-334 u. 342)

Einen weiteren Fall für die Hinrichtung durch Ertränken berichtet d'Aubigné in seiner *Histoire universelle*:[76] auch hier verliert das Wasser seine tödliche Wirkung zu Gunsten der transzendental-vitalen.

Schließlich ist noch die 'Marter durch die Luft' anzuführen, die in ihren verschiedenen und extremen Spielformen den Menschen peinigt. So erzählt d'Aubigné von einem Hugenotten, der, in einem Käfig eingesperrt, zweieinhalb Jahre das durch Wind und Kälte ausgelöste Martyrium erduldete:

Les hommes cauteleux vouloyent laisser le tort
De l'inique sentence et de l'injuste mort
Au ciel, aux vents, aux eaux, que de l'air les injures
Servissent de bourreaux [...]
(IV, 415-418)

---

[75] Zu den Namen jener Märtyrer, s. d'Aubigné, *Histoire universelle*, Bd. 1, S. 232 (II, 10).
[76] Vgl. S. 217 (II, 10).

Wenn der Märtyrer 30 Monate lang der Tortur widerstand, dann nur weil sich Gott schon seiner hier auf Erden angenommen hat: „C'est Dieu qui point ne laisse au milieu des tourments / Ceux qui souffrent pour lui [...].“[77] Einer solchen Annahme, die sich schon auf Erden offenbart, folgt konsequenterweise die Aufnahme in den Himmel, Sitz und Reich des allmächtigen Gottes.

Analog zur Feuertaufe, die vom Feuer des Scheiterhaufens ausgelöst wird, kann man in Zusammenhang mit den für die anderen Hinrichtungsarten verwendeten Naturelementen von einer Erd-, Wasser- und Lufttaufe sprechen, wobei allerdings hier die Taufe nur als Sakrament der Heilserlangung, d.h. der postmortalen himmlischen Erhöhung, (und nicht auch der Reinigung) zu verstehen ist.

3.1.2.3 Durch das vergossene Blut

Neben der oben erwähnten Feuertaufe und der Taufe durch die übrigen Naturelemente (Erd-, Wasser- und Lufttaufe) gibt es noch - wenn man es so formulieren darf - eine Bluttaufe, die von Cyprian in seinen Briefen erwähnt wird. So heißt es an entsprechender Stelle:

> fluebat sanguis qui incendium persecutionis extingueret, qui flammas et ignes gehennae glorioso cruore sopiret. o uale illud fuit spectaculum Domini, quam sublime, quam magnum, quam Dei oculis sacramento ac deuotione militis eius acceptum, sicut scriptum est in psalmis spiritu sancto loquente ad nos pariter et monente: pretiosa est inconspectu Dei mors iustorum eius. pretiosa mors haec est quae emit inmortalitatem pretio sui sanguinis, quae accepit coronam Dei consumatione uirtutis.[78]

Durch seinen Blutzoll erkauft sich also der Märtyrer die Unsterblichkeit, die durch die Krone symbolisiert wird. Diese Idee des Kirchenvaters Cyprian gibt d'Aubigné in der Beschreibung des hugenottischen Martyriums wieder, wobei er allerdings wieder - analog zu der Feuertaufe - die Betonung von der Unsterblichkeit auf den Himmel (als Nähe zu Gott) verschiebt:

---

[77] D'Aubigné, *Les Tragiques*, IV, 391-392.

[78] Thascius Caecilius Cyprianus, *Epistula X*, (Kap. 2), in: S. Thascius Caecilius Cyprianus, *Opera omnia*. Recensuit et commentario critico instruxit Guilelmus Hartel (*Corpus scriptorum ecclesiasticorum Latinorum*, N° 3/ 1-2), Bd. 2, New York ^{2}1965 [Reprint Wien ^{1}1871], S. 491-492.

Isle saincte [sc. l' Angleterre], qui eus pour nourrisson Norris!
On dit que le chrestien qui à la gloire chemine
Va le sentier estroit qui est jonché d'espine:
Cettuy-ci sans figure a, pieds nus, cheminé
De l'huis de sa prison au supplice ordonné.
Sur ces tapis aigus ainsi jusqu'à sa place
A ceux qui la suivront il a rougi la trace,
Vraye trace du ciel, beau tapis, beau chemin,
A qui veut emporter la couronne à la fin.
(IV, 136-144)

Die siebzehnjährige Jeanne Grey, eine Großnichte des englischen Königs Heinrich VIII., ist ein weiteres Beispiel für die Bluttaufe, durch die sie ins Himmelreich („La lame du bourreau de son sang fut mouillee: L'ame s'en vole en haut [...]“[79]) und dort zu einem majestätischen Platz gelangt:

Prisonniere ça bas, mais princesse là haut,
Elle changea son throne empour un eschafaut.
(IV, 215-216)

Noch ein jüngeres Taufkind des Blutes ist die neunjährige Tochter des Pastors Serpon, die ein doppeltes Martyrium erlitt, ohne vom protestantischen Glauben abzulassen:

Une tante des filles du Ministre Serpon, aidee de son mari, tourmenta trois sepmaines avec fouëts et fers chaux deux de leurs niepces: mais ne pouvans par torments faire renoncer leur Religion, ils les jetterent à minuict dehors. [...] l'autre aagee de neuf ans, trouvee esvanoüye soubs un balet, fut emportee en l'hospital, et là, estant revenue de son esvanoüissement, et puis d'une grande maladie, les gardes ayans recogneu à ses prieres sa Religion, pensans par tourments et par la faim lui oster (comme elles disoyent) son opiniastreté, lui osterent la vie.[80]

In den *Tragiques* erzählt d'Aubigné, wie blutig die Quälereien im Krankenhaus sind, die das Mädchen erdulden muß, bevor Gott sie zu sich nimmt:

Il advint que ses mains encores deschirees
Receloyent quelque sang aux playes demeurees;
A l'effort de la mort sa main gauche saigna,
Entiere dans son sang innocent se baigna;
En l'air elle haussa cette main degouttante,
[...]
Dieu ne refuza point la main de cet enfant,

---

[79] D'Aubigné, *Les Tragiques*, IV, 278-279.
[80] D'Aubigné, *Histoire universelle*, Bd. 2, S. 348-349 (VI, 4).

Son œil vid l'œil mourant, le baisa tromphant,
Sa main luy prit la main [...].
(IV,1065-1069 u. 1083-1085)

Die hier oben angeführten Beispiele zeigen, daß die Hugenotten-Märtyrer durch ihren Blutzoll sich ihre Aufnahme in den Himmel 'erkauft' haben. Die Bluttaufe ist hier aber wie die Taufe durch die Naturelemente *Erde, Wasser, Luft* nur als Sakrament der Heilserlangung, d.h. der postmortalen himmlischen Erhöhung, (und nicht auch der Reinigung) zu verstehen. Wenn die Bluttaufe bei d'Aubigné nur erhöhende, aber keine purgative Funktion aufweist, dann stimmt seine Konzeption von der Bluttaufe mit Cyprianus' Konzeption von der Bluttaufe überein, die nämlich nur erhöhend[81], aber kaum kathartisch[82] sein kann.

---

[81] Neben dem oben angeführten Zitat von Cyprianus ist im Zusammenhang mit der erhöhenden Funktion der Bluttaufe noch Thascius Caecilius Cyprianus, *Ad fortunatum (De exhortatione martyrii)*, (Vorwort / Kap. 4), in: Thascius Caecilius Cyprianus, *Opera omnia*, Bd. 1, S. 319, zu erwähnen: „nos tantum qui Domino permittente primum baptisma credentibus dedimus ad aliud quoque singulos praeparemus insinuantes et docentes hoc esse baptisma in gratia maius, in potestate sublimus, in honore pretiosius, baptisma in quo angeli baptizant, baptisma in quo Deus et Christus eius exultant, baptisma post quod nemo iam peccat, baptisma quod fidei nostrae incrementa consummat, baptisma quod nos de mundo recendentes statim Deo copulat. in aquae baptismo accipiuntur peccatorum remissa, in sanguinis corona uirtutum."

[82] Albert Ehrhard, *Die Kirche der Märtyrer*. Ihre Aufgaben und Leistungen, München 1932, S. 369 ff., paraphrasiert Cyprians Einstellung zum Martyrium als Katharsis: Hiernach ist es zwar so, daß Cyprian gewiß seine strenge Haltung im Laufe der Zeit etwas lockerte, aber nach wie vor von allen Gefallenen Buße abverlangte, damit sie in die Kirchengemeinschaft aufgenommen werden. Weiter heißt es bei Ehrhard, S. 371: „Man könne auch nicht sagen, der Märtyrer brauche den Kirchenfrieden seitens des Bischofs nicht, da er einen größeren Lohn von Christus selbst empfangen werde. Wer von der Kirche nicht zum Kampf ausgerüstet werde, sei nicht bereit oder nicht fähig, den Martertod zu erleiden. Wie könne auch an ihnen das Wort des Herrn von dem Hl. Geist, der aus ihnen sprechen werde, in Erfüllung gehen, wenn sie den Geist des Vaters nicht durch den kirchlichen Frieden erhalten hatten? (Epist. 57)." Thascius Caecilius Cyprianus, *De lapsis*, (Kap. 31), in: Thascius Caecilius Cyprianus, *Opera omnia*, Bd. 1, S. 260, unterstreicht in seinem Werk, daß das Martyrium als Katharsis nicht ausreiche und der Märtyrer selbst in der Marter Buße tun müsse: „Ananias Azarias Misahel inlustres ac nobiles pueri quominus exomologesim Deo faciant nec inter flammas et camini exaestuantis incendia quieverunt. Bene sibi licet conscii et Dominum fidei ac timoris obseuio saepe promeriti humilitatem tamen tenere et Deo satisfacere nec inter ipsa gloriosa virtutum suarum martyria destiterunt."
Thascius Caecilius Cyprianus , *De lapsis* (Kap. 14), in: Thascius Caecilius Cyprianus, *Opera omnia*, Bd. 1, S. 247, betont die absolute Bußpflicht für die Märtyrer, die schon einmal abgefallen waren, wodurch die kathartische Funktion des (zweiten) Martyriums nochmals stark geschmälert wird. Tertullian schließt die einmal abgefallenen Märtyrer gänzlich von der Möglichkeit zur Buße aus, was zur Folge hat, daß die Märtyrer als 'befleckte' Märtyrer sterben.

3.1.2.4 Per se ipse

Es ist gezeigt worden, daß *Feuer, Erde, Wasser* und *Luft* in ihrer kosmisch positiven Funktion von den Verfolgern der Hugenotten pervertiert werden, die sie in deren kosmisch negativer Funktion, zur Marter, einsetzen. D'Aubigné hat diesen 'Mißbrauch' der vier Naturelemente auf die prägnante Formel gebracht:

> Le feu avoit servi tant de fois à brusler,
> Ils avoyent fait mourir par la perte de l'air,
> Ils avoyent changé l'eau à donner mort par elle:
> Il faloit que la terre aussi fust leur bourrelle.
> (IV, 523-526)

Diese Perversion der Funktion der Naturelemente durch die Katholiken wird zwar aufs äußerste in dem Buch „Jugement" angeprangert,[83] erweist sich jedoch in bezug auf die Märtyrer als vergeblich:

> Mais quoy? des saincts tesmoins la constance affermie
> Avoit lassé les poings de la gent ennemie,
> *Noyé l'ardeur des feux, seché le cours des eaux,*
> Emoussé tous les fers, usé tous les cordeaux.
> (IV, 1097-1100)[84]

Die Naturelemente werden nicht nur von den Hugenotten-Märtyrern 'zunichte gemacht', sondern 'wandeln sich' dergestalt, daß sie Taufelemente werden. Hierbei verlieren sie ihre kosmisch negative Funktion und nehmen eine sakramental positive Funktion an: Das Feuer wirkt kathartisch, wobei der Aspekt der Katharsis hier nicht der entscheidende ist, so wie überhaupt das ganze Thema der (Seelen-)Reinigung bei d'Aubigné in den Hintergrund rückt. Das zeigt sich nicht nur durch das Fehlen des Aspektes der Katharsis bei den anderen, oben erläuterten Taufformen (Erd-, Wasser-, Luft- und Bluttaufe), sondern auch im Text durch die spärliche Erwähnung des Wassers als kathartisch wirkendes Element, so wie es der klassischen Wassertaufe zugrunde liegt.[85] Das Maßgebende an der Feuertaufe ist ihr Erhöhungscharakter, der

---

[83] Vgl. d'Aubigné, *Les Tragiques*, VII, 767-794.
[84] Hervorheb. d. Verf.
[85] Vgl. Fragonard, *La pensée religieuse d'Agrippa d'Aubigné et son expression*, Bd. 2, S. 729.

auch den anderen Tauﬀormen eigen ist, die nur als Sakrament des Heilserwerbs, d.h. der postmortalen himmlischen Erhöhung[86], zu verstehen sind.

Wenn also Blut-, Feuer- , Erd- , Wasser- und Lufttaufe bei d'Aubigné gleichberechtigt nebeneinander erwähnt werden, dann geht das nur über ihre Gemeinsamkeit, über ihren Erhöhungscharakter, durch den diese Arten der Taufe sich von der besonders kathartisch wirkenden klassischen Wassertaufe abgrenzen. Hier wird deutlich, daß d'Aubignés Taufsakrament sich konzeptionell nicht mit dem klassischen Taufsakrament der Wassertaufe deckt, das allerdings, wie Fragonard sagt, Ausgangsmodell für seine Konzeption des Taufsakraments gewesen zu sein scheint: „[...] il nous a paru que si d'Aubigné avait peu à dire du sacrement de baptême, il le prenait pour modèle afin d'élaborer d'autres systèmes plus personnels [...].“[87] Wenn d'Aubigné das klassische Taufsakrament als Ausgangsmodell für sein persönliches Taufsakrament genommen hat, dann stellt sich die Frage, wie er es verändert hat. Geht man von der christlichen Sakramentenlehre aus, so entsprechen den äußeren, d.h. perzeptiblen Zeichen („signa“) innere, d.h. intelligible göttliche Sachverhalte („res divinae“), die durch die Zeichen versinnbildet werden („ [...], quae [sc. signa] cum ad res divinas pertinent, sacramenta appellantur“[88]). Das bedeutet, daß dem sichtbaren Zeichen („signum“), das sich seinerseits aus den drei Komponenten *Element, Handlung* und *Wort* zusammensetzt,[89] eine nicht-sichtbare Wirklichkeit entspricht. Die Sakramentenlehre mit ihren „signa“ und „res divinae“ läßt nun erkennen, wie d'Aubigné das klassische Taufsakrament für sein persönliches Taufsakrament verwertet hat:

– Er hat das 'Element' beibehalten und somit größtenteils das „signum“ bewahrt (die 'Handlung' und das 'Wort' scheinen es weniger zu prägen), ihm aber eine andere

---

[86] Ulrich Kellermann, *Auferstanden in den Himmel.* 2 Makkabäer 7 und die Auferstehung der Märtyrer (*Stuttgarter Bibelstudien*, N° 95), Stuttgart 1979, spricht von einer „postmortalen himmlischen Auferstehung“ der Märtyrer.

[87] Fragonard, Bd. 2, S. 729.

[88] Aurelius Augustinus, *Epistula CXXXVIII*, (Kap. 7), in: Aurelius Augustinus, *Epistulae*. Recensuit et commentario critico instruxit Al. Goldbacher (*Corpus scriptorum ecclesiasticorum Latinorum*, N° 44),
Bd. 3, Prag / Wien / Leipzig 1904, S. 131.

[89] Das „signum“ setzt sich bei Augustinus nur aus dem 'Element' und dem 'Wort' zusammen. In der Scholastik wurde unter Thomas von Aquin endgültig festgelegt, daß das äußere Zeichen durch die drei Teile *Element, Handlung* und *Wort* bestimmt wird, wobei die beiden ersteren als „materia“

„res divina" zugeschrieben, als es das klassische Taufsakrament tut. Das Element *Wasser* hat in dem klassischen Taufsakrament insbesondere kathartische Funktion, in d'Aubignés Taufsakrament Erhöhungscharakter.

- Er hat die Reihe der 'Elemente' erweitert und neben dem Wasser das Feuer, die Luft, die Erde und das Blut als Elemente zugelassen, wobei er all diesen, wie dem Wasser, Erhöhungscharakter (dem Feuer auch Reinigungscharakter) zugesprochen hat. Diese Konzeption der Taufe geht allerdings nicht auf d'Aubigné, sondern auf das Frühchristentum zurück, das schon die Feuer- und Bluttaufe kannte und ihnen Erhöhungscharakter (und im Fall der Feuertaufe auch Reinigungscharakter) beimaß. Neu sind nur die Luft- und Erdtaufe sowie die Wassertaufe, der bei d'Aubigné eine andere „res divina" zugesprochen wird als im klassischen Taufsakrament der Wassertaufe.

Wenn die Blut- und Feuertaufe (als die Taufform durch die Naturelemente schlechthin) bis jetzt nebeneinander gestellt worden sind, dann aufgrund des Erhöhungscharakters, der den beiden Taufformen gemeinsam ist. Dieser darf jedoch ebensowenig wie das auslautende Kompositumssubstantiv *-taufe* die Dissonanz, die zwischen diesen beiden Arten der Taufe vorherrscht, verdecken: Während das erste Kompositumssubstantiv des Begriffs *Feuertaufe*, d.i. *Feuer*, das *Element* bezeichnet, das die Marter bewirkt (das Feuer verbrennt den Märtyrer), bezeichnet das Substantiv *Blut* des Kompositums *Bluttaufe* den *Zustand*, den die Marter bewirkt (ein Element X läßt den Märtyrer bluten). Wenn Cyprian der Bluttaufe Erhöhungscharakter zugeschrieben hat, dann liegt hierin der praktische Vorteil, daß nicht alle Elemente oder Instrumente, die martern, im einzelnen aufgeführt werden müssen; die Festlegung des Erhöhungscharakters erfolgt also, syntagmatisch gesprochen, nicht über die Aktion, sondern über die Reaktion. Auf d'Aubigné angewandt, bedeutet dies konkret, daß neben den vier schon erwähnten Naturelementen noch andere Elemente oder Instrumente (als Komponenten des „signum") zu finden sein müßten, die den Hugenotten (bis zum Blut) martern und denen eigentlich Erhöhungscharakter zugeschrieben werden müßte. So werden auch im Zusammenhang mit den oben angeführten Beispielen zur Bluttaufe ein Dornenteppich, die Klinge eines Fallbeiles,

---

bezeichnet werden, letzteres als „forma" (vgl. *Lexikon für Theologie und Kirche* [2. Ausgabe], Bd. 9, s.v. „Sakrament", S. 223).

Ruten u.ä., in der *Histoire universelle* noch eine Arkebuse sowie Steine erwähnt.[90] Durch die Exaltation der (Marter-)Instrumente - der Dornenteppich z.B. wird als „Vraye trace du ciel, beau tapis, beau chemin"[91] bezeichnet - verleiht d'Aubigné diesen, ganz nach dem Muster der Naturelemente („Saincte terre, tu es le droict chemin du ciel"[92]), Erhöhungscharakter. Da die Bluttaufe sich über die Reaktion (das Blut bzw. das Bluten) statt über die Aktion (das Martern) definiert, ist die Liste der Marterelemente und -instrumente potentiell erweiterbar. So schreibt dann auch Eric Deschodt in Hinblick auf einen in jenem Moment möglichen Märtyrertod von Heinrich IV.: „Henri a abjuré une fois le protestantisme, le couteau sur la gorge il est vrai, à la Saint-Barthélemy. Agrippa ne l'aurait pas fait. Il aurait insulté ou exalté le couteau [...]."[93] Führt man den Gedanken Deschodts weiter, so kann man sagen, daß d'Aubigné jedwedes Marterelement oder -instrument exaltieren und ihm dadurch, im Sinne seines persönlichen Taufsakraments, Erhöhungscharakter verleihen würde. In diesem Zusammenhang sollten die folgenden beiden Verse der *Tragiques* nicht unerwähnt bleiben:

> [...] nul champion en peine
> N'est sans la main de Dieu qui par la main le meine.
> (IV, 1361-1362)

Hieraus läßt sich ableiten, daß d'Aubignés persönliches Taufsakrament, im Gegensatz zum klassischen Taufsakrament, keine genau festgelegten, sondern unbestimmt viele Elemente oder Instrumente kennt. Eine potentiell unendliche Menge von Marterelementen und -instrumenten aber gibt zu erkennen, daß der Erhöhungscharakter nicht in diesen, sondern in dem Märtyrer als solchem liegen muß, da man einer unbekannten Menge (die unendliche ist eine solche) aus logischen Gründen keinen allgemeinen Charakterzug zusprechen kann. Wenn also der Märtyrer von Gott angenommen bzw. in den Himmel aufgenommen wird, dann aufgrund seiner selbst; der Märtyrer hat also *per se ipse* Erhöhungscharakter. Diesen besonderen Status des Märtyrers (im Vergleich zu den übrigen Gläubigen) unterstreicht nicht nur d'Aubigné, sondern schreibt auch Cyprian den Märtyrern des Frühchristentums zu, wobei die

---

90 Vgl. d'Aubigné, *Histoire universelle*, Bd. 1, S. 216-217 (II, 10).
91 D'Aubigné, *Les Tragiques*, IV, 143.
92 IV, 540.
93 Eric Deschodt, *Agrippa d'Aubigné. Le guerrier inspiré*, Paris 1995, S. 125.

Gegenüberstellung der folgenden Zitate die große Ähnlichkeit in der metaphorischen Vorstellung vom erhabenen Christen aufzeigt:

> [...] tolerastis [sc. martyres] usque ad consummationem gloriae durissimam questionem, nec cessistis suppliciis, sed vobis potius supplicia cesserunt. finem doloribus quem tormenta non dabant coronae dederunt.[94]

> Cettuy-ci sans figure a, pieds nus, cheminé
> De l'huis de sa prison au supplice ordonné.
> Sur ces tapis aigus ainsi jusqu'à sa place
> A ceux qui la suivront il a rougi la trace,
> Vraye trace du ciel, beau tapis, beau chemin;
> A qui veut emporter la couronne à la fin.
> (IV, 139-144)

An anderer Stelle präzisiert Cyprianus, daß es sich hier nicht um irgendwelche Kronen, sondern um himmlische Kronen handelt: „Has martyrum caelestes coronas [...]"[95]; bei d'Aubigné heißt es in bezug auf die als Märtyrer gestorbenen Schüler Wiclifs: „Tous à droit couronnés de celestes lauriers."[96]

Während, zumindest in der Alten Kirche, die Todesüberwindung des Christen als eschatologisch aufgefaßt wurde, d.h. von einer allgemeinen irdischen endzeitlichen Totenauferstehung die Rede ist,[97] scheint der Märtyrer als 'besonderer' Christ eine 'besondere', d.h. eine persönliche Auferstehung nach seinem Tod zu kennen, so daß ihm die Todesüberwindung auf transzendentale Art und Weise eigen ist. Diese Erhabenheit des Märtyrers über die übrigen Gläubigen, die sowohl der Hugenotte d'Aubigné als auch der frühchristliche Cyprian unterstreichen, resultiert keineswegs aus deren persönlicher Anschauung vom Märtyrertum, sondern hat ihre Begründung, wenn nicht in voller Ausprägung, so doch zumindest ansatzweise, in der Bibel. Cyprian selbst nennt verschiedene Bibelstellen, die allesamt zur Unterstreichung eben jener von ihm hypothetisch so formulierten Erhabenheit dienen.[98] D'Aubigné folgt

---

94 Cyprianus, *Epistula X*, (Kap. 2), in: Cyprianus, *Opera omnia*, Bd. 2, S. 491.
95 Cyprianus, *De lapsis*, (Kap. 4), in: Cyprianus, *Opera omnia*, Bd.1, S. 239.
96 D'Aubigné, IV, 104; vgl. auch IV, 144 u. 209-211.
97 Vgl. *Lexikon für Theologie und Kirche* (2. Ausgabe), Bd. 4, S. 51, s.v. „Fegfeuer".
Freilich gibt es Stellen im Neuen Testament wie z.B. der paulinische Textkorpus, der eine solche Interpretation unter Spannung stellt.
98 Vgl. Cyprianus, *Ad fortunatum (De exhortatione martyrii)*, (Kap. 8), in: Cyprianus: *Opera omnia*, Bd. 1, S. 329-331.

also in seiner Idee vom Märtyrer als erhabenem Christen der Märtyrertheologie des Frühchristentums, die sich diesbezüglich wiederum auf die Bibel stützt; er greift aber auch direkt auf die Bibel zurück und paraphrasiert 6, 9 der Offenbarung, der den postmortalen himmlischen Aufstieg des Märtyrers durch das Bild von den sich unter dem himmlischen Altar befindenden Märtyrerseelen prägnant widerspiegelt:

> Ames dessous l'autel victimes des idoles
> Je preste à vos courroux le fiel de mes paroles,
> En attendant le jour que l'Ange delivrant
> Vous aille les porteaux du paradis ouvrant.
> (IV, 53-56)

Dieses Zitat zeigt auch, daß d'Aubigné die apokalyptische Vorstellung von der erst in der Zukunft erlangten vollendeten Seligkeit der Märtyrer[99] übernommen hat: Die Seelen der Märtyrer kennen zwar eine postmortale Auferstehung, sie gehen jedoch keineswegs unmittelbar ins Paradies als Ort der *vollendeten* Seligkeit ein. Das wird neben der Metapher vom Engel,[100] der die Pforten zum Paradies erst in Zukunft öffnen wird, bei der Märtyrerbeschreibung selbst dadurch angezeigt wird, daß das Paradies, ganz im Gegensatz zu der postmortalen himmlischen Erhöhnug, kaum[101] in Verbindung mit dem Märtyrertod gebracht wird.

---

[99] Ernst Lohmeyer, *Die Offenbarung des Johannes*, Tübingen ^{2}1953, S. 64, schreibt mit Bezug auf das o.g. Bild der Apokalypse 6, 9: „[...] erst das vollzogene Gericht bringt den Märtyrern vollendete Seligkeit [...]."

[100] Vgl. im o.a. Zitat insonderheit die Verse 55-56.

[101] Nur an drei Stellen wird bei der Märtyrerbeschreibung der Begriff des Paradieses eingebracht - und zwar in IV, 729, 740 u.1175 -, wohingegen die Vorstellung vom Aufstieg der Seele in den Himmel allen Märtyrer-Beispielen zugrunde liegt.

3.2 Sein irdischer Sieg

3.2.1 Das leidlose Leiden des Märtyrers

3.2.1.1 Der Märtyrer als Zeuge für das Wirken Gottes oder die Leidensannihilation durch Intervention

Dem intelligiblen, d.h. nur durch den Intellekt erfaßbaren himmlischen Sieg des Märtyrers, der sich durch seine postmortale himmlische Auferstehung begründet, steht als Pendant sein perzeptibler, d.h. durch die Sinne wahrnehmbarer irdischer Sieg gegenüber, zu dem im komplementären Verhältnis die Konzeption vom Märtyrer als Zeugen steht:

Da dem Begriff des Märtyrers, der den neutestamentlichen Schriften unbekannt ist[102] und sich aus dem Begriff des Zeugen bzw. des Zeugnisses entwickelte bzw. von Ignatius von Antiochien in seinen Briefen entwickelt wurde,[103] aufgrund seiner Etymologie das Moment des Zeugeseins inhärent ist, ist der Märtyrer streng-genommen immer Zeuge. Zeuge und Zeugnis sind gewiß zunächst einmal forensische Begriffe, die sich an die Öffentlichkeit wenden und diese zu einer Stellungnahme zu der Sache aufrufen, die zu beweisen ist. Übertragen auf das Märtyrertum, stellt sich nun die Frage, was der Märtyrer bezeugen, d.h. wofür er Zeuge sein und wovon er schließlich die im besten Falle neutrale Öffentlichkeit überzeugen soll.

Ignatius von Antiochien sieht genauso wie viele seiner Zeitgenossen[104] das Martyrium zunächst einmal als Nachahmung der Passion Christi (so daß „letztendlich beide dasselbe und als zwei gleichartige Geschehnisse unmittelbar miteinander vergleichbar sind“[105]); dann aber auch als „Beweis für die Realität der Passion Christi“[106]. Das Martyrium ist also, laut Ignatius und damals geläufigen Vorstellungen, im Geschehen Zeugnis für die Wahrhaftigkeit der Leiden Jesu Christi, da es - unter der Prämisse der annähernden Identität von Märtyrer und leidendem Christus - als

---

[102] Vgl. Norbert Brox, *Zeuge und Märtyrer*. Untersuchungen zur frühchristlichen Zeugnis-Terminologie, München 1961, S. 196.
[103] Vgl. S. 203-204.
[104] So heißt es in dem von Augenzeugen abgefaßten Bericht *Martyre de Saint Polycarpe*. Texte grec, Introduction, Traduction et notes de Pierre Thomas Camelot (*Sources chrétiennes*, N°10), Paris [3]1958, S. 267 (Kap. 17): „ [...] quant aux martyrs, nous les aimons comme disciples et imitateurs du Seigneur [...].“
[105] Brox, S. 221.
[106] S. 222.

aktuelles, lebendiges Ereignis jedem unmittelbar vor Augen stand. Wenn der Märtyrer nun durch sein aktuelles Schicksal, d.h. durch seine Nachahmung des Leidens Christi, Zeuge für die Kreuzigung Jesu Christi ist - „wenn er [sc. Christus] [...] wie einige, die Gottlose [...] sind, sagen, zum Schein gelitten hat, [...], wozu bin ich dann gefesselt?“[107], fragt Ignatius - , dann ist er auch, stets unter der von Ignatius gestellten Bedingung der direkten Vergleichbarkeit[108] von Jesus und Märtyrer, Zeuge für die Auferstehung - und zwar für die postmortale himmlische Erhöhung, so wie sie für Jesus Christus im Neuen Testament berichtet wird.[109] Es ist nun festzustellen, daß in Ignatius' Märtyrer-Konzeption mit ihrer Idee vom Märtyrer als Nachahmer und mithin Zeugen der Passion und Auferstehung Christi „deutlich der neutestamentliche Gedanke einer durch die Teilnahme an Christi Leiden auch bedingten Teilnahme an seiner Auferstehung“[110] nachklingt. Ignatius hat also über die Darstellung des Märtyrers als Nachahmer und Zeugen des Leidens und der Auferstehung Christi jenem genau das 'Privileg' zugesprochen, das ihm auch potentiell das Neue Testament zuerkennt: die postmortale himmlische Erhöhung (im Gegensatz zur Erhöhung oder auch Verwerfung am Tage des Jüngsten Gerichts).Während allerdings das Neue Testament durch die offenbarte postmortale Auferstehung zum Märtyrertum anhalten möchte,[111] sucht Ignatius durch die Passion und die postmortale Auferstehung des

---

[107] Zitiert nach Brox, S. 214.

[108] Hans Freiherr von Campenhausen, *Die Idee des Martyriums in der alten Kirche*, Göttingen ²1964, S. 78, schreibt hierzu: „Ein grundsätzlicher Unterschied zwischen dem zur Vollkommenheit gelangten Lehrer und Schüler ist nicht mehr zu erkennen. Es ist klar, daß Ignatius diesen Bruch nicht etwa hervorrufen möchte. Es ist sehr bezeichnend, daß er dem Vergleich mit Christus am praktisch entscheidenden Punkt, da der Märtyrer nun auch seinerseits wieder zum stellvertretenden Erlöser würde, aus dem Wege geht.“

[109] Es ist oben gezeigt worden, daß mehrere Bibelstellen auf eine postmortale Auferstehung des Märtyrers hindeuten, wobei die postmortale Erhöhung wohl als sofort-postmortal verstanden worden ist. Es spricht aber strenggenommen nichts dagegen, diese postmortale himmlische Erhöhung des Märtyrers im Kontext der Diskussion um den Zeugenbegriff wie die postmortale Wiederauferstehung Christi zu verstehen - nämlich mit 40 Tagen 'Verzug' bei der Himmelfahrt. Ausschlaggebend ist also nicht der genaue Zeitpunkt der postmortalen himmlischen Erhöhung, sondern ihre Abgrenzung zur eschatologischen Auferstehung.

[110] Brox, S. 206.

[111] In der Apokalypse kommt das Moment des Zum-Martyrium-Ermahnens mit seiner lohnvollen Verheißung der postmortalen himmlischen Erhöhung besonders stark zur Geltung, so daß Kellermann, S. 122-123 und Fußnote 130, dieses Moment als den Punkt ansieht, um welchen sich die ganze apokalyptische Schrift dreht: „In der Johannesoffenbarung aus der Zeit des Domitians (81-96 n.Chr.) [...] bilden das Martyrium und sein Lohn den Bezugspunkt der Paränese. Die Offen-

Märtyrers den Beweis für die Wahrhaftigkeit der Jesus-Geschichte zu erbringen, um endlich die Doketen als Noch-nicht-Christen hiervon zu überzeugen und für das Christentum zu gewinnen.[112]

In d'Aubignés Märtyrerbeschreibung kommt der Begriff des Zeugen nicht nur implizit als Etymon im Begriff des Märtyrers vor, sondern wird auch explizit und synonymisch zu diesem gebraucht. So spricht d'Aubigné zum Beispiel in bezug auf die Anhänger Wiclifs sowie auf Jan Hus und Hieronymus von Prag von „tesmoins". Noch deutlicher wird der synonymische Gebrauch der Begriffe *Zeuge* und *Märtyrer* durch die folgenden Verse der „Feux",[113] die auf die französischen und flämischen Märtyrer verweisen:

> O François, ô Flamens, (car ne fay de vous
> Qu'un peuple, qu'une humeur, peuple benin et doux)
> De vos braves tesmoins nos histoires sont pleines!
> Anwers, Cambray, Tournay, Mons et Valenciennes,
> Pourrois-je desployer vos morts, vos bruslemens,
> Vos tenailles en feu, vos vifs enterremens!
> (IV, 603-608)

Es stellt sich nun die Frage, was der Märtyrer, d.h. der Zeuge, bei d'Aubigné bezeugt. Angesichts der unterschiedlichen geschichtlichen Situation - das Christentum ist ja als Religion seit Jahrhunderten fest in der abendländischen Kultur verwurzelt, und folglich muß die Leidensgeschichte Jesu Christi in ihrer Wahrhaftigkeit nicht mehr bezeugt werden - ist es naheliegend, daß die Idee vom Märtyrer als Zeugen bei d'Aubigné anders konzipiert ist als bei Ignatius von Antiochien und daher der Begriff des Zeugen bzw. Zeugnisses anders gelesen werden muß. Während bei Ignatius das Leiden des Märtyrers als ein ganzheitliches, in sich abgegrenztes Geschehen dargestellt und beschrieben wird, um mit der Passion und folglich der Auferstehung Jesu Christi als finalisiertem Leidensweg vergleichbar zu sein, steht bei d'Aubigné das bare Quälen des Märtyrers, d.h. sein Den-Qualen-Ausgesetztsein, im Vordergrund. Schon Imbrie Buffum hat die Betonung des Aspektes *Qualen* in d'Aubignés Märtyrerbeschreibung beobachtet: „[...] d'Aubigné has chosen to celebrate the heroes of his

---

barung versteht sich als 'das Buch eines Märtyrers für Märtyrer und durch sie für alle Gläubigen, die es noch nicht sind.'"

[112] Vgl. Brox, S. 211-215.

[113] Vgl. auch d'Aubigné, *Les Tragiques*, IV, 391 ff., 739-742, 1155 ff. u. 1183 ff.

religion [...] by insisting minutely on the physical tortures of their martyrdom."[114] Ihre Klimax erreicht die Darstellung des Quälens durch die Erwähnung und Betonung eines oder einiger besonders ergreifender Punkte in der ohnehin schon auf das Quälen des Märtyrers ausgerichteten Märtyrerbeschreibung: „[...] the important thing to note is that here [sc. in *Les Fers*] as elsewhere d'Aubigné pursues his costumary method of increasing the impression of horror by selecting particularly gruesome details [...]."[115] Hierfür ließe sich z.B. das Martyrium der Engländerin Anne Askeve anführen:

> L'une croupit long temps en la prison obscure,
> [...]
> Quand la longueur du temps, la laide obscurité
> Des cachots eut en vain sondé sa fermeté,
> On présente à ses yeux l'espouvantable gehenne,
> Et elle avoit pitié en souffrant de la peine
> De ces faux justiciers, qui ayans essayé
> Sur son corps delicat leur couroux desployé,
> Elle se teut; et lors furent bien entendues
> Au lieu d'elle crier les cordes trop tendues,
> [...]
> Le juge se despite, et luy mesme retend
> La corde à double nœud; il met à part sa robe,
> L'inquisiteur le suit; la passion desrobe
> La pitié de leurs yeux; ils viennent remonter
> La gehenne, tourmentez en voulant tourmenter;
> Ils dissipent les os, les tendons et les veines,
> [...].
> (IV, 153, 159-166 u. 172-177)

In Abscheulichkeit und Grausamkeit steht die Hinrichtung eines Lyoner Spielball-Herstellers der zuvorgenannten nichts nach:

> [...] [le] paumier d'Avignon, logé dans une cage,
> Suspendue au plus haut de la plus haute tour
> La plus vive chaleur du plus chaud et grand jour,
> Et la nuict de l'hyver la plus froide et cuisante
> [...]
> L'appuy le plus douillet de ses rudes carreaux
> Estoit le fer trenchant es endurcis barreaux.
> (IV, 394-397 u. 399-400)

---

[114] Imbrie Buffum, *Agrippa d'Aubigné's „Les Tragiques"*. A study of the baroque style in poetry, New Haven 1951, S. 38.
[115] S. 39.

Ausgehend von dem in seiner Grausamkeit wohl kaum noch zu überbietenden Martern, ist zu erwarten, daß die Hingerichteten von einem unermeßlichen Leiden gezeichnet sind. Dies ist jedoch absolut nicht der Fall, und die theoretisch unermeßlichen Schmerzen werden von den Märtyrern fast ohne zu leiden ertragen. So schreibt auch Joanna Arnold: „[...] la première partie des *Feux* [...] [communiquent] l'idée d'une victoire et non pas celle d'une souffrance physique [...].“[116] Das Moment des Leidens ist also - man muß eigentlich sagen: paradoxerweise - den Martyrien fremd. Allerdings scheint die Begründung nicht, wie Arnold sagt, in der abgemilderten Beschreibung der Hinrichtungsstätte oder des Hinrichtungsvorganges zu liegen[117] - mit Buffum ist oben eher das Gegenteil gezeigt worden - , sondern vielmehr werden die Qualen vom Märtyrer überwunden, so als ob dieser bar jeglichen Schmerzempfindens sei; es scheint dann auch tatsächlich so, daß sein Gefühlssinn ausgeschaltet wird: „[...] l'ame du ciel apprise / fait mespriser les sens“.[118] Die Ausschaltung des Schmerzempfindens erlaubt dem Märtyrer, auf die extremste Peinigung mit einer Gelassenheit zu reagieren, die schon fast an Dünkel und Hochmut grenzt:

On le traine [sc. le martyr Gardiner] au supplice,
On coupe la main dextre,
Il la porte à la bouche avec sa main senestre,
La baise; l'autre poing luy est couppé soudain,
Il met la bouche à bas et baise l'autre main.
(IV, 309-312)

Diese Schmerzunempfindlichkeit kann aber auch bewirken, daß Schmerzauslösendes in seiner Wirkung auf den Märtyrer transponiert und invertiert, ja sogar positiviert wird, so daß sich in der Märtyrerbeschreibung die Abfolge *Qual → Nicht-Qual → Angenehmes* ergibt. Hierfür ist z.B. die oben angeführte Beschreibung des Martyriums des Lyoner Spielball-Herstellers ein Beispiel, die bei lückenloser Zitierung nun so lautet:

La plus vive chaleur du plus chaud et grand jour,
Et la nuict de l'hyver la plus froide et cuisante
Lui furent du printemps une haleine plaisante,
L'appuy le plus douillet de ses rudes carreaux

---

116 Joanna Arnold, „Le thème de la souffrance dans les *Tragiques* d'Agrippa d'Aubigné“, *Kwartalnik Neofilologiczny* 29 (1982), S. 171-190, hier S. 178.

117 Vgl. ebd.

118 D'Aubigné, *Les Tragiques*, IV, 145-146.

> Estoit le fer trenchant des endurcis barreaux:
> Mais quand c'est pour son Dieu que le fidele endure
> Lors le fer s'amolit ou sa peau vient plus dure.
> Sur ce corps nud la bise attiedit ses glaçons,
> Sur sa peau le soleil rafraichit ses rayons:
> Tesmoin deux ans six mois qu'en chaire si hautaine
> Ce prescheur effraya ses juges de sa peine.
> (IV, 396-406)

Nun ist es so, daß die Schmerzen und mithin das Leiden nicht durch einen Impakt der Psyche auf die Physis, sondern durch das aktive Eingreifen Gottes überwunden werden. „[...] le secours de Dieu mit les tourments à part [...]“, heißt es in den Versen 179-180 des Buchs „Les Feux“, die endlich die Idee vom Märtyrer als Zeugen verständlich machen: Der Märtyrer, der die Qualen und das Leiden überwindet, zum Teil sogar mit einer erstaunlichen Leichtigkeit,

> [...] voici le lieu d'où sortirent jadis,
> Tant de braves tesmoins dont la mort fut la vie,
> Les tourmens les plaisirs [...]
> (IV, 739-742)

ist Zeuge für das Wirken Gottes.

Die Leidensüberwindung mit Hilfe des dreieinen Gottes ist allerdings keine neue theologische Idee, sondern schon bei den Kirchenvätern anzutreffen, die abweichend von den apostolischen Vätern, für die der Märtyrer Zeuge für die Wahrhaftigkeit der Passion Christi war, in dem Märtyrer mehr und mehr einen Zeugen für das Wirken des dreieinen Gottes sehen. Es ist allerdings zu betonen, daß die Leidensüberwindung mit Hilfe des dreieinen Gottes im patristischen Zeitalter eher der Leidensüberwindung durch die Gnade Christi, des göttlichen Sohnes, gleichkommt. In dem Bericht über das Martyrium des Bischofs Fructuosus wird zwar Gott in seiner Dreieinigkeit erwähnt, 'geholfen' wird den Märtyrern jedoch von Jesus Christus:

> [...] ingressi sunt [sc. episcopus Fructuosus et diacones Augurius et Eulogius] ad salutem: digni, et in ipso martyrio felices, qui sanctarum Scripturarum fructum ex promissione sentirent. Similes Ananiae, Azariae, et Misaheli exstiterunt, ut etiam et in illis divina Trinitas cerneretur: Siquidem jam in igne singulis constitutis, ut Pater non deesset, sed et *Filius subveniret* et Spiritus in medio ignis ambularet.[119]

---

[119] Ruinart, S. 266 (s.v. „Acta SS. Martyrum Fructuosi Episcopi, Augurii et Eulogii Diaconorum“, Kap. 4).

Der heilige Irenäus von Sirmium gab bei seinem mit Folterungen einhergehenden Verhör dem Statthalter zu verstehen, daß er kraft des Beistandes durch Jesus Christus viel Heimtückisches, d.h. Grausames, erdulden werde:

> Probus dixit: „Consule tibi, juvenis. Immola ut non te cruciatibus impendam." Irenaeus respondit: „Fac quod vis. Jam nunc videbis quantam mihi Dominus Jesus Christus dabit tolerantiam adversus tuas insidias."[120]

Auch bei Eusebius, „Hauptquelle und Hauptzeuge für die Martyrien, die im Römischen Reich stattgefunden haben," [121] liegt im Zusammenhang mit der Leidensüberwindung des Märtyrers die Betonung auf Jesus Christus: „Eusebius und seine Dokumente berichten über die Märtyrer wie über Sieger, die triumphieren über alle Qualen, mit denen sie überhäuft werden, von denen sie manchmal gar nichts spüren, was wiederholt betont wird. Das Martyrium ist eben Sieg Christi. In der Standhaftigkeit der Märtyrer wird seine Kraft und Macht offenbar."[122] So heißt es z.B. in dem Brief über die Märtyrer von Lyon in bezug auf den Märtyrer Sanktus:

> Der Körper war Zeuge dessen, was Sanktus widerfahren war; denn er war *eine* Wunde und *eine* Strieme, er war zusammengeschrumpft und hatte das menschliche Aussehen verloren. In ihm litt Christus, in ihm wirkte er Großes und Herrliches; er machte den Widersacher zunichte und zeigte zur Belehrung der übrigen, daß [...] nichts schmerzlich ist, wo sich Christi Herrlichkeit entfaltet. Als nämlich die Ruchlosen nach einigen Tagen den Märtyrer von neuem quälten [...] wurde sein Körper wider alles menschliche Erwarten während der nun folgenden Martern aufrecht und gerade. Sanktus bekam seine frühere Gestalt und konnte wieder seine Glieder benützen, so daß ihm das zweite Martyrium durch die Gnade Christi nicht zur Qual, sondern zur Heilung wurde.[123]

Während also die Leidensüberwindung des Märtyrers nach der Vorstellung d'Aubignés durch die Hilfe Gottes, des Vaters, erfolgt („ [...] le secours de Dieu met les tourments à part [...]"[124]), überwindet nach frühchristlicher Auffassung der Märtyrer die Leiden, wie Eusebius sagt, durch „Christi Herrlichkeit". Hierbei zeigt sich, daß d'Aubigné die Idee der Leidensüberwindung mit der Patristik teilt, dabei

---

[120] S. 433 (s.v. „Passio Sancti Irenaei Episcopi Sirmiensis", Kap.4).

[121] Wilhelm Schamoni (Hrsg.), *Märtyrer der Frühkirche* [von Eusebius von Cäsarea], Düsseldorf 1964, S. 25.

[122] S. 16.

[123] Eusebius von Caesarea, *Kirchengeschichte*, S. 237 (Buch V, Kap. 1).

[124] D'Aubigné, *Les Tragiques*, IV, 145-146.

aber nicht die Betonung auf Christus, den Sohn des dreieinen Gottes, sondern auf Gott, den Vater, legt.

3.2.1.2 Der Märtyrer als Zeuge für das Wirken des Heiligen Geistes oder die Leidensreduktion durch Prädestination

In Einklang mit der oben gemachten Feststellung, daß der Märtyrer nach d'Aubignés Vorstellung das Wirken Gottes bezeugt, schreibt Marguerite Soulié: „[...] Dieu même suscite les témoins, les fortifie dans l'épreuve [...].“[125] Der protestantische Märtyrer wird nach der Auffassung von Soulié („ [...] Dieu même suscite les témoins [...]“) sogar als ein Berufener Gottes in dem Buch „Les Feux“ dargestellt. Dies bedeutet für die chronologische Abfolge, daß nicht der Christ sich selbst zum Märtyrer macht und ihm erst in der Phase des Martyriums von Gott geholfen wird, sondern Gott die Seinigen auserwählt, bevor diese überhaupt das Martyrium auf sich nehmen. Auf die Idee vom Märtyrer als Zeugen angewandt heißt dies, daß Gott weniger vom Märtyrer bezeugt wird, als vielmehr daß Gott sich selbst durch die Märtyrer bezeugt.

Freilich ist an dieser Stelle festzuhalten, daß Souliés Aussage „Dieu même suscite les témoins“ oben unkritisch übernommen worden ist und mangels angeführter Belege am Text zunächst einmal im Bereich des Hypothetischen bleibt; das Hypothetische bestätigt sich allerdings, wenn man auf die folgenden Verse verweist, die d'Aubignés Vorstellung vom Märtyrer als Auserwähltem deutlich machen:

> Valeureux chevaliers, non de la Table ronde,
> Mais qui estes, devant les fondemens du monde,
> Au roolle des esleus [...].
> (IV, 9-11).

Diese Vorstellung d'Aubignés deckt sich mit der calvinistischen Lehre, nach der der Märtyrer die folgende Stellung hat: Daß es eines jeden Christen Ziel ist, spätestens beim Hinscheiden in den Besitz der göttlichen Gnade zu kommen, darüber besteht ebensowenig Zweifel wie hinsichtlich der Überzeugung, daß diese Gnade nur in Verbindung mit einem christlichen, d.h. mit einem an die göttlichen Gebote

---

[125] Soulié, S. 335.

gebundenen Leben vergeben wird. Calvins und Augustinus' Grundgedanke ist bekanntlich, daß der Mensch das christliche Leben nicht aus sich heraus leben kann, sondern dafür selbst schon die Gnade Gottes braucht; hierbei wird das Moment der *gratia duplex* deutlich, das Augustinus schon in seinen antipelagianischen Schriften entwickelte:[126]

> [...] si vita bona nostra nihil aliud est quam Dei gratia, sine dubio et vita aeterna, quae bonae vitae redditur, Dei gratia est: et ipsa enim gratis datur, quia gratis data est illa cui datur. Sed illa cui datur, tantummodo gratia est: haec autem quae illi datur, quoniam praemium eius est, gratia est pro gratia [...][127]

Das Verhältnis von Gottes Gnade und 'christlichem' Leben ist also das der Subordination, wobei das 'christliche' Leben von Augustinus und Calvin dichotomisch verstanden wird, nämlich als ein durch den Glauben sowie durch gute Werke gekennzeichnetes Leben.[128] Ist nun der Glaube (die guten Werke sind für die folgende Diskussion von geringerer Relevanz) von Gottes Gnade, d.h. von seinem Wollen oder Nicht-Wollen, abhängig, und allein hiervon, wie Calvin mit Verweis auf Paulus betont: „[...] il [sc. Paul] déclaire qu'elle [sc. la foy] n'est point du propre mouvement de l'homme. Qui plus est, ne se contentant point de cela, il adjouste que c'est un chef d'œuvre où Dieu desploye sa vertu"[129], dann ist der gläubige Mensch

---

126 Das von Augustinus entwickelte Moment der *gratia duplex* ist zwar von Calvin wieder neu propagiert worden, war aber im Grunde auch in der scholastischen und spätscholastischen Theologie bekannt, die allerdings im Gegensatz zu Calvin diese *gratia duplex* nochmals stufenartig in verschiedene Formen aufgliederte: der ersten Gnade entsprechen ungefähr die *gratia increata*, *gratia praeveniens* und die *gratia gratis data;* der zweiten, die eine Wirkung aus der ersten sein soll, ungefähr die *gratia subsequens*, *gratia gratum faciens* und die *gratia creata* (vgl. Mühlenberg, S. 191-192).

127 Aurelius Augustinus, *De gratia et libero arbitrio. Ad Valentinum et cum illo monachos*, (Kap. 8, 20), in: Aurelius Augustinus, *Schriften gegen die Semipelagianer*. Lateinisch-deutsch; übertragen und erläutert von Sebastian Kopp u. Adolar Zumkeller, Würzburg 1955, S. 106 u. 108.

128 Vgl. Augustinus, ebd., der mit Bezug auf die Worte des Apostels Johannes (Eph. 2, 8-10) mahnt: „ [...] vidit [sc. Apostulus] utique putare posse homines [...], quasi necessaria non sint opera bona credentibus, sed eis fides sola sufficiat; et rurus posse homines de bonis operibus extolli, velut ad ea facienda sibi ipsi sufficiant".
Vgl. Jean Calvin, *Institution de la religion chrestienne*. Edition critique avec Introduction, Notes et Variantes publiée par Jean-Daniel Benoit, Bd. 3, Paris 1960, S. 163 (Buch III, Kap. 6, Abs. 4), der das christliche Leben nicht nur als eine „doctrine de langue" (=Glaube), sondern genausoviel als eine „doctrine de vie" (= gute Werke) auffaßt.

129 S. 55 (Buch III, Kap. 2, Abs. 35).
Vgl. auch Augustinus, *De praedestinatione sanctorum. Liber ad Prosperum et Hilarium primus*, (Kap. 8, 16), in: Augustinus, *Schriften gegen die Semipelagianer*, S. 272, der schreibt: „Fides igitur,

einer von den (wenigen), die Gott begnadet. Und er begnadet nach seinem unerforschlichen Willen: „Dieu aussi, pour magnifier tant plus et esclarcir sa libéralité en ce don tant excellent, ne l'eslargit pas indifféremment à tous, mais le distribue d'un privilège singulier à ceux que bon luy semble."[130] Wenn der Gläubige gläubig ist infolge der ihm erteilten göttlichen Gnade, dann muß der Märtyrer als beharrlicher Gläubiger zumindest - wenn man es so formulieren darf - im Besitz der gleichen Quantität oder Qualität von Gnade sein wie der gewöhnliche Gläubige. Calvin hat konsequenterweise, in Übereinstimmung mit Augustinus,[131] dem Märtyrer eine größere Gnade zugesprochen und ihn als den personifizierten Ausdruck der Steigerungsfähigkeit des Gnadenempfangs dargestellt:

> Ie confesse [...] que les fidèles doyvent attendre ceste bénédicion, que d'autant qu'ils auront mieux usé des grâces de Dieu, d'autres nouvelles et plus grandes leur seront iournellement adioustées. Mais ie dy d'autre part que ce bon usage est de Dieu, et que ceste rémunération procède de sa bénévolence gratuite.[132]

Der Märtyrer als beharrender Gläubiger ist folglich mehr noch als der einfache Gläubige ein von Gott Begnadeter - und diese Begnadigung erfolgt frei nach göttlichem Ratschluß, in Übereinstimmung mit dem menschlichen Willen oder, man möchte fast sagen, wider den menschlichen Willen; denn die Vorherbestimmung und die abschließende Berufung in Form des Gnadenzuspruchs sind nicht nur geschenkt („gratia gratis datur"), sondern auch unwiderruflich und unabwendbar, wie Augustinus mit Verweis auf den Römerbrief zu verstehen gibt:

---

et inchoata, et perfecta, donum Dei est: et hoc donum quibusdam dari, quibusdam non dari, omnino non dubitet, qui non vult manifestissimis sacris Litteris repugnare."

[130] Calvin, Bd. 3, S. 55 (Buch III, Kap. 2, Abs. 35).
Vgl. auch Augustinus, S. 268 (Kap. 8, 14), mit Verweis auf Röm 9, 18: „ Cur ergo non omnes docet, ut veniant ad Christum; nisi quia omnes docet, misericordia docet; quos autem non docet, iudicio non docet? Quoniam 'cuius vult miseretur, et quem vult obdurat'". Warum Gott diese Zweiteilung vornimmt, unterliegt allein seinem unerforschlichen Willen, wie Augustinus, S. 262 (Kap. 6, 11) mit Verweis auf Röm 11, 33 erklärt: „Investigables sunt [...] viae eius."

[131] Augustinus, *De correptione et gratia. Ad eundem Valentinum et cum illo monachos Adrumetinos*, (Kap. 12, 35), in: Augustinus, *Schriften gegen die Semipelagianer*, S. 216, schreibt: „ [...] isti [martyres] [...] , non dico terrente mundo, sed saviente ne starent, steterunt in fide; [...] Unde hoc, nisi donante illo, a quo misericordiam consecuti sunt ut fideles essent [...], a quo acceperunt spiritum, non timoris, quo persequentibus cederunt, sed virtutis et caritatis et continentiae [...], quo cuncta minantia, cuncta invitantia, cuncta cruciantia superarent?"

[132] Calvin, Bd. 2, S. 71 (Buch II, Kap. 3, Abs. 11).

> [...] satis dilucide ostenditur, et inchoandi, et usque in finem perseverandi gratiam Dei non secundum merita nostra dari; sed dari secundum ipsius secretissimam, eandemque iustissimam, sapientissimam, beneficentissimam voluntatem: quoniam quos praedestinavit, ipsos et vocavit [...] vocatione illa de qua dictum est, 'Sine poenitentia sunt dona et vocatio Dei'.[133]

Hieraus wird deutlich, daß der Märtyrer aufgrund seines gesteigerten Gnadenempfangs mehr als jeder andere von Gott berufen ist. Der Märtyrer hat nicht aufgrund seines Aushaltens einen besonderen Gnadenzuspruch, sondern der besondere Gnadenzuspruch bewirkt erst das Aushalten; und diese besondere geschenkte Gnade wird, wie das Gnadengeschenk des Glaubens allgemein,[134] durch den Heiligen Geist vermittelt: „ [...] id tamen nisi quod Spiritus Dei ubique sibi consentiens, quam principio generavit obedientiae affectionem, ad perseverandi constantiam fovet et confirmat?"[135]

Daß d'Aubignés Märtyrer-Vorstellung vom berufenen Märtyrer die calvinistische Auffassung vom Märtyrer widerspiegelt, ist durch den hier voranstehenden Abriß über Calvins (Märtyrer-) Theologie gezeigt worden. Noch deutlicher wird diese Widerspiegelung, wenn man sich beim Lesen der folgenden Märtyrerbeschreibung an die Dogmatik Calvins erinnert:

> Cette-ci [sc. l'heureuse Graveron], en lisant avec frequents souspirs
> L'incroyable constance et l'effort des martyrs,
> Doutoit la vérité en mesurant la crainte:
> *L'esprit la visita*, la crainte fut esteinte.
> Prise, elle abandonna dés l'huis de sa prison
> Pour les raisons du ciel la mondaine raison.
> (IV, 479-484)[136]

---

133 Aurelius Augustinus, *De dono perseverantiae. Liber ad Prosperum et Hilarium secundus*, (Kap. 13, 33), in: Augustinus, *Schriften gegen die Semipelagianer*, S. 378.

134 Vgl. Calvin, Bd. 3, S. 8 (Buch III, Kap. 1, Abs. 1).

135 Johannes Calvin, *Institutio christianae religionis*. Cum brevi adnotatione atque indicibus locupletissimis ad editionem Amstelodamensem accuratissime exscribi curavit August Tholuck, Bd. 1, Berlin /London 1846, S. 202 (Buch II, Kap. 3, Abs. 11).
Calvins Überzeugung, daß die Gnade der Beharrlichkeit durch den Heiligen Geist vermittelt wird, scheint in der lateinischen Ausgabe seines Werkes von 1559 besser zum Tragen zu kommen als in der oben stets zitierten französischen Ausgabe von 1560, in der der Aspekt der Beharrlichkeit wenig hervortritt: „Mais dont est-ce que cela vient, sinon d'autant que l'Esprit de Dieu estant conforme à soy-mesme, nourrit et conferme en nous l'affection d'obéissance, laquelle il a engendrée dès le commencement?"

136 Hervorheb. d. Verf.

An diesem Zitat läßt sich ablesen, daß der Heilige Geist die Bekehrung zum Märtyrertum bewirkt hat, daß also der Märtyrer durch den Willen Gottes und nicht aus freier Willensentscheidung (im peligianischen Sinne) zu solchem geworden ist und er genaugenommen ein Berufener Gottes ist.

Außer dem hier angeführten Punkt gibt es noch einen anderen, der eine weitere Bestätigung für d'Aubignés calvinistische Auffassung vom prädestinierten Märtyrertum ist: In dem Buch „Les Feux" werden die Märtyrer auch als „saincts tesmoins"[137] und das Martyrium als „saincts tesmoignages"[138] bzw. als „tesmoignages saincts" bezeichnet, wobei hier nicht der Begriff des Zeugen, sondern der des Heiligen bzw. der Heiligkeit entscheidend ist. Legt man nämlich zu Grunde, daß eine „auch nur teilweise aus eigener Kraft erlangte Heiligkeit [...] dem Neuen Testament fremd [ist]"[139], dann ist die Heiligkeit des Märtyrers nicht durch sein eigenes Tun, sondern durch das ihm anheimgelegte, d.h. durch das vom Heiligen Geist vermittelte Tun begründet. Die Heiligkeit ist also nicht kreatürlich, sondern wird vom Heiligen Geist erzeugt. Der Märtyrer als Heiliger ist Zeuge dafür, daß der Heilige Geist an ihm wirkt - und zwar auf das Märtyrertum hinwirkt, das ja erst die Heiligkeit in ihrer kulturellen Grundstruktur vom Für-Gott-Ausgesondertsein und Für-Gott-Vorbehaltensein ausmacht.[140]

Nachdem gezeigt worden ist, daß d'Aubignés Konzeption vom Märtyrer die Lehre Calvins vom prädestinierten Märtyrertum zugrunde liegt, wobei der Märtyrer Zeuge für das Wirken und somit die Existenz des Heiligen Geistes ist, muß nun der Frage nachgegangen werden, in welchem Verhältnis eine solche Märtyrerkonzeption zum Leiden steht, das ja das schlechthinnige Charakteristikum des Märtyrertums ist: Wenn der Heilige Geist (als das ausführende Wesen des dreieinen Gottes) den Menschen dadurch zum Märtyrer macht, daß er ihn mit der Gnade der Beharrlichkeit ausrüstet, dann kann (als Grenzfall der Logik) dessen Leiden eben aufgrund seines Ausharrens nie unerträglich, sondern immer nur erträglich oder noch-erträglich sein (denn eine Unerträglichkeit des Leidens würde das Abfallen vom Märtyrertum nach

---

[137] D'Aubigné, *Les Tragiques*, IV, 1097.

[138] IV, 746.

[139] *Lexikon für Theologie und Kirche* (2. Ausgabe), Bd. 5, S. 130, s.v. „Heiligkeit".

[140] Hier liegt natürlich die theologisch verbreitete Vorstellung zugrunde, daß die Heiligkeit des Menschen nicht im Verborgenen bleibt, sondern an seinem (Lebens-)Wandel auszumachen ist. Es handelt sich hier folglich um eine 'visible Heiligkeit'.

sich ziehen). Indem der Heilige Geist dem Märtyrer den 'Harnisch der Beharrlichkeit' anlegt, bestimmt der dreieine Gott - so ist schließlich schlußzufolgern - von vornherein, daß bei der Folter das (für den nicht begnadeten Menschen) unerträgliche Leiden zu einem (für den Märtyrer) erträglichen oder zumindest noch-erträglichen Leiden wird.

Stellt man die urchristliche, namentlich Ignatius' Idee vom Märtyrer als Zeugen derjenigen von d'Aubigné gegenüber, so läßt sich folgendes feststellen: Ignatius sieht in dem Märtyrer einen Nachahmer Jesu Christi, der - unter der Fragestellung „Wie könnte ich mich opfern, wenn die Leidensgeschichte erfunden und die Auferstehung nicht wahr wäre?" - die von den Doketen bestrittene Wahrhaftigkeit des Schicksals Jesu Christi bezeugt. Eusebius sowie seine unmittelbaren und mittelbaren christlichen Zeitgenossen sehen den Märtyrer als einen von Jesus Christus Begnadeten an, der durch seine Leidensüberwindung die Existenz Jesu Christi bezeugt. Der Begriff des Zeugen ist also sowohl bei dem apostolischen Vater Ignatius als auch bei dem Kirchenvater Eusebius und seinen Zeitgenossen stark 'mononitarisch' ausgerichtet - der Märtyrer ist Zeuge für Jesus Christus, den Sohn -, wohingegen bei d'Aubigné dieser einen 'binitarischen' Charakter aufweist: Der Märtyrer ist Zeuge für das Wirken des in seiner Gestalt über alle Anthropomorphismen erhabenen Heiligen Geistes, der den Christen zum Märtyrer macht, d.h. ihm den Willen eingibt, sich für Gott zu opfern, wobei die eingehauchte Gnade der Beharrlichkeit von vornherein eine Reduktion des Leidens vom (theoretisch) Unerträglichen zum Erträglichen bewirkt; der Märtyrer ist dann Zeuge für das Wirken Gottes, des Vaters, der das (schon zum Erträglichen reduzierte) Leiden in seiner negativen Kraft annihiliert und auf diese Weise dann dem Märtyrer vollständig das Leiden nimmt. Die 'Binität', die dem Begriff des Zeugen in den *Tragiques* zugrunde liegt, resultiert letztendlich aus den Konfessionskämpfen, wo d'Aubigné mit Hilfe des Märtyrers die positiven Signale Gottes an seine Konfessionsgenossen aufzuzeigen sucht. Die 'Mononität' des Zeugenbegriffes bei Ignatius und Eusebius sowie dessen christlichen Zeitgenossen rührt daher, daß zu jener Zeit erst einmal die Leidensgeschichte Jesu Christi als kognitive Grenze der Gottesoffenbarung und das Sein Jesu Christi bewiesen werden mußten, die ja Grundlage des christlichen Glaubens sind, der als solcher im Zeitalter von d'Aubigné und der Reformation schon lange angenommen war.

3.2.1.3 Der Triumph des Märtyrers und sein Ruf nach Rache - ein unauflösbarer Widerspruch?

Wenn der Märtyrer Zeuge für das Wirken des dreieinen Gottes ist, insofern als er eine Berufung, kein qualvolles Leiden bei der Hinrichtung und eine unmittelbare himmlische Auferstehung kennt, dann scheint hier eine Inkongruenz mit der (oben schon zitierten) Paraphrase von Offb 6, 9-10 vorzuliegen, die den Zorn der Märtyrerseelen zum Ausdruck bringt:

> Ames dessous l'autel victimes des idoles;
> Je preste à vos courroux le fiel de mes paroles,
> En attendant le jour que l'Ange delivrant
> Vous aille les portaux du paradis ouvrant.
> (IV, 53-56)

„Ce rappel est d'autant plus remarquable", beobachtet André Tournon, „qu'il s'inscrit mal dans la logique du texte, qui transfigure les victimes en triompheurs dans leur supplice même, et ne leur prête jamais des paroles de 'courroux'."[141] Auch Lestringant macht auf die Schwierigkeit aufmerksam, diese Paraphrase in die logische Struktur der Märtyrer-Konzeption einzuordnen: „On s'est parfois interrogé sur la présence [...] de la paraphrase de deux versets de l'*Apocalypse* [...] qui prêtent des paroles de 'courroux' aux 'victimes des idoles' captives sous l'autel"[142], und spricht von einer augenscheinlichen Disparität.[143] Diese Disparität scheint um so größer, wenn man in Anlehnung an Lestringant[144] und Elliot Forsyth[145] den Zorn der Märtyrerseelen als ihren Ruf nach Rache interpretiert, so wie er in der Apokalypse erwähnt wird: „Herr, du Heiliger und Wahrhaftiger, wie lange richtest du nicht und rächst nicht unser Blut an denen, die auf der Erde wohnen?"[146] Es stellt sich nämlich die Frage, warum der von Gott zum Märtyrertum berufene, nicht leidende und postmortal auferstehende Märtyrer seinen Märtyrertod rächen will. Dieser scheinbare Widerspruch in „Les

---

[141] André Tournon, „Le cinquième sceau. Les tableaux des *Fers* et la perspective apocalyptique dans les *Tragiques* d'Agrippa d'Aubigné", in: Robert Aulotte u.a. (Hrsg.), *Mélanges sur la littérature de la Renaissance à la mémoire de V.-L. Saulnier* (*Travaux d'Humanisme et Renaissance,* N° 202), Genf 1984, S. 273-283, hier S. 280.

[142] Lestringant, *Agrippa d'Aubigné - „Les Tragiques"*, S. 26-27.

[143] Vgl. ebd.

[144] Vgl. ebd.

[145] Vgl. Elliott Forsyth, „Le message prophétique d'Agrippa d'Aubigné", *Bibliothèque d'Humanisme et Renaisssance* 41 (1979), S. 23-39, hier S. 26-27.

Feux“ schwindet jedoch, wenn man die aufgrund eines wörtlichen Verstehens von Offb 6, 10 schon in der Apokalypse entstehende Spannung zwischen Märtyrertum einerseits und Rache andererseits exegetisch auflöst: „Die Bitte um Rache ist die Bitte um das Endgericht, d.h. das Kommen des Christus“.[147] So stellt auch Kellermann fest: „Die Märtyrer haben die Möglichkeit, durch ihr Schreien nach Rache das Gericht über die Welt schneller herbeizuführen [...].“[148] Der Ruf nach Rache ist also als ein Ruf nach dem Weltgericht zu verstehen, und die Seelen erwarten vom Jüngsten Gericht nicht die Rache an den anderen, sondern in erster Linie ihre eigene Seligkeit, denn die „Antwort, die dem Gebet in [Offb 6]11 wird, bedeutet ein Wunder der Gnade. Sie schweigt über die Rache [...] [und] gibt [den Märtyrern] Seligkeit im Symbol des weißen Gewandes.“[149] Versteht man also den Ruf nach Rache als einen Ruf nach dem Weltgericht zur Erlangung der Seligkeit, dann baut sich sowohl die Spannung in der Apokalypse als auch der Widerspruch in d'Aubignés Märtyrerbeschreibung ab, wo der Märtyrer dann nicht nur Zeuge für das Wirken Gottes, sondern auch Herbeiführender des Jüngsten Gerichts ist, das, wie weiter unten gezeigt wird,[150] unerläßlich für d'Aubignés Konzeption des siegenden Märtyrers sowie allgemein des siegenden Protestanten zu sein scheint.

3.2.2 Das wunderbare Handeln des Märtyrers

3.2.2.1 Der Märtyrer als Zeuge für das Wirken Gottes oder die wunderbaren non-verbalen Handlungen

Oben ist gezeigt worden, daß der Märtyrer insofern Zeuge für das Wirken des dreieinen Gottes ist, als er die (für den nicht begnadeten Menschen) unerträglichen Qualen erträgt, ja sie sogar mit einer gewissen Leichtigkeit, d.h. ohne zu leiden, erträgt. Der Märtyrer ist aber auch insofern Zeuge für das Wirken Gottes, als er bei seiner Hinrichtung Handlungen vollbringt, die ein biblisches Moment signalisieren.

---

[146] Offb 6, 10.
[147] Lohmeyer, S. 64.
[148] Kellermann, S. 124.
[149] Lohmeyer, S. 64.
[150] Vgl. Kapitel IV/ 6.3.

So hat Soulié in ihren Untersuchungen festgestellt,[151] daß fast jeder von d'Aubigné beschriebene Märtyrer in seiner Geste oder in seinen Worten ein biblisches Moment verkörpert. Der Märtyrer Haux z.B., der während der Verbrennung die Knochen seiner Arme zu einer Krone zusammenlegte,[152] zeichnet hierdurch ein in den Paulusbriefen erwähntes Symbol nach: „cette couronne dessinée par les deux bras décharnés est le signe de la couronne incorruptible que l'atlhète [sic] de Dieu, ferme jusqu'à la fin, vient de remporter."[153] Da aber die Wiederholung eines in der Bibel erwähnten, d.h. in Zusammenhang mit Gott stehenden Moments durch den Märtyrer kaum zufällig sein kann - es ist wenig wahrscheinlich, daß fast jeder Märtyrer ein biblisch erwähntes Moment zufällig signalisiert -, ist hier das Wirken Gottes anzunehmen. So schreibt auch Soulié: „Le caractère théâtral que d'Aubigné prête à ces gestes ou à ces paroles décisives [sc. des martyrs] est là pour manifester, aux yeux de la foule qui regarde, un effet merveilleux de la Grâce."[154]

Wie das Wirken Gottes an den protestantischen Märtyrern durch die von ihnen verkörperten biblischen Momente deutlich wird, so zeigt es sich auch durch ihre - wie d'Aubigné sie nennt - „constances esmerveillables"[155], mit denen nicht nur ihr Standhalten in der Marter (wie es in den vorherigen Kapiteln erläutert worden ist), sondern auch die Beständigkeit im Handeln gemeint ist, die bei verschiedenen Märtyrern zu beobachten ist. Sie ist dadurch gekennzeichnet, daß der Märtyrer bei oder kurz nach seiner Hinrichtung noch Handlungen ausführt. In diesem Zusammenhang ist der auf dem Scheiterhaufen verbrannte Thomas Haux zu nennen, über den es in der *Histoire universelle* heißt: „Thomas Haux, qui ayant promis aux prisonniers et à ses amis de faire un signe si l'effort du feu ne surmontoit point sa constance, quand les cordes qui

---

151 Soulié, S. 327-345.
152 Vgl. d'Aubigné, *Les Tragiques*, IV, 134.
153 Vgl. Soulié, S. 330 u. Fußnote 24 mit Verweis auf 1. Kor 9, 25.
Zu weiteren Beispielen der 'Kongruenz' zwischen Handlungen der Märtyrer und biblischen Momenten,
siehe Soulié, S. 328-334.
154 S. 334.
155 D'Aubigné, *Histoire universelle*, Bd. 1, S. 206 (II, 9).

tenoyent ses bras liés furent bruslees, mit ses deux mains sur la teste".[156] Wesentlich spektakulärer ist die Schilderung in den *Tragiques*:

> Sa face estoit bruslee, et les cordes des bras
> En cendres et charbons estoyent cheutes enbas,
> Quand Haux, en octroyant aux freres leur requeste,
> Des os qui furent bras fit couronne à sa teste.
> (IV, 131-134)

Diesem Fall ähnlich ist derjenige des Märtyrers George Scherer, der auch posthum handelt: „L'an 28 [sc. en 1528] George Scherer qui avoit promis quelque tesmoignage notable sur son corps après sa mort; demi quart d'heure après sa teste coupée mit les jambes et les bras en croix, en admiration des assistans."[157]

Wenn d'Aubigné in bezug auf die Konstanz der Märtyrer auch von „choses estranges"[158] spricht, dann wird deutlich, daß er sie als eigenartig und ungewöhnlich auffaßt. Die Beständigkeit im Handeln, d.h. das Handeln der Märtyrer bei oder nach ihrer Hinrichtung, ist aber - das zeigen die angeführten Martyrien von Thomas Haux und George Scherer - nicht nur ungewöhnlich in Hinblick auf die Gewohnheit, d.h. auf das gewöhnlicherweise Beobachtete, sondern auch in bezug auf die physische Möglichkeit, d.h. auf das in der Natur Mögliche. Was über die Ordnung der gesamten geschaffenen Natur hinweg passiert („quod fit praeter ordinem totius naturae creatae"[159]), d.h. auf für uns unerklärliche Weise geschieht („Miraculum [...] dicitur [...] quod scilicet habet causam simpliciter et omnibus occultam"[160]) und seinen Grund in Gott hat („Haec autem est Deus"[161] / „Hic autem non potest facere nisi Deus"[162]), definierte Thomas von Aquin als Wunder, wobei seine Definition bis heute Gültigkeit

---

[156] S. 227 (II, 10).
[157] S. 210 (II, 10).
[158] S. 206 (II, 9).
[159] Thomas von Aquin, *Summa theologiae*, Rom: Editiones Paulinae, 1962, S. 515 (Buch 1 [prima pars], Frage 110, Art. 4).
[160] S. 494 (Buch 1 [prima pars], Frage 105, Art. 7).
[161] Ebd.
[162] S. 515 (Buch 1 [prima pars], Frage 110, Art. 4).

in der Kirche hat.[163] Wenn nun d'Aubigné die von den Märtyrern bei oder nach ihrer Hinrichtung ausgeführten Handlungen als ungewöhnlich bezeichnet und hier eine Ungewöhnlichkeit im Sinn einer physischen Unmöglichkeit vorliegt, dann bedeutet dies angesichts der (christlichen) Auslegung des den Naturgesetzen nach Unmöglichen, d.h. des 'Präternatürlichen'[164], daß er die Handlungen als von Gott bewirkt hinstellt, also zumindest implizit als wunderbar[165] bezeichnet.

Es ist abschließend noch festzuhalten, daß die an den Hinrichtungsstätten beobachteten wunderbaren Handlungen der Märtyrer ein (weiterer) Aspekt sind, der den protestantischen und frühchristlichen 'Zeugen' gemeinsam ist, wobei allerdings das bei den frühchristlichen Märtyrern Beobachtete wesentlich spektakulärer ist. So heißt es z.B. über Polykarp:

> Completa itaque oratione, flammaque supposita, cum usque ad caelum tolleretur incendium, miraculi novitas repentina processit: illis videntibus quos videre jusserat caeleste mandatum, ut possint ceteris ostensa narrare. Curvus namque in littora arcus apparuit, in aliquantam latitudinem cornua utraque flectendo, velum navis imitatus; qui Martyris corpus molli velabat amplexu, ne aliquid ex sanctis artubus flamma vastaret. Ipsum autem corpus, ut panis grata decotio vel argenti et auri, qui conflato pulcro colore resplendens singulorum juvabat aspectum. Odor etiam thuris aut myrrhae, aut pretiosi alicujus unguenti, tractum nidorem totius fugabat incendii. Cum hoc itaque peccatoribus fuisset ostensum, ut intelligerent eum non posse comburi: praeceperunt congestorem ignis accingi, gladiunculum sancto corpori injicere, illis etiam sancto probato. Cumque hoc ita fuisset effectum,

---

[163] So gilt heute in der Kirche: „Un fatto sensibile, operato da Dio, al di fuori di tutte le forze e le leggi della natura" (*Enciclopedia cattolica*, Bd. 8, Vatikanstadt 1952, s.v. „miracolo", S. 1068). In der *New catholic encyclopedia*, Bd. 9, s.v. „miracles (theology of)", S. 890-891, wird darauf hingewiesen, daß der Begriff des Wunders bisweilen weniger streng ausgelegt wird: „In recent years some authors have argued that a miracle need not even be strictly beyond the powers of corporeal nature, provided it be a truly prodigious event, one at least highly unlikely ever to result from natural forces alone."

[164] Da Thomas von Aquin von „praeter ordinem naturae" spricht und es im Deutschen keine genaue Übersetzung für *praeter* gibt, ist auf den Ausdruck *präternatürlich* zurückzugreifen. Jean Céard, *La nature et les prodiges.* L'insolite au XVIe siècle, en France (*Travaux d'Humanisme et Renaissance*, N° 158), Genf 1977, S. XII, spricht im Französischen ebenfalls von „signes préternaturels".

[165] In der Theologie wird das Wort *wunderbar* heute noch in seiner ursprünglichen Bedeutung von *durch ein Wunder bewirkt* verwendet (vgl. *Lexikon für Theologie und Kirche*, Bd. 10, s.v. „Wunder", S. 1314 bzw. 1317, wo von den „wunderbaren Taten Jesu" bzw. den „Formen des wunderbaren Handelns Gottes" die Rede ist).

> ecce subito fluente sanguinis copia, columba processit de corpore; statim sopitum cruore cessit incendium. Tunc populus totus obstupuit.[166]

Neben vielen anderen außergewöhnlichen Martyrien[167] erwähnt Eusebius die von 'Irregularitäten' gekennzeichnete Hinrichtung einiger ägyptischer Christen im phönikischen Tyrus, wobei hier - in Analogie zu seiner Leidensüberwindung - der Märtyrer wieder Zeuge für das Wirken Jesu Christi ist, und zwar Zeuge für dessen wunderwirkende Kraft:

> Wir selbst waren bei diesen Kämpfen [sc. mit menschenfressenden Bestien] zugegen und sahen, wie die göttliche Kraft unseres Erlösers Jesus Christus, dem das Zeugnis galt, erschien und sich deutlich in den Märtyrern offenbarte. Die menschenfressenden Tiere nämlich wagten längere Zeit die Körper der gottgeliebten Männer nicht zu berühren oder auch nur sich ihnen zu nähern, fuhren vielmehr gegen alle die anderen los, die sie von außen reizten und antrieben. Nur die heiligen Kämpfer wollten sie in keiner Weise antasten, obwohl diese nackt dastanden und sie durch Bewegung mit den Händen, wie ihnen befohlen ward, auf sich zu lenken suchten.[168]

3.2.2.2 Der Märtyrer als Zeuge für das Wirken des Heiligen Geistes oder die wunderbaren verbalen Handlungen

Neben den wunderbaren Handlungen, die alle non-verbale Handlungen, d.h. Handlungen des 'Zeigens' sind, werden in d'Aubignés Märtyrerbeschreibungen auch wunderbare verbale Handlungen, d.h. wunderbare Handlungen des Sprechens, erwähnt. Diese wunderbaren verbalen Handlungen lassen sich selbst nochmals unterteilen, und hier werden zunächst diejenigen genannt, wo der Märtyrer ohne Zunge spricht:

---

166 Ruinart, S. 81 (s.v. „Epistola ecclesiae Smyrnensis, de martyrio sancti Polycarpi episcopi et sociorum ejus", Kap. 13). Vgl. auch die weniger spektakuläre Schilderung des Martyriums von Polykarp, die auf die griechische Version zurückgeht (und in der Ausgabe von Ruinart auch in lateinischer Übersetzung vorliegt): Ruinart, S. 88-89 (s.v. „Eadem de martyrio s. Polycarpi ecclesiae Smyrnensis epistola", Kap. 15-16).

167 Zu weiteren bei der Hinrichtung von Märtyrern beobachteten Wundern, siehe z.B. auch Eusebius, S. 214 (Buch IV, Kap. 14), S. 237 (Buch V, Kap. 1), S. 240 (Buch V, Kap. 1) u. S. 368 (Buch VIII, Kap. 5).

168 Eusebius, S. 367-368 (Buch VIII, Kap. 7).

Soulié[169] führt hierfür die Hinrichtung der Märtyrerin Graveron und zweier weiterer Leidensgenossen an, die in den *Tragiques* folgendermaßen wiedergegeben wird:

> Les trois donnent leur langue, et la voix on leur bouche:
> Les paroles de feu sortirent de leur bouche,
> Chaque goutte de sang que le vent fit voller
> Porta le nom de Dieu et aux cœurs vint parler;
> (IV, 509-512)[170]

Das wunderbare Sprechen erschöpft sich allerdings nicht in dem genannten Beispiel, sondern wird noch deutlicher in der *Histoire universelle* angezeigt: „Nicolas de Jeinville, qui ayant la langue coupee, invita en mots bien entendus la compagnie des assistans à prier Dieu“.[171] An anderer Stelle wird ein ähnlicher Fall geschildert: „ [...] [le] compagnon Estienne, après la langue coupée, prononça le nom de Dieu.“[172] D'Aubigné selbst enträtselt gewissermaßen das Geheimnis des Sprechens ohne Zunge, indem er schreibt: „[...] Dieu à ses tesmoins a donné maintesfois, / La langue estant coupée, une celeste voix.“[173] Diese himmlische Stimme ist aber letztendlich nichts anderes als der Heilige Geist, wenn man in dem Ohne-Zunge-Sprechen der Märtyrer eine Analogie zum Pfingstwunder sieht,[174]das ja in einem vom Heiligen Geist ausgelösten Sprechwunder besteht.

Das wunderbare Sprechen umfaßt jedoch nicht nur das Sprechen ohne Zunge, sondern auch das biologisch schier unmögliche Sprechen, das ebenfalls Ausdruck für die Allmacht des Heiligen Geistes ist. So berichtet d'Aubigné von folgendem Fall: „L'an trente deux [sc. en 1532] George Baynam qui embrassa et baisa ses fagots, puis le feu ayant fait fondre la cervelle et descendre par les nazeaux il l'essuya de ses deux mains liees et parla encores au peuple après.“[175] Bei der 1533 in Lyon durchgeführten Hinrichtung zweier Männer - wahrscheinlich handelt es sich hier[176] um den in der

---

[169] Vgl. Soulié, S. 336.
[170] Zum Sprechen mit verschiedenen Zungen, s. auch 1. Kor 12, 4-10.
[171] D'Aubigné, *Histoire universelle*, Bd. 1, S. 234 (II, 10).
[172] S. 219 (II, 10).
[173] D'Aubigné, *Les Tragiques*, III, 651-652.
[174] Vgl. Soulié, S. 336.
[175] D'Aubigné, *Histoire universelle*, Bd. 1, S. 212 (II, 10).
[176] Vgl. Lestringant (Hrsg.), *Les Tragiques*, S. 463, s.v. „[Anmerkung zu Vers] 428“.

Histoire universelle[177] erwähnten Louys de Marsac und dessen Vetter - erreicht das wunderbare Sprechen seinen spektakulären Höhepunkt, der die Antwort auf den kaum noch zu überbietenden Sarkasmus der der Verbrennung beiwohnenden Dominikaner zu sein scheint:

> Ce qui fit monstrueux ce monceau de fagots,
> C'est que les Jacopins, envenimez cagots,
> Crioyent, vrais escoliers du meurtrier Dominique:
> Bruslons mesme le ciel, s'il fait de l'heretique!
> Ces deux frères prioyent quand, pour rompre leur voix,
> Le peuple forcenant porta le feu au bois:
> Le feu leger s'enleve et bruyant se courrouce,
> [...]
> Le vulgaire animé entreprend sur leur vie,
> Perce de mille coups des fideles les corps,
> Les couvre de fagots: ceux qu'on tenoit pour morts,
> Quand le feu eut bruslé leurs cables, se leverent,
> Et leurs poulmons bruslans, pleins de feu, s'escrierent
> Par plusieurs fois: *Christ, Christ!* Et ce mot, bien sonné
> Dans les costes sans chair, fit le peule estonné:
> (IV, 435-441 u. 446-452)

Rekapitulierend kann man feststellen, daß der Märtyrer von d'Aubigné in dessen Märtyrerbeschreibungen als Zeuge für das Wirken Gottes dargestellt wird, wobei dieser Status durch sein Handeln begründet ist, das einen dichotomischen Charakter aufweist: da ist zunächst einmal sein *andauerndes* Handeln des Nicht-Leidens, das in seinem fehlenden Leiden besteht und sich über den ganzen Zeitraum der Hinrichtung erstreckt; dann sein *punktuelles* Handeln, das mit den Handlungen, die ein biblisches Moment verkörpern, sowie mit den wunderbaren Handlungen gleichzusetzen ist, und bei oder sogar kurz nach der Hinrichtung geschieht. Das Wirken des dreieinen Gottes selbst muß als ein Wirken Gottes, des Vaters, und des Heiligen Geist verstanden werden, d.h., der Zeugenbegriff weist in d'Aubignés Märtyrerbeschreibung einen 'binitarischen' Charakter auf. Diese 'Binität', die sich von dem 'mononitarisch' ausgelegten Zeugenbegriff des Frühchristentums abgrenzt, wo der Märtyrer als Leidensüberwinder und als Wundervollbringender Zeuge für das Wirken Jesu Christi ist, hat nicht nur den Zeugenbegriff in d'Aubignés Märtyrerbeschreibung geprägt, sondern scheint überhaupt das ganze theologische Konzept der *Tragiques* geformt zu haben, wie Richard L. Regosin zu verstehen gibt:

---

177 Vgl. d'Aubigné, S. 224 (II, 10).

> „The poem [...] assigns a conspicuously small role to Christ. The God of *Les Tragiques* is the God of the Old Testament who actively punished His people in His anger and grief and shared their triumphs in His joy. [...] Since He is spiritually and physically involved in the individual and collective destiny of His children, God shares their joy and sorrow, becomes angry in the face of evil and weeps when the innocent suffer."[178]

3.3 Die theologische Definition des Märtyrers

Bei den vergleichenden Untersuchungen über die frühchristlichen und hugenottischen Märtyrer ist bisher vorausgesetzt worden, daß es sich hierbei um die gleiche Gruppe von Christen handelt. Dies soll nun auf der Grundlage der theologischen Definition des Märtyrers in den beiden Epochen gezeigt werden.

Dem Märtyrertod keineswegs gleichzusetzen ist der Freitod, wie ihn einige Philosophen der Antike, insonderheit die Stoiker,[179] unter gewissen Voraussetzungen - und zwar beim Abfallen des freudebringenden Lebens zum 'absurden' Leben hin - eindeutig legitimieren oder sogar nahelegen. Der fundamentale Unterschied besteht nämlich darin, daß aus der Sicht des Opfers jener ein Fremdmord und dieser ein Selbstmord ist. Mag der Selbstmord auch noch so heroisch sein, dem Suizidanten gebührt, eben weil er seinem Sein selbst ein Ende setzt, nicht der Titel des Märtyrers, wie d'Aubigné zu verstehen gibt:

> [...] Caton d'Utique et tant d'autres Romains
> S'occirent, mais malheur! Car c'estoit par leurs mains.
> Quels signalés tesmoins du mespris de la vie
> De Lucresse le fer, les charbons de Porcie!
> (IV, 803-806)

Ausschlaggebend für den Märtyrertitel ist also der Aspekt des Ermordetwerdens, wobei allerdings auch die Mordumstände genau festgelegt sind: einerseits muß sich der Mär-tyrer, um Märtyrer zu sein, unter dem Verbot des Sich-freiwillig-dem Feind-

---

178 Richard Lloyd Regosin, „D'Aubigné's *Les Tragiques*: Divine tragedy", *Bibliothèque d'Humanisme et Renaissance* 28 (1966), S. 52-73, hier S. 70.

179 Zur Bejahung des Freitodes aus philosphischer Sicht, s. Felix Hammer, *Selbsttötung philosophisch gesehen*, Düsseldorf 1975, S. 59-75.

Ausliefems dem Mord zu entziehen versuchen;[180] andererseits - und man möchte fast sagen: paradoxerweise - hat er, wenn er einmal in der Gewalt des Feindes ist, bis zum letzten Moment, wie man den Märtyrerakten[181] des Frühchristentums entnehmen kann[182] und wie auch d'Aubigné betont, die Wahl zwischen Leben und Tod: „[...] le nom de Martyr ne s'attribue qu'à celui [...] qui jusques au dernier point a le choix de la vie ou de la mort."[183] Irrelevant ist hingegen die Art und Weise, auf die der Märtyrer getötet wird, so daß der Märtyrer und der Suizidant den gleichen Weg zum Tod beschreiten können. Der Aspekt des Ermordetwerdens unter gewissen Umständen stellt allerdings nur das *notwendige* Kriterium für die Bestimmung des Märtyrers dar. Andererseits handelt es sich bei diesem notwendign Kriterium nur um ein potentielles notwendiges Kriterium, da auch der Tod durch die eigene Hand zum Titel des Märtyrers gereichen kann.[184] Die christliche Ethik, angefangen von Augustinus, über Thomas von Aquin bis Karl Barth, macht nämlich den subtilen

---

[180] Verena Lenzen, *Selbsttötung*. Ein philosophisch-theologischer Diskurs mit einer Fallstudie über Cesare Pavese, Düsseldorf 1987, S. 126, unterscheidet zwischen drei Strömungen im vorkonstantinischen Christentum, die jeweils einen unterschiedlichen Standpunkt zur Fluchtfrage einnehmen: „Gnostische Gruppen, besonders die Valentinianer, lehnten den Zeugentod prinzipiell ab, nannten einen Gott, der Blutopfer fordere, 'Menschenmörder' und verpönten Märtyrer als Selbstmörder. Vertreter der Gegenposition, ihr bekanntester Repräsentant wurde Tertullian, verschmähten Flucht in der Verfolgung als Glaubensverleugnung und rühmten jede Art von Sich-selbst-stellen und Selbst-Auslieferung." Weiter heißt es: „Nach Schöpf nahmen das 'christliche Volk und sachlich denkende kirchliche Schriftsteller ... einen vermittelnden Standpunkt ein. Sie bekannten mit Nachdruck, daß Glaubensverleugnung niemals erlaubt sei und daß der Christ lieber den Tod erleiden müsse; [...]. Sie erlaubten aber ohne weiteres die Flucht, ja unter Umständen wird sie sogar verlangt; jedes Sich-stellen wird ausdrücklich als Selbstmord gebrandmarkt.' "

[181] Unter Märtyrerakten werden hier die Prozeßprotokolle als unmittelbare Quellen, unter Märtyrerberichte Berichte als mittelbare Quellen verstanden. Zu dieser terminologischen Unterscheidung zwischen Märtyrerakten und Märtyrerberichten, vgl. Ehrhard, *Die Kirche der Märtyrer*, S. 118-119.

[182] In einer auf den 17. Juli 18o datierten Märtyrerakte, ausschnittsweise wiedergegeben in: Georg Hahn, *Die Kirche der Märtyrer und Katakomben*, Freiburg i. Breisgau 1939, S. 184-185, kommt deutlich die zugestandene Möglichkeit zum Widerruf zum Tragen: „[...], welche nach der christlichen Satzung zu leben bekannt haben, und die trotz Gewährung der Möglichkeit, zur römischen Satzung zurückzukehren, hartnäckig geblieben sind [...]."

[183] D'Aubigné, *Histoire universelle*, II, 10 (I, S. 237).

[184] Lenzen, S. 124, weist darauf hin, daß im Frühjudentum die beiden Begriffe *Martyrium* und *Selbstmord*, „weder begrifflich noch moralisch geschieden" worden seien. „Beide konnten als Varianten eines uneingeschränkt opferbereiten Bekenntnisses zur alleinigen Herrschaft Gottes, die sie noch durch passiv oder aktiv bejahtes Sterben bekräftigten, niemals den religiösen Makel menschlicher Eigenmächtigkeit tragen." Weiter heißt es hierzu: „In der theologischen Ethik führt man seit der Väterzeit eine fast trotzige und empfindliche Diskussion zum Erweis oder Beweis der Andersartigkeit und Unvergleichlichkeit beider Phänomene."

Unterschied zwischen Selbsttötung / -opfer und Selbstmord und legitimiert den Suizid im Sinne eines Suizids *mutu divino* legitimiert.[185]

Wenn Lucretia und Porcia nicht den Titel des Märtyrers verdienen, dann weil sie Selbstmord (und nicht die 'legitimierte' Selbsttötung) begingen[186] und somit nicht die *notwendige* Bedingung erfüllten - ebensowenig wie die *hinreichende* Bedingung, die sich über den Beweggrund definiert: „Les causes seulement manquoyent à leurs martyres".[187] In diesem Vers der *Tragiques* sticht das in dem Augustinischen Werk fast als Leitmotiv und heute noch in der Kirche geltende Moment[188] vom „Martyres non facit poena, sed causa"[189] hervor. Es muß hier freilich gefragt werden, welcher Beweggrund den Sterbenden zum Märtyrer macht. Ein solcher Beweggrund liegt vor, wenn der Tod um der Gerechtigkeit willen auf sich genommen wird, wie d'Aubigné, ganz nach dem Augustinischen Muster,[190] mit Berufung auf das Matthäus-Evangelium erklärt; und während er in den *Tragiques* Mt 5, 10 in Form des Alexandriners „Heureux qui pour justice a l'honneur de souffrir!"[191] paraphrasiert, wird der biblische Satz „Beati, qui persecutionem patiuntur propter iustitiam"[192] wortgleich in der

---

[185] Vgl. S. 127-130.

[186] Daß d'Aubigné als Beispiel für den Selbstmord Lucretia heranzieht, scheint kein Zufall. Zu dieser Schlußfolgerung kommt man jedenfalls, wenn man der Studien von Manfred Tietz, „La morale païenne jugée par les chrétiens au XVIIe siècle: le personnage de Lucrèce, l'illustre romaine", in: Manfred Tietz u. Volker Kapp (Hrsg.), *La pensée religieuse dans la littérature et la civilisation du XVIIe siècle en France* (Actes du colloque de Bamberg 1983), Paris/ Seattle/ Bamberg 1984, S. 299-321, eingedenk bleibt, der in seinem Artikel auf die Verbreitung und Bedeutung der altrömischen Sagengestalt in der französischen Literatur des 17. Jahrhunderts hinweist.

[187] D'Aubigné, *Les Tragiques*, IV, 798.

[188] *Lexikon für Theologie und Kirche* (2. Auflage), Bd.7, s.v. „Märtyrer", S. 127: „Um festzustellen, ob ein Christ M. sei oder nicht, hält sich die Kirche an den v. Augustinus [...] formulierten Grundsatz: Martyres non facit poena, sed causa."

[189] Aurelius Augustinus, *Enarrationes in Psalmos XXXIV*, (Diskurs [„sermo"] 2, 13), in: Aurelius Augustinus, *Enarationes in Psalmos* (*Corpus Christianorum, Series Latina*, N° 38), Bd. 1, Turnhout 1956, S. 320.

[190] Augustinus, ebd., schreibt: „Nemo dicat: Quia patior iustus sum. Quia ipse qui primo passus est, pro iustitia passus est; ideo magnam exceptionem addidit: 'Beati qui persecutionem patiuntur propter iustitiam.' [...] Nemo ergo dicat: Persecutionem patior; non ventilet poenam, sed probet causam, ne si causam non probaverit, numeretur cum iniquis. [...] 'Iudica me, Domine, secundum iustitiam meam.' [...] Non secundum poenam meam, sed 'secundum iustitiam meam, Domine Deus meus', id est, secundum hoc me iudica."

[191] D'Aubigné, *Les Tragiques*, IV, 84.

[192] Mt 5, 10.

D'Aubigné scheint mehr den lateinischen Bibelvers in Erinnerung gehabt zu haben, als er den Gesang des Gérard niederschrieb. Die französische Bibelübersetzung nämlich 'unterschlägt' das für französischen Übersetzung durch den Gesang des verfolgten Gérard und seiner Anhänger[193] in der *Histoire universelle* wiedergegeben: „Bienheureux sont ceux qui souffrent persecution pour justice“[194]. Wie das Um-der-Gerechtigkeit-willen zu verstehen ist, dies präzisiert Augustinus indirekt in seinen antidonatistischen Schriften: „Talis si quis ad te veniat plenus catholica fide, [...] et si tibi dicat: ‘frater, quid me vis rebaptizare? Quid sit ante factum nescio, nunc autem sum in Christi fide [...]’“.[195] Bei d'Aubigné liest man hierzu mit konkretem Bezug auf die tödliche Verfolgung: „ [...] le nom de Martyr ne s'attribue qu'à celui qui meurt purement pour la foi [...].“[196] An dieser Stelle wird das Dilemma ersichtlich, das eine solche Definition mit sich bringt und welches Lestringant auf die prägnante Formel bringt: „La définition, on le constate, est identique dans les deux camps. Seul le corps de référence varie.“[197] So nimmt es nicht wunder, daß Augustinus und d'Aubigné bei gleicher Zielsetzung, d.h. bei der Definition des Märtyrers, unter Berücksichtigung desselben definitorischen Rahmens zu unterschiedlichen Ereignissen kommen: während Augustinus die katholischen Märtyrer als die ‘wahren’ Märtyrer glorifiziert (und sie von den ‘falschen’ Märtyrern der Donatisten scheidet)[198], exaltiert d'Aubigné den auf dem Scheiterhaufen sterbenden Protestanten als Märtyrer.

Die Definition des Märtyrers über den Beweggrund erweist sich aber nicht nur als problematisch aufgrund der semantischen Polyvalenz des Wortes *Glauben*,

---

d'Aubigné und seine Märtyrerbeschreibung wichtige Wort „patiuntur“: „Heureux ceux qui sont persécutés pour justice.“

193 Zur Leidensgeschichte des Gérard und seiner Anhänger, s. d'Aubigné, *Les Tragiques*, IV, 77-84 und d'Aubigné, *Histoire universelle*, Bd. 1, S. 194-195 (II, 8).

Die Leidensgeschichte des Gérard ist ein Grenzfall des Martyriums, denn er wird nicht direkt ermordet, sondern seine Verfolger lassen ihn verhungern, indem sie ihm, der mit seinen Anhängern in den Straßen Londons lebte, das Lebensnotwendigste vorenthalten. Während d'Aubigné diesen Fall in den *Tragiques* in dem Märtyrer-Buch „Les Feux“ erwähnt, ordnet er ihn in der *Histoire universelle* nicht in das den Märtyrern gewidmete Kapitel „De plusieurs martyrs jusques à l'an 1560“, sondern in das Kapitel „Que devint la dispersion des Albigeois“ ein.

194 D'Aubigné, *Histoire universelle*, Bd. 1, S. 195 (II, 8).

195 Aurelius Augustinus, *Psalmus contra partem Donati*, (Vers 233-236), in: Aurelius Augustinus, *Scripta contra Donatistas*. Recensuit Michael Petschenig (*Corpus scriptorum ecclesiasticorum Latinorum*, N° 51), Bd. 1, New York / London ^{2}1963 [Reprint Leipzig / Wien 1908], S. 13.

196 D'Aubigné, II, 10 (I, S. 237).

197 Lestringant, *La cause des martyrs*, S. 78.

198 Vgl. Aurelius Augustinus, *Epistula LXXXIX*, (Kap. 2), in: Aurelius Augustinus, *Epistulae*, S. 419: „[...] qui [sc. Donatistae] se persecutionem perpeti gloriantur, quam de cohercitione iniquitatis suae non solum nescire confundi, sed etiam velle laudari ignorantes caecitate mirabili vel animositate damnabili se scire dissimulantes, quod martyres veros non faciat poena sed causa?“

sondern auch als wenig sicher vor Manipulationen. Indem man nämlich den *de facto* als Märtyrer sterbenden Christ unter anderen Anschuldigungen *de jure* als einen gewöhnlichen Verbrecher hinrichtet, kann das Martyrium in seiner Idee leicht zunichte gemacht werden. Unter dieser juristischen Spitzfindigkeit, die sich die Gegner des Martyriums zu Nutze machen wußten, litten sowohl die Frühchristen als auch die Reformatoren. So schreibt Georg Hahn von den Märtyrern des Frühchristentums, daß „man, um die Christen zu ganz gemeinen Verbrechern zu stempeln, ihre Sklaven durch die Furcht vor der Folter dazu zwang, ihre Herren der größten Unzucht, der Blutschande und des Begehrens von kleinen Kindern zu beschuldigen. [...] Man vernichtete die Christen nicht nur körperlich, sondern auch moralisch [...].“[199] Die Aburteilung der Christen resultiert aus einem vermeintlich gröbsten Sittenverstoß o.ä. und nicht mehr aus ihrem Glauben als solchem, wodurch das Martyrium in seiner Idee nicht mehr aufrechterhalten und endlich zunichte gemacht wird. Und genauso wie die heidnischen Römer die Sache des Christentums und des Martyriums durch Verleumdungen und falsche Anschuldigungen zerstören wollten, so versuchen die Katholiken auf gleichem Wege die Reformation in ihrem Aufkommen zu ersticken:

> Perfaicts imitateurs des abusés payens,
> Appaisez-vous le ciel par si tristes moyens?
> Vous deschirez encor et les noms et les vies
> Des inhumanités et mesmes calomnies
> Que Rome la payenne, infidelle, inventa
> Lors que le Fils de Dieu sa banniere y planta.
> [...]
> Encontre ces chrestiens tout s'esmeut par un bruict.
> Qu'ils mangeoyent les enfans, qu'ils s'assembloyent la nuict.
> Pour tuer la chandelle et faire des meslanges
> D'inceste, d'adultere et de crimes estranges.
> (IV, 1327-1332 u. 1335-1338)

So läßt sich zusammenfassen, daß der definitorische Rahmen, den Augustinus und d'Aubigné zugrunde legen, um den Kreis der Märtyrer eingrenzen, weitgehend identisch ist - nicht nur hinsichtlich seiner einzelnen Kriterien, sondern auch hinsichtlich seiner Unzulänglichkeit bei willentlicher Verfälschung der Märtyrersache durch die Gegner. Die unterschiedliche 'Auffüllung' des definitorischen Rahmens ist nur logische Folge des Wahrheitsanspruches, den jede Partei für sich postuliert.

---

[199] Hahn, S. 185.

3.4 Frühchristlicher und protestantischer Märtyrer: gleiches Erscheinungsbild des Sieges

Nachdem in den vorhergehenden Kapiteln einerseits aufgezeigt worden ist, was nach d'Aubignés Konzeption während des Martyriums mit dem Märtyrer passiert, und andererseits sämtliche von d'Aubigné vorgebrachten Aspekte der patristischen Märtyrertheologie gegenübergestellt worden sind (wobei für jeden Aspekt der 'typischste' Kirchenvater heranzuziehen versucht worden ist, da die Vielzahl der Kirchenväter im Rahmen der vorliegenden Arbeit kein anderes Vorgehen erlaubt), ist nun festzuhalten, daß seine Konzeption vom Märtyrer fast in allen Aspekten mit der patristischen Märtyrer-Konzeption übereinstimmt, wobei die wenigen Verschiebungen als aus der historisch-religiösen Situation resultierende Nuancen zu betrachten sind:

- Das Feuer des Scheiterhaufens hat keine destruktive, sondern eine purgative Wirkung und trägt den Märtyrer nach dessen Reinigung in das jenseitige Leben hinüber, wobei die Emphase bei den frühchristlichen Kirchengelehrten mehr auf der Auferstehung, bei d'Aubigné mehr auf der Aufnahme in den Himmel liegt. Allein das Feuer ist nicht das einzige Folterinstrument, das dem Märtyrer die Pforten zum Jenseits öffnet, sondern jedes beliebige, zur Folter eingesetzte Instrument oder Mittel gereicht zur Unsterblichkeit bzw. zur Aufnahme in den Himmel; hieraus ergibt sich, daß der Märtyrer *per se ipse* ein Auferstehender und ins Himmelreich Eingehender ist, dessen Sieg durch die (himmlische) Krone symbolisiert wird.
- Bevor der Märtyrer ins Jenseits hinübertritt, ist er auf Erden wegen seiner Leidensüberwindung und aufgrund der von ihm vollbrachten wunderbaren Handlungen Zeuge für das Wirken des dreieinen Gottes, wobei der protestantische Märtyrer Zeuge für Gott, den Vater, und den Heiligen Geist, der frühchristliche Märtyrer mehr Zeuge für Jesus Christus ist.

Aufgrund der übereinstimmenden Definition des Begriffs *Märtyrer* bei d'Aubigné und Augustinus, die die Vergleichbarkeit von protestantischem und frühchristlichem Märtyrer gewährleistet, und ihrer Gleichförmigkeit in bezug auf ihr himmlisches und irdisches Los kann man mit d'Aubigné schreiben: „Nous sommes des premiers [sc. martyrs][200] images veritables".[201]

---

[200] Daß hier die Ellipse durch das Wort „martyrs" aufgefüllt werden muß, ergibt sich aus dem Kontext. Vgl. auch Lestringant (Hrsg.), *Les Tragiques*, S. 473, s.v. „[Anmerkung zu Vers] 1333".

[201] D'Aubigné, *Les Tragiques*, IV, 1333.

4 DER SIEGENDE SOLDAT

4.1 Der Protestant als siegender Soldat

4.1.1 Sein irdischer Sieg

4.1.1.1 Der protestantische Soldat als Zeuge für das Wirken Gottes oder sein Sieg über die Katholiken

Wenn die Mehrheit der Historiker heute die Auffassung vertritt, daß die Religionskriege eher eine Niederlage für die Protestanten waren, dann ist klar, daß diese Wertung nicht von d'Aubigné aufrechterhalten wird, der in der Gesamtheit der Religionskriege einen Sieg der Protestanten sieht. Dieser begründet sich zunächst einmal durch die vielen (historisch nicht zu bestreitenden) einzelnen Siege der Protestanten, die noch an Bedeutung gewinnen, wenn man die folgenden zwei Tatsachen berücksichtigt:

1. Die protestantische Armee ist generell den katholischen Truppen logistisch unterlegen. „Elle n'est pas soldée par le trésor public, ne prend pas son artillerie dans l'arsenal royal, n'a pas de 'magazins reglez' ni de 'commissaires de vivres', c'est-à-dire de service d'intendance", schreibt Thierry[1] ganz allgemein zur logistischen Unterlegenheit der Hugenotten-Armee. Das markanteste Beispiel hierfür ist vielleicht der hungernde Hugenotten-Soldat, so wie d'Aubigné ihn im Zusammenhang mit der Schlacht von Yrier (1569) beschreibt: „On vid ce jour-là les Réformés ayant fait quitter les tentes et l'artillerie de l'avant-garde, combattre d'une main, et de l'autre porter à la bouche le pain qu'ils avoyent amassé dans les logis".[2] Der Notstand des Waffen- und Munitionswesens wird an der Belagerung von Sommières im Jahre 1573 sehr deutlich: „Le meurtre eust esté plus grand sans qu'il leur [sc. aux soldats protestants] faloit mesnager la poudre, comme en estans fort pauvres, et par ce defaut n'osans tirer aucun coup de quelques pieces qu'ils avoyent."[3]

---

1 Thierry, „L'homme de guerre dans l'œuvre d'Agrippa d'Aubigné", S. 147.

2 D'Aubigné, *Histoire universelle*, Bd. 3, S. 81 (V,11).

3 Bd. 4, S. 45 (VI, 8); zur materiellen Not der Hugenotten-Soldaten, vgl. auch Bd. 4, S. 55 (VI, 13).

2. Die protestantische Armee ist generell den katholischen Truppen zahlenmäßig unterlegen,[4] was d'Aubigné bei der Beschreibung der Schlachten häufig zum Ausdruck bringt.[5]

Trotz dieser beiden Formen der Unterlegenheit, die Folge des Geldmangels im protestantischen Lager sind,[6] ist die Hugenotten-Armee der katholischen in zahlreichen Schlachten überlegen. So liest man im Zusammenhang mit der Schlacht von Saint-Denis (1567), in der die von Condé angeführten protestantischen Truppen den aus dem belagerten Paris ausbrechenden Connétable Anne de Montmorency tödlich verletzten:

> Une autre grand' peinture est plus loin arrangee
> Où, pour le second coup, Babel est assiegee.
> Un fort petit troupeau, peu de temps, peu de lieu
> Font de tres grands effects: celui qui trompoit Dieu,
> Son Roy et ses amis, son sang et sa patrie,
> Perdit l'estat, l'honneur, le combat et la vie.
> (V, 391-397)

Den Sieg haben die protestantischen Truppen auch bei den Schlachten von Navarrenx (1569), Luçon (1570), Châtillon-en Dios (1575) und Saint-Gilles du Gard (1562) davongetragen, wobei das stark disproportionale Kräfteverhältnis - von 1 zu 10 bis 1 zu 20 zu Ungunsten der Protestanten[7] - den Sieg nochmals um ein Vielfaches aufwertet.

Gewiß, das Ausharren der protestantischen Soldaten im Kampf[8] sowie ihr Zusammenhalten untereinander[9] sind eine erste, aber dennoch keine ausreichende Erklä-

---

[4] Vgl. Thierry, S. 149.

[5] Vgl. die im nachfolgenden angeführten Beispiele für den Sieg der Protestanten.

[6] D'Aubigné erwähnt häufig die finanzielle Not der protestantischen Armee, die Ursache für ihre schlechte Versorgung sowie für die Meutereien der gedungenen Landsknechte ist; so heißt es in der *Histoire universelle*, Bd. 3, S. 122 (V, 16): „ [...] tant les Chefs que les soldats de l'armee-Reformee [étaient] sans paye, sans bonnes retraictes, sans moyen de retenir leurs estrangers, desquels il [sic] oyoyent les menaces tous les jours [...]."
Zur Meuterei der Soldaten aufgrund des nicht gezahlten Soldes, s. Bd. 3, S. 128 (V, 16) u. Bd. 3, S. 135 (V, 17).

[7] Vgl. d'Aubigné, *Les Tragiques*, V, 499-504, 507-512, 513-516 u. 517-520; vgl. auch d'Aubigné, *Histoire universelle*, Bd. 2, S. 64 (III, 7); Bd. 4, S. 240-241 (VII, 10); Bd. 4, S. 302-303; Bd. 4, S. 306 (VII, 15).

[8] D'Aubigné, Bd. 2, S. 282 (IV, 13), hebt in bezug auf eine Schlacht in der Ebene von Gannat (in der Auvergne) die Entschlossenheit der Protestanten hervor: „Les Reformez recognoissoyent bien leur desavantage en tel lieu, mais en balançant la ruine que la demeure leur apportoit en païs si defa-

rung für den physisch, d.h. den Naturgesetzen nach kaum möglichen Sieg, den d'Aubigné schließlich selbst metaphysisch begründet. Der Sieg der Protestanten in der Schlacht von Saint-Denis z.B. ist Zeugnis für das Eingreifen Gottes in den Kampf („Là vous voyez comment la chrestienne vertu / Par le doigt du grand Dieu a si bien combattu")[10], so wie überhaupt sämtliche Siege der Protestanten Zeichen von himmlischer Gunst sind: „[...] les petits troupeaux favorisés des cieux, / Choisis des Gedeons, chantent victorieux."[11] Nach d'Aubigné sind also die verschiedenen von den Protestanten errungenen Siege von Gott bestimmt und mithin ein Zeichen Gottes. So schreibt auch Giancarlo Fasano:

> [...] Dio compie attaverso i suoi campioni ad una serie discontinua di atti dimostrativi, tanto più efficaci nella loro esemplarità [...] quanto più esso [sc. il loro esito] sfugge alla logica della valutazione umana delle forze in gioco secondo i criteri del numero, della prepazione militare, dei mezzi materiali.[12]

Freilich ist diese theologisch kaum zu verstehende Diskontinuität nur dann gegeben, wenn man die Siege in ihrer chronologischen Reihenfolge sieht, die hier als Kriterium wenig angemessen scheint; vielmehr müssen - und so entpuppt sich auch das göttliche Eingreifen als kontinuierlich - die Siege in Verbindung mit der Größe der geführten Schlachten betrachtet werden, die sich in zwei Gruppen aufteilen lassen:

> Ainsi d'autres combats, moindres mais violens,
> Amolissent le cœur des tyrans insolens.
> Des camps les plus enflés les rencontres mortelles
> Tournent en defaveur et en dueil aux fidelles;
> Mais les petits troupeaux favorisés des cieux,
> Choisis des Gedeons, chantent victorieux.
> (V, 429-434)

---

vorable où leurs ennemis croissoyent en temporisant, ils se resolurent à vaincre la prudence et l'utile patience des Catholiques par l'obstination du combat."

[9] D'Aubigné, Bd. 2, S. 289-290 (IV, 14), beschreibt in Zusammenhang mit einer von Coligny und Condé durchgeführten militärischen Operation, wie sich der protestantische Soldat durch freiwilliges Tribut mit der protestantischen Armee solidarisiert, die, weil eben aus Solidarität und Leidenschaft gewachsen, von den Katholiken als unbesiegbar eingestuft wird: „ [...] ceux qui devoyent demander paye et murmurer pour n'en avoir point, puissent et vueillent en leur extreme pauvreté contenter une armée avec cent mille livre, à quoi se monta ceste brave gueuserie: Argument aux plus sages d'auprès du Roi pour prescher la paix: tenans pour invincible le parti qui a la passion pour difference, et pour solde la necessité."

[10] D'Aubigné, *Les Tragiques*, V, 397-398.

[11] V, 433-434.

[12] Giancarlo Fasano, *Les Tragiques. Un'epopea della morte*, Bd. 2, Bari 1971, S. 276.

Das heißt: „ [...] [c'] è una netta, e a prima vista singolare distinzione, nei disegni di Dio e nel suo favore, fra i grandi eserciti e le grandi battaglie campali da un lato, e i piccoli drappelli di combattenti, e i più minuti episodi delle guerre dall'altro; attraverso questi ultimi, infatti, più nitidamente si esprime la sua presenza diretta e la sua forza di vero protagonista".[13] Die physisch kaum möglichen, aber in ihrer Realität kaum zu bestreitenden Siege der Protestanten in den kleineren Schlachten sind also Zeugnis für das Wirken Gottes, die protestantischen Soldaten hierfür Zeugen.

4.1.1.2 Wunder im Krieg als Zeugnis für das Wirken Gottes zugunsten der Protestanten

4.1.1.2.1 'Adjuvative Wunder' oder der hilfreiche Gott

Während d'Aubigné die Handlungen der Märtyrer nur implizit als wunderbare Handlungen bezeichnet, mißt er - wie zu zeigen ist - einigen während der Religionskriege beobachteten Ereignissen explizit wunderbaren Charakter zu, d.h. nennt sie explizit Wunder. Die Glaubwürdigkeit des Wundergeschehens versucht d'Aubigné dadurch zu steigern, daß er auf andere Historiographen verweist, die über dasselbe Wunder berichten;[14] des weiteren indem er vorgibt, nur von gut bezeugten Wundern zu berichten,[15] und bisweilen naturwissenschaftliche Erklärungen für ein ungewöhnliches Ereignis (das nicht mit einem Wunder zu verwechseln ist) anführt.[16]

Die von d'Aubigné erwähnten Wunder lassen sich in ihrer Gesamtheit in zwei Kategorien gliedern, und zwar in 'adjuvative Wunder', also in solche, die sich eindeutig zu Gunsten der Protestanten ereignet haben, und in 'demonstrative Wunder', d.h. in solche, die eine Erscheinung und erst einmal nur eine Erscheinung sind. Im folgen-

[13] S. 275-276.

[14] Vgl. z.B. das nachfolgend aufgeführte 'zweite Loire-Wunder' und d'Aubigné, *Histoire universelle*, Bd. 3, S. 25 (V, 4): „Nous dirions avec crainte ces courtoisies de Loire, si nous n'avions tous ceux qui ont escrit pour garents."

[15] Zwei Tage nach der Hinrichtung der Protestanten bei der Einnahme der holländischen Stadt Naarden soll ein junger, außergewöhnlich schöner Mann die noch lebenden Opfer vom Galgen losgebunden und sie zum Glauben an Gott ermahnt haben. Diese von De Thou gelieferte, aber auch von ihm selbst angezweifelte Gegebenheit wird von d'Aubigné nicht übernommen, der statt dessen erklärt (*Histoire universelle*, Bd. 4, S. 132 [VI, 19]): „Je laisse à part ce qu'on allegue par miracle, pour n'en conter que de bien testifiez."

[16] Vgl. d'Aubigné, *Histoire universelle*, Bd. 5, S. 272 (VIII, 17).

den sollen zunächst einmal die Wunder, die eine direkte Hilfe für die protestantischen Soldaten sind, vorgestellt werden:

Der Auszug der Protestanten aus Montlargis[17] (ein Refugium der Hugenotten in der Hand von Renée von Ferrara) und ihre in letzter Minute vereitelte Massakrierung durch die schon lange im Hinterhalt liegenden und nun angreifenden Katholiken werden von d'Aubigné in der *Histoire universelle* zunächst einmal nur als historische Ereignisse beschrieben:

> A la veuë des massacreurs qui accouroyent les coustelas à la main, Beaumont Ministre de l'Eglise d'Orleans, à la teste de la troupe agenoüillee, et preparé à la mort, dit ainsi, „ [...] Ne fuyons plus ceste vie, tendons la main à la mort, et baisons celle que Dieu nous tend: mourons en agneaux pour l'agneau qui est mort pour nous [...]." Comme ils poursuivoyent ce verset du Pseaume trente-uniesme, les ennemis ayans fait douze ou quinze cents pas durant le propos susdit, et n'en ayans plus que six-vingts pour les mesler, survint un accident inesperé. C'est que sur ce point, venoyent de la grande armee, ou selon quelques uns devers la Normandie, Bourrigles, Essars, et autres capitaines, avec quelques septante chevaux. [...] Bourri prend la charge, passe sur le ventre à ce qu'il trouve en la campagne.[18]

In den *Tragiques* jedoch schildert d'Aubigné nicht nur das Geschehene, sondern bewertet es auch und zählt es zu den „merveilles de Dieu"[19].

Als Condé im Spätsommer 1568 aus Noyers loszog, die Loire in der Nähe von Sancerre überquerte, um mit einigen Soldaten den in den nördlichen Landesteilen wohnenden Glaubensgenossen zu Hilfe zu eilen, kehrte der dem Zug angehörende

---

[17] Im Jahre 1569 erhielt Renée von Ferrara den durch den Boten Malicorn übermittelten königlichen Befehl, die in Montlargis Zuflucht suchenden Protestanten - nach d'Aubigné 460 an der Zahl, davon zwei Drittel Frauen und Kinder - unverzüglich freizugeben. D'Aubigné, *Histoire universelle*, Bd. 3, S. 94 (V,13), schreibt hierzu: „[...] ceste Princesse fondant en larmes, dit à Malicorne, qui lui avoit apporté ceste rude nouvelle, que si elle avoit au menton ce que lui portoit, elle le feroit mourir de ses mains, comme messager de mort. Elle fournit ce peuple de cent cinquante grandes charrettes, huict coches, et d'un grand nombre de chevaux."

[18] D'Aubigné, *Histoire universelle*, Bd. 3, S. 95-97 (V, 13).

[19] D'Aubigné, *Les Tragiques*, V, 498.

Céard, *La nature et les prodiges*, S. XII, weist darauf hin, daß die verschiedenen Zeichen im 16. Jahrhundert, weil die Menschen sie in ihrem Erstaunen spontan benannten, undifferenziert und gleichermaßen als „admirables", „émerveillables", „merveilleux", „miraculeux", „prodigieux" und „monstrueux" bezeichnet wurden. Angesichts dessen wird deutlich, daß ein Wunder (im heutigen Sinne) nicht immer und ausschließlich durch das Wort „miracle", obgleich schon damals *terminus technicus*, sondern auch durch andere Wörter ausgedrückt wurde - so wie andererseits dieser *terminus technicus* oft nur benutzt wurde, um das Erstaunen auszudrücken. Wenn d'Aubigné von einem „merveille" oder „prodige" spricht, kann er also durchaus ein Wunder (im heutigen Sinne) gemeint haben.

Capitaine Blois nach Bonny-sur-Loire zurück, wo sich 150 aus allen Teilen des Burgunds kommende Arkebusiere versammelt hatten und auf ihren Truppenanschluß warteten. Kurze Zeit später erschienen am Horizont von Saint-Gondon 14 katholische Kompanien, denen die protestantischen Soldaten nur entkommen konnten, weil die kurz zuvor von ihnen überquerte Loire durch plötzliches Hochwasser den katholischen Verfolgern den Weg abschnitt: „[...] les quatorze compagnies arriverent, desquelles nous parlions, et emportoyent facilement la bande miserable que nous avons descrite, si une prompte et inesperee creuë de la riviere ne leur eust coupé chemin [...].“[20] D'Aubigné beschreibt die Reaktion der Verfolgten auf das genannte Ereignis hin und bewertet dies als einem Wunder ebenbürtig: „ [...] tout ce peuple les genoux sur la greve, rendit action de graces comme d'un miracle [...].“[21]

In ähnlicher Form wiederholte sich dieses Wunder einige Wochen später, wobei dieses Mal allerdings das Wasser der Loire zugunsten der Protestanten absank, welche nach einigen taktischen Manövern unter der Führung von Andelot und dem Grafen von Montgommeri bis zum Fluß hatten vordringen können:

> [...] avec une grande allegresse, toutes ces troupes se mirent en l'eau, la cavallerie à gauche pour rompre le fil, les plus petits soldats dans le milieu des rangs: mais il s'en fust perdu la pluspart sans un [bon]heur nompareil: ce fut que la riviere s'estant diminuee d'un pied et demi durant le passage de quatre heures, se r'enfla sur la fin.[22]

Als im Jahre 1573 eine Hungersnot im belagerten La Rochelle, der Bastion des Evangeliums,[23] aufkam, das sich bis dahin aller Angriffe der Katholiken erwehrt hatte, errettete der Atlantik die Protestanten vom Hungertod, indem er nie gekannte Mengen von Muscheln anschwemmte, was für d'Aubigné eine metaphysische Ursache hat:

> Ce chapitre nous donnera encores la petite merveille sur laquelle plusieurs ont cherché des causes naturelles, c'est que sur la grande necessité des Rochelois, le havre fut rempli d'une monstrueuse quanité de Sourdons et de petoncles, ce qu'on

---

[20] D'Aubigné, *Histoire universelle*, Bd. 3, S. 11-12 (V, 2).
[21] Ebd.
[22] S. 25 (V, 4).
[23] D'Aubigné verwendet häufig die Antonomasie „bastion de l'Evangile“, wenn er von La Rochelle spricht; so heißt es z.B.: „Il y eut une atttaque [sic] du costé de Meaubec [= une porte de La Rochelle] pour gaigner les casemattes: mais cela fut vivement repoussé, avec beaucoup de perte. Les assiegez aussi tirerent un grand rempart derriere le bastion de l'Evangile, où une mine creva sur six-vingts pionniers“ (Bd. 4, S. 16 [VI, 10]).

> n'avoit jamais veu en ce lieu, et dont les Reformez ont encores les tableaux en leurs maisons pour memoire, comme d'un miracle [...][24]

In den *Tragiques* wird dieses Ereignis mit einem Wunder verglichen:

> Dites, physiciens, qui faites Dieu nature,
> Comment la mer, n'ayant mis cette nourriture
> Dans ce havre jamais, trouva ce nouveau pain
> Au poinct que dans le siege entroit la pasle faim,
> Et pourquoi cette manne et pasture nouvelle,
> Quand la faim s'en alla, s'enfuit avec elle?
> Le ciel prend à plaisir, Rochelois, vos tableaux,
> Memoires du miracle, et en fait de plus beaux.
> (V, 1289-1296)

Neben den 'adjuvativen Wundern', die sich zur Errettung der Protestanten als Gemeinschaft ereignet haben, berichtet d'Aubigné auch von solchen 'adjuvativen Wundern', die einzelne Protestanten vor dem Tod bewahrt haben:

Ein besonders markantes Beispiel hierfür ist der Capitaine Sevile Normand, den d'Aubigné persönlich auf einer Versammlung der Hugenotten kennengelernt hat und der sich selbst tituliert als: „François Sevile, trois fois mort, enterré, et par la grâce de Dieu, resuscité."[25] Dieser war bei der Belagerung der Stadt Rouen im Jahre 1562 von einer Arkebuse am Kopf verletzt und, weil für tot gehalten, zunächst begraben, dann aber von seinem Diener, der seinen Leib salben wollte, wieder ausgegraben worden. Den Leib des vermeintlichen Toten berührend, verspürte der treue Diener Leben in ihm und bemühte sich um ärztliche Hilfe, die der auf einer Strohmatte liegende Lebend-Tote allerdings erst nach drei Tagen - und auch nur in rudimentärer Form - bekam. Bei der Einnahme der Stadt wurde der Lebend-Tote dann zusammen mit seinem getöteten Bruder aus dem Fenster auf einen Misthaufen geworfen, wo er fünf Tage lang von Heu bedeckt liegen blieb, bevor ein Freund ihn aus der Stadt in ein benachbartes Dorf brachte. „Là il fut pansé et gueri parfaictement."[26]

Während der Bartholomäusnacht, also zehn Jahre nach der 'Wiederauferstehung' des Capitaine Sevile, kam Gott dem an der Seite Colignys stehenden Pastor Merlin zu Hilfe, der sich auf der Flucht vor den massakrierenden Katholiken in den Heuhaufen eines Speichers fallen ließ und so mehrere Tage unentdeckt blieb. Dort

---

[24] S. 31-32 (VI, 1).
[25] Bd. 2, S. 93 (III, 10).

war er zwar nicht mehr von den Katholiken, wohl aber vom Hungertod bedroht, dem er jedoch auch letztendlich entging: „[...] il fust mort de faim, sans une poule qui en ce temps lui vint pondre trois œufs en la main.“[27] In den *Tragiques* wird deutlich, daß das Huhn nicht zufällig zu ihm kam, sondern von Gott geschickt worden war:

chrestiens fugitifs, redoutez-vous la faim?
Le pain est don de Dieu, qui sçait nourrir sans pain:
Sa main depeschera commissaires de vie,
La poule de Merlin ou les corbeaux d'Helie.
(V, 1179-1182)

Auch das Entkommen des protestantischen Truppenführers Reniers[28] wird als wunderbar dargestellt; dieser wurde nämlich während des Massakers der Bartholomäusnacht von seinem Erzfeind, dem brutalen katholischen Lieutenant de Roi Vesins, nicht ermordet, sondern aus der Stadt herausgebracht und unter folgenden Worten von ihm in die Freiheit entlassen:„Je te reprocheray, Reniers, mon assistance / Si du fait de Paris tu ne prens la vengeance.“[29]

Durch seine allgemein formulierte Aufforderung und die daran gekoppelte Aussage

Œil, qui as leu ces traits, si tu escoute, oreille,
Encor un peu d'haleine à sçavoir la merveille
De ceux que Dieu tira des ombres du tombeau
(V, 1121-1123)

gibt d'Aubigné ganz unzweideutig zu verstehen, daß auch der nachfolgend genannte Fall ein Beispiel für ein Wunder Gottes ist. Zu denjenigen nämlich, die Gott aus dem Schatten der Gruft gezogen hat, gehört auch der zwölfjährige Jacques Nompar de Caumont, der während der Bartholomäusnacht zusammen mit seinem Vater und seinem älteren Bruder von den katholischen Verfolgern im Bett überrascht, aber im Gegensatz zu den beiden anderen nicht erdolcht wurde: „Le petit [...], se meslant tousjours avec les corps de son pere et de son frere, tout couvert de sang, fut laissé pour mort, et le contrefit, si bien qu'il fut estimé tel de plusieurs [...].“[30] In den *Tragiques*

---

26 Ebd.
27 Bd. 3, S. 350 (VI, 4).
28 Die moderne Orthographie schreibt *Reyniès*.
29 D'Aubigné, *Les Tragiques*, V, 1189-1190.
30 D'Aubigné, *Histoire universelle*, Bd. 3, S. 337 (VI, 4).

wird deutlich, daß dieses listige Handeln von Gott bewirkt wurde, denn es heißt: „Dieu t'a sauvé [...].“[31] Als potentielles Opfer des Massakers der Bartholomäusnacht ist der junge Jacques Nompar de Caumont genauso wie der Truppenführer Reniers und der Pastor Merlin ein Beispiel für eine wunderbare Errettung[32], die allerdings nur wenigen zuteil wurde.

4.1.1.2.2 'Demonstrative Wunder' oder der sich zeigende Gott

Neben den 'adjuvativen Wundern', die Zeugnis für das göttliche Wirken zugunsten der Protestanten sind, gibt es die 'demonstrativen Wunder', die, da sie niemandem einen direkten Nutzen bringen, zunächst einmal nur ein göttliches Zeichen, d.h. Zeugnis für das Wirken Gottes sind. Die 'demonstrativen Wunder' unterscheiden sich also von den 'adjuvativen Wundern' nicht durch die Expressivität (beide Spielarten von Wunder sind Zeugnis für das Wirken Gottes), sondern in ihrer Expressivität durch die Offensichtlichkeit der Bedeutung: im Gegensatz zu den 'adjuvativen Wundern', die als proprotestantische göttliche Zeichen verstanden werden müssen, sind die 'demonstrativen Wunder' als göttliche Zeichen einem gewissen Interpretationsspielraum unterworfen, da ihre Bedeutung keineswegs eindeutig ist.

Beispiel für ein 'demonstratives Wunder' ist die ein Tag nach der Bartholomäusnacht gemachte Beobachtung, daß ein Dornenstrauch auf dem Friedhof S. Innocent blüht,[33] wobei dieses Ereignis in seiner Auslegung völlig umstritten ist:

> [...] les confrairies y alloyent le tambour batant, crians que ce jour-là l'Eglise refleurissoit par la mort de tant d'heretiques: les autres disoyent que ceste fleur avoit paru dans le champ des Innocens meurtris et non pas des meurtriers, signe que l'Eglise qui estoit affligee, revivroit.[34]

Während d'Aubigné in der *Histoire universelle* eine neutrale Haltung in bezug auf das genannte Wunder einnimmt, legt er dieses in dem Epigramm *Sur l'espine qui fleurit après le massacre des saints Innocents* zugunsten seiner Glaubensgenossen aus:

---

[31] D'Aubigné, *Les Tragiques*, V, 1158.

[32] D'Aubigné, *Histoire universelle*, Bd. 3, S. 350 (VI, 4),schreibt: „J'ai encores à dire deux merveilleuses manieres, par lesquelles eschapperent Merlin, Ministre de l'Amiral, et Resniers, gentilhomme notable [...].“

[33] Vgl. S. 347 (VI, 4).

[34] Ebd.

„Ceste espine a poussé mainte fleur argentine / Pour ceux qui lors portaient la couronne d'espine".[35] Dieser Interpretation des Wunders liegt der Gedanke zugrunde, daß der Dornenstrauch angesichts der Dornenkrone des leidenden Jesu Christi nur mit den verfolgten Protestanten in Verbindung gebracht werden kann.

Natürlich läßt d'Aubigné das größte und von allen Zeitzeugen beobachte 'demonstrative Wunder' nicht unerwähnt: „ [...] le onziesme Novembre parut au ciel une estoile sans queuë bien formee, aussi grande que trois fois Vesper, qui prit sa place pour faire une lozange ou bien près, avec les trois de la troisiesme grandeur qui sont au signe de Cassiopea, et sans abandonner son lieu parut au ciel vingt-six mois et demi."[36] Der am Himmel erscheinende Stern, welcher sich mit drei des aus fünf Sternen bestehenden, w-förmigen Sternbildes Cassiopeia zu einer Raute verbunden hat, ist für d'Aubigné zweifelsohne ein Wunder - ein Wunder sogar, das seinen Beweis in sich trägt[37] (der vorher nie gesehene Stern ist in seiner für alle wahrnehmbaren und daher nicht zu bestreitenden Erscheinung Zeugnis für ein göttliches Wunder). Dieses Himmelswunder und nach d'Aubigné sogar das größte Wunder seiner Art seit Christi Geburt[38] ist zunächst einmal nur ein 'demonstratives Wunder', das als Wundererscheinung einen 'neutralen Wert' hat. D'Aubigné steht allerdings nicht an, die von den protestantischen Zeitzeugen gelieferte Interpretation für dieses von November 1572 bis Anfang 1574[39] dauernde 'demonstrative Wunder' wiederzugeben: „Gemma Frizon, Bulinger de Zurich et Beze escrivirent publiquement qu'elle menaçait l'autheur du massacre [...]."[40] Die unkritische Übernahme dieser Auslegung läßt darauf schließen, daß d'Aubigné sich der Meinung der protestantischen Autoritäten anschließt, daß

---

[35] Agrippa d'Aubigné, *Sur l'espine qui fleurit après le massacre des saints Innocents*, in: Agrippa d'Aubigné, *Œuvres complètes*, Bd. 4, S. 348.

[36] D'Aubigné, *Histoire universelle*, Bd. 4, S. 82 (VI, 15).

[37] Vgl. ebd.

[38] Vgl. ebd; diese Wertung von d'Aubigné ist natürlich sehr subjektiv; wesentlich wunderbarer scheint nämlich das göttliche Zeichen zu sein, das sich dem Kaiser Konstantin offenbarte und von dem Eusebius von Cäsarea, *Leben Konstantins*, (Buch 1, Kap. 28), in: Eusebius von Cäsarea, *Ausgewählte Schriften*. Aus dem Griechischen übersetzt. Einleitung von Dr. Andreas Bigelmair (*Bibliothek der Kirchenväter*, N° 9), München / Kempten 1913, S. 25, berichtet: „Um die Stunde der Mittagzeit, da sich der Tag schon neigte, habe er, so sagte der Kaiser, mit eigenen Augen oben am Himmel über der Sonne das Siegeszeichen des Kreuzes, aus Licht gebildet, und dabei die Worte gesehen: 'Durch dieses siege!' Staunen aber habe bei diesem Gesichte ihn und das ganze Heer ergriffen, das ihm eben auf seinem Marsche, ich weiß nicht wohin, folgte und dieses Wunder schaute."

[39] Nach d'Aubigné war der Stern bis Anfang 1575 zu beobachten; vgl. d'Aubigné, *Histoire universelle*, VI, 15 (IV, S. 82).

das Wunder eine an Karl IX. gerichtete Drohung ist. In den *Tragiques* wird der Wunder-Stern nicht nur als eine an den Valois-König als Hauptverantwortlichen der Bartholomäusnacht gerichtete Drohung, sondern geradezu als ein Fanal interpretiert, das ihm den Tod verkündet: „Phanal sur Bethleem, mais funeste flambeau / Qui mene par le sang Charle-Herolde au tombeau?“[41]

Die 'demonstrativen Wunder' sind in ihrer von d'Aubigné gelieferten Interpretation folglich Zeichen für Gottes ablehnende Haltung den Katholiken und für sein Wohlwollen den Protestanten gegenüber - genauso wie die 'adjuvativen Wunder' Zeugnis für Gottes Wirken zugunsten der Protestanten sind.

4.1.2 Sein himmlischer Sieg

4.1.2.1 Der protestantische Soldat und seine himmlische Erhöhung durch den Tod

Wenn Gott den Protestanten seine Gunst und sein Wohlwollen durch Wunder und nur metaphysisch zu erklärender Siege gezeigt hat, dann scheint jedoch, angesichts der vielen von den Protestanten verlorenen und nicht von Gott zum Sieg geführten Schlachten[42] sowie der an den Protestanten begangenen und nicht von Gott verhinderten Massakern[43], seine Treue diesen gegenüber keineswegs absolut, sondern nur partiell und diskontinuierlich zu sein. Diese Schlußfolgerung ist zwar logisch, sie geht aber von der Vorstellung aus, daß ein Sieg der Protestanten immer ein 'militärischer Sieg' sein muß. Es gibt aber noch eine andere Art des Siegens; sie steht in Opposition zur weltlich-militärischen Idee des Siegens und zeichnet sich - wie es auch bei den Märtyrern der Fall ist - durch den Tod aus:

> Nous avons employé iusques ici nos carmes
> Pour donner gloire à Dieu par le succés des armes;
> Il prend sa gloire encor aux funebres portraits

---

[40] Ebd.

[41] D'Aubigné, *Les Tragiques*, V, 1299-1300.

[42] Die Kämpfe, aus denen die Protestanten als Verlierer hervorgehen, sind die großen, auf breiter Ebene stattfindenden Schlachten, wie d'Aubigné, *Les Tragiques*, V, 431-432, zu verstehen gibt: „Des camps les plus enflés les rencontres mortelles / Tournent en defaveur et en dueil aux fidelles“.

[43] Zu den verschiedenen an den Protestanten begangenen Massakern, s. d'Aubigné, *Les Tragiques*, V, 545-1116.

> Où les lions, armés de foudres et de traits,
> De la ruse du siecle et sales perfidies,
> combattans sans parti, se sont joüés des vies.
> (V, 529-534)

Der Sieg im Sterben und im Tod wird dann verständlich, wenn man hier eine alttestamentliche und von d'Aubigné übernommene Idee berücksichtigt: „Du message prophétique de l'Ancien Testament, d'Aubigné retient principalement les thèmes développés par les derniers prophètes, à savoir les deux premières phases de la justice divine (châtiment et vengeance).“[44] Bei dieser Zweiteilung der göttlichen 'Gerechtigkeit' wird die Emphase auf die Finalität der göttlichen Strafe und, in ihrer extremsten Form, des Gott gewollten Todes gelegt, wobei die (eventuell tödliche) *Strafe als göttliche Züchtigung* einen positiven und die (eventuell tödliche) *Strafe als göttliche Rache* einen negativen Wert erfährt:

> [...] le *châtiment* que Dieu inflige à un peuple pécheur afin de le ramener au droit chemin et pour lequel il utilise souvent comme instruments de sa colère [...] les rois et les puissants de la terre, malgré leur injustice. Ensuite, la *vengeance* que Dieu exerce sur les méchants quand leurs péchés sont au comble [...][45]

Der positive bzw. negative Wert der Strafe leitet sich folglich aus ihrem Zweck ab, wobei die Strafe als Züchtigung - wenn man es soziologisch beschreiben darf - der Rehabilitierung, die Strafe als Rache der Bestrafung als solcher dient. Hieraus wird deutlich, daß die durch die göttliche Züchtigung Bestraften zu den von Gott Angenommenen (Gott führt sie ja durch die Bestrafung wieder zu sich zurück) zählen, die durch die göttliche Rache Bestraften zu den von Gott Verworfenen, so daß Züchtigung und Rache sich auf zwei verschiedene, in Opposition zueinander stehende Gruppen von (Christen-) Menschen beziehen.[46] Der Tod als extremste Strafe bedeutet also - unter der Voraussetzung, daß er eine göttliche Züchtigung ist - insofern einen Sieg, als der Getötete, der durch die Züchtigung angenommen worden ist, sich seiner Aufnahme in den Himmel sicher sein kann.

Wenn d'Aubigné den Tod der in den Schlachten und Massakern umgekommenen Protestanten als Sieg beurteilt, dann setzt dies voraus, daß es sich bei ihrem Tod um

---

[44] Forsyth, „Le message prophétique d'Agrippa d'Aubigné“, S. 36.
[45] S. 37.

eine göttliche Züchtigung handelt. So heißt es in „Les Fers", daß die in den Schlachten gefallenen und den Massakern anheimgefallenen Protestanten, vor allem diejenigen des Massakers der Bartholomäusnacht, Ziel der göttlichen Züchtigung waren[47] - und deshalb Ziel der göttlichen Züchtigung waren, weil sie ihr Vertrauen in sich selbst und nicht in Gott setzten, wie die schon in den Himmel eingegangene Seele des Admirals Coligny durch ihre prophetische[48] Stimme zu erklären weiß:

> „Venez voir comme Dieu *chastia* son Eglise
> Quand sur nous, non sur luy, sa force fut assise,
> Quand, devenus prudens, la paix et nostre foy
> Eurent pour fondement la promesse du Roy.
> [...]
> O humains insensés! Ô fols entendemens!
> O decret bien certain des divins jugemens!"
> (V, 705-708 u. 719-720)[49]

„ [...] ce Dieu jaloux est bien cruel, qui, pour rappeler à l'ordre son Église égarée, la laisse exterminer presque toute!", schreibt Jean Kaempfer[50] nicht ganz unspöttisch mit Bezug auf diese himmlische Rede Colignys, die eben im Kontext der „Fers" den eindeutigen Zweck verfolgt, das Massaker der Bartholomäusnacht als eine Züchtigung Gottes darzustellen.

---

[46] Forsyth, S. 30, spricht von einer „opposition entre les élus et leurs ennemis", wobei die „Feinde" logischerweise die von Gott Verworfenen sind (denn als Feinde der Auserwählten können sie gemäß der protestantischen Zwei-Reiche-Lehre nur die Verdammten sein).

[47] Forsyth, S. 38-39, gemäß deren Untersuchung die *Tragiques* durch drei Phasen der göttlichen 'Gerechtigkeit', nämlich *châtiment*, *vengeance* und *jugement*, charakterisiert sind, scheint d'Aubignés Auffassung vom Massaker der Bartholmäusnacht als Züchtigung nicht in ihrer abschließenden Feststellung mit berücksichtigt zu haben, die verkürzt so lautet: „La première de ces phases est présentée dans „Misères" et „Princes". [...] C'est dans „La chambre dorée" que [...] l'injustice des rois et des magistrats est présentée comme flagrante et que le peuple élu et les faibles sont dépeints comme les victimes innocentes d'une persécution qui, à son tour, suscite la juste colère de Dieu [...]. Dans „Les Feux" et „Les Fers", les puissants de la terre ne sont plus les instruments du châtiment divin [...]. La deuxième phase de la justice divine est présentée dans „Vengeances" et dans la première partie de „Jugement". [...] Dans „Jugement", le poète regarde l'avenir pour décrire les vengeances [...]."

[48] D'Aubigné, *Les Tragiques*, V, 704, spricht von „prophetique voix". Soulié, S. 359, weist darauf hin, daß es sich hier um eine Prophetie handelt, wie sie bei einigen Propheten der babylonischen Gefangenschaft zu beobachten ist: „[...] une prophétie semblable à ces prédictions au cours desquelles un Jérémie, un Amos, un Ezéchiel analysaient une situation, stigmatisaient les péchés du peuple en prononçant sur les faits récents une Parole de Dieu qui les condamnait."

[49] Hervorheb. d. Verf.

[50] Jean Kämpfer, „Fers chauds, glaives froids. Comment raconter la guerre?", *Poétique* 26 (1995), S. 85-103, hier S. 90.

Diese göttliche Züchtigung erfolgte aber nicht 'spontan', sondern vielmehr gemäß einem heilsamen und 'gerechten' providentiellen Plan, der seinerseits aus einer von Satan an Gott gestellten Herausforderung, nämlich die Protestanten auf eine wirklich harte Probe zu stellen und sie in einen blutigen Kampf zu schicken sowie der Korruption auszusetzen,[51] hervorgegangen war und die Ermordung der meisten Protestanten vorsah: „Je te permets, Satan, dit l'Eternel alors, / D'esteindre par le fer la pluspart de leur corps".[52] Bei dieser Szene, die sich im Himmel zwischen Satan und Gott abspielt,[53] handelt es sich von der Idee her um die Aufnahme des im Buch Hiob zu findenden Prologs zwischen Satan und dem Herrn[54], wobei die biblisch belegte Szene allerdings inhaltlich etwas anders verläuft:[55] der Herr gibt Satan nach dessen Herausforderung, Hiob einer harten Bewährungsprobe zu unterstellen, die Erlaubnis, alles Hab und Gut seines gottesfürchtigen Knechts anzutasten, nicht jedoch ihn selbst zu töten. An 'Faktizität' steht die von d'Aubigné erwähnte hiobsche Szene jedoch der bei Hiob erwähnten Szene in nichts nach, da sie keine Fiktion ist. Während einer Agonie im Haus seiner damaligen Verlobten in Talcy[56], in der d'Aubigné infolge einer schweren Kopfverletzung sieben Stunden lang lag,[57] hatte sein vom Körper getrennter Geist die himmlischen Sphären und das dortige Geschehen zu sehen bekommen:

> Parmi ces aspres temps l'esprit, ayant laissé
> Aux assassins mon corps en divers lieux percé,
> Par l'Ange consolant mes ameres blessures,
> Bien qu'impur, fut mené dans les regions pures.
> Sept heures me parut le celeste pourpris
> Pour voir les beaux secrets et tableaux que j'escris [...]
> (V, 1195-1200)

---

[51] Vgl. d'Aubigné, *Les Tragiques*, V, 133-174.
[52] V, 175-176.
[53] Vgl. V, 37-182.
[54] Vgl. Soulié, S. 350-353.
[55] Vgl. Hiob 1, 6-12.
[56] Daß es sich bei der beschriebenen Agonie tatsächlich um diejenige von Talcy im Jahre 1572 und nicht um diejenige von Castel-Jaloux im Jahre 1577 handelt - d'Aubigné befand sich also während seines Lebens zweimal im Koma -, ergibt sich aus den *Tragiques*, V, 1425-1428: „Ne chante que de Dieu, n'oubliant que lui mesme / T'a retiré: voilà ton corps sanglant et blesme / Recueilly à Thalcy, sur une table, seul / A qui on a donné pour suaire un linceul."
[57] Zu einer genaueren Schilderung der Agonie von Talcy und der ihr vorausgehenden Ereignisse, s. d'Aubigné, *Sa vie à ses enfants*, S. 79-80; s. ebenfalls Deschodt, S. 78.

Durch den 'faktischen' Einblick in das himmlische Geschehen und das Hören von Colignys himmlischer Stimme werden, so läßt sich abschließend sagen, zwei alttestamentlich erwähnte Sachverhalte angesprochen, die in den „Fers" zusammengeführt werden:

1. Durch die hiobsche Himmelsszene gibt d'Aubigné zu verstehen, daß alles irdische Geschehen gemäß einem zuvor im Himmel erstellten Plan abläuft[58] und daß, in Hinblick auf die konkrete historisch-theologische Situation, der Tod vieler Protestanten beschlossene Sache war.
2. Das tatsächliche Ermorden vieler Protestanten wird durch Colignys Prophetie als göttliche Züchtigung (so wie sie schon im Alten Testament bei Ezechiel, Jesaja und Jeremia Erwähnung findet)[59] dargestellt, wodurch der Tod seine negative Denotation verliert und schließlich als ein Sieg im transzendentalen Sinne, d.h. als himmlischer Sieg, angesehen wird, der als solcher, auch wenn er nicht (mehr) perzeptibel, sondern nur intelligibel ist, dem immanenten Sieg des protestantischen Soldaten in nichts nachsteht.

Durch die Synthese dieser zwei alttestamentlichen Sachverhalte in „Les Fers" erklärt d'Aubigné zwar den Tod der vielen Protestanten (Satan bekam von Gott die 'Lizenz zum Töten') und positiviert ihn als Ereignis (der Tod ist keine Bestrafung, sondern Züchtigung), geht ihr aber an der kritischen Stelle aus dem Weg: der von Satan ausgeführte Mord an den Protestanten bedeutet letztendlich, daß Satan die Protestanten züchtigt.

4.1.2.2 Der protestantische Soldat und seine himmlische Erhöhung durch die Gnade zum Tod

Gewiß sind für die Sinndeutung der massakrierten Protestanten die 'faktische' Himmelsszene („ [...] la mort [sc. des protestants] n'acquiert de sens que transposée

---

[58] Calvin, *Institution de la religion chrestienne*, Bd.1 , S. 220-235 (Buch I, Kap.16, Abs.1-9), vertritt die Vorstellung, daß gemäß einem zuvor getroffenen, dem Menschen verborgenen Ratschluß alles irdische Geschehen abläuft; diese Vorstellung spiegelt sich hier nicht nur wider, sondern wird als These sogar durch die 'faktische' Himmelsszene, die ja gerade den göttlichen Ratschluß aufzeigt, sowie durch die entsprechend dem Ratschluß ablaufenden Ereignissen auf Erden 'verifiziert'.

[59] Für die verschiedenen alttestamentlichen Propheten, die von einer göttlichen Züchtigung des israelischen Volkes berichten, s. Forsyth, S. 28-29.

sur le théâtre céleste où se voit à nu le combat du Bien et du Mal")[60] sowie die Prophetie Colignys unentbehrlich, die den Tod der Protestanten als eine aus der göttlichen Züchtigung hervorgegangene Strafe anzeigt. Es soll nun der Frage nachgegangen werden, ob es nicht neben den beiden auf das Alte Testament zurückgehenden, in deren Bedeutung jedoch auf den Protestantismus übertragenen Sachverhalten noch andere, sozusagen 'extrabiblische' Hinweise gibt, die den Tod der Protestanten als Sieg anzeigen.

Es ist zweifelsohne wenig angebracht, in bezug auf die Protestanten, die in den Schlachten gefallen und den Massakern anheimgefallen sind, von Märtyrern zu sprechen,[61] es liegt nämlich eine andere Zeit vor: „[...] une autre saison pire / Que la saison des feux n'avoit fait le martyre".[62] Es ist deshalb eine andere „Saison", eine - wie Lestringant sagt[63] - „Saison" ohne Märtyrer, weil die definitorischen Kriterien für die formelle Anerkennung des 'Titels' *Märtyrer* hier nicht erfüllt sind. Bei dem Tod der gefallenen Protestanten handelt es sich nur um den Tod - und mehr nicht: „[...] la morte per la fede [...] non è più, a rigor di termini, martirio, cioè atto di testimonianza, ma solo morte, appunto: non cercata, non sfidata, non 'uccisa' dalla resistenza eroica della vittima, e neppure accettata, a ben guardare, ma soltanto subita, come prezzo imprevisto della propia adesione alla verità."[64] Sieht man allerdings von dem den Märtyrer charakterisierenden Formalismus ab, der die Märtyrer von dem umfänglichen Rest der „fidelles persecutez" scheidet, so scheint der Unterschied zwischen diesen beiden Gruppen von Verfolgten gerade hinsichtlich ihrer Eigenschaft als Verfolgte gar nicht so groß zu sein, denn: „comme les martyrs du livre IV, mais d'une façon plus mystérieuse, les combattants des guerres de religion et les victimes de la Saint-Barthélémy [sic] vont réaliser leur vocation, manifester dans la souffrance consentie, dans l'horreur patiemment endurée, leur élection."[65] Bei näherem Hinschauen erkennt man also, daß sich die in den Schlachten oder Massakern gefallenen Protestanten in ihrem heroischen Dasein eigentlich nicht von den Märtyrern unterscheiden. D'Aubigné selbst bezeichnet sogar die gefallenen Protestanten als

---

60 Lestringant, *Agrippa d'Aubigné - „Les Tragiques"*, S. 44.
61 Soulié, S. 350, schreibt hinsichtlich des Buches *Les Fers*: „Ce livre célèbre les batailles des guerres de religion, la resistance hugenote, il évoque enfin les martyrs de la Saint-Barthélémy [sic]."
62 D'Aubigné, *Les Tragiques*, V, 279-280.
63 Vgl. Lestringant, S. 46.
64 Fasano, Bd. 2, S. 279.

diejenigen, die ein Martyrium auf sich genommen haben,[66] oder sogar direkt als Märtyrer[67], wobei er sie allerdings nicht zu der Gruppe der Märtyrer (die er ja selbst streng eingegrenzt hat) im engeren Sinne zählt; vielmehr scheint er durch den Rückgriff auf die Bezeichnung des Märtyrers oder des Martyriums den Heldenmut des protestantischen Kämpfers und auch des zivilen Protestanten, die beide als Verfolgte dem Tod Tag für Tag ins Antlitz schauten, anzeigen zu wollen. Wenn die in den Schlachten gefallenen und die massakrierten Protestanten auf ihre Art genauso heldenhaft und standhaft sind wie die Märtyrer, dann liegt nahe, daß sie genauso wie diese den Heldenmut von Gott eingehaucht bekommen haben. So gibt auch d'Aubigné zu verstehen, daß die in den Schlachten Gefallenen und die den Massakern Anheimgefallenen, die ähnlich wie die Märtyrer den Tod für Gott auf sich nehmen, in den Besitz der durch den Heiligen Geist vermittelten Gnade gekommen sind, die die notwendige Kraft und den notwendigen Mut zum Sterben verleiht:

> [...] Dieu juste permit que ces piteux exemples [sc. ces presqu'apostats]
> N'allongeassent leurs jours que sur le sueil des temples.
> Non pourtant que son œil de pitié fust osté,
> Que le Saint-Esprit fust blessé d'infirmité:
> Sa grace y met la main.
> (V, 1233-1238)[68]

Wie die Bereitschaft zum Sterben von der Gnade hervorgerufen wird, so wird der Bereitschaftsgrad von der - wenn man es so sagen darf - Gnadenqualität bestimmt, wobei derjenige, welcher den Tod am 'freiwilligsten' auf sich nimmt, die 'beste' Gnade innehat:

> [...] celui est plus subtil,
> Le plus loüé de tous, qui sans changer de face
> Pousse le sang au vent *avec meilleure grace,*
> Qui brise sans courroux la loy d'humanité.
> (V, 576-597)[69]

---

[65] Soulié, S. 354.
[66] Vgl. d'Aubigné, *Les Tragiques*, V, 944 u. V, 1546.
[67] Vgl. V, 591.
[68] Lestringant (Hrsg.), *Les Tragiques*, S. 494, s.v. „[Anmerkung zu Vers] 1230", schreibt zur Erläuterung dieser Textstelle: „D'Aubigné évoque les protestants qui, sous la menace, s'apprêtent à abjurer. Dieu leur donne la 'grâce' [...] de se faire massacrer au seuil des églises, avant d'avoir pu compromettre, par lâcheté, le salut de leur âme [...]."
[69] Hervorheb. d. Verf.

Gemäß der Lehre von der *gratia duplex* mit ihrem Theorem von der 'Gnade für die Gnade' müßten die gefallenen Protestanten, die die Gnade zum Sterben für den Glauben bekommen haben, bei ihrem Tod die (zweite) Gnade erhalten, die ihnen Seligkeit garantiert. So ist es also nur logisch, wenn d'Aubigné diese gefallenen Protestanten (genauso wie die protestantischen Märtyrer) als dem ewigen Leben übergeben darstellt: „[...] celuy qui te sert / Sauve sa vie alors que pour toy il la perd".[70] Freilich kennen erstere im Gegensatz zu letzteren keine postmortale himmlische Erhöhung - das ist das ausschließliche Privileg der Märtyrer -, sondern verbleiben bis zum Tag des Jüngsten Gerichts im Ozean[71], der als gehorsame Kreatur des allmächtigen Schöpfers[72] sich der reinen und lauteren Protestanten[73] annimmt, bis dieser sie zu sich in den Seligkeit bringenden Himmel entbietet:

> Je garderoy ceux-ci [sc. les enfans du ciel], tant que Dieu me commande
> Que les fils du bon heur à leur bon heur je rende.
> (V, 1525-1526)

Die Aufnahme in den Himmel begründet schließlich den (transzendentalen) Sieg des gefallenen protestantischen Soldaten oder des massakrierten Protestanten, der letztendlich Sieger und nicht Besiegter ist.

Der Tod der gefallenen Soldaten und der massakrierten Protestanten bedeutet jedoch nicht nur himmlische Erhöhung und somit einen Sieg, sondern gewissermaßen auch - und hier wiederum in Anlehnung an den Märtyrertod - die Unauslöschlichkeit der protestantischen Kirche. Nicht etwa daß der frühpatristische Ausspruch *sanguis martyrum, semen Christianorum* hier in der transponierten Form *sanguis militum, semen Reformatorum* zugrunde liegt, sondern vielmehr weil der Tod der „wahren Kirche" nie so absolut sein kann, daß sämtliche Glieder derselben dem Tod zum Opfer fallen - einige überleben auf mysteriöse Art und sind die Saat für neues (protestan-

[70] D'Aubigné, *Les Tragiques*, V, 1431-1432.
[71] Zum Mythos des Ozeans in den „Fers", s. Soulié, S. 365-367.
[72] Soulié, S. 365-366, schreibt in bezug auf die bei d'Aubigné anzutreffende Vorstellung vom Ozean als Kreatur: „[...] selon l'esprit de la Bible et en particulier de la *Genèse* et des *Prophètes* il [sc. d'Aubigné] démythologise la Nature: l'Océan, comme les luminaires célestes dans la *Genèse*, n'est qu'une créature, ce n'est donc pas lui qui décide de la pureté ou l'impureté des cadavres [...]."
[73] Vgl. d'Aubigné, *Les Tragiques*, V, 1527.

tisches) Leben. Mit Bezug auf das blutige Massaker der Bartholomäusnacht heißt es in metaphorischer Sprache:[74]

> Rien ne se peut sauver du milieu des seillons
> Mais bien quelques espics levés des tourbillons
> Dans les buissons plus forts, sous qui la vive guerre
> Que leur ont fait les vents les a fichés en terre.
> Ceux-ci, dessous l'abri de ces haliers espais,
> Prennent vie en la mort, en la guerre la paix,
> Se gardent au printemps, puis leurs branches dressees,
> Des tuteurs aubepins rudement caressees,
> Font passer leurs epics par la fascheuse main
> Des buissons ennemis, et parviennent en grain;
> La branche qui s'oppose au passer de leurs testes
> Les fasche et les retient, mais les sauve des bestes.
> C'est ainsi que seront gardés des inhumains,
> Pour resemer l'Eglise. encore quelques grains
> [...]
> (V, 727-740)

Diejenigen, welche dem Tod entgehen, weil sie in den Schlachten einen (militärischen) Sieg davontragen oder den Massakern entgehen, und so den Bestand sowie den Fortbestand der „wahren Kirche" sichern, genießen die schützende Hand Gottes, der ihre Errettung schon längst in seinen fest determinierten, selbst von Satan nicht abänderbaren Heilsplan hineingeschrieben hat: „Fay [sc. Satan] selon ton dessein, les ames reservees / Qui sont en mon conseil avant le temps sauvees."[75]

---

[74] Nach Lestringant (Hrsg.), *Les Tragiques*, S. 486, s.v. „[Anmerkung zu Vers] 721-742", handelt es sich bei dieser Metapher um eine sehr freie Transposition des bei Mt 13, 3-8, erwähnten Gleichnisses vom Sämann.

[75] D'Aubigné, *Les Tragiques*, V, 177-178.

4.2 D'Aubigné als siegender Soldat

4.2.1 D'Aubigné als siegender und zu meidender Hugenotten-Soldat

4.2.1.1 D'Aubigné als siegender Hugenotten-Soldat: das auf Sachlichkeit basierende Selbstbild

Nachdem d'Aubigné als 16jähriger in die protestantische Arme eingetreten ist, eilt er als unermüdlicher Soldat für den Protestantismus von Schlachtfeld zu Schlachtfeld,[76] wobei er gleichermaßen Denker und Kämpfer ist.

> [...] la Dame de Castelnau sollicita à Bourdeaux, et fit advancer l'Admiral de Vilards avec quatorze pieces, sur la promesse du Roy de Navarre qu'il n'y auroit point de secours. Comme l'Amiral faisoit ses approches, d'Aubigné entra dedans avec cinquante salades et pres de deux cents harquebusiers à cheval, qui s'estant jettez à terre et ayant baillé leurs chevaux à ramener, cela fit une telle monstre que l'Amiral, croyant que ce fust un secours contre la promesse, battit aux champs et s'esloigna vers Mansiet.[77]

Ob auf dem Schlachtfeld oder im Einzelkampf, d'Aubigné zögert nicht, mit den „Papisten" abzurechnen.[78] Dort, wo es d'Aubigné nicht möglich ist, den Feind zu besiegen, weiß er ihn zumindest durch Gewitztheit aus dem Weg zu gehen - bei der Belagerung von Archiac fand er einen Weg, Schießpulver in die belagerte Stadt einzuschmuggeln[79] - oder sogar für seine Zwecke auszunutzen: er begibt sich nämlich in katholische Gefangenschaft, um ein sicheres Geleit - der Feind schützt vor dem Feind - bis Saint Gelais zu haben.[80] Dort, wo d'Aubigné den Feind weder besiegen noch umgehen kann, gelingt es ihm immerhin noch, aus den gestellten Fallen zu entkommen: bald steuert er der Gefahr durch Aufmerksamkeit,[81] bald errettet er sich durch Scharfsinn vor dem Tod.[82]

„ [...] un homme qui ne trouvoit rien trop chaud"[83] - diese Worte von d'Aubigné über sich selbst spiegeln prägnant seinen unermüdlichen und unberechenbaren Kampfgeist wider, der sich den katholischen Truppen gegenüber stets unter Beweis gestellt

---

76 Vgl. d'Aubigné, *Sa vie à ses enfants*, S. 67-68.
77 S. 106.
78 Vgl. S. 80.
79 Vgl. S. 72.
80 Vgl. S. 99.
81 Vgl. S. 70.
82 Vgl. S. 90-91.

und dem protestantischen Lager militärische Erfolge eingebracht hat. Seine militärischen Verdienste möchte d'Aubigné freilich nicht geschmälert sehen,[84] so daß er sich in seiner Autobiographie *Sa vie à ses enfants* nicht nur als Soldat darstellt,[85] sondern auch, und vor allem, als ein außergewöhnlich siegreicher Soldat, der seine militärischen Verdienste nicht verkannt wissen möchte: „[...] d'Aubigné appears as a heroic knight, jealous of his honor [...].“[86]

4.2.1.2 D'Aubigné als zu meidender Hugenotten-Soldat: das auf Pathos basierende Selbstbild

D'Aubignés Selbstbild vom siegenden Hugenotten-Soldaten gründet auf sachlichen Informationen. Darüber hinaus gibt es das Selbstbild vom zu meidenden Hugenotten-Soldaten, das auf Pathos abgestellt ist, wobei die beiden Selbstbilder in einem komplementären Verhältnis zueinander stehen.

Schon Aristoteles war sich bewußt, daß im Überzeugungsprozeß nicht nur die sachliche Argumentation von Bedeutung ist, sondern auch die Erregung von Affekten. Hierdurch vermag nämlich der Redner den Zuhörer in eine starke emotionale Disposition[87] zu bringen, die großen Einfluß auf dessen Haltung zum Objekt hat; „denn ein und dasselbe erscheint nicht in gleicher Weise den Liebenden und Hassenden bzw. den Zornigen und denen in sanfter Gemütslage, sondern die Ansichten sind entweder ganz und gar oder hinsichtlich ihrer Gewichtigkeit verschieden [...]“.[88] Der Affekt umfaßt drei verschiedene Personen, die allgemein bezeichnet werden können als: 1) Pathos-

---

83 S. 81.

84 Vgl. S. 90, wo d'Aubigné berichtet, wie er um den ihm streitig gemachten Ruhm kämpft. Seine Eitelkeit hinsichtlich des Ruhms unterstreicht d'Aubigné, S. 117-118, auch dadurch, daß er im Zusammenhang mit einem militärischen Erfolg der Protestanten immer wieder von sich selbst spricht und daß er seine scheinbare Bescheidenheit durch die Redefigur des Präterition ins Gegenteil kehrt: „ [...] les actions despeintes soubs un nom caché sont à remarquer de luy [sc. d'Aubigné].“

85 Vgl. auch Thierry, „Agrippa d'Aubigné: De l'histoire aux mémoires et à l'autobiographie“, S. 29.

86 Catharine Randall Coats, „Representing and re-presenting the self: fact and fiction in Agrippa d'Aubigné's *Sa vie à ses enfants* and the *Histoire universelle*“, *South Atlantic Review* 54, 2 (1989), S. 23-40, hier S. 35.

87 Markus H. Wörner, „Pathos als Überzeugungsmittel in der Rhetorik des Aristoteles“, in: Ingrid Craemer-Ruegenberg, *Pathos, Affekt, Gefühl*, Freiburg / München 1981, S. 53-78, gebraucht im Zusammenhang mit der Diskussion um die Affekte die Wörter *Disposition* und *disponieren*.

88 Aristoteles, *Rhetorik*. Übersetzt, mit einer Bibliographie, Erläuterungen und einem Nachwort von Franz G. Sieveke, München 1980, S. 83 (Buch II, Kap. 1, 4).

sender 2) Pathosträger 3) Pathosobjekt, d.i. die Person, welcher gegenüber das Pathos besteht.[89] Der vom Pathossender erzeugte Affekt, d.h. das vom Pathossender hervorgerufene Pathos versetzt den Pathosträger hinsichtlich des Pathosobjektes in die gewünschte emotionale Situation. Das heißt, der Pathosträger wird vom Pathossender in bezug auf das Pathosobjekt affektiv disponiert.

Agrippa d'Aubigné erwähnt an zwei Stellen in seiner Autobiographie explizit die Wirkungskraft des Pathos, das er sogar in seiner extremen Tragweite zu nutzen wußte, d.h., wo die sachliche Argumentation von der emotionalen Situation des Pathosträgers überschattet und so die zu verhandelnde Sache weitgehend, wenn nicht gar ausschließlich durch das Pathos bestimmt wurde:[90]

- Als Kind bewegte d'Aubigné seinen erzürnten Vater durch seine Worte so sehr, daß dieser sowie die anderen Anwesenden zu Tränen gerührt waren und der Frieden wieder hergestellt wurde.[91]
- Als die Verwandten mütterlicherseits den aus dem Krieg kommenden d'Aubigné nicht erkannten bzw. nicht erkennen wollten und ihm sein Erbe vorenthielten, zog der von Fieber geschüttelte Kämpfer für den Protestantismus in den Gerichtssaal, um dort vor dem Richter seine Identität zu beweisen und seinen rechtmäßigen Besitz einzufordern. „Son exorde fut si pathetique, et tellement aidé de sa misère, que le juge regardant d'un œil furieux ses parties, ils se leverent de leur place, et s'estans escriés qu'autre que le fils d'Aubigné ne pouvoit parler ainsi, luy demanderent pardon."[92]

Die hier aufgeführten Beispiele aus dem Leben d'Aubignés zeigen die Wirksamkeit des Pathos hinsichtlich der zu verhandelnden Sache.[93] Agrippa d'Aubigné hat aber

---

[89] Vgl. Wörner, S. 62-64.

[90] Marcus Fabius Quintilianus, *Institutio oratoria*. Recognovit brevique adnotatione critica instruxit Michael Winterbottom, Bd. 1, Oxford 1970, S. 330 (Buch VI, 2, 7), schreibt: „Ita argumenta ac testes quid egerint pronuntiatio ostendit, commotus autem ab oratore iudex quid sentiat sedens adhuc atque audiens confitetur. An cum ille qui plerisque perorationibus petitur fletus erupit, non palam dicta sententia est? Huc igitur incumbat orator, hoc opus eius, hic labor est [...]."

[91] Vgl. d'Aubigné, *Sa vie à ses enfants*, S. 59.

[92] S. 75.

[93] Analytisch gesehen läuft das Spiel mit dem Pathos folgendermaßen ab:
- Von der zu verhandelnden Sache hängen die Handlungen ab, zu denen der Pathosträger bewogen werden soll.
- Über die Handlungen, die der Pathosträger tun oder unterlassen soll, kommt man zum 'richtigen' Pathos. D'Aubigné wollte (in Beispiel 2), daß der Richter (als Pathosträger) ihm (als Pathosob-

nicht nur in bestimmten Lebenssituationen auf das Moment des Pathos zurückgegriffen, sondern auch um sein Selbstbild vom zu meidenden Hugenotten-Soldaten zu projizieren: In seiner Autobiographie stellt er (als Pathossender) sich (als Pathosobjekt) als mutig und unberechenbar, d.h. als jemand dar, der etwas zu jeder Zeit auszurichten vermag. Nun gehört Mutigsein als 'Modell-Sachlage' zum Topos des Pathos *Furcht*[94]; d.h., das Pathos *Furcht* wird beim Pathosträger - unter anderem - dadurch erzeugt, daß das Pathosobjekt als mutig gilt oder hingestellt wird.[95] Furchterregend sind aber, neben dem Mutigsein, gemäß dem Pathostopos von Aristoteles, auch „die Feindschaft und der Haß derer, die etwas auszurichten vermögen".[96] (Die „Feindschaft und der Haß derer, die etwas auszurichten vermögen" sind also eine weitere 'Modell-Sachlage' des Topos, das für das Pathos *Furcht* gilt.) D'Aubigné (als Pathossender) erzeugt folglich dadurch, daß er sich (als Pathosobjekt) als mutig und unberechenbar

---

jekt) Gutes tut. Folglich mußte d'Aubigné (als Pathossender) ein Pathos anstreben, das den Pathosträger dazu disponiert, dem Pathosobjekt Gutes zu tun. Ein solches Pathos ist zum Beispiel das Mitleid.

- Ist das Pathos bestimmt, so kann der Pathossender es dennoch nicht als solches an den Pathosträger herantragen, sondern muß es bei ihm erzeugen. D'Aubigné (in Beispiel 2) hat seine Gerichtsrede auf das Pathos *Mitleid* abgestellt, es als solches aber nicht an den Richter und die Anwesenden herantragen können. Vielmehr hat er das Pathos *Mitleid* zustande kommen lassen, indem er seine Sachlage als schmerzliches Übel, das er nicht zu erleiden verdiente, dargestellt hat. Allgemein gesprochen heißt dies, daß „dem Pathosträger in jedem Falle etwas als etwas erscheint" (Wörner, S. 68), wobei das erste Etwas für die konkrete, d.h. 'empirische Sachlage', das zweite für die 'Modell-Sachlage' steht, die ihrerseits das Pathos als solches erzeugt. Jedes Pathos hat zumindest eine 'Modell-Sachlage' als 'Generator', wobei in der Regel mehrere 'Modell-Sachlagen' als 'Generator' für das zu erzeugende Pathos in Frage kommen. Dies bedeutet nun, daß die 'empirische Sachlage' desto besser das Pathos erzeugt, je größer die Übereinstimmung zwischen ihr und einer der in Frage kommenden 'Modell-Sachlagen' ist, die unter dem Begriff des Topos zusammengefaßt werden. Mathematisch ausgedrückt heißt dies, daß das Topos die Menge und die 'Modell-Sachlagen' die Elemente derselben sind; die 'empirische Sachlage' als Variable muß ein (annäherndes) Element der Menge sein. - Aristoteles hat in seiner *Rhetorik* (Buch II, Kap. 8-11) unter Berücksichtigung seiner Erfahrung und in Berufung auf Homer für einige Affekte Topoi aufgestellt (die allerdings nicht als abschließend bzw. abgeschlossene Mengen zu erachten sind). Er hat z.B. für das Pathos *Mitleid* das Topos aufgestellt. Es umfaßt mehrere 'Modell-Sachlagen', und Mitleid wird hiernach u.a. erzeugt durch ein „Übel, das jemanden trifft, der nicht verdient, es zu erleiden, das man auch für sich selbst oder einen der unsrigen zu erleiden erwarten muß [...]" (Aristoteles, Buch II, Kap. 8, 2). Angesichts dieser 'Modell-Sachlage' muß die 'empirische Sachlage', um das Pathos *Mitleid* zu erzeugen, ebenfalls ein Übel sein oder zumindest als ein Übel dargestellt werden, „das jemanden trifft, der nicht verdient, es zu erleiden, das man auch für sich selbst oder einen der unsrigen zu erleiden erwarten muß" (ebd.).

[94] Vgl. Aristoteles, S. 101 (Buch II, Kap. 5, 16).

[95] Vgl. S. 102 (Buch II, Kap. 5, 20).

[96] S. 98 (Buch II, Kap. 5, 3).

darstellt, beim Pathosträger Furcht -vorausgesetzt er steht zum Pathosträger in einem antagonistischen Verhältnis.[97] Es ist oben schon angedeutet worden, daß das im Pathosträger erzeugte Pathos diesen zum Tun oder Unterlassen einer Handlung disponiert. Die im Pathosträger, also bei den Katholiken,[98] erzeugte Furcht (von Aristoteles als eine „gewissen Empfindung von Unlust" und als ein „beunruhigendes Gefühl"[99] beschrieben)[100] bewirkt nun, daß sie einen Konflikt oder Kampf mit d'Aubigné aus dem Weg gehen, d.h. ihn meiden werden.

4.2.1.2.1 Die 'Modell-Sachlagen' *Mutigsein* und *Unberechenbarsein* in der 'Erzählung von Ereignissen'

Mutigsein und Unberechenbarsein als 'Generator' des Pathos *Furcht* lassen zuerst daran denken, daß das Pathosobjekt aufgrund seines non-verbalen Handelns mutig und unberechenbar ist. Sein Mut und seine Unberechenbarkeit können jedoch auch durch sein verbales Handeln zum Ausdruck gebracht werden. Die Unterscheidung zwischen verbalen Handlungen und non-verbalen Handlungen kann sich, analytisch gesehen, auf alle narrativen Texte erstrecken, und Genette spricht diesbezüglich von der 'Erzählung von Worten' und der 'Erzählung von Ereignissen', d.i. die „Umsetzung von Nichtsprachlichem in Sprachliches"[101], wobei die 'Erzählung von Ereignissen' mehr umfaßt als nur die non-verbalen Handlungen, nämlich auch die Ereignisse und Beschreibungen. Im folgenden wird zunächst untersucht, inwiefern die

---

[97] Steht der Pathosträger zum Pathosobjekt in einem freundschaftlichen Verhältnis, dann wird beim Pathosträger - bei den gleichen oben genannten Pathostopoi - nicht das Pathos *Furcht* sondern *Mut* erzeugt.

[98] Der (unmittelbare) Pathosträger ist der Leser, so daß strenggenommen das Pathos nur in demjenigen erzeugt werden kann, der die Autobiographie liest. Nicht-Lesende können allerdings insoweit als (mittelbare) Pathosträger in Frage kommen, wie sie die Autobiographie durch einen Dritten *erzählt* bekommen.

[99] Aristoteles, *Rhetorik*, S. 98 (Buch II, Kap. 5, 1).

[100] Julius Caesar, *Commentarii rerum in Gallia gestarum*. Ex recensione T. Rice Holmes, Oxford 1914, S. 44 (Kom. 1, Abs. 39, 1), beschreibt die Furcht als emotionalen Zustand ähnlich wie Aristoteles: „Dum paucos dies ad Vesontionem rei frumentariae causa moratur, ex percontatione nostrorum vocibusque Gallorum ac mercatorum, qui ingenti magnitudine corporum Germanos, incredibili virtute atque exercitatione in armis esse praedicabant (saepe numero sese cum his congressos ne vultum quidem atque aciem oculorum dicebant ferre potuisse), tantus subito timor omnem exercitum occupavit ut non mediocriter omnium mentes animosque pertubaret."

[101] Genette, S. 118,

'Erzählung von Ereignissen' in der Autobiographie *Sa vie à ses enfants* auf das Pathos *Furcht* basiert, also inwieweit d'Aubigné sich als ein Protestant darstellt, der aufgrund seines non-verbalen Handelns mutig und unberechenbar ist (wobei diese beiden Eigenschaften zuweilen selbst in einem Interdependenzverhältnis stehen und nicht immer klar zu trennen sind).

In seiner Autobiographie *Sa vie à ses enfants* erwähnt Agrippa d'Aubigné zwei „Eitelkeiten"[102] aus der Schlacht bei Marmande:

> [...] l'une, que se voyant seul de la troupe avoir des brassars, il les despouilla avant la charge; l'autre, qu'au milieu du peril, ayant dans le bras gauche un brasselet de cheveux de maistresse, il mit l'espée à la main gauche pour sauver ce brasselet qui brusloit d'une harquebusade.[103]

Diese erweisen sich jedoch kaum als solche, sondern vielmehr als Zeugnis seines Mutes und seiner kämpferischen Stärke; denn unbeschadet der nun erhöhten Verletzbarkeit und verringerten Schlagkraft weiß d'Aubigné den katholischen Gegnern zu widerstehen, die ihn wegen seiner starken kämpferischen Beeinträchtigungen schon geschlagen wähnten: „Le Capitaine Bourget, à qui il eust affaire entre autres, luy manda qu'il ait recognu cela, et l'autre pour luy montrer une pareille froideur au combat, luy designa un monde et une croix [...]."[104]

Wenn oben mit Aristoteles festgestellt worden ist, daß diejenigen Widersacher zu fürchten sind, die unberechenbar sind, d.h. etwas auszurichten vermögen, dann gehört d'Aubigné sicherlich zu den Gefürchteten; denn er zögert nicht, auch unter hinderlichen Umständen in den Kampf für den Protestantismus zu ziehen: So seilt sich Agrippa d'Aubigné im Alter von 16 Jahren mit einem Bettlaken aus dem Fenster seines Schlafzimmers ab und schließt sich, mit blutigen Füßen und vor Schmerz weinend, den protestantischen Soldaten an;[105] und: „Sçachez encor qu'à tout le combat d'Oleron, d'Aubigné ne fut qu'en chemise, hormis deux fois qu'il prit un casque pour recognoistre une approche."[106] Noch deutlicher kommt sein Wille, sich durch nichts vom Kampf für den Protestantismus abhalten zu lassen, dadurch zum Ausdruck, daß er selbst im Fieber zu den Waffen greift, der körperlichen Schwäche trotzend: „[...]

---

[102] D'Aubigné, S. 100, spricht von „vanitez".
[103] S. 100.
[104] Ebd.
[105] Vgl. S. 65.
[106] S. 137.

d'Aubigné n'estant encore relevé d'une fievre de huit jours, il prit pour armes de duel, à cause de sa foiblesse, un poignard en une main et un pistolet en l'autre [...].“[107] Hierbei ist es auch einerlei, wer sich ihm als Feind stellt, und selbst sein eigener Sohn bildet da keine Ausnahme.[108] Fieber und andere Krankheiten nehmen ihm also genauso wenig den Willen, für den Protestantismus in die Schlacht zu ziehen, wie die dort erlittenen schweren Verletzungen, zu denen eine starke Körperverbrennung[109] und ein Dutzend Verwundungen auf der Brust zählen.[110]

Dieses extreme Durchhaltevermögen schwindet selbst im hohen Alter nicht, und so eilt der 76jährige Agrippa d'Aubigné, der von seinem Vorhaben, nach England überzusiedeln, Abstand genommen hat, dem umkämpften Genf zur Hilfe - ganz in der Überzeugung „qu'il n'y avoit point de capitulation pour luy“[111]. Diese kämpferische Hartnäckigkeit findet schließlich ihre Klimax, als d'Aubigné nach seinem Ableben durch sein Testament nochmals von sich das Bild des Soldaten heraufbeschwört:[112] „Si je suis en lieu où les gens de guerre me veulent porter, je tiens à honneur leur peine et prouver que ma famille a eu l'honneur d'une couverture de velour noir [...].“[113]

4.2.1.2.2 Die 'Modell-Sachlagen' *Mutigsein* und *Unberechenbarsein* in der 'Erzählung von Worten'

Die 'Erzählung von Worten' umfaßt, in Abgrenzung zur 'Erzählung von Ereignissen' mit ihren verbalisierten bzw. transkribierten non-verbalen Handlungen, sämtliche verbalen Handlungen. Sie kennt mehrere Formen der Wiedergabe und erstreckt sich von der 'narrativisierten Rede' über die 'transponierte Rede' (mit ihren beiden Spielarten 'indirekte Rede' und 'erlebte Rede') bis hin zur 'direkten Rede', wobei der Grad an *Mimesis* - unter *Mimesis* versteht Platon die Nachahmung ausgesprochener

107 S. 102.
108 Vgl. S. 222.
109 Vgl. S. 187.
110 Vgl. S. 107.
111 S. 226.
112 Vgl. Thierry, „L'homme de guerre dans l'œuvre d'Agrippa d'Aubigné“, S. 153.
113 D'Aubigné, *Testament de Théodore Agrippa d'Aubigné*, in: Agrippa d'Aubigné, *Œuvres complètes*, Bd. 1, S. 124.

Worte durch eine im Text genannte Person unter 'Ausschaltung' des Erzählers[114] - progressiv aufsteigend ist.

Von vorrangigem Interesse in d'Aubignés *Sa vie à ses enfants* ist die dort vielfach verwendete 'direkte Rede', weil sie dem Genus der (Auto-) Biographie widerspricht. Kritiker führen an, „es übersteige die Gedächtnisleistung des Menschen - zumal aus großer zeitlicher Distanz -, Wechselreden zwischen Personen wörtlich wiederzugeben."[115] Angesichts dieses Unvermögens des Gedächtnisses, vergangene Ereignisse in ihren Einzelheiten zu rekonstruieren, neigen die Literaturkritiker stark dazu, „den autochtonen Ort des Dialogs im epischen Bereich in 'der reinen Fiktion' zu bestimmen"[116] und beim häufigen Verwenden des Dialogsystems von „novellesken Abschnitten"[117] zu sprechen. Auch wenn die direkte Rede die Autobiographie an den entsprechenden Stellen ins Novelleske übergehen läßt, so bedeutet dies nicht, daß es vom Leser so empfunden wird; vielmehr das Gegenteil scheint paradoxerweise der Fall: „Das Dargestellte erscheint als Hier und Jetzt."[118] Durch den hohen Grad an *Mimesis*, der der 'direkten Rede' eigen ist, entsteht der Eindruck der Gegenwart. D'Aubigné als Erzähler läßt also durch die 'direkte Rede', die angesichts der oben genannten erinnerungspsychologischen Argumente keine getreue Wiedergabe des reell Gesagten sein kann, aber in ihrer Eigenschaft als *Mimesis* genau den Eindruck von Gegenwart vermittelt, ein „Hier und Jetzt" zustande kommen. Diesen Eindruck des Hier und Jetzt verstärkt d'Aubigné noch durch den in der direkten Rede häufig verwendeten Vokativ, der Konnotationen von *Mimesis* hervorruft und so einen „Effekt des Reellen"[119] erzeugt. Das „Hier und Jetzt" ist wiederum optimale Grundlage für den Ausdruck des Emotiven.

Wenn die direkte Rede sich gut für den Ausdruck des Emotiven eignet, dann bleibt nun noch die Frage offen, wie oder woran man Emotive erkennen kann. „Fragt man also z.B., ob gewisse Worte [...] als Emotive oder Aussagen anzusehen seien, so

---

[114] Vgl. Genette, S. 209.
[115] Tarot, „Die Autobiographie", S. 122.
[116] S. 36 u. Fußnote 37.
[117] S. 36 u. Fußnote 40.
[118] S. 35.
[119] Roland Barthes, „L'effet de réel", *Communications* 11 (1968), S. 84-89, hier S. 88, spricht vom „effet de réel".

muß, ehe die Antwort möglich ist, eine Unterscheidung gemacht werden"[120], stellt Anton Marty fest und fährt fort:

> Wenn die primäre Intention der Äußerung zunächst die ist, zu belehren, also durch Kundgabe der eigenen Überzeugungen anderen ebensolche zu suggerieren, so haben wir - soweit dies der Fall ist - Aussagen vor uns. [...] Wenn dagegen jene Worte derart sind, daß sie sofort, und durch Kundgabe des eigenen Gemütslebens, das Fühlen und Begehren des Hörers zu beeinflussen intendieren [...], dann liegen nicht Aussagen, sondern Emotive vor. Das nächste Ziel der primären Intention dieser Äußerungen ist eben nicht die Belehrung sondern die Beeinflussung des fremden Gemütslebens durch Suggestion von Zuständen, die dem kundgegebenen eigenen Fühlen und Wollen im weitesten Sinne entsprechen.[121]

Es ist nun zu fragen, ob bei den in der Autobiographie *Sa vie à ses enfants* vorkommenden direkten Reden die 'referentielle Funktion' (d.h. die 'Darstellung'[122] der 'Dinge' bzw. der 'Gegenstände und Sachverhalte'[123]) oder die 'emotive Funktion' (d.h. der 'Ausdruck' einer Stimmung des Senders) im Vordergrund steht. Misch erkennt in den direkten Reden unzweideutig das Emotive, wenn er schreibt: „Seine eigenen Reden erfindet er [sc. d'Aubigné], um in gestellten, zuweilen auch komisch oder melodramatisch gestellten Situationen seinen unbeugsamen freien Mannesmut [...] gegenüber seinem katholisch gewordenen Heldenkönig zu charakterisieren. Solche Reden sind kühn [...]."[124] D'Aubigné will also durch die direkten Reden seinen Mut zum Ausdruck bringen, d.h., sich auch durch das verbale Handeln als mutig und unberechenbar darstellen.

Agrippa d'Aubigné stellt seine verbale Stärke unter Beweis, als er nach der Schlacht von Coutras im Jahre 1588 Heinrich von Navarra nahelegt, sich nicht mit der katholischen Gräfin von Guiche, „la belle Corisande", zu vermählen. Der König von

---

[120] Anton Marty, *Untersuchungen zur Grundlegung der allgemeinen Grammatik und Sprachphilosophie*, Halle a. S. 1908, S. 364.

[121] Ebd.

[122] Karl Bühler, *Sprachtheorie. Die Darstellungsfunktionen der Sprache*. Mit einem Geleitwort von Friedrich Kainz, Stuttgart/ New York [2]1982 [Reprint Jena [1]1934] S. 28, spricht in seinem dort vorgestellten triadischen Sprachmodell von 'Ausdruck' (entspricht ungefähr der 'emotiven Funktion'), 'Appell' (entspricht ungefähr der 'konativen Funktion') und 'Darstellung' (entspricht ungefähr der 'referentiellen Funktion').

[123] Während Karl Bühler, *Die Axiomatik der Sprachwissenschaften*. Einleitung und Kommentar von Elisabeth Ströker, Frankfurt a. M [2]1969 [[1]1933], S. 94 ff., von 'Dingen' redet, ersetzt er in Karl Bühler, *Sprachtheorie. Die Darstellungsfunktionen der Sprache*, S. 30, diesen Terminus „durch das adäquatere Begriffspaar 'Gegenstände und Sachverhalte'."

[124] Misch, *Geschichte der Autobiographie*, Bd. 4, 2, S. 627-628.

Navarra hatte zwar zahlreiche historische Beispiele angeführt, um seine Vermählung zu rechtfertigen,[125] diese waren jedoch von d'Aubigné entkräftet worden,[126] so daß es schließlich nicht zu der geplanten Hochzeit kam.[127] Diese Überzeugungskraft der Worte d'Aubignés läßt sich in ihrer Größe ungefähr erfassen, wenn man bedenkt, daß Heinrich von Navarra mehr als leidenschaftlich in die „belle Corisandre" verliebt war (wovon seine an die Gräfin gerichteten Liebesbriefe zeugen). Daß Heinrich von Navarra sich von d'Aubignés Worten überzeugen ließ, von der Vermählung Abstand zu nehmen und sich weiterhin für den Protestantismus einzusetzen, erwähnt dieser nochmals in einem an Maria von Medici adressierten Brief, der kurz nach der Ermordung Heinrichs IV. abgefaßt worden war:

> Le Roy lui a mille fois jetté ses angoisses dans le sein et a cent fois profité de sa couverture, deux foys signalément en sa vie foulé aux pieds son opinion et affection pour espouser la mienne. [...] L'autre fut quand, par la violence de mes avis, je brisé son âme et son dessein, l'empeschant d'espouser une comtesse de ce Royaume. Il falut de la force à le relever du précipice où il touchait.[128]

Wie der Diener des Dauphins (Heinrich von Navarra wird durch den Tod des Herzoges von Anjou im Jahre 1584 Thronanwärter) diesen davon abhält, die Verbindung mit der Gräfin von Guiche einzugehen, so bringt er Segur, den Ratschef am navarresischen Königshof, davon ab, Heinrich von Navarra an den französischen Königshof, einen Hort des Katholizismus, zu führen:

> [...] c'est qu'un jour, comme il passoit par la sale, où la jeunesse de la Cour tiroit des armes, d'Aubigné eschauffé de cest exercice prit Segur par la main, le mene à une fenestre qui regardoit sur les Rochers de la Vaïse et luy montrant ce precipice, luy tint ce langage: „J'ay charge de tous les gens de bien de ceste Cour de vous faire voir ce saut, qui est votre passage, le jour que vostre Maistre partira pour aller à la Cour." Segur fort estonné dit pourtant: „Qui oserait faire cela?" „Si je ne puis le faire seul," dit l'autre, „voilà les compagnons qui y sont resolus."[129]

---

[125] Vgl. d'Aubigné, *Sa vie à ses enfants*, S. 148.
[126] Vgl. S. 148-150.
[127] Vgl. ebd.
[128] Agrippa d'Aubigné, [*Lettre à Marie de Médicis*], in: Jean Plattard, „Une lettre inédite d'Agrippa d'Aubigné à Marie de Médicis", *Revue du seizième siècle* 11 (1924), S. 79-90, hier S. 81-89, hier S. 82-83.
[129] D'Aubigné, *Sa vie à ses enfants*, S. 129.

Diese Worte, die den Königsvertrauten Segur in Furcht versetzten,[130] zeigen, daß d'Aubigné durchaus nicht zögert, denjenigen das Antlitz des Todes sehen zu lassen, der sich als Gegner des Protestantismus erweist.

D'Aubigné flößt den anderen aber nicht nur Furcht ein, indem er Todesdrohungen ausstößt, sondern auch indem er sich selbst als furchtlos vor dem Tod zeigt. Als er nämlich eines Tages von dem Mord, den Heinrich von Navarra auf ihn plant, erfährt, stellt er diesen zur Rede, ohne sich von der Gefahr abschrecken zu lassen, die er dabei heraufbeschwört:

> [...] D'Aubigné [...] prit un jour son maistre au souper, et en grand compagnie luy tint ce langage: „Vous avés donc, Sire, peu penser à la mort de celuy que Dieu a choisi pour instrument de vostre vie, service que je ne vous reproche point, non plus que ma peau percée en plusieurs endroits, mais bien de vous avoir servi, sans que vous ayez peu faire de moy ni un flatteur, ni un macquereau. Dieu vous veille pardonner ceste morte recerchée. Vous pouvez cognoistre au langage que je vous tiens, combien je desire de l'avancer."[131]

D'Aubigné bringt seinen grenzenlosen, mithin furchterregenden Mut auch zum Ausdruck, als er dem inzwischen zum Katholizismus bekehrten und zum König von Frankreich gewordenen Heinrich von Navarra zu verstehen gibt: „'Sire, j'ayme mieux quitter vostre Royaume et la vie, que de gagner vos bonnes graces en trahissant mes freres et compagnons.'"[132] D'Aubigné schreckt also auch nicht vor dem Tod zurück, wenn dieser für den Protestantismus ist. Dieselbe Haltung verlangt er von seinen Glaubensgenossen, die den Tod nicht mit gleicher Gelassenheit ins Auge sehen können: „D'Aubigné s'appercevant que son Duc changea un peu de couleur en regardant cest equipage [sc. égorgé], le prit par la main, luy disant: 'Contemplez cela de bonne grace; car faisant ce que nous faisons, il se faut apprivoiser à la mort.'"[133] Welcher Kämpfer erweist sich schließlich als mutiger und daher in den Augen des anderen als furchteinflößender als derjenige, der den eigenen Tod verschmäht, die Bereitschaft, für den Protestantismus zu sterben, bei seinen Mitstreitern einfordert und sogar zur Bedingung für die Vermählung mit einer Frau macht?:

---

[130] Vgl. ebd.
[131] S. 101-102.
[132] S. 168.
[133] S. 169-170.

> Le jour devant qu'on pensoit passer le contract, le persecuté pensa ainsi: „Sy j'ay affaire à un esprit et courage commun, et qui ne soit prest à exposer sa vie pour les causes qui font condamner la mienne, elle rompra sur cest effroy; mais si j'ay rencontré une ame par dessus le commun, et telle qu'il la faust à un courage resolu de ne ployer point, voicy de quoy me la faire paroistre, et me rendre heureux."[134]

Abschließend ist festzuhalten, daß d'Aubigné in seiner Autobiographie zwei Bilder von sich als Soldaten zeichnet, die zwar auf zwei unterschiedlichen Momenten basieren, aber in einem komplementären Verhältnis zueinander stehen: Einerseits beschreibt er sich auf der Basis sachlicher Informationen als siegreich kämpfender Soldat, der, weil im Kampf gewitzt, scharfsinnig und kühn, den katholischen Gegenstreitern in allen Situationen überlegen ist. Andererseits stellt er sich als zu meidenden Soldaten dar, wobei dieses Bild auf dem Pathos *Furcht* gründet, das d'Aubigné dadurch erzeugt, daß er sich sowohl in der 'Erzählung von Ereignissen' als auch in der 'Erzählung von Worten' als eine in allen Lebenssituationen, auf dem Schlachtfeld und am Hof, mutige und unberechenbare Person beschreibt. Der Leser soll also nicht nur durch sachliche Informationen erfahren, wie überlegen d'Aubigné als Soldat den katholischen Soldaten war, sondern soll auch affektiv disponiert werden und ihn als zu meidenden Hugenotten-Soldaten 'sehen'.

4.2.2 D'Aubigné als Kind Gottes

4.2.2.1 Der junge d'Aubigné als Zeuge für das Wirken Gottes oder seine Errettung aus den tödlichen Gefahren

Als d'Aubigné im Jahre 1552 geboren wurde, standen sich in Frankreich Katholiken und Protestanten äußerst feindselig gegenüber. Das Leben war von blutigen Verfolgungen, aber häufig auch von wirtschaftlicher Not und Krankheiten geprägt. D'Aubigné bekam schon in seiner Kindheit diese lebensbedrohlichen Auswirkungen der konfessionellen Kämpfe zu spüren, doch Gott bewahrte ihn vor dem Tod. Dies hat sich im einzelnen folgendermaßen dargestellt: Als der zehnjährige Agrippa d'Aubigné mit seinem Erzieher Béroalde und dessen Leuten südlich von Paris in einem Dorf namens Courances von dem chevalier d'Achon und dessen Leuten gefangengenommen, dem Inquisiteur vorgeführt und zum Feuertod verurteilt wird, erweist sich ihre Situa-

---

[134] S. 214.

tion zunächst einmal als aussichtslos. Eine entscheidende Wendung tritt zwei Stunden nach den ersten Gebeten ein, als ein Mann der Truppe von d'Achon sich den Gefangenen nähert, um d'Aubigné - und mit ihm auch die anderen Verurteilten - vor der Hinrichtung zu erretten:

> [...] vint un Gentilhomme de la troupe d'Achon, qui avoit esté moine, et qui avoit alors en garde les prisonniers. Cestui-ci vint baiser à la joue d'Aubigné, puis se tourna vers Beroalde disant, 'Il faut que je meure ou que je vous sauve tous, pour l'amour de cet enfant: tenez vous prets pour sortir quand je le vous diray.'"[135]

Daß Verfolgte von ihren Peinigern aufgrund der anwesenden Kinder verschont werden, ist ein Umstand, der zunächst einmal nicht merkwürdig anmutet; bemerkenswerter im Fall von Agrippa d'Aubignés ist vielmehr, daß nach zwei Stunden Beten der Mönch sich ausgerechnet seiner als Kindes erbarmt, wobei die beiden anderen Kinder der gefangenen Gruppe, der Sohn des Erziehers Béroalde sowie ein weiterer Schüler desselben, [136] für die Errettung vor dem Feuertod keineswegs ausschlaggebend zu sein scheinen. Auch das Argument des jüngsten Kindes und mithin, im biblischen Sinne, des unschuldigsten Kindes trifft nicht auf d'Aubigné zu, da er sechs Jahre älter ist als François Béroalde, der Sohn des Erziehers.[137] Hierdurch wird vermittelt, daß es keine rationale Erklärung für die Barmherzigkeit des Mönchs gegenüber d'Aubigné gibt. Bemerkenswert ist auch der Umstand, daß der Mönch, nachdem er d'Aubigné auf die Wange geküßt hat, die folgenden Worte verlauten läßt: „Il faut que je meure ou que je vous sauve tous, pour l'amour de cet enfant." Dieser Satz läßt auf einen inneren Beweggrund für d'Aubignés Errettung schließen, der seinerseits auf eine göttliche Eingebung hindeutet. Dies heißt letztendlich, daß der Befreiende die rechte Hand Gottes ist, dessen Aufgabe die Befreiung des sich durch Beten an Gott wendenden d'Aubigné ist.

Kaum ist d'Aubigné der Gefahr der Hinrichtung entronnen, da bedroht die Pest ihn mit ihrem gewöhnlich letalen Krankheitsverlauf; jedoch im Gegensatz zu den anderen von der Epidemie befallenen Menschen, die schließlich an der Krankheit sterben, erholt sich d'Aubigné von dieser todbringenden Geißel und entkommt ihr schließlich genauso wie sein Diener Eschalart „ayant un pseaume en la bouche pour

---

[135] S. 56.
[136] Vgl. Schrenck (Hrsg.), *Sa vie à ses enfants*, S. 54 / Fußnote 19.

preservatif."[138] Durch die Schilderung dieser Situation hebt d'Aubigné ein zweites Mal seine besondere Stellung hinsichtlich des Todes hervor, wobei er auch hier sein Dem-Tod-Entkommen so darstellt, als könne es nur durch Gott erklärt werden.

Explizit wird das Eingreifen Gottes in derjenigen Szene erwähnt, wo d'Aubigné sich in einer ausweglosen Geldnot befindet und sich an den Allmächtigen wendet:

> [...] et l'amas de ses desplaisirs l'emportoit à cela, quand sa bonne nourriture luy faisant souvenir qu'il falloit prier Dieu devant toute action, le dernier mot de ses prieres estant la vie Eternelle, ce mot l'effraya et le fit crier à Dieu qu'il l'assistât en son agonie. Lors tournant le visage vers le pont, il veit un valet duquel il cognut premierement la male rouge, et le maistre bien tost apres, qui estoit le Sieur de Chillaud son cousin germain, qui envoyé en Allemagne par Monsier l'Amiral portoit à Geneve de l'argent au petit desesperé.[139]

Die erflehte Hilfe taucht also in der Gestalt seines Vetters auf, der, von Coligny nach Deutschland geschickt, ihm das benötigte Geld bringt. „Ce n'était peut-être qu'une coïncidence heureuse; mais notre jeune huguenot, habitué à se sentir sous l'œil et la protection de Dieu, ne pouvait manquer d'y voir une réponse à sa prière."[140]

4.2.2.2 D'Aubigné als gottgelenkter Soldat

Oben ist gezeigt worden, daß d'Aubigné sich als siegender und zu meidender Soldat darstellt. Nun soll geklärt werden, in welchem Verhältnis er sich als Soldat zu Gott sieht.

Daß d'Aubigné sich von Gott zum Soldaten berufen fühlt, geht aus einer an Heinrich von Navarra gerichteten Rede hervor, in der er als potentielles Opfer diesem seine Mordpläne vorhält: „ 'Vous avés donc, Sire, peu penser à la mort de celuy que Dieu a choisi pour instrument de vostre vie [...]'."[141] Der Relativsatz bringt zum Ausdruck, daß Gott der Handelnde ist, der d'Aubigné zum „instrument de vie" von Heinrich von Navarra ausgewählt hat.

---

137 Vgl. *Grand dictionnaire universel du XIXe siècle*. Par Pierre Larousse, Bd. 2, Paris 1867, s.v. „Béroalde de Verville".

138 D'Aubigné, *Sa vie à ses enfants*, S. 58.

139 S. 64.

140 Garnier, *Agrippa d'Aubigné et le parti protestant*, S. 67.

141 D'Aubigné, *Sa vie à ses enfants*, S. 102.

Implizit bringt d'Aubigné seine göttliche Berufung auch dadurch zum Ausdruck, daß er sich selbst als ein „si utile serviteur de Dieu"[142] bezeichnet. Dienersein bedeutet zwar generell entweder ein Sich-in-den-Dienst-Begeben oder ein In-den-Dienst-Genommenwerden, doch angesichts der vorherigen Beobachtung, daß d'Aubigné zum Soldaten an der Seite von Heinrich von Navarra gemacht wurde, kann man d'Aubignés Dienersein nur als ein In-den-Dienst-Genommenwerden verstehen. Die Metapher vom „Diener Gottes" macht aber vor allem verständlich, daß d'Aubigné nicht selbst handelt, sondern sein Handeln von Gott bestimmt wird, denn ein Diener handelt nach gemeingültiger Vorstellung nicht in seinem, sondern im Namen des über ihm Stehenden. Und wie ein Hausdiener darum bemüht ist, seine Dienste ordnungsgemäß zu leisten sowie die Wünsche und Anordnungen des Hausherrn zu erfüllen, so widmet auch d'Aubigné als Diener im Gotteshaus seine Dienste Gott[143] und sucht stets dessen Wünschen zu willfahren, die er im Zweifelsfall durch Gebet zu ergründen versucht, wie das folgende Beispiel zeigt: „Un soir, Madame de Chastillon [...] le pria [sc. d'Aubigné] de partir en ceste nuit, ou qu'il s'assurast d'estre perdu. Aubigné ayant respondu qu'il feroit ce que Dieu luy conseilleroit et qu'il l'alloit prier, ne print point ses advis [...]."[144] Ein guter Diener wird aber auch nicht vom Herrn in Stich gelassen, wenn er in Not gerät und sich an ihn wendet; deshalb betet d'Aubigné in seinen Ängsten zu Gott,[145] der die bittenden Worte erhört - dies weiß d'Aubigné nicht nur aus seiner Kindheitserfahrung, sondern auch aus seiner Erfahrung als Soldat: „En l'extremité de son péril, il fit une priere à Dieu, laquelle le lendemain, se voyant delivré, il tourna en epigramme [...]."[146] Gottes Hilfe darf allerdings nicht automatisch als eine 'externe' Hilfe verstanden werden, sondern ist zuweilen gleichsam eine Hilfe zur Selbsthilfe; das heißt, daß die abstrakten Größen wie taktisches Vermögen, kämpferische Bereitschaft, Mut etc., die d'Aubigné einsetzt, um den Gefahren zu entkommen, von Gott eingehaucht werden, und zwar immer wieder aufs neue. Hinsichtlich des Mutes hat er nämlich genau diese Beobachtung gemacht:

> [...] sur la nouvelle du massacre [sc. de la Saint-Barthélemy], d'Aubigné accompagné de quatre vingts des siens, entre lesquels on pouvoit trier une douzaine des plus

---

[142] S. 109.
[143] Vgl. S. 107.
[144] S. 176.
[145] Vgl. S. 69.
[146] S. 139.

> hazardeux soldats de la France, ceste troupe se pourmenant sans dessaing, à une voix qui cria sans raison et sans advis, 'Les voicy', tous fuirent comme une troupe de moutons [...]; puis s'estans pris par la main trois ou quattre, chacun tesmoing du courage de son compagnon, se regarderent couverts de honte, et advouerent que Dieu ne donnoit pas le courage et l'entendement, mais les prestoit.[147]

Infolgedessen sind der Mut, die Unberechenbarkeit und das Vermögen zum Siegen, die d'Aubigné als Soldat zeigt, von Gott gegebene Größen: d'Aubigné macht sich also nicht zum siegenden und zu meidenden Soldaten, sondern wird von Gott dazu gemacht.

Zusammenfassend läßt sich sagen, daß d'Aubigné sich zum Hugenotten-Soldaten berufen sieht,[148] der von Gott geführt wird - und zwar dergestalt, daß er seinen Feinden im Kampf überlegen ist und diesen (aufgrund seines Mutes und seiner Unberechenbarkeit) Furcht einflößt. Allerdings scheint die Fühlung zwischen d'Aubigné und Gott zuweilen 'abzubrechen', namentlich dann, wenn er in großer Gefahr ist und von seinem heldenhaften Dasein als Soldaten abzufallen droht. Durch Beten, d.h. durch Sich-an-Gott-Wenden, stellt d'Aubigné den Kontakt zu Gott wieder her, der ihn dann aus der Gefahr lenkt und vor dem Tod errettet. Hiermit macht und erlebt d'Aubigné als Soldat jedoch nur, was er schon als Kind während seiner Gefangenschaft bei dem chevalier d'Achon getan und erfahren hat. Das heißt aber auch, daß d'Aubigné sich schon als Kind in der Obhut Gottes befand, so daß er schließlich als Mensch erscheint, der zeit seines Lebens von Gott geführt worden ist. Dieses Verständnis von sich selbst bringt d'Aubigné noch einmal an seinem Lebensabend klar zum Ausdruck, denn in seinem Testament heißt es: „Au nom de Dieu, je Théodore Agrippa d'Aubigné, certain, & par les octantes années où il a plu au Seigneur me conduire [...].“[149] Auf die Frage, warum Gott ihn nicht 'besser' durchs Leben geführt, d.h. in so viele Gefahren laufen lassen hat, die ihn manchmal dem Tod sehr nahe brachten, weiß er eine Antwort: „Dieu ne voullans en aucun temps ny lieu le [sc. Aubigné] laisser sans perils.“[150] Daß Gott sich eben nicht immer gütig zeigt, vom Menschen Opfer abverlangt und der Mensch diese zu bringen bereit sein muß, dies hat ihm

---

[147] S. 76-77.

[148] Vgl. auch Thierry, „Agrippa d'Aubigné: De l'histoire aux mémoires et à l'autobiographie“, S. 35, und Schrenck, „Agrippa d'Aubigné, *Sa vie à ses enfants*. Approches et mise en perspective“, S. 9.

[149] D'Aubigné, *Testament de Théodore Agrippa d'Aubigné*, in: Agrippa d'Aubigné, *Œuvres complètes*, Bd. 1, S.118.

ja schon auf der Flucht vor den massakrierenden katholischen Truppen sein damaliger Erzieher Béroalde eingeschärft: „'Mon ami ne sentez vous point l'heur que ce vous est, de pouvoir des l'aage où vous estes perdre quelque chose pour celuy qui vous a tout donné?'"[151]

[150] D'Aubigné, *Sa vie à ses enfants*, S. 213.
[151] S. 54.

5 DIE VERFOLGTEN VERFOLGER

5.1 Hilfe und Rache: zwei Formen des göttlichen Wirkens

In Kapitel IV / 4.1.2.1 ist mit Bezug auf Forsyth gesagt worden, daß es in d'Aubignés *Tragiques* zwei auf dem alten Testament basierende Momente gibt, die sich zwar oft auf dieselbe Art und Weise in der diesseitigen Welt manifestieren, aber sorgfältig voneinander zu trennen sind: die göttliche Züchtigung und die göttliche Rache. Es ist gezeigt worden, daß es sich nach d'Aubignés Verständnis bei dem Tod der Protestanten, gleichviel ob sie bei den Massakern umkamen oder in den Schlachten starben, um eine göttliche Züchtigung handelt. Der Tod der Katholiken hingegen, namentlich der den Protestanten besonders feindlich gesonnenen, resultiert - wie im folgenden noch gezeigt wird - aus der göttlichen Rache. Begreift man nun die göttliche Rache als negatives göttliches Wirken und die göttliche Züchtigung sowie das Eingreifen Gottes in die Schlachten und ins Martyrium, die beide eine Form von Hilfe sind, als positives göttliches Wirken, dann kann man sagen, daß es zwei Arten und Weisen des göttlichen Wirkens gibt. Das heißt, daß dem positiven göttlichen Wirken, das in Form der göttlichen Züchtigung oder in Form des göttlichen Einschreitens in die Kriege oder ins Martyrium dem Protestanten Hilfe bringt, das negative göttliche Wirken gegenübersteht, das sich durch die göttliche Rache an den Katholiken manifestiert - oder wie d'Aubigné aus protestantischer Sicht urteilend sagt: „[...][par] les choses merveilleuses qui apparurent [...] en faveur des Reformés"[1]. Nun ist aber das negative Wirken - falls man es so formulieren darf - keine chronologische Fortsetzung des positiven Wirkens, in der Form z.B., daß der Hilfe, die Gott dem Märtyrer oder sonstigem Protestanten als Verfolgtem gewährt, die Rache am Katholiken als Verfolgendem folgt; es handelt sich hier vielmehr um zwei aufeinanderfolgende Zeit*abschnitte* (und nicht Zeit*schritte*), wie d'Aubigné zu verstehen gibt:

> Un temps, de son Eglise il [sc. le haut tonnant] soustint l'innocence,
> Ne marchant qu'au secours et non à la vengeance;
> Ores aux derniers temps, et aux plus rudes jours,
> Il marche à la vengeance et non plus au secours.
> (VI, 1129-1132)

---

[1] D'Aubigné, *Histoire universelle*, Bd. 1, S. 238 (I, 10).

Durch dieses Zitat in den „Vengeances“ wird deutlich, daß es eine ‘Zeit der Hilfe’ (d.h. des positiven göttlichen Wirkens) und eine ‘Zeit der Rache’ (d.h. des negativen göttlichen Wirkens) gibt.

D’Aubigné hat schon durch die beiden vorhergehenden Bücher „Les Feux“ und „Les Fers“ zu verstehen gegeben, daß die französische Reformationszeit zweigeteilt werden muß: Hier ist zum einen die helle Zeit der Scheiterhaufen (die d’Aubigné auch als den Frühling und den Sommer der ‘wahren’, d.h. der protestantischen Kirche bezeichnet)[2], zum anderen die dunkle Zeit der Religionskriege[3] zu nennen (die d’Aubigné metaphorisch als den Herbst[4] der Kirche beschreibt). Versteht man die Zweiteilung der Reformationszeit bei d’Aubigné in die ‘Zeit der „Feux“’ und die ‘Zeit der „Fers“’ im historiographischen Sinn - als Trennungslinie gilt der Beginn der Religionskriege -, dann ist sie nicht mehr in Einklang mit der in den „Vengeances“ gemachten Zweiteilung in eine ‘Zeit der Hilfe’ und eine ‘Zeit der Rache’ zu bringen; denn es ist gezeigt worden (in dem Kapitel über die Märtyrer und die protestantischen Soldaten), daß Gott sowohl zur ‘Zeit der „Feux“’ als auch zur ‘Zeit der „Fers“’ geholfen hat, und es wird weiter unten gezeigt, daß Gott auch zu beiden Zeiten Rache genommen hat. Angesichts der Tatsache, daß die ‘Zeit der Hilfe’ sowohl die ‘Zeit der „Feux“’ als auch die ‘Zeit der „Fers“’, d.h. die ganze Reformationszeit, umfaßt und dasselbe für die ‘Zeit der Rache’ gilt, kann die in den „Vengeances“ gemachte Zweiteilung nicht so aufgefaßt werden, daß die ‘Zeit der Hilfe’ und die ‘Zeit der Rache’ zwei aufeinanderfolgende Zeitperioden sind. Wenn die beiden erwähnten Zeitabschnitte paradoxerweise nicht chronologisch verstanden werden dürfen, dann sind sie als zeitliche Parallelen zu begreifen, die sich nicht mehr durch einen zeitlichen, sondern durch einen ethischen Aspekt unterscheiden: von der ‘Zeit der Hilfe’ unterscheidet sich nämlich die ‘Zeit der Rache’ dadurch, daß sie durch eine *besondere* Feindseligkeit der Katholiken gegenüber den Protestanten gekennzeichnet ist, wobei

---

[2] Vgl. d’Aubigné, *Les Tragiques*, IV, 1227.
Die metaphorische Beschreibung der Kirche in ihrer institutionellen Entwicklung auf Erden durch die Jahreszeiten findet sich schon bei Théodore de Bèze, wie Soulié, S. 307, feststellt: „Après avoir expliqué que l’Eglise, tant qu’elle sera ici bas, connaîtra des saisons: un printemps, un été, un automne et un hiver, le prédicateur précise ce qu’est *le printemps de l’Eglise*: le temps où la parole est remise en honneur dans sa pureté, du temps de Josué, de Samuel, de David, de Salomon et, enfin, au moment de la Réforme [...].“

[3] Vgl. d’Aubigné, *Les Tragiques*, V, 1-4.

[4] Vgl. IV, 1227-1238.

diese besondere Feindseligkeit aus dem Ausdruck „aux plus rudes jours“[5] hergeleitet werden kann und durch die von d'Aubigné angeführten und weiter unten herausgearbeiteten Beispiel bekräftigt wird. Verwirrend ist also, daß d'Aubigné durch die Verse

> *Un temps*, de son Eglise il [sc. le haut tonnant] soustint l'innocence,
> Ne marchant qu'au secours et non à la vengeance;
> *Ores aux derniers temps*, et aux plus rudes jours,
> Il marche à la vengeance et non plus au secours.
> (VI, 1129-1132)[6]

zunächst einmal zwei aufeinanderfolgende Zeitabschnitte suggeriert, die jedoch jeglicher chronologischen Substanz entbehren und zu einer Zeit_H sowie zu einer Zeit_R übergehen, die sich durch das Moment der Feindseligkeit (gewöhnliche Feindseligkeit und besondere Feindseligkeit) unterscheiden. Es ist auch noch darauf hinzuweisen, daß die 'Zeit der Hilfe' und die 'Zeit der Rache' (die sich ja beide über die ganze Reformationszeit erstrecken) in der Struktur voneinander abweichen, insofern als erstere eher kontinuierlich, letztere eher diskontinuierlich, d.h. punktuell ist, wobei die Diskontinuität aus dem Ausdruck „aux plus rudes *jours*“[7] hergeleitet und durch die von d'Aubigné angeführten und weiter unten herausgearbeiteten Beispiele bekräftigt wird. Die in den „Vengeances“ gemachte Zweiteilung läßt sich schließlich folgendermaßen veranschaulichen:

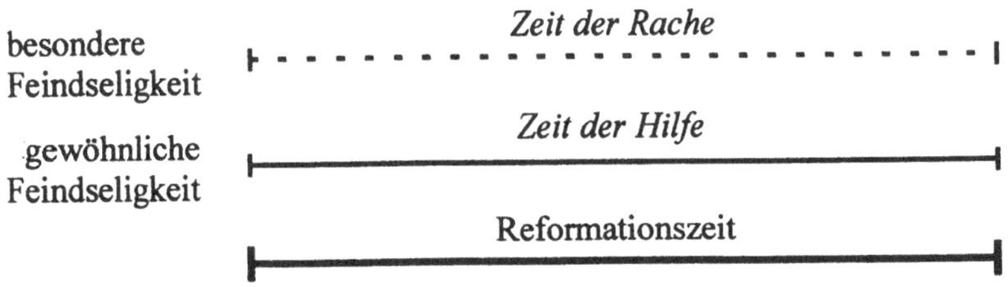

[5] VI, 1131.
[6] Hervorheb. d. Verf.
[7] VI, 1131; Hervorheb. d. Verf.

Verwirrend ist aber in den *Tragiques* nicht nur, daß der in den „Vengeances“ suggerierten Zweiteilung in eine ‘Zeit der Hilfe’ und eine ‘Zeit der Rache’ ein ethisches Moment als Unterscheidungskriterium zugrunde liegt, sondern auch die Tatsache, daß diese Zweiteilung nicht in Einklang mit der in den Büchern „Les Feux“ und „Les Fers“ gemachten Zweiteilung zu bringen ist. Das heißt schließlich, daß in den *Tragiques* zwei zeitliche Modelle vorliegen, die nun folgendermaßen veranschaulicht werden können:

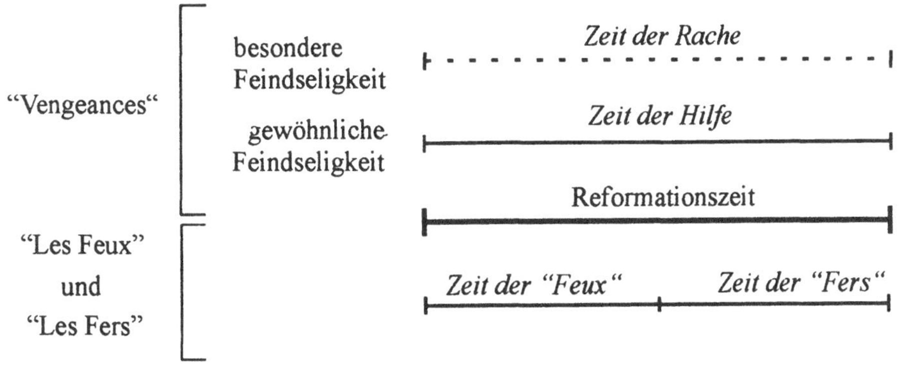

Nachdem das in den „Vengeances“ vorliegende zeitliche Modell herausgearbeitet, erläutert und mit demjenigen verglichen worden ist, das den Büchern „Les Feux“ und „Les Fers“ zugrunde liegt, soll nun gezeigt werden, was oben stets vorausgeschickt und vorweggenommen worden ist: daß, erstens, bei einer besonderen Feindseligkeit der Katholiken gegenüber den Protestanten Gott sich an jenen gerächt hat und daß, zweitens, Gott sich über die ganze Länge der Reformationszeit an den Katholiken gerächt hat.

5.2 Die Verfolger als Zeugen für das Wirken Gottes oder ihr 'anderer' Tod

5.2.1 Die Verfolger und ihr 'anderer' Tod durch das Wirken Gottes

5.2.1.1 Fanatische Katholiken als Verfolger

Eine besondere Feindseligkeit gegenüber der Reformation zeigte Antoine du Prat, „chancelier de France", der als erster dem Parlament die Protestanten als Häretiker anzeigte und somit einen Verrat an den Reformatoren übte. Ihn, der für diesen schwarzen Tag in der Reformationsgeschichte verantwortlich ist, traf die göttliche Strafe:

> [...] La vengeance divine
> N'employa seulement les vers sur la vermine:
> Du Prat fut le gibier des mesmes animaux,
> Le ver qui l'esveilloit, qui luy contoit ses maux,
> Le ver qui de long temps picquoit sa conscience
> Produisit tant de vers qu'ils percerent sa panse, [...].
> (VI, 837-842)

Verrat, wenngleich etwas anders gelagert, beging auch der Parlamentsabgeordnete Aubépin, auf dessen Anordnung im Jahre 1560 hin die Märtyrer geknebelt wurden. Hierdurch nahm man ihnen die Möglichkeit, den Scheiterhaufen als Kanzel für die Verkündigung ihrer Botschaft zu nutzen.

> O combien d'efficace est la voix qui console
> Quand le conseiller joinct l'exemple à la parole,
> Comme fit celle-là qui, pour ainsi prescher,
> Fit en ces mesmes jours sa chaire d'un buscher.
> (IV; 585-588)

Aubépin zeigte also durch seine Anordnung eine besondere Feindseligkeit gegenüber den protestantischen Märtyrern, die aber nicht ungesühnt bliebt:

> Voyant en ces costés cette petite armée
> Grouïller, l'ire de Dieu en son corps animee,
> Choisit pour ses parrains les ongles de la faim.
> Lié par ses amis de l'une et l'autre main,
> Comme il [sc. Aubepin] grinçoit les dents contre la nourriture,
> Ses amis d'un baillon en firent ouverture:
> Mais, avec les coulis, dans sa gorge coula

> Un gros amas de vers qui à coup l'estrangla.
> (VI, 849-856)

Der Reformation besonders feindselig zeigten sich auch der Bischof von Tours, Etienne Poncher, und der Abgeordnete Bellomonte des Parlaments der Provence, die beide der Reformation durch die Vernichtung ihrer Anhänger zusetzen wollten; der eine schlug gut ein Dezennium vor Beginn der Religionskriege die Einrichtung einer „chambre ardente"[8] vor, der andere frönte exzessiv dem Inquirieren:

> Bellomente, bruslant des infernaux tisons,
> Eut pour jeu les procés, pour palais les prisons,
> Cachots pour cabinets, pour passetemps les geinnes.
> Dans les crotons obscurs, au contempler les peines,
> Aux yeux des condamnez il prenoit ses repas;
> Hors le sueil de la geole il ne faisoit un pas.
> Le jour luy fut tardif et la nuict trop hastive
> Pour haster les procés [...].
> (VI, 871-878)

Die Autoren dieser „rauhsten Tage" bekamen auch die Strafe Gottes zu spüren.[9]

Diesen beiden Fällen ähnlich sind die folgenden beiden, weil auch hier versucht wurde, der Reformation durch die Vernichtung ihrer Anhänger einen entscheidenden Schlag zu versetzen; diesmal jedoch mit militärischen Maßnahmen: So vollstreckte der „stupide Mesnier"[10], d.i. Jean Maynier d'Oppède, der Präsident des Parlaments von Aix-en-Provence, im Jahre 1545 den Vernichtungsbefehl gegen die Waldenser und führte den Vernichtungsfeldzug gegen sie an. Ihn ereilte die Strafe Gottes[11] genauso wie den Grafen Felix von Württemberg, einen Feldherrn Karls des Fünften, der seine Stiefel bis zu den Sporen im Blut der Protestanten versunken sehen wollte:

> Quand le comte Felix (nom sans felicité),
> De colere et de vin yvre, se fut vanté
> Qu'au lendemain ses pieds prenans couleurs nouvelles
> Rougiroyent les esperons dans le sang des fidelles,

---

[8] Als „chambre ardente" bezeichnete man die Kammer des Parlaments, die eigens für die Verurteilung der Häretiker eingerichtet wurde und diese zum Verbrennen auf dem Scheiterhaufen verurteilen konnte; vgl. auch Nathanaël Weiss, *La Chambre ardente, étude sur la liberté de conscience en France sous François Ier et Henri II (1540-1550)*, Genf ^{2}1970 [Reprint Paris ^{1}1889], S. 71-78.

[9] Vgl. d'Aubigné, *Les Tragiques*, VI, 890-896 u. VI, 878-888.

[10] VI, 801.

[11] Vgl. VI, 801-802.

> Dieu entreprit aussi et jura à son rang:
> Ce sanglant dés la nuict estouffa dans son sang.
> (VI, 795-800)

Die aufgeführten Beispiele zeigen, daß Gott Rache an den Katholiken nahm, die der Reformation einen Schlag versetzten oder versetzen wollten (denn die Absicht als solche genügt schon), d.h. an den Tagen, die sich für die Protestanten als besonders rauh erwiesen; des weiteren daß diese schwarzen Tage sich über die ganze Länge der Reformationszeit verteilten.

5.2.1.2 Die französischen Könige als Verfolger

Wenn Gott zur Bestrafung derjenigen übergeht, die für die schwarzen Tage der Protestanten verantwortlich sind, dann gehören zu den Bestraften auch die französischen Könige, die als Souverän für vieles Geschehen direkt oder, infolge ihres tatenlosen Zusehens, zumindest indirekt verantwortlich sind. So sieht auch konsequenterweise d'Aubigné alle französischen Monarchen der Reformationszeit vom göttlichen Zorn gestraft: Während der Tod Franz' I. nur anmutet, als sei er von göttlicher Hand ausgeführt worden,

> Gueres ne dura Henry d'Angleterre, quand de protecteur il fut persecuteur, aussi peu que le grand et premier François qui mourut dans le preparatif d'une grande persecution[12]

wird Gott explizit als Henker der nachfolgenden Könige genannt. So schreibt d'Aubigné über Heinrich II., der während eines Turnierkampfes tödlich am Auge verletzt wurde, über Franz II., der einem Abszeß am Ohr erlag, und über den dem französischen Königshaus nahestehenden Antoine von Navarra, der bei der Belagerung von Rouen eine tödliche Schulterverletzung davontrug:

> Je suis importuné de dire comme Dieu
> Aux Rois, aux ducs, aux chefs, de leur camp au milieu,
> Rendit, exerça, fit, droict, vengeance et merveille,
> Crevant, poussant, frappant, l'œil, l'espaule et l'oreille;
> [...].
> (VI, 927-930)

---

[12] Agrippa d'Aubigné, *Lettre au Roy Louis XIII*, in: Agrippa d'Aubigné, *Œuvres complètes*, Bd. 1, S. 501-511, hier S. 509.

Karl IX., der Hauptverantwortliche des Massakers der Bartholomäusnacht, bekam zum ersten Mal schon eine Woche nach dem besagten Blutbad den göttlichen Zorn zu spüren, der an das folgende Ereignis gebunden ist:

> [...] le Roi, deux heures après estre couché, saute en place, fit lever ceux de sa chambre, et envoya querre son beau-frere entr'autres, pour ouyr en l'air un bruit de grand esclat, et un concert de voix criantes, gemissantes et hurlantes, et parmi d'autres voix furieuses menaçantes et blasphemantes, le tout pareil à ce qu'on oyoit la nuict des massacres. Tels sons furent si distincts et articulez que le Roi croyant un desordre nouveau sur ceux de Montmoranci, fit appeller des Gardes pour courir en ville, et empescher le meurtre: mais ceux-là ayans r'apporté que la ville estoit en paix, et l'air seul en trouble, lui demeura troublé [...].[13]

Dieses pararevolutionäre Geschrei, das - wie man schließlich feststellte - von einer großen Schar auf dem Louvre sitzender Krähen ausgestoßen wurde und den König um so mehr verstörte, als es an sieben aufeinanderfolgenden Tagen stets zur selben Uhrzeit[14] erhallte, rief in ihm schließlich Gewissensbisse hervor, die bis zu seinem Tod andauerten.[15] Daß es sich hierbei um eine göttliche Strafe handelt, ergibt sich aus dem Begriff selbst, denn Gewissensbisse sind aufgrund ihrer Definition eine göttliche Strafe.[16] D'Aubigné erachtet ein plagendes Gewissen nicht nur als eine, sondern sogar als die schlimmste Strafe Gottes: „Il ne faut point penser que vers, couteaux ni flames / Soyent tels que les flambeaux qui attaquent les ames./ Rien n'est si grand que l'ame [...].“[17] Dieser ersten von Gott auferlegten Strafe folgte im Mai 1574 die zweite:

---

[13] D'Aubigné, *Histoire universelle*, Bd. 3, S. 368 (VI, 6).

[14] Vgl. ebd; in den *Tragiques*, V, 1015, spricht d'Aubigné von zehn bis zwölf Tagen, an denen die Krähen ihr Geschrei ausstießen.

[15] Vgl. d'Aubigné, *Tragiques*, V, 1021-1024; vgl. auch d'Aubigné, *Histoire universelle*, Bd. 3, S. 366-367 (VI, 6).

[16] Die Vorstellung von Gewissensbissen als göttlicher Strafe geht schon auf das Mittelalter, namentlich auf Thomas von Aquin, zurück, wobei diese Vorstellung aus der sinnbildlichen Auffassung der in der Bibel erwähnten Würmer, mit denen Gott die Verdammten bestraft, resultiert. So heißt es in Thomas von Aquin, *Summa theologiae*, S. 2753 (Buch 3/ Ergänzung [supplementum tertiae partis], Frage 97, Art. 2, Schlußfolgerung): „[...] vermis qui in damnis ponitur, non debet intelligi esse materialis, sed spiritualis, qui est conscientiae remorsus [...].“
Auch für Luther „führt das böse Gewissen nicht [...] zu Gott, vielmehr offenbart sich gerade in ihm Gott selbst“ (*Theologische Realenzyklopädie*, Bd. 13, s.v. „Gewissen“, S. 223).

[17] D'Aubigné, *Les Tragiques*, VI, 981-983.
D'Aubignés Vorstellung, daß das Gewissen und die Seele in direktem Verhältnis zueinander stehen und Gewissensbisse einen negativen Impakt auf die Seele haben („flambeaux qui attaquent les ames“), ist theologisch keineswegs neu, sondern findet sich schon bei Thomas von Aquin, *Summa theologiae*, S. 2753 (Buch 3/ Ergänzung [supplementum tertiae partis], Frage 97, Art. 2,

Lungenschwindsucht und der damit zusammenhängende Bluthusten ließen Karl IX. leiden und schließlich qualvoll sterben. Seinen jüngeren Bruder Franz, den Herzog von Anjou, der nun Dauphin war, ereilte zehn Jahre später dasselbe Schicksal. Die Gottgegebenheit ihres Todes wird durch die folgenden Verse zum Ausdruck gebracht:

> [...] Et pleust au juste Dieu
> Ne me sentir contrainct d'attacher en ce lieu
> Deux semblables portraict des princes de nostre aage,
> Princes qui comme jeu ont aimé le carnage,
> Encontre qui Paris et Anvers tous sanglans
> Solicitent le ciel de courroux violans!
> Leur rouge mort [...].
> (VI, 803-809)

Ebensowenig konnte der letzte Valois-König dem von Gott befohlenen Mord entgehen, der von dem Jakobiner-Mönch Jacques Clément als Instrument Gottes ausgeführt wurde;[18] so schreibt d'Aubigné in metaphorischer Sprache:

> Aigle né dans le haut des plus superbes aires,
> Ou bien œuf supposé puis que tu degeneres,
> Degenere Henri, hypocrite bigot,
> Qui aime moins jouër le Roy que le cagot,
> Tu vole un faux gibier, de ton droit tu t'eslongne;
> Ces corbeaux se paistront un jour de ta charogne,
> Dieu t'occira par eux [...].
> (II, 983-989)[19]

Ähnlich wie Heinrich III. erging es Heinrich IV., der von der „Gerechtigkeit des Himmels" mit dem Tode bestraft wurde:

> Le Monarque du Ciel en soy rend la justice,
> Le Prince de l'Enfer exerce le supplice,
> [...]

Schlußfolgerung): „[...] conscientiae remorsus: qui dicitur *vermis*, inquantum oritur ex putredine peccati et animam affligit, sicut corporalis vermis ex putredine ortus affligit pungendo".

[18] Fragonard, „Stratégie de la diffamation et poétique du monstrueux: D'Aubigné et Henri III", S. 52, vertritt eine gegenteilige Meinung, wenn sie über d'Aubignés Bild von Heinrich III. schreibt: „[...] il n'y a [...] rien que d'humain dans le châtiment qui l'attend [sc. Henri III]: il n'est pas question de voir en Jacques Clément l'instrument de la justice de Dieu [...]." Diese Aussage ermangelt allerdings eines konkreten Beleges am Text und steht im Widerspruch zu dem o.a. Zitat aus dem Buch „Les Princes" der *Tragiques*.

[19] D'Aubigné zielt hier auf die Paronomasie *(Ja-) cobin / corbaux* ab.

Un bras d'Enfer gravant du haut Ciel la justice
Sur le sein condamné d'un miserable Roy.[20]

Analog zu Jacques Clément wird hier Ravaillac als die rechte Hand Gottes dargestellt,[21] wie auch Samuel Kinser bemerkt: „The murderer appears as an instrument of divine condemnation [...]."[22]

Die göttliche Strafe trifft aber nicht nur die Könige, sondern auch diejenigen, welche *de facto* die Macht für sie ausüben; das ist nach dem Tod Heinrichs IV. der Günstling der Regentin Maria de Medici Concino Concini. In Hinblick auf ihn schreibt Kinser, der d'Aubignés lange in Vergessenheit geratene *Complaintes* editorisch aufarbeitete: „[...] the *Complaintes* portrays God directing the assassination of Concini."[23] In diesem Zusammenhang sind die folgenden Verse anzuführen:

Les Princes prisonniers, ou bannis de la France,
Par le decret sanglant du Conseil de Florence,
Reclament les effects de ton bras Tout-puissant,
Et le peuple rongé iusques dans les entrailles,
A qui la France n'est qu'un lieu de funerailles,
Te prie avoir pitié de l'Estat perissant.

Sang, couche et fils du Roy, vous mon peuple et mes Princes,
Mettez fin à vos cris, car les noires Provinces
De l'effroyable enfer, logeront desormais,
L'adultère assassin, le Tyran execrable,
Forgeur de vos mal-heurs, duquel l'ame coulpable,
Verra tost embrasé son corruptible faix.[24]

---

[20] Agrippa d'Aubigné, *Discours par stances avec l'esprit du feu Roy Henry Quatriesme*, in: Agrippa d'Aubigné, *Œuvres complètes*, Bd. 4, S. 313-325, hier 324 u. 321.

[21] Aus der Darstellung von Clément und Ravaillac als die rechte Hand Gottes wird deutlich, daß d'Aubigné das Verhältnis vom Bösen und Gott genauso bewertet wie Calvin. Nach dessen Vorstellung nutzt nämlich Gott das Böse in der Welt, um seine Pläne zu verwirklichen; so schreibt Elliott Forsyth, „Calvin's Concept of the Justice of God", *Australian Journal of French Studies* 31 (1994), S. 274-291, hier S. 287: „Rejecting the ideas of those who declare that God *allows* the evil actions of the wicked without *wanting* them to occur, he insists, quoting numerous biblical examples, on the idea that God *exploits* the evil ways of the wicked to exercise his judgements [...]."

[22] Samuel Kinser, „Agrippa d'Aubigné and the apostasy of Henry IV", *Studies in the Renaissance* 11 (1964), S. 245-268, hier S. 245.

[23] Samuel Kinser, „D'Aubigné and the murder of Concini: *Complaintes du sang du Grand Henry*", *Studies in Philology* 62 (1965), S. 662-695, hier S. 675.

[24] Agrippa d'Aubigné, *Complaintes du sang du Grand Henry de tres-heureuse memoire et de tous les bons François exaucées*, in: Samuel Kinser, „D'Aubigné and the murder of Concini:

Es handelt sich also bei dem Tod der Könige und Concinis um eine göttliche Strafe, was d'Aubigné in einem an Ludwig XIII. adressierten Brief mit Bezug auf sämtliche französischen Monarchen der Reformationszeit nochmals explizit und konzis zu verstehen gibt: „Je vous ay nagueres proposé des tableaux, mais je voudrois que vostre gallerie fust garnies des morts exemplaires envoyees du Ciel aux persecuteurs de l'Eglise de Dieu."[25] .

5.2.2 Das Gesetz des *contrappasso* als Zeugnis für das Wirken Gottes

5.2.2.1 *Contrappasso* als Phänomen der Reformationszeit

D'Aubigné geht in den *Tragiques* über die Möglichkeit hinweg, den Tod aller genannten Verfolger durch natürliche Ursachen zu begründen. Er erwähnt zwar die Möglichkeit, ihr Sterben durch den Zufall als solchen zu erklären, verwirft sie aber sofort, indem er die Kraft der heidnischen Göttin Fortuna, zur Renaissance-Zeit oft als Frau mit verbundenen Augen auf einem drehenden Rad stehend dargestellt, in einer rhetorischen Frage verneint:

> Tels jugemens sont-ils d'un esgaré cerveau
> A qui vos peintres font un ignorant bandeau?
> Sont-ce là des arrests d'une femme qui roule
> Sans yeux, au gré des vents, sur l'inconstante boule: [...].
> (VI, 1083-1086)

Daß es sich bei dem Tod sämtlicher Verfolger schließlich und 'tatsächlich' um eine göttliche Strafe handelt, läßt sich an der *iterativen Analogie zwischen verursachtem Leiden und nachfolgendem eigenem Leiden* ablesen (die im folgenden für sämtliche französischen Herrscher der Reformationszeit aufgezeigt wird)[26]:

Complaintes du sang du Grand Henry", *Studies in Philologiy* 62 (1965), S. 662-695, hier S. 689-694, hier S. 690.

[25] D'Aubigné, *Lettre au Roy Louis XIII*, in: Agrippa d'Aubigné, *Œuvres complètes*, Bd. 1, S. 509.

[26] D'Aubigné, *Les Tragiques*, VI, 1073-1102, betont, daß diese Analogie bei sämtlichen Verfolgern zu beobachten sei.

D'Aubigné schreibt über Heinrich II., der den sich offen zur Reformation bekennenden Anne du Bourg, ein Mitglied des „Mercuriale"[27], durch sein persönliches Auftreten festnehmen ließ und durch dessen angestrebte Verbrennung dem Volk ein Zeichen setzen wollte:[28]

> [...] le Roi Henri ayant commandé le Comte de Montgommeri de rompre un bois contre lui, et le Comte refusé plusieurs fois, rompit en la visière si rudement que la morne descrocha de la haute piece: la visiere levee en haut, le contre-coup donna en l'œil: [...] On remarquoit aussi le serment qu'il avoit fait publiquement que de ses yeux il verroit brusler du Bourg [...].[29]

In der *Histoire universelle* wird erst einmal nur darauf hingewiesen, daß die Erkrankung von Franz II. mit der Hinrichtung des Amtmanns („bailli") von Orleans zeitlich zusammenfällt:

> [...] ce Prince [sc. François II], pensant aller à la chasse, pour n'assister point au supplice du Baillif d'Orléans, condamné à ce jour-là, en mesme temps la fievre et la suppuration de son oreille avoyent commencé [...].[30]

In einem an Ludwig XIII. gerichteten Brief wird deutlich, daß die Ursache seines Todes, ein Abszeß am Ohr, die Antwort auf das Leid ist, das 'durch das Ohr' ausgelöst wurde:

> François second pour avoir presté l'oreille aux sanglants conseils et l'avoir fermee aux gemissements des affligez, et pour voir l'effect de ceste sentence:
> *Quand Dieu frappe l'oreille, et l'oreille n'est preste*
> *D'aller toucher le cœur, il nous frappe la teste.*

Als Hauptverantwortlicher der blutigen Bartholomäus-Nacht fand Karl IX. genauso wie sein jüngerer Bruder Franz, der Verantwortliche des Blutbades von Antwerpen („la furie d'Anvers"), einen blutigen Tod:

> Deux semblables portraict des princes de nostre aage,
> Prince qui comme jeu ont aimé le carnage,
> Encontre qui Paris et Anvers tous sanglans
> Solicitent le ciel de courroux violans!

---

[27] D'Aubigné, *Histoire universelle*, Bd. 1, S. 245 (II, 12), schreibt erklärend: „ [...] [la] Mercuriale [...] est une censure des Juges, establie par Louys XII." Der *Mercuriale* tagte unter Heinrich II. alle drei Monate an einem Mittwoch (=mercredi), woraus schließlich der Name *Mercuriale* resultierte.
[28] Vgl. ebd.
[29] S. 250 (II, 13).
[30] S. 301 (II, 22).

> Leur rouge mort fut marque de leur vie,
> Leur puante charogne et l'ame empuantie
> Partagerent, sortans de l'impudique flanc,
> Une mer de forfaicts et un fleuve de sang.
> (VI, 805-812)

D'Aubigné hat die Analogie zwischen verursachtem und nachfolgendem eigenem Leiden für den genannten Fall auch auf die prägnante Formel gebracht: „Rendre dedans le sang les sanglans submergés".[31]

Die Analogie zwischen verursachtem und nachfolgendem eigenem Leiden zeigt d'Aubigné auch im Fall von Heinrich III. auf: „Quelques curieux ont remarqué qu'il receut le coup de la mort en la mesme maison, chambre et place et au mesme mois que, dix-sept annees auparavant, il avoit consulté violemment, sollicité et resolu le massacre de la Sainct Barthelemi."[32]

Endlich sieht d'Aubigné die perfekte Analogie in der blutigen Ermordung Heinrichs IV., der als Abtrünniger das Blut seiner ehemaligen Konfessionsgenossen sowie Gott selbst 'verraten' hat:[33]

> [...] le Roy [sc. Henri IV] monstroit sa levre persée au flambeau, il souffrit et ne print point en mauvaise part ces paroles, *Sire, vous n'avez encore renoncé Dieu que des levres, il s'est contenté de les percer; mais quand vous le renoncerez du cœur, il vous percera le cœur.*[34]

In seiner *Lettre au Roy Louis XIII* legt d'Aubigné zusammenfassend dar, daß Gott sämtliche französischen Herrscher für ihre Hugenotten-Verfolgungspolitik nach dem Gesetz - wie es bei Dante heißt - des *contrappasso*[35] gesühnt hat, also daß Gott den französischen Herrschern gewissermaßen das gleiche Leid angetan hat, das sie zuvor den Protestanten zugefügt hatten:

> Gueres ne dura Henry d'Angleterre, quand de protecteur il fut persecuteur, aussi peu que le grand et premier François qui mourut dans le preparatif d'une grande persecution. Henry son fils fut tué par les yeux qu'il preparoit à voir les embrasements; [...] François second pour avoir presté l'oreille aux sanglans conseils et l'avoir fermee aux gemissements des affligez, et pour voir l'effect de

---

[31] D'Aubigné, *Les Tragiques*, VI, 1099.
[32] D'Aubigné, *Histoire universelle*, Bd. 8, S. 69 (XII, 22).
[33] Vgl. d'Aubigné, *Les Tragiques*, VI, 817-820.
[34] D'Aubigné, *Sa vie à ses enfants*, S. 158.
[35] Das Wort *contrappasso* bedeutet nicht etwa 'Gegenschritt', sondern vielmehr 'Gegenleiden', denn seine Etymologie ist: *contra* und *passum* (Partizip Perfekt Passiv von *pati=leiden)*.

> ceste sentence: *Quand Dieu frappe l'oreille, et l'oreille n'est preste /D'aller toucher le cœur, il nous frappe lateste.* [...] Charles neufvieme qui espandit tant de sang veit sortir le sein par tous les pores de son corps, nous l'avons veu en cest estat maugreant contre ceux qui l'avoient nourri au sang. [...] L'autre Roy suivant, [...], un vilain Moyne espandit le sein au mesme moys, au mesme lieu, en la chambre et en l'endroit de la chambre où il avoit fait toucher à la main pour la Sainct-Barthelemy. [...] La funeste mort de vostre dernier et excellent predecesseur [...] vous apprend [...] comment Dieu sçait vendanger les esprits de ceux qui l'abandonnent, par les mesmes iniques moyens dans lesquels ils cerchent asseurance contre la main puissante de l'Eternel.[36]

5.2.2.2 *Contrappasso* als Phänomen des alttestamentlichen Judentums und des frühen Christentums

Daß die Bestrafung der Verfolger-Herrscher nach dem Gesetz des *contrappasso* keineswegs ein neuartiges göttliches Phänomen ist, sondern nur die Wiederholung von etwas schon Dagewesenem, darauf verweist d'Aubigné im Buch „Vengeances". Gott hatte nämlich schon zur Zeit des Alten Testaments, wie er anhand mehrerer biblischer Ereignisse zeigt, die Verfolger nach diesem Prinzip bestraft.

Hier findet sich zu allererst der von Kain begangene Mord an seinem Bruder Abel, die erste Bluttat in der Menschengeschichte überhaupt, die - nach d'Aubignés Version - nur mit Gleichem vergolten werden kann: „De quelqu'autre Cain, il craignoit la fureur."[37]

Ein Beispiel für Gottes Vergeltungsgesetz ist auch die von ihm ausgelöste Sintflut, die d'Aubigné mit den Worten „l'eau s'enfle sur les enflés"[38] beschreibt.

D'Aubigné führt dann die biblische Geschichte von den Sodomiten an, die sich über die beiden von Lot beherbergten Engel „hermachen"[39] wollten und beim gewaltsamen Eindringen in das Haus von Gott bestraft wurden: „[...] ces hommes desreiglés / Pour un aveugle feu moururent aveuglés."[40]

---

[36] D'Aubigné, *Lettre au Roy Louis XIII*, in: Agrippa d'Aubigné, *Œuvres complètes*, Bd. 1, S. 509-510.

[37] D' Aubigné, *Les Tragiques*, VI, 211.

[38] VI, 239,

[39] In 1. Mose 19, 5 heißt es: „Wo sind die Männer, die zu dir gekommen sind diese Nacht? Führe sie heraus, daß wir uns über sie hermachen."

[40] D'Aubigné, *Les Tragiques*, VI, 260.

Datan und Abiram, die sich mit 250 Israeliten gegen Moses auflehnten,[41] die allesamt des Lebens in der Wüste überdrüssig waren, bekamen alsbald die Vergeltung Gottes zu spüren:

> Le feu est bien plus prompt à partir de son lieu
> Pour mettre à rien le rien des rebelles à Dieu:
> Dathan et Abiron donnerent tesmoignage
> De leur obeissance et de leur prompt ouvrage.
> L'air fut obeissant à changer ses douceurs
> En poison, respiree aux braves ravisseurs.
> (VI, 319-324)

Auch die biblische Erzählung in 1. Kön 21, die von König Ahab und seiner Frau Isebel berichtet, die den Jesreeliter Nabot wegen seines Weinberges töten ließ und anschließend selbst getötet wurde, läßt die göttliche Vergeltung erkennen: „Que tout sang va tirant aprés soi d'autre sang;“[42] und wie die Mutter die Strafe nach dem Prinzip des *contrappasso* erfuhr, so auch die Tochter:[43] „ Athalia suivit le train de cette-ci [sc. de Jézabel] / Elle attisa le feu, et fut bruslee aussi.“[44]

Deutlich macht d'Aubigné auch die Analogie zwischen verursachtem Leiden und nachfolgendem eigenem Leiden am Beispiel des Königs Nebukadnezar[45]:

> Chasseur il est chassé; il fit fuir, il fuit;
> Tel qu'il a poursuyvi maintenant le poursuit;
> Il fut Roy, abruti il n'est plus rien en somme,
> Il n'est homme ne beste et craint la beste et l'homme;
> (VI, 411-414)

Hieran schließt sich das Schicksal des Königs Vertrauten Haman an, der Mordechai, einen Freund der Königin Ester, umbringen wollte und am Ende selbst umgebracht wurde.[46]

Endlich führt d'Aubigné das Beispiel des Adoni-Besek an, dessen Untaten mit Gleichem vergolten wurden. Nachdem er nämlich siebzig Königen die Daumen an

---

[41] Vgl. 4. Mose 16.
[42] D'Aubigné, *Les Tragiques*, VI, 340.
[43] Die biblische Erzählung gemäß 2. Kön 11, 16 lautet ganz anders als d'Aubignés Version: „Und sie legten die Hände an Atalja, und sie ging hin den Weg, wo die Rosse zum Hause des Königs gehen, und wurde dort getötet.“
[44] D'Aubigné, *Les Tragiques*,VI, 367-368.
[45] Vgl. Dan 4.
[46] Vgl. D' Aubigné, *Les Tragiques*, VI, 435-438.

Händen und Füßen abgeschnitten hatte, wurde er mit dem Verlust seiner eigenen Daumen bestraft:

> Ainsi le doigt de Dieu avoit couppé les doigts
> D'un Adonibesec, comme à septante Rois
> Il les avoit tranchés. [...]
> (VI, 439-441)

Die Bestrafung der französischen Herrscher der Reformationszeit als Verfolger der Hugenotten nach dem Prinzip des *contrappasso* ist auch deshalb die Wiederholung eines göttlichen Phänomens, weil neben der jüdischen Kirche des Alten Testaments auch die christliche Frühkirche dieses Phänomen beobachten konnte. So hat Gott die Könige Judäas und die römischen Kaiser, die das Christentum auslöschen wollten, ausgelöscht - von Herodes an, der durch den bethlehemitischen Kindermord den gerade geborenen Messias töten wollte[47] und dabei seinen eigenen Sohn töten ließ („Il ne fit tuer son fils et par luy fut esteinte / Sa noblesse [...]")[48], über den römischen Kaiser Nero, den ersten grausamen Verfolger der Christen in Rom,

> Il falut que ta main, à ta fureur extreme,
> Après tout violé, te violast toy-mesme
> (VI, 537-538)

bis hin zu den systematischen Zerstörern des Christentums im 3. Jahrhundert, den Herrschern Diokletian[49], Hadrian, Aurelian, Maximian, Maximinus sowie Valerian, von dem es heißt:

> Plus lui [sc. Valerian] devoit peser sang sur sang, mal sur mal,
> Que ce Roy [sc. le Perse Sapor] sur son dos qui montoit à cheval,
> Qui en fin l'escorcha vif, le despouïllant, comme
> Vif il fut despouïllant des sentimens de l'homme.
> (VI, 595-598)

---

[47] Vgl. Mt 2, 13-15.

[48] D'Aubigné, *Les Tragiques*, VI, 481-482.

[49] Zur Analogie zwischen verursachtem Leiden und nachfolgendem eigenem Leiden bei den angeführten römischen Herrschern, vgl. VI, 601-605; VI, 559; VI, 607-608; VI, 621 und VI, 629-632. Diese Analogie wird nur im Falle von Julianus Apostata durchbrochen, der mit Hilfe von Philosophen, d.h. auf friedlichem Wege, das Christentum zu bekämpfen sucht. Dieser wird nämlich auch von der tödlichen Rache Gottes heimgesucht, der hier nicht den Weg des *contrappasso* wählt, wie d'Aubigné, VI, 657-660, Hervorheb. d. Verf., zu verstehen gibt: „Pacifiques meurtriers, Dieu descouvre sa guerre / Et *ne* fait comme vous qui cuidez de la terre / L'estouffer sans saigner, et de traistres appas / Empoisonner l'Eglise et ne la blesser pas."

Für d'Aubigné sind die Epochen der göttlichen Vergeltung - das ist rekapitulierend festzuhalten - triadisch angeordnet, nämlich *Zeit des Alten Testaments, Zeit der Frühkirche* und *Reformationszeit*, die - wenn auch mit Abständen - chronologisch aufeinanderfolgen:

> [...] le siècle qui court nous offre et va contant
> Autant de cruautés, de jugements autant
> Qu'aux trois mille ans premiers de l'enfance du monde,
> Qu'aux quinze cens après de l'Eglise seconde.
> (VI, 743-746)[50]

Aber genau die Tatsache, daß das Gesetz des *contrappasso* sich schon in der Ära des Alten Testaments und des Frühchristentums beobachten läßt, bezeugt die 'Tatsächlichkeit' des *Contrappasso*, das als göttliches Phänomen zur Zeit der Reformation, wo es sich zum dritten Mal ereignet, kaum noch angezweifelt werden kann. D'Aubigné versucht aber nicht nur die 'Tatsächlichkeit' des *contrappasso* als göttliches Phänomen der Reformationszeit zu beweisen, indem er zeigt, daß es das *contrappasso* in den beiden vorhergehenden Epochen gab, sondern auch indem er die gleiche 'Beschaffenheit' des *contrappasso* in allen Epochen aufzeigt: Die Ausführung der göttlichen Bestrafung über das Gesetz des *contrappasso* erfolgt nämlich in allen drei Epochen dadurch, daß Gott sich aller belebter und unbelebter Sachen bedient. „ [...] elles sont l'expression de sa souveraine intelligence."[51] Hierbei verlieren sie ihren neutralen Wert (der durch den gesellschaftlich üblichen Gebrauch festgelegt wird) und nehmen - in Opposition zu ihrem positiv-heilbringenden Wert für die Märtyrer - einen negativ-zerstörenden Wert für die Verfolger an: „Dieu en toute sorte / Par tous les elemens a monstré sa main forte."[52] So hat z.B. das Feuer in der kosmischen Funktion einen neutralen, in Funktion der Marter einen positiv-heilbringenden Wert - hier ist das Feuer des Scheiterhaufens als Feuertaufe zu nennen - und in Funktion der göttlichen Bestrafung einen negativ-zerstörenden Wert, wie d'Aubigné am Beispiel der biblischen Sodomiten zeigt.

---

[50] Mit den „jugements" sind hier die „vengeances" gemeint; vgl. auch Lestringant (Hrsg.), *Les Tagiques*, S. 517, s.v. „[Anmerkung zu Vers] 744".

[51] Albert-Marie Schmidt, „Remarques sur les deux derniers livres des *Tragiques*", *L'information littéraire*, 10 (1958), S. 47-52, hier S. 49; das Personalpronomen *elles* bezieht sich kontextbezogen auf das Substantiv *créatures*, das hier die Totalität aller belebten und unbelebten Sachen meint.

[52] D'Aubigné, *Les Tragiques*, VI, 325-326.

5.2.3 Der '(Anti-) Typos' als Zeugnis für das Wirken Gottes

Gewiß hat d'Aubigné dadurch, daß er das *contrappasso* als ein dem alttestamentlichen Judentum und frühen Christentum allgemein bekanntes Phänomen präsentiert, die 'Tatsächlichkeit' des *contrappasso* in der Reformationszeit aufzuzeigen und somit schließlich die göttliche Bestrafung der französischen Herrscher zu beweisen versucht. Die triadische Anordnung der Epochen der göttlichen Vergeltung bei d'Aubigné läßt erkennen, daß sein Geschichtsbild sich mit dem reformatorischen Geschichtsbild deckt, nach dem die Geschichte durch Anfang, Mitte und Ende gekennzeichnet ist. Aber nicht nur in der Aufgliederung der Geschichte in drei Weltzeitalter, sondern auch in der Auffassung der Geschichte als geradlinigen, irreversiblen und teleologischen Geschichtsablauf stimmt d'Aubignés Geschichtsbild[53] mit dem reformatorischen Geschichtsbild überein, das seinerseits eine Rezeption des biblisch-augustinischen Geschichtsbildes ist.[54] Und wie das teleologische Geschichtsverständnis des Augustinus dadurch, daß er die Weltgeschichte als ein Neben- und Gegeneinander der *civitas Dei* und *civitas diaboli* ablaufen sieht und diese beiden *civitates* mit Kain und Abel vergleicht,[55] typologisch geprägt ist, so weist auch d'Aubignés teleologisches Geschichtsverständnis Züge der Typologie[56] auf.

Es findet sich zunächst einmal eine Parallele zwischen dem im Alten Testament erwähnten König Nebukadnezar und Heinrich III.: Jenen beschreibt d'Aubigné in

---

[53] Sein teleologisches Geschichtsbild wird insbesondere durch seine (in Kapitel IV/ 6 dargelegten) Überzeugung vom Kommen des Jüngsten Gerichts deutlich.

[54] So heißt es in der *Theologischen Realenzyklopädie*, Bd. 12, s.v. „Geschichte/ Geschichtsschreibung/ Geschichtsphilosophie", S. 630: „In der Tat hat die Reformation das im Mittelalter rezipierte biblisch-augustinische Geschichtsbild und seinen geschlossenen Rahmen nicht zerstört. Hiernach standen Anfang, Mitte und Ende der Geschichte fest. Die Geschichte der Menschheit hatte mit der Erschaffung der Welt etwa 4000 Jahre vor Christus begonnen, sie hatte dann mit Christus zwar nicht in chronologischer, wohl aber in sachlicher Hinsicht ihren Mittel- und Höhepunkt erreicht, und seither ging sie [...] unaufhaltsam dem Jüngsten Gericht und ihrem Ende entgegen."

[55] Vgl. Bd. 4, s.v. „Augustin / Augustinismus", S. 680.

[56] „T.[ypologie] sieht die Entsprechungen zwischen Personen und Ereignissen im Rahmen des Geschichtsablaufes [...]" (*Die Religion in Geschichte und Gegenwart*, Bd. 6, s.v. „Typologie", S. 1095). Typologie im biblisch-theologischen Sinn zielt auf einen Vergleich zwischen Neuem und Altem Testament ab, wobei „bestimmte Ereignisse, Institutionen oder Personen des AT als prägende Urbilder bzw. schattenhafte Vorausdarstellungen [...] entsprechender Ereignisse, Institutionen oder Personen im NT" aufgefaßt werden (*Evangelisches Kirchenlexikon. Internationale theologische Enzyklopädie*. Herausgegeben von Erwin Fahlbusch u.a., Bd. 4, Göttingen ^{3}1996, s.v. „Typologie", S. 997).

Übereinstimmung mit der biblischen Erzählung[57] als einen auf eine tierähnliche Gestalt reduzierten verdammten Herrscher;[58] diesen vergleicht d'Aubigné in seinem Aussehen nicht nur mit den exzentrischsten Freudenmädchen,[59] sondern auch mit einem Tier: „[...] un jour des Rois ce douteux animal, / Sans cervelle, sans front, parut tel en son bal."[60] Die Herrscher unterliegen nicht nur beide der Metamorphose, sondern gleichen sich sogar im Erscheinungsbild:

> Nos petits geantaux [sc. Henri III et ses mignons] par vanité, par vœux
> Font un bizarre orgueil d'ongles et de cheveux,
> Et Dieu sur cettui-ci [sc. Nabuchodonosor] pour une peine dure
> Mit les ongles crochus et la grand chevelure.
> (VI, 387-390)

Eine Parallele ist auch zwischen dem zur Zeit der christlichen Frühkirche regierenden römischen Kaiser Nero und Heinrich III. zu sehen: So hartherzig sie gegenüber den Verfolgten waren, so sehr herzten doch der androgame Nero und der androphile Heinrich III. ihre Knaben, die lange Zeit die Begleiter dieser Herrscher waren[61] und sie durch ihr Hinscheiden in große Trauer stürzten:

> Un Neron marié avec son Pytagore;
> Lequel, ayant fini ses faveurs et ses jours,
> Traine encor au tombeau le cœur et les amours
> De nostre Roy en dueil, qui de ses aigres plaintes,
> tesmoigne ses ardeurs n'avoir pas esté feintes.
> (II, 820-824)[62]

Auch Heinrich IV. als 'ungetreuer' Herrscher findet sein Vorbild in der Vergangenheit, denn mit ihm vergleichbar ist der im Alten Testament genannte abtrünnig gewordene König Saul,[63] der sich schließlich gegen David, den Freund von einst, richtete und diesem sogar nachstellte[64] - so wie Heinrich IV. sich letztendlich gegen

---

[57] Vgl. Dan 4, 17 ff.
[58] Vgl. d'Aubigné, *Les Tragiques*, VI, 369-414.
[59] Vgl. II, 1070-1074.
[60] II, 777-778.
[61] Vgl. VI, 831-832.
[62] Nach Lestringant, S. 426, s.v. „[Anmerkung zu Vers] 820", gilt die Trauer Heinrichs III. dem Tod des „Mignon" Caylus.
[63] Vgl. 1. Sam 15.
[64] Vgl. 1. Sam 19.

seine Glaubensgenossen von ehedem wandte und sich zum Verfolger verwandelte.[65] Die tödliche Strafe Gottes, die Heinrich IV. endlich für seine Apostasie bekommen hat, erinnert an den römischen Kaiser Julianus Apostata, den Gott ebenfalls in den Tod geschickt hatte: „Le Chevalier du ciel au milieu des combats / Descendit de si haut pour le [sc. Julien] verser à bas".[66]

Die von d'Aubigné angeführten Vergleiche lassen erkennen, daß er ähnlich wie Augustinus Personen seiner Zeit mit biblischen oder frühchristlichen Personen vergleicht. Sein Vergleichen steht somit unter dem Gedanken der Wiederholung und bedeutet letztendlich für seine Anschauung vom teleologischen Geschichtsablauf (wie die Typologie für das christliche Geschichtsverständnis vom einmaligen Ablauf des irdischen Geschehens zwischen Schöpfung und Weltende allgemein)[67] eine Abänderung zugunsten eines zyklischen Geschichtsverständnisses. Es verleiht aber nicht nur seinem teleologischen Geschichtsverständnis Züge zyklischen Geschichtsdenkens, sondern verfolgt auch einen bestimmten Zeck: es soll, wie das *contrappasso*, die göttliche Bestrafung einiger Personen der Reformationszeit beweisen. Die göttliche Bestrafung der (geschichtlich) späteren Person, d.h. des 'Antitypos'[68], läßt sich natürlich nur beweisen, wenn die göttliche Bestrafung der (geschichtlich) früheren Person, d.h. des 'Typos', schon bewiesen ist. Seine Beweisführung über die typologische Deutung der Geschichte geht also von einer bewiesenen Geschichte der biblischen und frühchristlichen Zeit aus.

5.2.3.1 Die (zusammenfassende) Beweisführung für das Wirken Gottes

Die Analogie, die zwischen dem verursachten, d.h. von den katholischen Verfolgern ausgelösten Leiden und anschließend von ihnen selbst empfundenen

---

[65] Vgl. d'Aubigné, *Les Tragiques*, VI, 327-334.
[66] VI, 648-649.
[67] Es ist allerdings darauf hinzuweisen, daß die Forschung nicht geschlossen die typologische Deutung vom Gedanken der Wiederholung und somit letztendlich von einem zyklischen Geschichtsverständnis geprägt sieht (vgl. *Die Religion in Geschichte und Gegenwart*, Bd. 6, s.v. „Typologie", S. 1094).
[68] Die Typologie im biblisch-theologischen Sinn bezeichnet als 'Typos' eine bestimmte Institution, Person oder ein bestimmtes Ereignis des Alten Testaments, als 'Antitypos' die Entsprechung im Neuen Testament, wobei allerdings „T. und Anti-T. trotz aller Analogie nicht auf der gleichen

Leiden besteht, muß als Beweis dafür gesehen werden, daß es sich bei ihrem Los um eine göttliche Bestrafung handelt, die letztendlich nichts anderes ist als die Rache Gottes. Die 'Tatsächlichkeit' des *contrappasso* wiederum wird durch die schon zur Zeit des Alten Testaments und des Frühchristentums beobachtete Analogie von Leiden-Lassen und nachfolgendem Selbst-Leiden belegt. Daß der Tod der französischen Könige der Reformationszeit eine göttliche Strafe ist, beweist d'Aubigné des weiteren - wenn auch nur ansatzweise - mit Hilfe der Typologie: der 'Antitypos' erfährt das gleiche Schicksal wie der 'Typos', d.h. Heinrich III. und Heinrich IV., Nero bzw. Julianus Apostata gleich, sind wie diese von Gott mit dem Tod bestraft worden.

Wenn nun aber die 'verstockten' (noch lebenden) Herrscher nicht das negative Wirken in den von Gott offenbarten Zeichen („tesmoignages / Que nature ne peut avouër pour ouvrage“[69]), die in Verbindung mit den durch das positive Wirken offenbarten gelesen werden müssen, erkennen oder erkennen wollen, dann müssen sie die folgenschweren Konsequenzen auf sich nehmen:

> Roys, colere du Ciel, qui ne pouvez apprendre
> A servir l'Eternel, apprenez à mourir.[70]

---

heilsgeschichtl. Ebene stehen, sondern der Anti-T. als eschatolog. Realität immer ein Mehr an Heil (oder Unheil) enthält [...]“ (*Lexikon für Theologie und Kirche*, Bd. 10, s.v. „Typos“, S. 423).

[69] D'Aubigné, *Les Tragiques*, VI, 765-766.

[70] Agrippa d'Aubigné, *Discours par stances avec l'esprit du feu roy Henry quatriesme*, in: Agrippa d'Aubigné, *Œuvres complètes*, Bd. 4, S. 313-325, hier S. 325.

6 DER SIEGENDE PROTESTANT IN DER ENDZEIT

6.1 Die (nicht-fiktive) Wirklichkeit und Wahrheit des Bildes von der Endzeit

Das Bild des Protestanten ist bis jetzt bei d'Aubigné auf der Grundlage von vergangenen Ereignissen fixiert worden, d.h. von Erzählungen, die durch die 'spätere Narration'[1] gekennzeichnet sind. Im siebten Buch des Epos wechselt nun die 'Stimme'[2] und geht zu der in narrativen Texten weniger häufig anzutreffenden 'früheren Narration' über. Hierbei muß man sich allerdings vor der Schlußfolgerung hüten, daß das 'spätere Erzählen' fiktive oder nicht-fiktive Geschichten / Erzählungen, sämtliches 'frühere Erzählen' jedoch nur fiktive Geschichten / Erzählungen erzählt; denn das 'frühere Erzählen' kennt auch Geschichten / Erzählungen nicht-fiktiven Charakters wie z.B. die 'prophetische Erzählung'[3]. Hieraus folgt schließlich, daß 'späteres Erzählen' sowie 'früheres Erzählen' fiktive oder nicht-fiktive Wirklichkeit erzählen können. In dem Buch „Jugement" der *Tragiques* gibt das 'frühere Erzählen' aber nicht nur die fiktive oder nur die nicht-fiktive Wirklichkeit wieder, sondern die wiedergegebene Wirklichkeit hat hier einen dichotomischen Charakter.

Die Verse 1-216 entwerfen d'Aubignés Bild vom Protestanten und dessen Verfolgern vor dem Jüngsten Gericht, wobei das folgende Zitat Aufschluß über die Wirklichkeit des Bildes gibt:

> Pour me faire instrument à ces effects divers
> Donne force à ma voix, efficace à mes vers;
> A celui qui t'avouë, ou bien qui te renonce,
> Porte l'heur ou malheur, l'arrest que je prononce.
> (VII, 7-10)

---

1 Zu den verschiedenen Narrations-, d.h. Erzähltypen, s. Genette, S. 154.

2 Unter 'Stimme' versteht Genette, S. 151 ff., das Verhältnis von 'Erzählen'/ 'Geschichte' und 'Erzählen' /'Erzählung' verstanden.

3 Genette, S. 154, unterscheidet zwischen verschiedenen Formen der 'prädiktiven Erzählung' wie 'prophetische', 'apokalyptische', 'orakelhafte', 'astrologische', 'chiromantische', 'kartomantische' und 'oneiromantische Erzählung'.

Aus dem Postulat wird - etwas Eingefordertes ist zum Zeitpunkt des Forderns erst einmal nur fiktive Wirklichkeit - der fiktive Charakter der Erzählung und des daraus abgeleiteten Bildes deutlich.

Einen nicht-fiktiven Charakter hat das Bild vom Protestanten und dessen Verfolgern, das sich aus den darauffolgenden Versen, den Versen 223-320, ableiten läßt, denn d'Aubigné projiziert hier nicht mehr 'sein' Bild, sondern das ihm von Gott eingegebene; es handelt sich hier um eine 'prophetische Erzählung', d.h., daß nicht (mehr) der Erzähler, sondern Gott durch den Erzähler die nicht-fiktive Wirklichkeit erzählt:

> [...] voici que promet seurement,
> Comme petits portraits du futur jugement,
> L'Eternel aux meschans, et sa colere ferme
> N'oublie, ains par rigueur se payera du terme.
> Il n'y a rien du mien ni de l'homme en ce lieu,
> Voici les propres mots des organes de Dieu:
> [...]
> (VII, 217-222)

Da die Sprache als solche beweiskräftiger Parameter für die Bestimmung von Fiktion und Nicht-Fiktion ermangelt und externe Hilfsmittel aufgrund des Futurischen nicht angeführt werden können, ist die Grenze zwischen fiktiver und nicht-fiktiver Wirklichkeit in der 'prädiktiven Erzählung' nur theoretisch nachvollziehbar und nie faktisch nachweisbar. Diese theoretische Grenze wird durch die 'prophetische Erzählung' festgelegt, dem die 'persönliche Erzählung' des Erzählers 'früheren Erzählens' gegenübersteht. Die Summe der 'prädiktiven Erzählung' besteht also aus der 'prophetischen Erzählung' (nicht-fiktiven Charakters) als vorgegebener Konstante und der 'persönlichen Erzählung' (fiktiven Charakters) als eingesetzter Variable.

Es stellt sich nun die Frage nach dem Verhältnis von 'prophetischer' und 'persönlicher Erzählung' untereinander (und nicht mehr in Hinblick auf die 'prädiktive Erzählung' als Ganzes) und seiner Bedeutung für die Erzählung und dem daraus abgeleiteten Bild: Wenn d'Aubigné durch die Verse 223-320 die 'prophetische Erzählung' niederschreibt - daß es sich um eine solche handelt, wird durch die im Vorwort gemachte Erklärung „ [...] mon esprit audacieux / Veut peindre le secret des cieux“[4]

---

[4] D'Aubigné, *Les Tragiques*, „Préface“, 361-362.

nochmals[5] betont - , dann gilt hier unter Bejahung der von d'Aubigné im Vorwort immer und immer wieder gemachten Beteuerung, wahrheitsgemäß erzählt zu haben,[6] daß die zukünftigen Ereignisse auch wahrhaftig so sein werden wie erzählt. Hieraus resultiert endlich, daß das in der 'prophetischen Erzählung' gezeichnete Bild das (nicht-fiktiv) 'wahre' ist. Nun erzählt aber die 'persönliche Erzählung' nicht nur die fiktive Wahrheit - d'Aubignés Schlußfolgerungen sind im Sinne des Syllogismus wahr[7] - , sondern gewissermaßen auch die nicht-fiktive Wahrheit; das aus der 'persönlichen Erzählung' abgeleitete Bild ähnelt nämlich dem, das die 'prophetische Erzählung' projiziert, wie folgender Vergleich zeigt:

- Als Hauptverantwortliche der grausamen Religionskriege und der blutigen Massaker werden die Fürsten zur Rechenschaft gezogen und im Jenseits für ihre Vergehen mit dem ewigen Feuer bestraft; so heißt es in der 'persönlichen Erzählung': „Princes, qui vomissans la salutaire grace / Tournez au ciel le dos et à l'enfer la face [...].“[8] Ein ähnliches Bild zeichnet sich in der 'prophetischen Erzählung' ab:

> Princes, qui commettez contre moy felonnie,
> [...]
> Vermisseaux impuissans, vous m'avez fait la guerre,
> Vos mains ont chastié la famille de Dieu,
> O verges de mon peuple, et vous irez au feu.
> (VII, 227 u. 236-238)

- Mit den Fürsten werden auch all diejenigen, die an ihrer Seite kämpften - d'Aubigné spricht hier von den „révoltés, parjures, apostats“[9], - im Jenseits bestraft, und zwar (mit dem Schwert) auf blutige Art und Weise, analog zu den an

---

[5] Neben den oben schon zitierten Versen VII, 217-222.

[6] Vgl. „Préface“, 24, 29-30, 49-50, 152-153 u. 164-165.
Der Erzähler hat bekanntlich beim Erzählen von nicht-fiktiven Geschichten / Erzählungen mit dem möglichen Einwand des nicht wahrheitsgetreuen Erzählens zu kämpfen. Dies gilt sowohl für das 'spätere Erzählen' als auch für das 'frühere' Erzählen in Verbindung mit den prophetischen Geschichten/ Erzählungen, deren nicht-fiktive zukünftige Ereignisse, die aufgrund der Offenbarung stets wahr sind (Gott würde doch nicht die Nicht-Wahrheit verkünden?!), 'falsch' erzählt werden können.

[7] Vgl. VII, 27 ff.: Demjenigen, der das Leben für Christus gegeben hat, wird das ewige Leben zuteil. Nun hat der protestantische Soldat sein Leben für Christus geopfert; folglich wird er mit dem ewigen Leben belohnt.

[8] VII, 175-176.

[9] VII, 90.

der „Familie Gottes“[10] begangenen Grausamkeiten; so heißt es in der ‘persönlichen Erzählung’:

> Ils [sc. ces debonnaires] auront tout d’un temps à la bouche leurs chants
> Et porteront au poing un glaive à deux tranchans
> Pour fouler à leurs pieds, pour destruire et desfaire
> Des ennemis de Dieu la canaille adversaire,
> [...]
> Si que ton pied vainqueur tout entier baignera
> Dans le sang qui du meurtre à tas regorgera,
> Et dedans le canal de la tuerie extreme
> Les chiens se regorgeront du sang de leur chef mesme.
> (VII, 69-72 u. 77-80)

Auch bei der ‘prophetischen Erzählung’ ist von einer blutigen Bestrafung der Verfolger die Rede:[11] Einst auf Erden in Blut getränkt, versenken nun die Hugenotten (metaphorisiert durch Jerusalem) ihre Verfolger (versinnbildet durch Babylon) in Blut:[12] “Sous toy, Hierusalem meurtriere, revoltee, / Hierusalem qui es Babel ensanglantee“[13]. Auf die französischen Städte, metonymisch als die Feinde Gottes beschrieben, wird Blutregen niedergehen:

> Cités yvres de sang, et encor alterees,
> Qui avez soif de sang et de sang enyvrees,
> Vous sentirez de Dieu l’espouvantable main:
> Vos terres seront fer, et vostre ciel d’airain,
> Ciel qui au lieu de pluye envoye sang [...]
> (VII, 287-291)

Wenn in dem Kapitel „Jugement“ die ‘persönliche Erzählung’ der ‘prophetischen Erzählung’ vorausgeht und deren nicht-fiktive Wahrheit gewissermaßen vorwegnimmt (wie es die hier oben gezeigte Ähnlichkeit zwischen den nicht-fiktiven Ereignissen [der ‘prophetischen Erzählung’] und den fiktiven Ereignissen [der ‘persönlichen Erzählung’] deutlich macht), dann geht die ‘persönliche Erzählung’ selbst zur ‘prophetischen Erzählung’ über, dergestalt daß der Eindruck oder gar die Gewißheit entsteht, die erzählten fiktiven Ereignisse (der ‘persönlichen Erzählung’) geben die

---

[10] D’Aubigné, VII, 237, spricht von der „famille de Dieu“.
[11] Vgl. VII, 223-226.
[12] Zur Metapher *Jerusalem = Hugenotten-Kirche* und *Babylon = Verfolger der Hugenotten*, vgl. Lestringant (Hrsg.), *Les Tragiques*, S. 533, s.v. „[Anmerkung zu Vers] 253“.
[13] D’Aubigné, *Les Tragiques*, VII, 271-272.

nicht-fiktive Wahrheit der Zukunft wieder. Dies bedeutet schließlich, daß die Erzählung der Parusie[14], die auch der 'persönlichen Erzählung' angehört, - wenn nicht tatsächlich, so doch zumindest gewissermaßen fingiert - die nicht-fiktive Wahrheit wiedergibt. Infolgedessen ist das auf der Grundlage dieser Erzählung bestimmte Bild zwar nur das fingiert-wahre, aber der Leser vermeint, das wahre Bild des Jüngsten Gerichts zu sehen, also dasjenige, welches sich dem Menschen am letzten Tag der Welt präsentieren wird. Die am Tag des Jüngsten Gerichts über die Menschen gefällten Urteile selbst unterliegen wieder der 'prophetischen Erzählung', wie an entsprechender Stelle zu lesen ist:

> Condui, trés saint Esprit, en cet endroict ma bouche,
> Que par la passion plus exprés je ne touche
> Que ne permet ta regle, et juge, juge leger,
> Je n'attire sur moi jugement pour juger.
> Je n'annoncerai donc que ce que tu annonce,
> Mais je prononce autant comme ta loy prononce;
> (VII, 803-808)

so daß die Erzählung der verkündeten Urteile (tatsächlich und nicht nur fingiert) die nicht-fiktive Wahrheit - in ihrer Exklusivität darüber hinaus[15] - wiedergibt und das daraus hergeleitete Bild das (tatsächlich und nicht nur das fingiert-) wahre ist. Dieses soll im folgenden Kapitel fixiert werden.

6.2 Der Protestant als Sieger am Tag des Jüngsten Gerichts

6.2.1 Vom Verfolgten auf Erden zum Belohnten im Himmel

Am Tag des Jüngsten Gerichts wird die Menschheit zweigeteilt, wobei der eine Teil links, der andere Teil rechts vom Thron des richtenden Gottes sein wird. Nachdem dieser die Menschen zu seiner Linken - dort befinden sich die Päpste[16], die Kardinäle und Prälaten[17], die Könige[18] sowie „Qui a peché sans fin"[19]- verurteilt und

---

[14] Vgl. VII, 661-802.
[15] Vgl. VII, 1211-1214.
[16] Vgl. VII, 811-841.
[17] Vgl. VII, 843-854.
[18] Vgl. VII, 885.
[19] VII, 994.

verdammt hat,[20] wird er mit Milde und Güte auf die Leute zu seiner Rechten hinabschauen:

> [...] tournant son œil benin et doux,
> Son œil tel que le monstre à l'espouse l'espoux,
> Se tourne à la main droicte, où les heureuses veuës
> Sont au throsne de Dieu sans mouvement tenduës,
> Extatiques de joye et franches de souci.
> (VII, 865-868)

In Übereinstimmung mit dem Matthäus-Evangelium[21] werden also am Tag des Weltuntergangs die von Gott Verworfenen links von seinem Thron sitzen; rechts davon werden sich die Auserwählten befinden, die für Gott Qual, Pein und den Tod erlitten haben.[22] Diese Verfolgten sind für d'Aubigné ganz eindeutig die Protestanten, was nicht zuletzt durch ihre metaphorische Darstellung als verfolgtes Lamm[23] - „Aubigné trouve dans la fable où l'agneau, accepté et sans ruse, s'oppose charitablement au loup réprouvé et pervers un vaste emblème de cette histoire du monde que les chrétiens légitimement réduisent à celle de l'Eglise“[24] - unmißverständlich deutlich gemacht wird. Wie nun die auf Erden verfolgten Protestanten durch das Lamm metaphorisiert werden, so werden auch die seligen Protestanten als letztendlich Triumphierende durch das Lamm metaphorisch dargestellt, das hier auf paradigmatischer Ebene eine Modulation erfährt: das schwache, gejagte Lamm wird nun zum starken, siegreichen Lamm[25] - „[...] l'Agneau Mystique [sc. qui] célèbre dans le ciel [sc. l'éternel triomphe].“[26] Diese Modulation des Paradigmas *Lamm*, die schon in der Apokalypse des Johannes zu beobachten ist,[27] spiegelt also das Schicksal der Protestanten wider, die Verfolgte auf Erden und Sieger im Himmel sind.

---

[20] Vgl. in diesem Zusammenhang auch Jean Calvin, *Sermon du dernier avènement*, in: Jean Calvin, *Sermons*. Textes présentés et annotés par Albert-Marie Schmidt, préface de Jean de Saussure, Paris / Genf 1936, S. 267: „ [...] et comme il [sc. Dieu] déploiera sa vertu pour faire vengeance sur ceux qui lui auront résisté, il punira quant et quant ceux qui auront affligé injustement les siens.“

[21] Mt 25, 31-33.

[22] Vgl. d'Aubigné, *Les Tragiques*, VII, 871-875.

[23] Vgl. IV, 711-718.

[24] Schmidt, „Remarques sur les deux derniers livres des *Tragiques*“, S. 51.
Zur Fabel vom Lamm und dem Wolf , s. d'Aubigné, *Les Tragiques*, VI, 164-175.

[25] Vgl. VII, 945-946.

[26] Schmidt, S. 52.

[27] Vgl. Offb 14.

6.2.2 Perfekte Glückseligkeit und postume Rache

Sieger im Himmel zu sein ist Synonym für ein unermeßliches Wohlergehen:

> Là [sc. au Ciel] nous n'avons besoin de parure nouvelle,
> Car nous sommes vestus de splendeur eternelle.
> Nul de nous ne craint plus ni la soif ni la faim,
> Nous avons l'eau de grace et des Anges le pain;
> La pasle mort ne peut accourcir cette vie,
> Plus n'y a d'ignorance et plus de maladie.
> (VII, 1063-1068)

Zu diesem vollendeten Wohlbefinden tragen auch die Sinne bei, die, auf Erden oft Auslöser von Leidenschaften und mithin von Leiden, nun in perfektem Einklang stehen und sich an der göttlichen Essenz laben.[28] In den himmlischen Sphären erfährt der Mensch aber nicht nur seine physische, sondern auch seine soziale Vollkommenheit, die sich durch makellose Freundschaften und unzerbrechliche Liebe für den Partner kennzeichnet[29] und mithin ein Beitrag zur stets hienieden erträumten, jedoch nie erreichten Glückseligkeit sein wird. Als ein auf Erden nie gekanntes Gefühl läßt sich die Glückseligkeit (ebensowenig wie das unendliche Leid der Verdammten)[30] nicht mit Worten beschreiben[31] und in ihrer vielfältigen Ausprägung am besten als eine wunderbare konzertante Harmonie begreifen, [32] wo der in perfektem Einklang stehende Gesang der Protestanten in das Unisono der Engel und des neunten Erdkreises einstimmt.[33] Allerdings ist diese Glückseligkeit der Protestanten keine friedfertige: „[...] non sarà la mistica gioia degli 'agnelli', ma la felicità violenta di chi ha trionfato del nemico, in modo totale, sanguinoso, definitivamente distruttivo."[34] Der angestimmte

---

[28] Vgl. d'Aubigné, *Les Tragiques*, VII, 1199-1208.

[29] Vgl. VII, 1101-1106.

[30] Zum Leid, das die von Gott Verworfenen erfahren werden, s. VII, 903-1044.

[31] Vgl. VII, 1047; die Unaussprechbarkeit des zu erduldenen Leids wird durch die Verse VII, 903-908 signalisiert. - Das Unvermögen, das Jenseits sprachlich adäquat zu beschreiben, ist keineswegs ein neuartiger Charakterzug des religiösen Epos, sondern schon Dantes *La divina commedia* eigen; so schreibt Maya Rauch, *Die Gottesidee und der Spielraum des Epos*, Zürich 1979, S. 38: „Die Reflexionen über die Diskrepanz zwischen Sprache und Gegenstand markieren noch einmal die von Dante überall mit so viel Strenge gezogene Trennungslinie zwischen der Welt des Jenseits und ihm, dem Wanderer und Erzähler, der diese Welt zu erfassen und darzustellen sucht."

[32] Vgl. Schmidt, S. 52; bei d'Aubigné, *Les Tragiques*, VII, 1045- 1054, ist allerdings nur die Rede von der Unbeschreibbarkeit der Glückseligkeit mit Worten *und* von einer perfekten konzertanten Harmonie im Himmel, ohne daß letzteres explizit als Metapher für das Unsagbare eingesetzt wird.

[33] Vgl. d'Aubigné, *Les Tragiques*, VII, 1049-1054.

[34] Fasano, Bd. 2, S. 294.

Gesang scheint in der Tat nicht nur ein himmlischer Gesang der Glückseligkeit, sondern auch ein Siegesgesang der Protestanten zu sein, die nun endgültig Sieger über die Katholiken sind und diese mit ebensoviel Blut-Vergießen besiegt haben, wie es auf Erden bei ausgetauschten Rollen geschehen war:

> Ils [sc. ces debonnaires] auront tout d'un temps à la bouche leurs chants
> Et porteront au poing un glaive à deux tranchans
> Pour fouler à leurs pieds, pour destruire et desfaire
> Des ennemis de Dieu la canaille adversaire,
> Voire pour empoigner et mener prisonniers
> Les Empereurs, les Rois, et princes les plus fiers,
> Les mettre aux ceps, aux fers, punir leur arrogance
> Par les effects sanglans d'une juste vengeance;
> Si que ton pied vainqueur tout entier baignera
> Dans le sang qui du meurtre à tas regorgera,
> (VII, 69-77)

Die Protestanten werden sich also im Himmel blutig an den Katholiken rächen und schließlich als endgültige Sieger hervorgehen, wobei die Märtyrer, die „Champions des Glaubens“[35] und schon seit ungefähr einem Jahrhundert im Himmel[36], das Banner Israels hochhaltend, den Siegeszug anführen werden, um mit den anderen, ihnen nachfolgenden Protestanten zu rufen:

> Ouvre, Jerusalem, tes magnifiques portes;
> Le lion de Juda suivi de ses cohortes
> Veut regner, triompher et planter dedans toy
> L'estendart glorieux, l'auriflam de la foy.
> (IV, 5-8)

---

[35] Vgl. d'Aubigné, *Les Tragiques*, IV, 20, spricht von „champions de la foi“.

[36] D'Aubigné, V, 1415-1416, hat das Kommen des Jüngsten Gerichts mit dem Jahr 1666 angegeben; die Mehrzahl der protestantischen Märtyrer fand ihren Tod vor dem Beginn der Religionskriege; die Zeitspanne zwischen postmortaler und eschatologischer Auferstehung beträgt also gut ein Jahrhundert.

6.3 Der 'extratemporale' Sieg als Bestätigung der 'intratemporalen' Siege: der endzeitliche Sieg als konzeptionelle Notwendigkeit infolge der Spannung im Weltverständnis bei d'Aubigné

Das Bild vom Protestanten als Sieger, so wie d'Aubigné es im siebten Buch „Jugement" zeichnet, ist nichts anderes als die konsequente Fortsetzung des Bildes vom Protestanten, das er in den „Feux" und „Fers" entwirft; denn weder der Protestant als Märtyrer noch derjenige als Soldat ist als Besiegter - auch wenn er dem Tod zum Opfer gefallen ist - dargestellt worden, sondern stets als Sieger: Der Märtyrer als Berufener Gottes überwindet mit Leichtigkeit alles ihm von den Verfolgern auferlegte Leid und siegt endlich durch seine himmlische Erhöhung. Der Soldat, der sein Leben in den Schlachten oder Massakern läßt, ist bestenfalls Besiegter im weltlich-militärischen Sinnn, jedoch eindeutiger Sieger im transzendentalen Sinn, da auch er sich seiner Aufnahme in den Himmel sicher sein kann, wobei das In-den-Himmel-Aufgenommenwerden sich aus dem erlittenen Tod als göttlicher Züchtigung und mithin göttlichem Wohlwollen herleitet.

Allerdings muß an dieser Stelle gesagt werden, daß die Märtyrer und protestantischen Soldaten in „Les Feux" bzw. „Les Fers" zuweilen auch als Opfer der katholischen Verfolger dargestellt werden. In dieser Eigenschaft werden sie von Elliott Forsyth gesehen, wobei das Als-Protestant-Opfersein sich aus dem Ruf nach der göttlichen Rache ableitet (man ruft ja nur als Opfer oder als den Opfern Nahestehender nach Rache), der für die ersten fünf Bücher leitmotivischen Charakter hat:

> L'importance du thème de la vengeance divine à la fois dans le premier livre et dans l'économie générale du poème est soulignée par le fait que ce thème est repris à la fin de chacun des quatre livres suivants („Princes", 1487-1526; „C.D.", 999-1062; „Feux", 1363-1420; „Fers", 1533-1564) [...].[37]

Wenn man den Protestanten bei d'Aubigné nur als Opfer dargestellt sieht, wie Forsyth es auch in ihrer späteren Untersuchung[38] nochmals tut, dann stehen dergleichen Ergebnisse erst einmal im Widerspruch zu den Ergebnissen der vorherigen Kapitel, die

---

[37] Forsyth, „Le message prophétique d'Agrippa d'Aubigné", S. 30.

den Protestanten bei d'Aubigné als Sieger zeigen. Nun ist es aber wohl kaum möglich, die Ergebnisse von Forsyth und diejenigen der vorherigen Kapitel zu verneinen; folglich muß dieser Widerspruch aufzulösen sein, der das Verständnis der *Tragiques* teilweise erheblich mindert und dem es wohl schließlich zuzuschreiben ist, daß das Epos bisweilen als „grand livre chaotique"[39] und „poème si dur à lire d'un bout à l'autre"[40] eingestuft wird.

Wenn Tournon schreibt: „Il faut [...] s'efforcer de comprendre comment la confiance en Dieu réaffirmée en chaque livre peut coexister avec ce témoignage tragique qui subsiste dans tout le poème"[41], dann schwingt hier die Beobachtung mit, daß den *Tragiques* zwei verschiedene Momente zugrunde liegen: erstens das Moment des In-Gott-Vertrauen-Habens und zweitens das Moment des In-der-weltlichen-Tragödie-Lebens. Die beiden in den *Tragiques* auszumachenden Momente sind aber letztendlich auf den Erzähler selbst zurückzuführen. Dies bedeutet wiederum, daß der Erzähler unter Beibehaltung seiner Fokussierung (der Fokalisierungsgrad ist null[42]) zwei verschiedene 'aktantielle Funktionen'[43] einnimmt: der Erzähler erzählt bald als Gott vertrauender Gläubiger, bald als ein profaner, dem kosmischen Geschehen ohnmächtig gegenüber stehender Mensch, so daß er den Märtyrer und den (im weltlich-

---

38 Elliott Forsyth, „D'Aubigné, Calvin et le 'comble des péchés'", in: Robert Aulotte u.a.(Hrsg.): *Mélanges sur la littérature de la Renaissance à la mémoire de V.-L. Saulnier* (*Travaux d'Humanisme et Renaissance*, N° 202), Genf 1984, S. 263-272, hier S. 271.

39 Yourcenar, „Théodore -Agrippa d'Aubigné", S. 511.

40 Sainte-Beuve, *Les grands écrivains français*, S. 290.

41 Tournon, „Le cinquième sceau. Les tableaux des *Fers* et la perspective apocalyptique dans les *Tragiques* d'Agrippa d'Aubigné", S. 279.

42 Zum Begriff der Fokalisierung und zu den verschiedenen Fokalisierungsgraden, s. Genette, S. 134 ff.
Die 'Nullfokalisierung', die durch die Formel 'Erzähler' > 'Person' wiedergegeben wird, liegt in der Erzählung eindeutig vor, weil der Erzähler hier mehr 'sieht' als jede andere Person 'sieht' bzw. 'sehen' kann; Beispiele dafür sind u.a. die Erzählung der Seelenwanderung und der Gedanken der in der Erzählung genannten Personen.

43 Algirdas-Julien Greimas, *Sémantique structurale, recherche de méthode*, Paris 1966, bezeichnet die aus einer semiologischen Analyse resultierenden Einheiten als 'Aktanten' („actants"). Er hat ein auf alle narrativen Texte anwendbares und auch auf die dramatischen Texte (vgl. Anne Ubersfeld, *Lire le théâtre*, Paris 1978) übertragbares Basis-Modell geschaffen, das durch sechs Einheiten, d.h. 'Aktanten', gekennzeichnet ist. Der 'Aktant' kann eine abstrakte Größe (Gott, Eros, die Freiheit etc.) oder eine Person sein; er kann aber auch zwei oder mehr Personen gleichkommen (z.B. den Katholiken oder Protestanten). Wie zwei oder mehr Personen *einen* 'Aktanten' bilden können, so kann andererseits auch eine Person *zwei oder mehr* 'Aktanten' umfassen (z.B. Protestant und Verfolgter oder Gläubiger und Ungläubiger sein), wobei sie die verschiedenen 'aktantiellen Funktionen' nacheinander oder gleichzeitig einnehmen kann.

militärischen Sinne) wenig siegreichen Soldaten bald als Triumphator, bald als Opfer erscheinen läßt.

Durch diese ideologische Dichotomie des Erzählers (die auch Lazard durch ihre Feststellung „Le malheur exemplaire d'un peuple persécuté [...] est une tragédie au regard terrestre et une comédie, si elle est envisagée du ciel par les élus“[44] andeutet) läßt sich aber nicht nur die unterschiedliche Wertung der Ereignisse in den *Tragiques* erklären, sondern auch daß sie hinsichtlich ihres Ursprungs unterschiedlich eingeschätzt werden. Die Martyrien und Religionskriege werden nämlich in den *Tragiques* einerseits als theonom, andererseits als anthroponom dargestellt, wobei die Theonomie als geschehenerklärendes Moment in „Les Feux“ besonders (aber keineswegs ausschließlich) durch die dort angedeutete Berufung der Märtyrer, in „Les Fers“ namentlich (aber keineswegs ausschließlich) durch die dort erwähnte zwischen Satan und Gott abgeschlossene Wette[45] deutlich wird - und die Anthroponomie als geschehenerklärendes Moment sich sowohl aus dem Ruf nach Rache, der sich als Leitmotiv über die ersten fünf Bücher der *Tragiques* erstreckt, herleitet (denn wie könnte Gott um Rache angerufen werden, wenn die Ereignisse theonom sind?) als auch aus den Ausdrücke wie „les Jacopins, envenimez cagots“[46], „ô juges criminels! / Criminels estes vous, puis que vous estes tels“[47], die d'Aubignés Zorn[48] gegenüber den katholischen Verfolgern als Verantwortliche für das Geschehen zum Ausdruck bringen. Es ist noch zu betonen, daß die geschichtlichen Ereignisse überwiegend als von Gott gesteuert begriffen werden, wobei die Dominanz der Theonomie nicht nur durch den Inhalt der *Tragiques* begründet wird (also durch das den „Feux“ zugrundeliegende Moment vom prädestinierten Märtyrer und durch die in „Les Fers“ erwähnte Wette

---

[44] Lazard, *Agrippa d'Aubigné*, S. 373.
Die von Lazard verwendeten Ausdrücke „regard terrestre“ und - analog dazu - „regard celeste“ scheinen als Termini nicht sehr passend, da sie auf die strukturale Erzählanalyse, und zwar konkret auf den Erzählfokus, verweisen, der aber hier schon deshalb nicht gemeint sein kann, weil er ein Geschehen nur im strukturalen Aufbau beschreiben, nicht aber bewerten kann. Wenn nun die Verfolgung als „tragédie“ bzw. „comédie“ gewertet wird, dann liegt hier eine Auswertung im semiologischen Sinn vor. Das heißt schließlich, daß der Erzähler ein und dieselben Ereignisse ambivalent bewertet, weil er zwei 'Aktanten' in sich birgt.

[45] D'Aubigné, *Les Tragiques*, V, 85-182.

[46] IV, 436.

[47] IV, 567-568.

[48] Yourcenar, „Théodore-Agrippa d'Aubigné“, S. 512, hat in bezug auf die *Tragiques* gerade diesen Aspekt der Wut hervorgehoben, wenn sie schreibt: „ [...] il a [...] vomi sa fureur à l'égard de ceux qui lui semblaient avoir commis ou n'avoir pas empêché l'injustice.“

zwischen Gott und Satan, die zeigt, daß die menschliche Geschichte vorherbestimmt ist), sondern auch durch deren Aufbau, der sowohl wegen der sieben Bücher als auch ganz explizit wegen des siebten Buches „Jugement“ auf ein apokalyptisches, d.h. teleologisches Weltgeschehen und somit gewissermaßen auf eine vorherbestimmte Geschichte verweist. In diese Auffassung vom theonomen Weltgeschehen ‘bricht’ jedoch immer wieder die vom anthroponomen Weltgeschehen ein.[49] Mag d’Aubigné immerhin die Ereignisse zuweilen als profaner, dem Geschehen hilflos ausgelieferter Mensch erzählen und sie der Anthroponomie unterstellen, so holt ihn doch wieder schnell der Glauben an den allmächtigen Gott ein und läßt ihn das ganze Geschehen als theonom begreifen. Hierbei werden nun zwei Schritte vollzogen, die analytisch gesehen auseinanderzuhalten sind:

1. Zunächst einmal wird das vom rein menschlichen Standpunkt gesehene tragische Schicksal theologisch erörtert, d.h., daß die im Sinne der Theodizee gestellte Frage nach der theologischen Rechtfertigung des Tragischen explizit und konkret beantwortet wird: Forsyth hat in ihrer Arbeit „D’Aubigné, Calvin et le ‘comble des péchés’“ gezeigt, daß in den *Tragiques* die Martyrien und die mit den Religionskriegen einhergehenden Massaker und verlorenen Schlachten als tragische Ereignisse dargestellt werden, die Gott duldet - und die Gott deshalb duldet, weil er wartet, bis das Maß an Sünden voll ist: „La première phase de la justice divine, le châtiment du peuple élu pour les ramener au droit chemin, étant terminée („Misères“, „Princes“), les persécutions [sc. décrites dans „La chambre dorée“, „Les Fers“ et „Les Fers“ et] subies par les élus n’émanent plus du Seigneur, mais

---

[49] Diese ‘doppelte’ Sichtweise des Weltgeschehens kennzeichnen auch Ignatius’ von Loyola und Calvins Geschichtsverständnis, wie Heiko A. Oberman, „Ignatius of Loyola and the Reformation: The case of John Calvin“, in : Juan Plazaola (Hrsg.), *Ignacio de Loyola y su tiempo* (Congreso internacional de historia, 9-13 septiembre 1991), Bilbao 1994, S. 807-817, hier S. 816, beobachtet: „For both men [sc. Calvin and Ignatius] the lines between secular history and salvation history seem to be constantly blurred [...].“
Schon Clément Marot *Deploration de Messire Florimond Robertet*, (Vers 405-408), in: Clément Marot, *Œuvres lyriques*. Edition critique par Claude Albert Mayer, Bd. 2, London 1964, S. 156-157, thematisiert diese ‘Ambivalenz’ seiner christlichen Zeitgenossen konkret am Beispiel des Todes: „ [...] bien folle est la coustume humaine / Quant aucun meurt porter & faire dueil / Si tu croys bien que Dieu vers luy le maine / A quelle fin en gettes larmes d’œil?“

celui-ci n'interviendra pas pour les arrêter avant que la mesure de l'iniquité ne soit accomplie."[50]

2. Auf die theologische Rechtfertigung des Tragischen erfolgt seine theologische Umwertung, so daß schließlich aus einem Besiegtsein ein Siegersein wird.[51]

Wenn das Geschehen bald als theonom, bald als anthroponom und der Protestant bald als Sieger, bald als Opfer dargestellt wird, dann wird hieraus ersichtlich, daß in den *Tragiques* zwei Weltanschauungen zusammenfließen, die das Epos unter Spannung stellen. Hieran ändert auch nichts die Tatsache, daß die Anschauung vom theonomen Geschehen quantitativ überwiegt, wobei der Titel des Epos, *Les Tragiques*, allerdings erst einmal eine andere Gewichtung vermuten läßt.[52] Dieses Nebeneinander von zwei Weltanschauungen bewirkt aber auch, daß das Bild, das durch die eine Weltanschauung projiziert, durch die andere Weltanschauung 'gestört' wird. Das bedeutet konkret, daß das Bild vom unbesiegbaren Protestanten, das namentlich durch die Bücher „Les Feux" und „Les Fers" gezeichnet wird, durch das Bild vom Protestanten als Opfer, das durch die selben Bücher projiziert wird, 'verwischt', d.h. in seiner Integralität gemindert wird.

Die ganze Funktion des siebten Buches liegt nun darin, dem schon in den vorherigen Büchern aufgezeigten, aber immer wieder von d'Aubigné selbst in Zweifel gezogenen Sieg der Protestanten seine Letztendlichkeit und Unwiderruflichkeit zu geben. Es soll also dem namentlich durch die Bücher „Les Feux" und „Les Fers" projizierten, aber gleichzeitig auch in Frage gestellten Bild vom unbesiegbaren Protestanten wieder zu seiner Integralität verhelfen. Das Buch „Jugement" mit seinem Bild vom Protestanten als Sieger zur Endzeit bekräftigt somit letztendlich den aufgezeigten

---

[50] Forsyth, „D'Aubigné, Calvin et le 'comble des péchés'", S. 271; vgl. auch das in diesem Zusammenhang von Forsyth angeführte Zitat aus den *Tragiques*, IV, 1409-1410: „[Sc. Dieu] Souffrit et n'aima pas, permit et ne fut cause / Du reste de nos maux."
Zur biblischen und calvinistischen Grundlage der Vorstellung vom „comble des péchés," s. Forsyth, S. 264 - 270.

[51] Bei der Darstellung der Ereignisse als theonome Ereignisse geht die theologische Rechtfertigung des Tragischen nicht immer seiner theologischen Umwertung voraus; in „Les Feux" z.B. wird erst am Ende des Buches (nach dem erklärten Sieg der Märtyrer) das Martern theologisch durch das Moment des noch nicht vollen Sündenmaßes erörtert und gerechtfertigt. Die aufgezeigte Abfolge der zwei Stufen ist also analytisch und weniger textpragmatisch zu verstehen.

[52] Lazard, S. 364, erläutert den Titel des Epos: „Il faut sans doute entendre les *Tragiques* comme un neutre pluriel, de même que les *Bucoliques* ou les *Argonautiques*".

Sieg der Protestanten im vergangenen und gegenwärtigen Geschehen der Vorreformationszeit und Reformationszeit.

Hieraus wird schließlich deutlich, daß, in bezug auf die in den *Tragiques* dargestellten geschichtlichen Ereignissen, das Buch „Jugement“ weniger eine kompensatorische[53], als vielmehr eine affirmative Funktion hat, die darin besteht, den in den vorhergehenden Büchern beschriebenen, aber auch gleichzeitig von d'Aubigné selbst angezweifelten Sieg der Protestanten zu bekräftigen und ihnen all denjenigen explizit vor Augen zu führen, die sich von der immanenten Betrachtungsweise der geschichtlichen Ereignisse haben blenden lassen, ohne den Worten Calvins Glauben zu schenken: „Et combien qu'il nous faille soufffrir en ce monde beaucoup d'injures pour son Nom, si est-ce qu'en la fin nous serons revêtus de sa gloire et de sa justice“.[54] Das siebte und letzte Buch der *Tragiques* bestätigt also den Sieg der Protestanten, der nun für jedermann ersichtlich, ja sogar für jedermann in seiner Endgültigkeit und Unwiderruflichkeit ersichtlich ist.

---

[53] Vgl. Fasano, Bd. 2, S. 294, der in dem Buch „Jugement“ die Absicht d'Aubignés sieht, die faktische historische Niederlage der Protestanten durch deren Sieg im Himmel auszugleichen.

[54] Jean Calvin, *Sermon du dernier avènement*, in: Jean Calvin, *Sermons*, S. 283.

7 KRITIK: BEWEISFÜHRUNG UND SACHVERHALT

7.1 Stichhaltige Beweisführung

7.1.1 Das Bild vom unbesiegbaren Protestanten und die Beweisführung

In den vorangegangenen Kapiteln ist gezeigt worden, daß d'Aubignés den verfolgten Protestanten als unbesiegbar darstellt. Diese Darstellung muß als Antwort auf die Aufforderung der Katholiken an die Protestanten verstanden werden, ihre Auserwählung durch Gott und somit die Göttlichkeit, d.h. die Wahrhaftigkeit, ihrer Kirche zu beweisen. Wenn Sainte-Beuve schreibt: „*Les Tragiques* [sont une] espèce de contre-partie du *Discours sur les misères du temps*"[1], dann scheint die namentlich aus den *Tragiques* hergeleitete Unbesiegbarkeit der Protestanten nicht nur eine Antwort auf den gemeinhin von den Katholiken auf die Protestanten ausgeübten Legitimationsdruck zu sein, sondern sogar eine konkrete Antwort auf den Legitimationsdruck, der von Ronsard und dessen Werk ausgeht, in dem die Protestanten aufgefordert werden, ihre göttliche Auserwählung zu beweisen.[2] D'Aubigné versucht also, die Auserwählung der Protestanten über deren Unbesiegbarkeit aufzuzeigen, die sich ihrerseits, wie die vorherigen Kapitel zu erkennen geben, aus dem himmlischen und dem irdischen Sieg zusammensetzt. Dies bedeutet, daß sich die göttliche Auserwählung des verfolgten Protestanten erstens durch seinen himmlischen Sieg und zweitens durch seinen irdischen Sieg begründet:

1. Der himmlische Sieg setzt sich seinerseits aus der postmortalen himmlischen Erhöhung, so wie die protestantischen Märtyrer sie kennen, und der eschatologischen himmlischen Erhöhung zusammen, die am Tag des Jüngsten Gerichts sämtliche Protestanten erfahren werden
2. Der irdische Sieg liegt nicht nur bei einem Siegen im weltlich-militärischen Sinne vor, sondern auch dann, wenn die Protestanten die Erfüllung des von den Katholiken angestrebten Ziels in irgendeiner Hinsicht zu verhindern wissen. Er setzt sich,

---

[1] Charles Augustin Sainte-Beuve, *Tableau historique et critique de la poèsie française et du théâtre français au seizième siècle*, Bd. 1, Paris [2]1838, S. 179. - Die Textkritik des 20. Jahrhunderts unter Jean Baillou (Hrsg.), *Discours des Misères de ce Temps*, Paris 1949, S. 46, gibt zu verstehen, daß es sich bei diesem Titel auch um den ursprünglichen Titel des Werkes handelt; Sainte-Beuve bezeichnet dieses im 19. Jahrhundert als *Discours sur les misères du temps*.

[2] Vgl. Kap. II.

konkret gesprochen, aus dem Sterben-Leben der vorreformatorischen 'Protestanten' (d.s. die Waldenser, Albingenser etc.) und aus dem leidlosen 'Leiden' sowie dem wunderbaren Handeln des protestantischen Märtyrers zusammen; des weiteren aus dem Sieg der Protestanten über die zahlenmäßig überlegenen Katholiken in den (kleineren) Schlachten und aus dem Sieg d'Aubignés als Soldaten.

Der himmlische Sieg belegt unmittelbar das Auserwähltsein durch Gott. Wenn nämlich der Protestant in den Himmel kommt und dort die Glückseligkeit erfährt, dann wird deutlich, daß er zu den göttlich Auserwählten gehört. Wesentlich weniger evident ist indessen die Verbindung von irdischem Sieg und göttlichem Auserwähltsein. Das fehlende Leiden der Märtyrer z.B. ist zwar insofern ein Sieg, als die Katholiken ihr Ziel nicht erreichen (der Märtyrer wird nicht gemartert), aber noch kein Beweis für das Auserwähltsein durch Gott. Die Verbindung von irdischem Sieg und göttlichem Auserwähltsein wird erst dann hergestellt, wenn die irdischen Siege auf Gottes Wirken zurückzuführen, d.h. theogen sind. Die Theogenie[3] erweist sich somit als das Verbindungsglied zwischen irdischem Sieg und göttlichem Auserwähltsein. Daß man von den irdischen und durch Gott bewirkten Siegen der Protestanten auf deren göttliche Auserwählung schließen darf, zeigt sich letztendlich durch das theogene Sterben der katholischen Verfolger, das als Gegensatz zu den theogenen Siegen der Protestanten Ausdruck des differenzierten Wirkens Gottes hinsichtlich der Protestanten und Katholiken ist. Nachdem erwähnt worden ist, daß die göttliche Auserwählung des Protestanten sich durch seinen himmlischen Sieg - d.h. durch die postmortale und eschatologische himmlische Erhöhung - sowie durch seinen irdischen Sieg - d.h. durch die verschiedenen von Gott bewirkten, d.h. theogenen Siege - zeigt, muß nun gefragt werden, wie überzeugend die von d'Aubigné dargestellte himmlische Erhöhung der Protestanten und die von ihm erwähnte Theogenie der irdischen Siege ist. Um diese Frage beantworten zu können, müssen die Momente, auf der die himmlische Erhöhung und die Theogenie basieren, analysiert werden. Diese Momente konstituieren also letztendlich die Beweisführung für die göttliche Auserwählung der Protestanten.

---

[3] Im Gegensatz zu den Komposita auf *-genie* wie Embryogenie und Anthropogenie, die die Erzeugung des Embryos bzw. des Menschen im Sinne des *genetivus objectivus*, d.h. die Erzeugung vom Embryo bzw. Menschen bezeichnen, wird hier unter Theogenie die Erzeugung Gottes im Sinne des *genetivus subjectivus*, d.h. die Erzeugung durch Gott verstanden.

7.1.2 Die Konstituenten der Beweisführung

7.1.2.1 In Verbindung mit dem himmlischen Sieg

Im Zusammenhang mit der postmortalen oder eschatologischen himmlischen Erhöhung lassen sich bei d'Aubigné zwei Momente ausmachen, und zwar die Typologie und die Prophetie. Das heißt, daß diese beiden Momente die Konstituenten der Beweisführung für das Auserwähltsein der Protestanten sind.

Das Moment der Typologie zielt darauf ab, eine gegenwärtige Person oder Situation einem christlichen 'Typos', d.h. einer biblischen oder frühchristlichen Person oder Situation, gleichzusetzen:

- In Kapitel IV / 3.4 ist dargelegt worden, daß der protestantische Märtyrer dem frühchristlichen Märtyrer in seinem ganzen Erscheinungsbild gleicht. Durch diese Gleichheit von protestantischem und frühchristlichem Märtyrer im Erscheinungsbild wird endlich der himmlische Sieg der Protestanten aufgezeigt, wobei dieser Argumentation der Gedanke zugrunde liegt, daß die protestantischen Märtyrer, weil sie so wie die frühchristlichen Märtyrer sind, auch wie diese eine postmortale himmlische Erhöhung erfahren.
- In Kapitel IV / 4.1.2 ist gezeigt worden, daß d'Aubigné den Tod der protestantischen Soldaten und der massakrierten Protestanten zunächst einmal als das Ergebnis einer zwischen Gott und Satan im Himmel abgeschlossenen Wette und dann als Züchtigung darstellt. Weder die Himmelsszene noch der Tod als Züchtigung sind in ihrer Idee eine Neuschöpfung d'Aubignés, sondern gehen auf das Alte Testament zurück, und zwar auf Hiob bzw. Ezechiel, Jesaja und Jeremia. In der Bibel wird deutlich, daß Hiob, obgleich er viel Leid erfährt, ebensowenig von Gott verstoßen ist wie diejenigen, die Leid aus einer göttlichen Züchtigung heraus erfahren. Wenn nun d'Aubigné die Himmelsszene zwischen Gott und Satan als hiobsche Szene und den Tod als Züchtigung im Sinne der alttestamentlichen Propheten darstellt, dann zeigt er seinen Zeitgenossen, daß der Tod der Protestanten nicht als ein Von-Gott-Verstoßensein, sondern - ganz im Gegenteil - als ein Zeichen für das Von-Gott-Auserwähltsein zu verstehen ist.

Diese Beweisführung über die Typologie ist allerdings nicht ausreichend, da es sich hier jeweils um zwei wohl gleiche, aber eben nicht zwei identische Personen oder Situationen handelt, so daß auf die eine Person oder Situation immer nur bedingt das zutrifft, was für die andere gilt.

In Kapitel IV / 6 ist gezeigt worden, daß am Tag des Jüngsten Gerichts - soviel ist durch die 'prophetische Erzählung' d'Aubignés bekannt - die Protestanten als Sieger zur Rechten Gottes sitzen und die ewige Glückseligkeit besitzen werden, wohingegen die Katholiken die von Gott Bestraften und Verworfenen sein werden. Wenn nun d'Aubigné durch seine 'prophetische Erzählung', die einzige in der christlichen Welt akzeptierte Form der 'prädiktiven Erzählung',[4] offenbart, daß am Tag der Parusie der Heiland die Protestanten zu sich in den Himmel nehmen und ihnen dort die ewige Glückseligkeit schenken wird, dann zeigt er hierdurch nicht nur eindeutig, sondern auch mit unwiderruflicher Letztendlichkeit ihren himmlischen Sieg auf, denn nach dem Jüngsten Gericht passiert 'nichts' mehr.

7.1.2.2 In Verbindung mit dem irdischen Sieg

Im Zusammenhang mit dem irdischen Sieg ist oben die Theogenie erwähnt worden, die die Verbindung vom irdischen Sieg des Protestanten und dessen göttlicher Auserwählung herstellt. Die Theogenie der irdischen Siege der Protestanten zeigt d'Aubigné über zwei Momente auf, und zwar über die suggerierte Kausalverbindung und über die Ungewöhnlichkeit der davongetragenen Siege, d.h. über deren Unmöglichkeit im physischen Sinne.

D'Aubigné hat sein Siegen dadurch als theogen zu beweisen gesucht, daß er mehrmals die beiden (abstrahierten) Ereignisse (d.h. Funktionen)[5] *Sich-an-Gott-*

---

[4] Céard, *La nature et les prodiges*, S. VII, erinnert daran, daß die anderen Formen der Vorhersage wie die oben mit Bezug auf Genette erwähnte 'orakelhafte', 'astrologische', 'chiromantische Erzählung' etc. vom Christentum verworfen worden sind: „La divination n'a pas bonne réputation; depuis l'avènement du Christianisme, l'Occident ne la tient pas en estime; [...] le Christianisme l'a couverte d'opprobre et a renouvelé contre elle les vieilles condamnations judaïques."

[5] Die 'Funktion' ist nach Vladimir Propp eine segmentierte, abgeschlossene Einheit der 'Handlung', oder synonymisch gesagt des 'plots'. Die 'Funktionen', die nichts anderes sind als 'abstrahierte' Ereignisse, bilden nach Cesare Segre, „Analisi del racconto, logica narrativa e tempo", in: Cesare Segre, *Le strutture e il tempo*, Turin 1974, S. 3-78, hier S. 14 - 15, das *modello narrativo*, wobei er den Unterschied zwischen Funktion und Ereignis folgendermaßen beschreibt : „[...] è un passaggio dal particolare al generale, essendo il modello la forma più generale in cui un racconto può essere esposto mantenendo l'ordine e la natura delle sue connessioni." Eine solche Funktion ist z.B. die *postmortale Auferstehung des Märtyrers* im Gegensatz zu dem 'konkreten' Ereignis der verschiedenen Märtyrer wie „l'ame s'envole", „Elle changea son throne empour un eschafaut", „L'ame [...] void au ciel l'invisible" etc. Zur Schwierigkeit des Abstrahierens, d.h. für die Reduktion von Ereignissen zu Funktionen, siehe Segre, S. 7 ff.

Wenden und *Errettung aus den tödlichen Gefahren* unmittelbar nacheinander erwähnt. Gewiß folgen erst einmal, philosophisch gesehen, alle Ereignisse nur chronologisch aufeinander. Dies bedeutet jedoch nicht, daß der Mensch die Ereignisse immer nur als zeitlich aufeinanderfolgend, d.h. als Ereignisse *post hoc* begreift. Vielmehr scheint er die allgemeine Tendenz zu haben, insbesondere die temporal unmittelbar aufeinanderfolgenden Ereignisse als kausal verknüpft zu verstehen (*post hoc, ergo propter hoc*), was seinerseits aus dem menschlichen Verlangen nach Erklärungen zum weltlichen Geschehen und mithin seiner Verneinung des baren Zufalls zu resultieren scheint. Dies bedeutet zugespitzt formuliert: zwei unmittelbar aufeinanderfolgende Ereignisse 'suggerieren' dem Menschen ihre Kausalverbindung, d.h., zwei Ereignisse *post hoc* 'suggerieren sich' dem Menschen als *propter hoc*. Inwieweit der Mensch aber schließlich diese 'Suggestion' annimmt, also inwieweit er schließlich zwei Ereignisse *post hoc* auch als *propter hoc* versteht, hängt allein von seiner Weltanschauung ab, wie Hayden White zu recht betont:

> Wir können uns Ereignisfolgen auf mehrfache Weise erklären. Eine Möglichkeit ist die, die Ereignisse den Kausalgesetzen, die ihre Verkettung bestimmt haben mögen, zu subsumieren [...]. Das ist die Möglichkeit der (natur-) wissenschaftlichen Erklärung. Eine andere Weise, einer Folge von Ereignissen Sinn zu verleihen, die so wie sie sich darbieten fremd, rätselhaft oder geheimnisvoll erscheinen, besteht darin, sie entsprechend den kulturell zur Verfügung stehenden Kategorien wie etwa metaphysische Konzepte, religiöse Glaubensauffassungen [...] zu kodieren.[6]

So versteht d'Aubigné die in seiner Autobiographie mehrmals erwähnten (abstrahierten) Ereignisse (d.h. Funktionen) *Sich-an-Gott-Wenden* und *Errettung aus den tödlichen Gefahren* als kausal verknüpft; dies wird durch seine im Vorwort gemachte Erklärung deutlich: „[ce sont] les merveilles de Dieu en mes delivrances."[7] Es muß nicht gesagt werden, daß nicht alle Menschen die geschilderten Ereignisse so wie d'Aubigné sehen. Sie verstehen nämlich die in der Autobiographie erwähnten (abstrahierten) Ereignisse (d.h. Funktionen) *Sich-an-Gott-Wenden* und *Errettung aus den tödlichen Gefahren* als *post hoc* und nicht wie d'Aubigné als *propter hoc*. So heißt es zum Beispiel in d'Aubignés Autobiographie:

> [...] il falloit prier Dieu devant toute action, le dernier mot de ses prieres estant la vie Eternelle, ce mot l'effraya et le fit crier à Dieu qu'il l'assistât en son agonie.

---

[6] White, „Der historische Text als literarisches Kunstwerk", S. 131.
[7] D'Aubigné, *Sa vie à ses enfants*, S. 49.

> Lors tournant le visage vers le pont, il veit un valet [...] et [...] son cousin germain, qui envoyé en Allemagne par Monsieur l'Amiral portoit à Geneve de l'argent au petit desesperé.[8]

Garnier gibt im Zusammenhang mit diesem Beispiel implizit zu verstehen, daß er und d'Aubigné die beiden (konkreten) Ereignisse *Zu-Gott-Beten* und *Errettung aus der Not durch den Vetter* unterschiedlich (d.h. als *post hoc* bzw. als *post hoc, ergo propter hoc*) verstehen, wenn er schreibt: „Ce n'était peut-être qu'une coïncidence heureuse; mais notre jeune huguenot, habitué à se sentir sous l'œil et la protection de Dieu, ne pouvait manquer d'y voir une réponse à sa prière."[9]

An die Stelle der Kausalität von *Zu-Gott-Beten* und *Befreiung*, die d'Aubigné im Zusammenhang mit seiner Gefangennahme durch die Truppe von d'Achon aufstellt, scheint schon sein damaliger Erzieher und Mitgefangener Béroalde die Kausalität von *Lösegeld-Zahlen* und *Befreiung* gesetzt zu haben: "Is [sc. d'Achon] extorta pecunia, et direptis meis rebus, postea exegit me."[10] Garnier stellt sich, was die kausale Verknüpfung der Ereignisse angeht, auf die Seite Béroaldes:

> Remarquons que les édits des 26 et 27 mai [sc. 1562], qui ordonnaient aux Protestants de sortir de Paris, contenaient une clause „pour pourvoir à leur sûreté, qui défendoit de faire aucune jure ni aucun tort à ceux qui sortoient, ou de s'emparer de leurs biens, sous peine de vie." D'Achon, pourvu d'un commandement régulier dans le ressort du Parlement de Paris, y aurait peut-être regardé à deux fois avant d'attenter à leur vie. Quant à la confiscation des bagages, c'était une peccadille.[11]

Dadurch daß d'Aubigné und Garnier die Ereignisse *Zu-Gott-Beten* und *Errettung aus der Not durch den Vetter* in Hinblick auf deren Kausalität unterschiedlich, d.h. gemäß ihrer Weltanschauung, bewertet und besonders dadurch daß d'Aubigné und Béroalde die Ereignisse *Zu-Gott-Beten* und *Befreiung*, trotz ihres sehr ähnlichen Weltverständnisses, in Hinblick auf deren Kausalität unterschiedlich angesehen haben, wird nun deutlich, daß das (abstrahierte) Ereignis (d.h. die Funktion) E_1 *Sich-an-Gott-Wenden* nie die Theogenie des Ereignisses E_2 belegen kann. Angesichts der unterschiedlichen Bewertung der Ereignisse durch d'Aubigné und Béroalde kann man sagen, daß man paradoxerweise schon den Glauben an das Ereignis E_2 als theogenes Ereignis haben muß, um die Ereignisse E_1 und E_2 als *propter hoc* aufzufassen.

---

[8] S. 64.
[9] Garnier, S. 67.
[10] Zitiert nach Garnier, S. 49.

Nachdem die suggerierte Kausalverbindung in Hinblick darauf untersucht worden ist, inwieweit sie die Theogenie belegen kann, soll nun diese Untersuchung für die Ungewöhnlichkeit der davongetragenen Siege durchgeführt werden.

Im 16. Jahrhundert wurde einerseits alles, was in der Natur normalerweise nicht zu beobachten war, als ungewöhnlich betrachtet. Das Ungewöhnliche selbst wurde, weil es eben ungewöhnlich war, als ein Zeichen Gottes, d.h. mit einer Bedeutung belegt verstanden, so daß die Frage nach seinen Ursachen im Hinter-, die nach seiner Bedeutung im Vordergrund stand: „On ne raisonne pas sur les causes mais sur les raisons pour lesquelles des phénomènes se produisent. On ne se demande pas 'comment?' mais 'pourquoi?'.“[12] Eine Beschäftigung mit den Ursachen des Ungewöhnlichen wurde als fehlende Auseinandersetzung mit seiner Bedeutung ausgelegt.[13] Andererseits lag aber auch im 16. Jahrhundert die Tendenz vor, neben der Bedeutung nach den Ursachen des Ungewöhnlichen zu fragen und zwischen dem Ungewöhnlichen, das durch die Natur verursacht wird, und demjenigen, dessen Ursachen außerhalb der Natur liegen und Gott zugeschrieben wurden, zu unterscheiden. Man verstand zwar noch sämtliches Ungewöhnliche als mit einer Bedeutung beladen, bewertete es aber als göttliches Zeichen in Abhängigkeit von seiner Art der Ungewöhnlichkeit unterschiedlich. So galt z.B. das Ungewöhnliche, das eine Überschreitung der Naturordnung darstellte und auf das (unmittelbare) Wirken Gottes zurückgeführt wurde, d.h. das Wunder, als das schlechthinnige Zeichen Gottes, wie Céard in metaphorischer Sprache zu verstehen gibt: „Pour nous, c'est une brusque lumière dans une nuit privée d'étoiles; pour lui [sc. l'homme du XVIe siècle], c'est un astre éblouissant dans un ciel constellé de signes.“[14] Dem Ungewöhnlichen, das den Naturgesetzen nach möglich war, wurde als göttlichem Zeichen, das in der französischen Literatur des 16. Jahrhunderts häufig „prodige“, „monstre“, „merveille“, bisweilen auch „ostente“ und „portente“[15] genannt wird[16] und im Deutschen am besten durch den

---

[11] S. 49 u. Fußnote 2.

[12] Donald Warren, „Les prodiges dans le ciel en France dans la deuxième moitié du XVIe siècle“, in: Marie-Thérèse Jones-Davies (Hrsg.), *Monstres et prodiges au temps de la Renaissance*, Paris 1980, S. 122-128, hier S. 125.

[13] Vgl. Céard, *La nature et les prodiges*, S. 488.

[14] S. XIII.

[15] Céard, S. VII ff., erinnert daran, daß die Begriffe *monstre, prodige, ostente* und *portente* (letztere beiden waren allerdings weniger geläufig) aus *monstrum, prodigium, ostentum* und *portentum* entstanden sind, die alle Termini der Divination mit gleicher Bedeutung waren; des weiteren daß *mer-*

Begriff des Prodigiums[17] wiederzugeben ist, eine geringere Wertigkeit zugesprochen. Zum Ende des 16. Jahrhunderts wurde es schließlich kaum mehr als Fingerzeig Gottes aufgefaßt, so daß nicht mehr in sämtlichen, sondern im wesentlichen nur noch in dem Ungewöhnlichen eine Bedeutung gesehen wurde, das den Naturgesetzen nach etwas Unmögliches, d.h. etwas 'Präternatürliches' war. „Cette volonté de ne reconnaître une signification qu'aux effets extraordinaires [= préternaturels] [...] devient de plus en plus nette au cours du siècle."[18] Das führte dazu, daß man im Laufe des Jahrhunderts vielem Ungewöhnlichen nicht mehr eine Bedeutung für das vergangene, gegenwärtige oder zukünftige Geschehen zusprach - hierfür sind die Monster ein Beispiel[19] - und daß man schließlich am Ende des 16. Jahrhunderts weitaus weniger Prodigen zählte.[20] Diese Entwicklung spiegelt sich auch im Rückgang der Prodigienliteratur wider, die,

---

veille auf *(res) mirabilis* bzw. *mirabilia* zurückgeht, mit denen Erstaunen und Verwunderung zum Ausdruck gebracht wurden. Mit welchem Begriff schließlich etwas Ungewöhnliches bezeichnet wurde, hing von seiner Deutung durch den Beobachter ab. Cicero begriff es als divinatorisches Zeichen und nannte es folglich *monstrum, prodigium, ostentum* oder *portentum*. Plinius und Augustinus sahen es als ein erstaunliches Phänomen an, das nicht nur zur Natur gehört, sondern auch, weil es eben erstaunlich ist, mehr als alles andere ihre Macht und Kraft zum Ausdruck bringt. Hierbei griffen sie sowohl auf die etymologisch sich aus *mirari* (*=staunen*) herleitenden Wörter *mirabilis* und *mirabilia* als auch auf die Ausdrücke *monstrum* und *prodigium* zurück, die nun allerdings nicht mehr ihre ursprüngliche Bedeutung haben, sondern Erstaunen und Verwunderung ausdrücken. Diese Ausdrükke haben aber dennoch nicht gänzlich ihre ursprüngliche Semantik verloren. Sie bedeuten zwar nicht mehr *vorherzeigen*, aber noch *zeigen*, wobei *monstrum* und *prodigium* bei Plinius meinen, daß die Natur Teilnahme am gegenwärtigen oder zukünftigen Schicksal der Menschen zeigt (so sind z.B. das Umfallen, Sich-Wiederaufrichten und Wiederaufblühen einer Ulme das analoge Naturereignis dazu, daß der Kaiser wieder seine Macht zurückgewinnt); bei Augustinus, daß Gott sich (dem Menschen) zeigt.

[16] Es ist schon im Zusammenhang mit den bei d'Aubigné (vgl. Kap. IV/ 4.1.1.2) erwähnten Wundern darauf hingewiesen worden, daß die o.a. Begriffe nicht immer scharf von dem Begriff *miracle*, obgleich schon damals *terminus technicus*, geschieden wurden.

[17] Unter Prodigien verstand man in der Reformationszeit, in Anlehnung an das lateinische Wort *prodigium*, „sonderbare Naturerscheinungen, Unglücksfälle u. Mißgeburten als Fingerzeige Gottes" (*Lexikon für Theologie und Kirche*, Bd. 10, s.v. „Vorzeichen", S. 906).

[18] Céard, S. 488-489.

[19] Jean Céard, „Tératologie et tératomancie au XVIe siècle", in: Marie-Thérèse Jones-Davies (Hrsg.), *op.cit.*, S. 5-16, weist darauf hin, daß es zwei Konzeptionen des Monsters im 16. Jahrhundert gab: es wurde bald als Zeichen, bald, weil es der Natur und nicht dem 'Präternatürlichen' zugeordnet wurde, als ohne Bedeutung für das gegenwärtige oder zukünftige Geschehen verstanden. Letztere Konzeption überwog am Ende des Jahrhunderts, d.h., man suchte nun nicht mehr nach der Bedeutung des Monsters, sondern nur noch nach seinen in der Natur begründeten Ursachen, wie Céard, *La nature et les prodiges*, S. 489, zu verstehen gibt: „[...] les nouveaux tératologues de la fin du siècle [...] ne voudront plus s'intéresser qu'aux causes prochaines de leur production."

[20] Vgl. Céard, *La nature et les prodiges*, S. 489.

obwohl sie im Gefolge einer Diskussion in den 50er Jahren um die Tatsächlichkeit und Bedeutung von Prodigien in der darauffolgenden Zeit noch einmal Auftrieb erfahren hatte,[21] im ausgehenden 16. Jahrhundert und beginnenden 17. Jahrhundert an Bedeutung und Umfang verlor: „Au début du XVIIe siècle un affaiblissement très net du nombre de textes traitant de prodiges devient évident."[22] Das beginnende 17. Jahrhundert hat die in der zweiten Hälfte des 16. Jahrhunderts eingeleitete Suche nach den Ursachen des Ungewöhnlichen noch verstärkt und die Unterscheidung zwischen 'natürlich' Ungewöhnlichem und 'präternatürlich' Ungewöhnlichem, d.h. zwischen dem von der Natur produzierten Ungewöhnlichen und dem von Gott bewirkten Ungewöhnlichen („prodige" und „miracle"), klar herausgestellt.[23] Durch die intensivierte Erforschung der Ursachen wurde zwar nun weniger die Frage nach der Bedeutung, nicht aber die Bedeutung in Frage gestellt: das 'Präternatürliche' wird weiterhin als Zeichen Gottes begriffen.[24] Folglich verstand der 'typische Zeitgenosse'[25] der *Tragiques*, die zwar zumindest teilweise noch vor dem Hintergrund der Prodigienliteratur entstanden, aber erst 1616 erschienen waren, die darin geschilderten 'präternatürlichen' Ereignisse noch als göttliches Zeichen. Allerdings wurde auch nicht jedes physisch unmögliche und auf das Wirken Gottes zurückgeführte, d.h. jedes wunderbare Ereignis als göttliches Zeichen gleich bewertet. Dies resultiert daraus, daß man seit Thomas von Aquin nicht nur zwischen drei Stufen von Wundern unterschied,[26] son-

---

21 Céard, S. 161, erklärt, daß aus einer zwischen 1552 und 1557 stattgefundenen Debatte der Glaube an die Prodigien gestärkt hervorging. In Ergänzung hierzu weist Warren, S. 122, darauf hin, daß die Prodigienliteratur mit Beginn der 60er Jahre an Umfang zunahm.

22 Warren, S. 127.

23 Vgl. Céard, S. 491.

24 Vgl. S. 489.

25 Es muß nicht erwähnt werden, daß es nicht den 'typischen Zeitgenossen' von d'Aubigné gibt. Der Vereinfachung halber und um die Untersuchung fortführen zu können, sei es jedoch hier erlaubt, auf den 'typischen Zeitgenossen' als fiktive bewertende Größe zurückzugreifen.

26 Die Unterscheidung zwischen drei Stufen von Wundern findet sich bei Thomas von Aquin, *Summa theologiae*, S. 495 (Buch 1 [prima pars], Frage 105, Art. 8).
Sie hatte nicht nur im 16. und 17. Jahrhundert noch ihre Gültigkeit, sondern wird auch heute noch in der Kirche aufrechterhalten: „Si possono distinguere *tre graduazioni* nel M. secondo la sua eccedenza dalle leggi naturali. Il *M. di 1° grado* è al di sopra delle leggi naturali nella sostanza stessa del fatto, come, p. es., la compenetraz. dei corpi [...] (un simile M. lo compì Gesù quando penetrò nel Cenacolo, mentre tutte le porte erano chiuse). Il *M. di 2° grado* è al di sopra delle facoltà naturali, non nella sostanza del fatto, ma per riguardo al soggetto in cui avviene: guarigione dei ciechi nati [...]. Il *M. di 3° grado* riguarda sola. la modalità dell'eccedenza e non la sostanza del fatto e il soggetto in cui avviene: la guarigione improvvisa di una febbre, di una ferita" (*Dizionario ecclesiastico*.

dern auch zwischen den Wundern einer Stufe Abstufungen machte,[27] d.h. die Wunder graduell abstufte und unterschiedlich bewertete. Ihre graduelle Abstufung und unterschiedliche Bewertung folgt wiederum daraus, daß mal mehr, mal weniger die Naturordnung überschritten wird,[28] d.h., Gott mal mehr, mal weniger handelt. Das umgekehrt-proportionale Verhältnis von *Gott-handelt* und *physisch möglichem Ereignis* läßt sich folgendermaßen veranschaulichen:

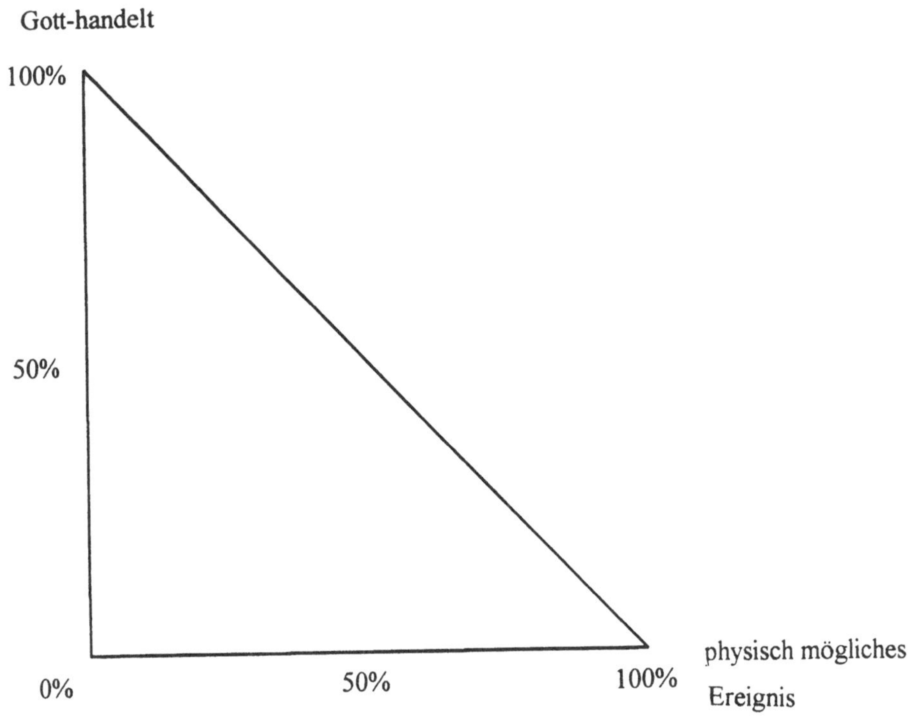

Sotto la direzione dei rev. Mi. Mons. Angelo Mercati [e] Mons. Augusto Pelzer, con la collaborazione di numerosi e noti specialisti, Bd. 2, Turin 1955, s.v. „miracolo", S. 989).

[27] Vgl. Thomas von Aquin, *Summa theologiae*, S. 495 (Buch 1 [prima pars], Frage 105, Art. 8).

[28] So auch bei Thomas von Aquin, ebd.: „[...] secundum quod magis excedit facultatem naturae, secundum hoc maius miraculum dicitur."

Durch die graphische Darstellung wird z.B. deutlich, daß Gott absolut handelt, wenn das Ereignis zu 0 % durch die Natur möglich, d.h. physisch völlig unmöglich ist. Ein solches Ereignis liegt vor, wenn Gott sich selbst im Diesseits 'produziert', d.h., wenn Gott als 'Person' im Diesseits erscheint und der Mensch ihn bzw. sein Antlitz sehen kann. Calvin z.B. erinnert in seiner *Institution de la religion chrestienne*[29] mit Bezug auf die entsprechenden Bibelstellen an solche Fälle der 100% Theogenie. Eine sehr schwache Theogenie liegt vor (wie an der graphischen Darstellung abzulesen ist), wenn das Ereignis nur eine geringe Überschreitung der Naturordnung darstellt.

Einigkeit herrscht im allgemeinen über das oben dargelegte und veranschaulichte umgekehrt-proportionale Verhältnis von *Gott-handelt* und *physisch möglichem Ereignis*, also darüber, daß Gott um so mehr handelt, je unmöglicher das Ereignis ist. Der heikle und strittige Punkt liegt nun aber genau in dem, was bis hierher als geklärt vorausgesetzt worden ist: in der Einstufung des Ereignisses in Hinblick auf den *Grad* seiner physischen Unmöglichkeit, ja auch, und vor allem, in der Einschätzung des ungewöhnlichen Ereignisses in Hinblick auf seine *Art* der Ungewöhnlichkeit ('präternatürliche' Ungewöhnlichkeit, d.h. physische Unmöglichkeit, oder 'natürliche' Ungewöhnlichkeit, d.h. physische Möglichkeit) und schließlich sogar in der Bewertung des Ereignisses, ob es überhaupt ungewöhnlich oder doch nur gewöhnlich ist. Es ist nämlich festzustellen, daß ein und dasselbe Ereignis je nach zeitlicher Epoche und persönlicher Gottgläubigkeit unterschiedlich aufgefaßt wird. Das folgende Beispiel soll dies verdeutlichen:[30] Als auf der zweiten Entdeckungsfahrt im Winter 1535 /1536 fast die gesamte Mannschaft Jacques Cartiers an Skorbut erkrankt war, kam große Verzweiflung unter den französischen Seeleuten auf. Ein Eingeborener, der selbst an Skorbut erkrankt, mittlerweile aber wieder genesen war, erklärte Cartier, daß die Rinde und Blätter eines bestimmten Baumes, als Trunk und Sud verabreicht, Heilung bringen würden. Cartier nahm diesen Hinweis an und verabreichte seinen Leuten das besagte Gebräu, das sie in kürzester Zeit genesen ließ. Diese Genesung war für Cartier als gottgläubigen Menschen des 16. Jahrhunderts ein physisch unmögliches Ereignis, „ung vray et evydent miracle"[31]; für den Menschen des 21. Jahrhunderts ist diese Genesung kein 'präternatürliches', ja vielleicht nicht einmal ein ungewöhnliches

---

[29] Vgl. Bd. 1, S. 53 (Buch 1, Kap.1, Abs. 3).

[30] Zum angeführten Beispiel, vgl. Jacques Cartier, *Relations*. Edition critique par Michel Bideaux, Montreal 1986, S. 169-174.

Ereignis, da sie durch die Verabreichung des stark Vitamin-C-haltigen Trunks erklärt wird.

In Kapitel IV / 3.2.1 ist gezeigt worden, daß der Märtyrer sämtliches ihm zugefügte Leid überwindet, bisweilen sogar mit einer gewissen Heiterkeit. Für d'Aubigné steht fest, daß diese Überwindung der Qualen durch den Märtyrer auf das Wirken Gottes zurückzuführen ist. Für den 'typischen Zeitgenossen' ist diese Überwindung der Qualen durch den Märtyrer gewiß spektakulär, d.h. ungewöhnlich, wohl aber nicht ungewöhnlich im Sinn einer Überschreitung der Naturordnung, kennt man doch andere Fälle, in denen Menschen sich für eine Idee opferten und die ihnen zugefügten Qualen mit einer gewissen Leichtigkeit ertrugen. Für den 'typischen Zeitgenossen' dürfte folglich die Überwindung der Qualen durch den Märtyrer kein physisch unmögliches, d.h. von Gott bewirktes Ereignis sein.

In Kapitel IV / 3.2.2 ist das Handeln einiger Märtyrer an den Hinrichtungsstätten beschrieben worden. So legt z.B. der Märtyrer Thomas Haux auf dem Scheiterhaufen seine bis auf die Knochen abgebrannten Arme über dem Kopf zu einer Krone zusammen; andere Märtyrer sind beispielsweise noch in der Lage, deutlich zu sprechen, nachdem man ihnen die Zunge abgeschnitten hat. Dieses Handeln der Märtyrer erachtet d'Aubigné als wunderbar. Es wird, weil es ein Überschreiten der Naturordnung darstellt, als physisch unmöglich verstanden. So wird es wohl auch vom 'typischen Zeitgenossen' verstanden worden sein. Eine unterschiedliche Auffassung besteht wohl bestenfalls in der Einstufung seiner physischen Unmöglichkeit, d.h. hinsichtlich der Frage, wie sehr die Naturgesetze durchbrochen werden. Die Einstufung des Handelns der Märtyrer als von Gott bewirktes Handeln durch d'Aubigné und den 'typischen Zeitgenossen' läßt sich graphisch folgendermaßen veranschaulichen (wobei der jeweils eingezeichnete Grad natürlich nur eine mögliche Einstufung darstellt):

---

[31] S. 173.

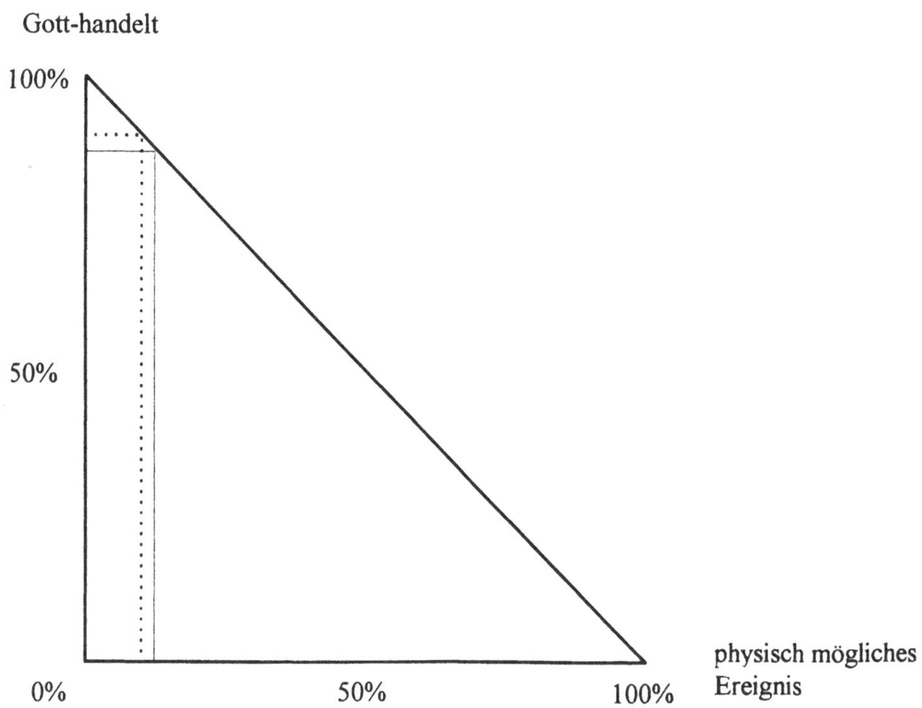

.... *Märtyrer handelt bei oder nach der Hinrichtung*
nach d'Aubigné
—*Märtyrer handelt bei oder nach der Hinrichtung*
nach dem 'typischen' Zeitgenossen

In Kapitel IV / 4.1.1.1 ist gezeigt worden, daß die Protestanten die zahlenmäßig stark überlegenen Katholiken in den (kleineren) Schlachten besiegen und daß dieser Sieg auf das Eingreifen Gottes zurückgeführt wird, d.h. theogen ist. Das Besiegen der zahlenmäßig stark überlegenen Katholiken durch die Protestanten ist etwas Ungewöhnliches. Wenn Fasano feststellt: „[...] esso [sc. l'esito dei Protestanti] sfugge alla logica della valutazione umana [...]"[32], dann gibt er zu verstehen, daß hier eine Ungewöhnlichkeit im Sinn einer physischen Unmöglichkeit vorliegt. Auch für den 'typischen Zeitgenossen' dürfte dieses Besiegen der zahlenmäßig stark überlegenen Katholiken durch die Protestanten ein theogenes Ereignis darstellen, wobei möglicherweise wieder zwischen ihm und d'Aubigné ein Unterschied in der Einstufung darin besteht, wie sehr Gott hier handelt. (Die in der Graphik eingezeichneten Grade des Gott-handelt stellen natürlich wieder nur eine mögliche Einstufung dar.)

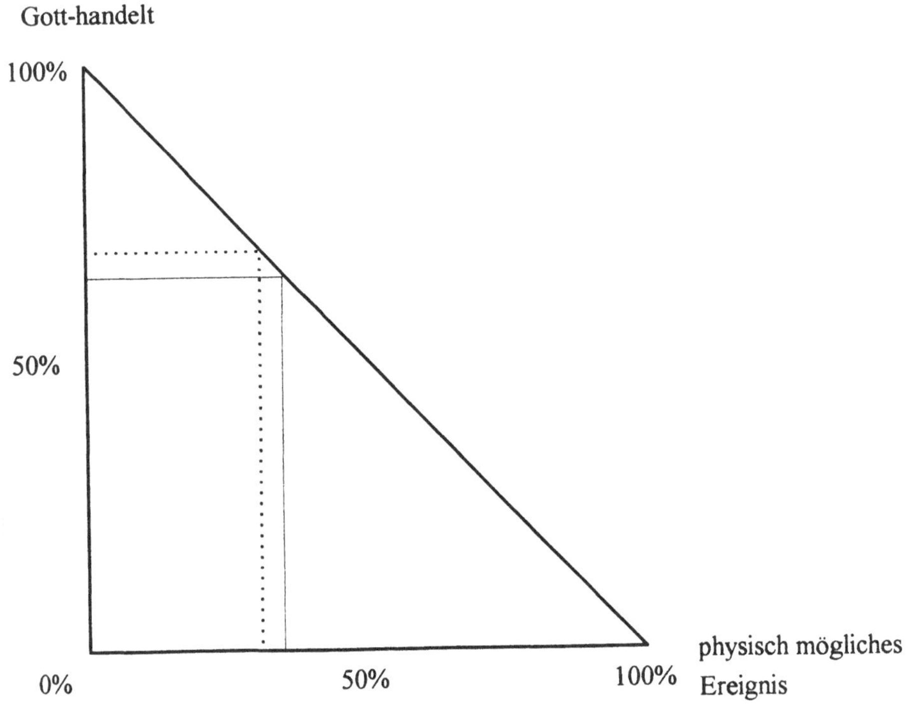

..... *Die Protestanten besiegen die numerisch stark überlegenen Katholiken* nach d'Aubigné

— *Die Protestanten besiegen die numerisch stark überlegenen Katholiken* nach dem 'typischen Zeitgenossen'

---

[32] Fasano, Bd. 2, S. 276.

In Kapitel IV / 4.1.1.2 ist gezeigt worden, daß sich in der Natur Ereignisse abgespielt haben, die man zuvor nicht beobachtet hatte. So sank z.B. das Wasser der Loire erst um anderthalb Fuß ab, vier Stunden später, nachdem die Protestanten sie überquert hatten, stieg es wieder um anderthalb Fuß an. D'Aubigné nennt diese Ereignisse Wunder und führt sie somit auf das Wirken Gottes in der diesseitigen Welt zurück. Da diese Naturereignisse nicht durch die Physis erklärt werden können, muß auch der 'typische Zeitgenosse' sie nicht nur als ungewöhnlich, sondern auch als ungewöhnlich im Sinne von physisch unmöglich verstanden haben. Sowohl d'Aubigné als auch der 'typische Zeitgenosse' erachten folglich diese Naturereignisse als ein Gott-handelt (wobei die in der Graphik wiedergegebene Einstufung des Ereignisses in Hinblick auf seine physische Unmöglichkeit durch d'Aubigné und den 'typischen Zeitgenossen' wieder nur potentiellen Charakter hat):

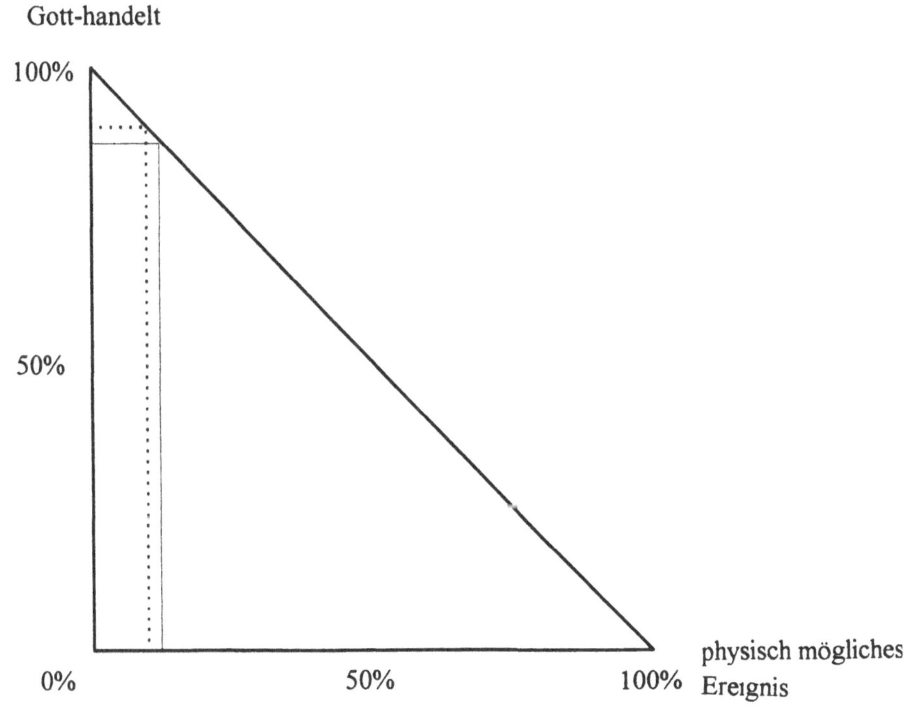

···· *Beobachtete Naturereignisse* nach d'Aubigné

—— *Beobachtete Naturereignisse* nach dem 'typischen Zeitgenossen

Nachdem die von d'Aubigné beschriebenen und dargestellten Ereignisse in Hinblick auf ihre Auffassung durch d'Aubigné selbst und den 'typischen Zeitgenossen' analysiert worden sind, ist nun folgendes festzustellen: Für d'Aubigné haben alle hier oben erwähnten Ereignisse ihren Ursprung in Gott, d.h. sind theogen, wohingegen der 'typische Zeitgenosse' nicht alle Ereignisse als ungewöhnlich im Sinn von physisch unmöglich erachtet und folglich nicht in allen ein Gott-handelt 'sieht'. Hierfür ist das fehlende Leiden der Märtyrer ein Beispiel, das auch nicht mehr am Ende des 16. und zu Beginn des 17. Jahrhunderts, weil es nur ungewöhnlich in Hinblick auf das üblicherweise Beobachtete war, als ein Zeichen Gottes begriffen wurde. Einige Ereignisse (das Handeln der Märtyrer bei oder nach ihrer Hinrichtung, das Siegen über den zum Teil zwanzigfach stärkeren Feind, die zuvor nie beobachteten Vorkommnisse in der Natur) sind jedoch auch für den 'typischen Zeitgenossen' 'präternatürlich', d.h. ein Gott-handelt.

Abschließend ist festzuhalten: D'Aubigné ist es gelungen, über das Moment der Ungewöhnlichkeit die Theogenie einiger irdischer Siege der Protestanten so überzeugend aufzuzeigen, daß auch der 'typische Zeitgenosse' diese Siege als theogen erachtet oder sogar als theogen erachten muß. Diese von Gott bewirkten irdischen Siege der Protestanten sind, zumal in Abgrenzung zu dem theogenen Sterben der Katholiken, zwingender Beweis für die göttliche Auserwählung der Protestanten, die durch ihren himmlischen Sieg, oder genauer gesagt durch ihre himmlische Erhöhung, noch bestätigt wird, die ihrerseits aufgrund des offenbarten zukünftigen Geschehens in Form der Prophetie sicher und gewiß ist. D'Aubigné hat für das Auserwähltsein des Protestanten eine stichhaltige Beweisführung geliefert, deren Konstituenten das Moment der Ungewöhnlichkeit und das der Prophetie sind.

7.2 Bewertung aus narratologischer Sicht: veränderter Sachverhalt - angezweifelter Sachverhalt

7.2.1 Beweisführung und Sachverhalt

Nachdem im vorangegangenen Kapitel gezeigt worden ist, daß d'Aubigné die göttliche Auserwählung der Protestanten so ausreichend bewiesen hat, daß selbst der 'typische Zeitgenosse' hieran keinen Zweifel mehr hegen kann, wird nun seine Behauptung, der Protestantismus bilde die „wahre Kirche", eine 'Tatsache'. Freilich kommt an dieser Stelle die Frage auf, warum nicht alle Katholiken zum Protestantismus konvertiert sind. Zu unterscheiden von der Beweisführung, die sich bei d'Aubigné in bezug auf die göttliche Auserwählung der Protestanten als zwingend zeigt, ist der Sachverhalt, der hier (wie in den meisten anderen Fällen) das eigentliche Problem darstellt. Es muß nämlich auch untersucht werden, ob die Ereignisse, die so ungewöhnlich sind, daß selbst der 'typische Zeitgenosse' sie als theogen erachtet, sich tatsächlich so zugetragen haben, wie sie von d'Aubigné beschrieben und erzählt werden. Diese 'Übereinstimmung' von Geschehenem und Erzähltem scheint gemeinhin stark angezweifelt worden zu sein, denn eine allgemeine Konversion zum Protestantismus fand nicht statt, und es ist nun zu klären, inwiefern die Zweifel berechtigt waren. Hierzu sollen die zunächst einmal vorbehaltlos von d'Aubigné übernommenen Ereignisse kritisch untersucht werden.

Für die Untersuchung wird die Narratologie, oder genauer gesagt das Textmodell der strukturalen Erzählanalyse, herangezogen, das in vertikaler Ausrichtung durch mehrere Ebenen gekennzeichnet ist: während man heutzutage ganz allgemein, in Anlehnung an die von dem russischen Formalisten Boris Tomaševskij aufgestellte Dichotomie von *sjužet* und *fabula*, zwischen zwei abstrakten, d.h. translinguistischen Textkonstitutionsebenen unterscheidet, deren Termini in der einschlägigen Literatur allerdings nicht einheitlich geregelt sind,[33] schlägt Karl-Heinz Stierle eine „dreigliedrige Textkonstitutionsrelation von Geschehen, Geschichte und Text der Geschichte"[34] vor, wobei der 'Text der Geschichte', den Stierle auch *discours* nennt,[35] dem *sjužet* und die 'Geschichte' der *fabula* bei Tomaševskij entsprechen. Die dritte Abstraktionsebene, die Abstraktionsebene des 'Geschehens', liegt vertikal gesehen unterhalb der Abstraktionsebene der 'Geschichte', wobei das 'Geschehen' im Vergleich zur 'Geschichte' „ein unabschließbares Feld von Darstellbarkeiten"[36] ist (das sich auch als die Totalität aller konzeptionellen und perzeptiblen Ereignisse definieren

---

[33] Segre, „Analisi del racconto, logica narrativa e tempo", S. 3, gibt eine Übersicht über die terminologische Uneinheitlichkeit in der einschlägigen Literatur: „Questa dicotomia sembra rispecchiata nella coppia oppositiva di intreccio (*sjužet*) e di *fabula*, proposta dai formalisti russi, o in quella di *plot* e *story* in inglese, o in quella di *discours* e *histoire* adottata da Todorov, o di *récit* e *histoire* di Genette, o di *récit racontant* e *récit raconté* di Bremond."

[34] Karl-Heinz. Stierle, „Geschehen, Geschichte, Text der Geschichte", in: Reinhart Koselleck und Wolf-Dieter Stempel (Hrsg), *Geschichte - Ereignis und Erzählung* (*Poetik und Hermeneutik*, N° 5), München 1973, S. 530-534, hier S. 530.

[35] Vgl. S. 532-533.

läßt) und die 'Geschichte' im Hinblick auf das 'Geschehen' eine Reduktion oder Selektion desselben darstellt[37] (die auch als eine Teilmenge der konzeptionellen und perzeptiblen Ereignisse als Gesamtmenge verstanden werden kann). Oberhalb der Abstraktionsebene der 'Geschichte' liegt gemäß dem Textmodell der strukturalen Erzählanalyse die Abstraktionsebene des *discours* mit seiner Zweiteilung von *discours I* und *discours II*, wobei der *discours I* einen „Spielraum vielfältiger Formen des subjektiven Innehabens der 'Geschichte' oder des Verfügens über sie"[38] bezeichnet. Die Abstraktionsebene des *discours I* ist die letzte Abstraktionsebene unterhalb der Materialisierung , d.h., im Falle der Literatur, der konkreten 'Vertextung' der 'Erzählung' / 'Geschichte', die als *discours II* bezeichnet wird. Ausgehend vom konkreten Text als einziger möglicher Ausgangsbasis, soll nun gezeigt werden, wie d'Aubigné auf den verschiedenen Abstraktionsebenen Veränderungen vorgenommen hat, d.h., wie er in bezug auf das Epos als ein von den Dichtungstheoretikern genormtes Genus dessen 'Spielraum' in den *Tragiques* ausnutzte.

7.2.2 Veränderung des Sachverhaltes

7.2.2.1 Um-/ Neuformung auf der Abstraktionsebene des 'Geschehens'

7.2.2.1.1 Bei den Märtyrerbeschreibungen

D'Aubigné hat zwar als Quelle für das Buch „Les Feux" und für das entsprechende Kapitel in der *Histoire universelle*[39] das protestantische Martyrologium *Histoire des vrays Tesmoins de la verite de l'Evangile* in den Ausgaben von 1564 bis 1582 benutzt,[40] seine Märtyrerbeschreibungen decken sich jedoch nicht immer mit denen bei Crespin. Dies soll im folgenden für die Hinrichtungen aufgezeigt werden, die durch ein wunderbares Handeln der Märtyrer gekennzeichnet sind,[41] wobei zunächst das Interesse den Martyrien gilt, die durch eine wunderbare non-verbale

---

[36] S. 530.
[37] Vgl. S. 531.
[38] S. 532.
[39] Vgl. d'Aubigné, *Histoire universelle*, Bd. 1, S. 207-238 (II, 10).
[40] Vgl. Lestringant, *Agrippa d'Aubigné - „Les Tragiques"*, S. 26; d'Aubigné selbst gibt in der *Histoire universelle*, Bd. 1, S. 206 (II, 9), zu verstehen, daß er sich zur Abfassung des Kapitels über die Märtyrer des Martyrologiums von Crespin bedient habe.
[41] Vgl. Kap. IV/ 3.2.2.

Handlung der Hingerichteten charakterisiert sind. So schreibt d'Aubigné über den Märtyrer Thomas Haux, d.i. Thomas Hawkes aus der englischen Grafschaft Essex:

> Sa face estoit bruslee, et les cordes des bras
> En cendres et charbons estoyent cheutes enbas,
> Quand Haux, en octroyant aux freres leur requeste,
> Des os qui furent bras fit couronne à sa teste.
> (IV, 131-134)

Bei Crespin wird sein Martyrium folgendermaßen dargestellt:

> [...] apres qu'il [sc. Thomas Haux] eut prié Dieu d'affection ardente, le feu fut mis au bois: et apres qu'il eut là demeuré quelque espace ayant desia la bouche retraite de la violence du feu, la peau toute grillee, et les doigts bruslez, ainsi que tous attendoyent qu'il deust alors rendre l'esprit, se souuenāt de la promesse qu'il auoit faite, il esleua les mains l'vne contre l'autre.[42]

D'Aubignés Märtyrerbeschreibung resultiert nicht aus einer Veränderung der 'Geschichte' auf der Abstraktionsebene des *discours*, in dem Sinne, daß sie erzählerisch 'expandiert'[43] oder 'reduziert' ist, d.h., er die 'Geschichte' der Hinrichtung ausführlicher oder weniger ausführlich erzählt als Crespin. Es liegt eine Umformung auf der Abstraktionsebene des 'Geschehens' vor. Wenn das 'Geschehen' oben als die Gesamtheit aller (nicht-fiktiven) konzeptionellen und perzeptiblen Ereignisse definiert worden ist, dann ist jedes Ereignis, das nicht zum 'Geschehen' (und somit auch nicht zur 'Geschichte') gehört, erfunden, d.h. fiktiv. Nun findet das Ereignis *Zusammenlegen der bis auf die Knochen abgebrannten Arme zu einer Krone* im Zusammenhang mit der Hinrichtung Haux' im Martyrologium keine Erwähnung; es scheint also nicht stattgefunden zu haben. Daraus folgt schließlich, daß es fiktiv ist, wobei d'Aubigné das bei Crespin erwähnte Ereignis *Erheben der verbrannten Hände* zu diesem wesentlich spektakuläreren Geschehensmoment umgeformt zu haben scheint.

Analog stellt sich die Situation in Hinblick auf den Märtyrer George Scherer dar. So heißt es in der *Histoire universelle*:„L'an 28 George Scherer qui avoit promis quelque tesmoignage notable sur son corps après sa mort; demi quart d'heure après sa

---

[42] Jean Crespin, *Histoire des vrays Tesmoins de la verite de l'Evangile, qui de leur sang l'ont signée, depuis Jean Hus iusques au temps present*, Genf 1570, S. 329.

[43] Der Begriff der erzählerischen 'Expansion' geht bekanntlich auf Roland Barthes, „Introduction à l'analyse structurale des récits", *Communications* 8 (1966), S. 1-27, hier S. 23, zurück. Das der 'Expansion' entgegengesetzte Verfahren wird erzählerische 'Reduktion' genannt.

teste coupee mit les jambes et les bras en croix, en admiration des assistans."[44] Crespins Schilderung zufolge legte der Märtyrer kurz nach seiner Köpfung lediglich die Arme und Beine zusammen: „[...] il se tourna tout doucement, posant le pied droit sur le gauche, et la main droite sur la gauche." Das bedeutet, daß das Ereignis *Zusammenlegen der Gliedmaßen zum Kreuz* auf d'Aubigné zurückgeht und als eine Umformung des bei Crespin erwähnten Geschehensmomentes *Zusammenlegen der Gliedmaßen* anzusehen.

Abgesehen von den Hinrichtungen des aus Meaux stammenden Estienne Mangin und des Engländers Georges Baynam, die von d'Aubigné und Crespin annähernd gleich beschrieben werden,[45] sind auch die Martyrien, die durch eine wunderbare verbale Handlung gekennzeichnet sind, bei beiden unterschiedlich dargestellt. Geradezu mysteriös präsentiert sich in den *Tragiques* die Hinrichtung der Märtyrer Philippe de Luns, d.i. „la damoiselle du Graueron", Nicolas Clinet und Taurin Gravelle, denen man, noch bevor sie auf den Scheiterhaufen gebracht wurden, die Zunge abschnitt, um sie daran zu hindern, das Wort Gottes auszusprechen; dieses wurde aber dennoch verkündet, und zwar durch ihr Blut:

> Les trois donnent leur langue, et la voix on leur bouche:
> Les paroles de feu sortirent de leur bouche,
> Chaque goutte de sang que le vent fit voller
> Porta le nom de Dieu et aux cœurs vint parler;
> (IV, 509-512)

Anders wird die Situation von Crespin geschildert, der nur davon berichtet, daß der Henker den drei Märtyrern die Zunge abschnitt, bevor sie den Flammen übergeben wurden.[46] Das Ereignis *Verkündigung des Wortes Gottes durch das Blut* erwähnt er nicht. Es erweist sich folglich als ein von d'Aubignés erfundenes Geschehensmoment.

Über Nicolas de Joinville heißt es in der *Histoire universelle*: „[...] Nicolas de Jeinville, qui ayant la langue coupee, invita en mots bien entendus la compagnie des assistans à prier Dieu;"[47] Ganz anders lautet Crespins Darstellung, die nur besagt, daß Nicolas de Joinville dem Todesurteil entsprechend verbrannt werden und die Zunge

---

[44] D'Aubigné, *Histoire universelle*, Bd. 1, S. 210 (II, 10).
[45] Vgl. d'Aubigné, S. 219 (II, 10) u. Crespin, S. 163[b] bzw. d'Aubigné, S. 212 (II, 10) u. Crespin, S. 73[b].
[46] Vgl. Crespin, S. 484.
[47] D'Aubigné, S. 234 (II, 10).

abgeschnitten bekommen sollte.[48] Die Hinrichtung selbst wird lediglich mit den Worten „il fut martyrisé à l'appetit de ses ennemis d'vne façon incroyable"[49] beschrieben. Das Ereignis *Sprechen mit abgeschnittener Zunge* ist von d'Aubigné geformt worden.

Ein weiteres Beispiel für die unterschiedliche Darstellung der Martyrien bei d'Aubigné und Crespin sind Louis de Marsac und sein Vetter, von denen es in den *Tragiques* heißt:

> Le vulgaire animé entreprend sur leur vie,
> Perce de mille coups des fideles les corps,
> Les couvre de fagots: ceux qu'on tenoit pour morts,
> Quand le feu eut bruslé leurs cables, se leverent,
> Et leurs poulmons bruslans, pleins de feu, s'escrierent
> Par plusieurs fois: *Christ, Christ!* Et ce mot, bien sonné
> Dans les costes sans chair, fit le peule estonné:
> (IV, 446-452)

In dem großen Märtyrerbuch ist indessen nur die Rede davon, daß die Hingerichteten den Lobgesang des Simeon *Nunc dimittis servum tuum Domine* anstimmten, als der Scheiterhaufen angezündet wurde; das Ereignis *Worte ertönen in den Lungen voller Feuer und hallen in den fleischlosen Rippen* findet keine Erwähnung.[50] Es muß als eine Fiktion d'Aubignés angesehen werden.

Die Gegenüberstellung der Märtyrerbeschreibungen bei d'Aubigné und Crespin hat nicht nur gezeigt, daß sie voneinander abweichen, sondern auch daß sie genau in dem Ereignis voneinander abweichen, das die wunderbare Handlung des Märtyrers und schließlich die Ungewöhnlichkeit seines Martyriums ausmacht. Setzt man voraus, daß d'Aubigné für seine Märtyrerbeschreibungen nur das Genfer Martyrologium als Vorlage und keine weiteren Quellen benutzte, dann erweist sich dieses Ereignis als eine Fiktion d'Aubignés, das aus einer Neuformung oder aus der Umformung eines bei Crespin erwähnten Geschehensmomentes entstanden ist, hierbei ist es unerheblich, ob dieses seinerseits sich tatsächlich wie beschrieben zugetragen hat, d.h. sich mit dem deckt, was sich in der Vergangenheit ereignet hat.

---

[48] Vgl. Crespin, S. 481^{b}.
[49] S. 482.
[50] Vgl. S. 264.

7.2.2.1.2 Bei den Beschreibungen der Schlachten

Das Siegen der Protestanten über die zahlenmäßig überlegenen Katholiken, das d'Aubigné auf Gottes Eingreifen zurückführt, verliert seinen theogenen Charakter, wenn die Ereignisse historiographisch überprüft werden. Hierzu wird der katholische Historiograph de Thou herangezogen, den d'Aubigné nicht nur als solchen akzeptiert und lobt,[51] sondern aus dessen Werk er auch viel für sein eigenes übernommen hat.[52]

Nach der Darstellung in den *Tragiques* war die Schlacht bei Navarrenx (Navarrins) im August 1569 gleichsam ein Wundersieg für die Protestanten:

> Mais je voy Navarrin: sa delivrance estrange
> Fait sonner de Bearn une voix de loüange.
> Le haut ciel aujourd'hui a peint en ses pourpris
> Dis mille homme desfaits, vingt et deux canons pris,
> Une ville, un chasteau, dans l'effroy du desordre.
> Un beau soleil esclaire à seize cens soldats
> Qui, conduits d'un lion, rendent tous ces combats.
> (V, 499-506)

De Thou gibt einen anderen Bericht von der Schlacht: Montgomery, der die protestantischen Truppen anführte, brach auf Befehl mit 200 „chevaux" nach Guyenne auf, wobei sich ihm unterwegs viele Glaubensgenossen anschlossen.[53] Der katholische Jean de Lomaigne de Terrides, der die Stadt Navarrins mit einem „bon corps de troupes Gascones"[54] belagerte, ergriff die Flucht, bevor es überhaupt zum Kampf kam: „Mais dès que de Terrides eût appris l'approche de Montgomery, il fut si étonné qu'il fit aussi-tôt plier bagage [...]."[55]

Wesentlich weniger spektakulär scheint auch das Kriegsgeschehen bei Luçon: Während d'Aubigné von einer Schlacht mit 500 Protestanten gegen 5000 Katholiken spricht,[56] schreibt de Thou lediglich: „Après la déroute de l'armée Catholique, les Protestans retournerent au siége du Luçon, & arborerent sur la tranchée les drapeaux

---

[51] Vgl. d'Aubigné, *Histoire universelle*, Bd. 1, S. 4-7 („Préface").

[52] Vgl. d'Aubigné, *A M. Goulard, ministre à Geneve*, in: d'Aubigné, *Œuvres complètes*, Bd. 1, S. 474.

[53] Vgl. Jacques-Auguste de Thou, *Histoire universelle*. Avec la suite, les mémoires de la vie de l'auteur, par Nicolas Rigault, le tout traduit sur la nouvelle édition latine de Londres, et augmentée de remarques historiques et critiques de Causabon, Bd. 4, La Haye 1740, S. 200-201 (Buch 45).

[54] S. 201 (Buch 45).

[55] Ebd.

[56] Vgl. d'Aubigné, *Les Tragiques*, V, 507-512.

qu'ils venoient de prendre. Mascaron rendit la place sans autre condition, si-non que lui & la garnison auroient la vie sauve.“[57]

De Thou hebt zwar die kriegerischen Leistungen Montbruns bei der Schlacht von Châtillon-en-Diois am 13. Juni 1575 hervor, wenn er schreibt: „Il [sc. Montbrun] les [sc. Suisses] rompit, leur tua huit cens hommes [...] et prit sur eux dix-huit Enseignes, sans avoir presque perdu six hommes.“[58] Zum Verhältnis der Truppenstärke jedoch, das d'Aubigné in den *Tragiques* auf eins zu zehn zugunsten der Katholiken beziffert,[59] macht er keine Angaben.

Was die von den Protestanten siegreich ausgetragene Schlacht von Saint-Gilles du Gard am 27. Juli 1562 betrifft, so gibt d'Aubigné das Kräfteverhältnis mit 300 zu 6000 zugunsten der Katholiken an. Während de Thou in der Zahlenangabe der kämpfenden Katholiken ungefähr mit d'Aubigné übereinstimmt - er spricht von 5500 katholischen Soldaten[60] -, heißt es bezüglich der protestantischen Truppen in seiner *Histoire universelle*, daß Gilles als protestantischer Anführer „avec six cens hommes de pied & autant de Cavaleri “[61] in die Schlacht gezogen sei.

Wenn man de Thous *Histoire universelle* als Quelle für die historische Wahrheit anerkennt, dann haben sich die Kriegsereignisse anders abgespielt als bei d'Aubigné geschildert. Die Geschehensmomente, so wie sie in den *Tragiques* dargestellt werden, sind folglich aus der Umformung der historischen Ereignisse entstanden, die d'Aubigné größtenteils de Thous Geschichtswerk entnahm, das er ja eigenen Angaben zufolge als Vorlage für seine Beschreibung des Kriegsgeschehens benutzte.

7.2.2.2 Auslassung auf der Abstraktionsebene der 'Geschichte'

Es ist im vorhergehenden Kapitel gezeigt worden, daß die ungewöhnlichen Ereignisse das Ergebnis einer Um-/ Neuformung der historischen Ereignisse auf der Abstraktionsebene des 'Geschehens' sind. Es bleibt noch der zweite Konstituent der stichhaltigen Beweisführung, die Prophetie, zu untersuchen. Da sie ein nicht-perzeptibles Ereignis ist, das weder be- noch widerlegt werden kann, lassen sich nur

---

[57] De Thou, S. 320 (Buch 47).
[58] Bd. 5, S. 201 (Buch 60).
[59] Vgl. d'Aubigné, *Les Tragiques*, V, 513.
[60] De Thou, Bd. 3, S. 307 (Buch 32).

Vermutungen darüber aufstellen, ob sie sich tatsächlich ereignet hat. Um diese aber begründen zu können, scheint es angebracht zu untersuchen, wie d'Aubigné für seine Erzählung auf den anderen Abstraktionsebenen verfahren ist.

Oben ist festgestellt worden, daß die 'Geschichte' in einem teilmengenhaften Verhältnis zum 'Geschehen' steht, insofern als aus der Gesamtmenge des 'Geschehens' mit seinen unendlich vielen Geschehensmomenten einige ausgewählt werden; in diesem Zusammenhang ist das Stichwort der Selektion erwähnt worden. Es muß nun noch gesagt werden, in welchem Verhältnis die ausgewählten Ereignisse zueinander stehen müssen, damit sie die 'Geschichte' ergeben: Während das „Ganze eines Geschehens, wie immer ein solches Ganzes ausgrenzbar sein mag, [...] keinen Sinn, d.h. keine intentionale Relation seiner Momente“[62] kennt, hat die 'Geschichte' einen Sinn, „der beschreibbar ist als 'Hindurchlegen einer ideellen Linie'.“[63] Dies bedeutet, daß die 'Geschichte', diachronisch gesehen, eine zeitliche Abfolge von Ereignissen ist; diese entwickeln sich, achronisch gesehen, zwischen zwei in Opposition zueinander stehenden Zuständen,[64] was Segre so schematisiert hat: *(virtualità)→ attualizzazione → (scopo raggiunto).*[65] Die 'Geschichte' ist ein zeitlicher, in sich Sinn aufweisender Ausschnitt aus dem 'Geschehen'.

Im folgenden soll gezeigt werden, wie d'Aubigné 'Geschichten', d.h. zeitliche, in sich Sinn aufweisende Ausschnitte aus dem 'Geschehen', zu einer neuen, großen 'Geschichte' zusammengefügt hat: In Kapitel IV / 2.1 ist gezeigt worden, daß für d'Aubigné die Reformbewegung ihren Anfang bei Petrus Waldes und ihren Abschluß bei Calvin hat. Diese von d'Aubigné so dargestellte große Reformbewegung setzt sich aus mehreren religiösen Bewegungen zusammen, die alle eine 'Geschichte', d.h. eine zeitliche, durch einen Sinn gekennzeichnete Abfolge von Ereignissen sind. Zu nennen ist die 'Geschichte' der Waldenser, Albingenser, des englischen Theologen Wiclif etc. D'Aubigné hat nun - unter Auslassung unzähliger, zwischen den einzelnen 'Geschichten' liegender Geschehensmomente - diese verschiedenen 'Geschichten' miteinander zu einer neuen, großen 'Geschichte' verbunden.

---

[61] S. 308 (Buch 32).
[62] Stierle, „Geschehen, Geschichte, Text der Geschichte“, S. 531.
[63] S. 531 u. Fußnote 4.
[64] Vgl. S. 531-532.
[65] Segre, „Analisi del racconto, logica narrativa e tempo“, S. 39.

Ein weiteres Beispiel für eine zusammengefügte 'Geschichte' ist seine 'Geschichte' der Waldenser. So erzählt er zunächst ihren Anfang, d.h. die Bekehrung des Petrus Waldes, wobei die einzelnen Geschehensmomente eine diachronische Abfolge bilden (so hat Waldes einen seiner ausschweifend lebenden Begleiter, der Gott gelästert hatte, tot auf den Boden fallen sehen, schreckliche Angst bekommen, Reue gezeigt etc.)[66] und sich, achronisch gesehen, zwischen zwei in Opposition zueinander stehenden Zuständen entwickeln (nämlich dem 'ausschweifenden Leben' als Ausgangszustand und dem 'christlichen Leben' als Endzustand). Nach der Bekehrung von Waldes erzählt er dann, was vorher sich ereignet hatte, und zwar die Einführung des Dogmas der Transsubstantiation in der christlichen Kirche: „Ce [sc. la naissance du mouvement vaudois] fut en l'onzieme siècle, lors que la Transsubstantiation fut establie [...]."[67] Aber genau an dieser Stelle hat d'Aubigné zwei 'Geschichten' miteinander verbunden, nämlich die 'Geschichte' der Waldenser und die 'Geschichte' der Einführung der Transsubstantiation, die deshalb zwei 'Geschichten' sind, weil sie als zeitliche, durch einen Sinn gekennzeichnete Ausschnitte aus dem 'Geschehen' durch unzählige Geschehensmomente voneinander 'getrennt' sind. Die Idee der Transsubstantiation fand nämlich (wie der Zölibat und die Verwerfung der Simonie) in der zweiten Hälfte des 11. Jahrhunderts ihren dogmatischen Abschluß, wohingegen die Bekehrung des Petrus Waldes rund ein Jahrhundert später erfolgte. Wenn sich d'Aubigné, wie er selbst schreibt,[68] für die Biographie der Waldenser nach Jean-Paul Perrins *Histoire des Vaudois* richtete, dann ist klar, daß er die Verbindung der beiden 'Geschichten' miteinander nicht in dessen Werk vorgefunden hat; denn die 'Geschichte' der Einführung der Transsubstantiation wird dort nicht erwähnt.[69] Das Zusammenfügen der beiden genannten 'Geschichten' ist also auf ihn zurückzuführen.

---

[66] Vgl. d'Aubigné, *Histoire universelle*, Bd. 1, S. 172 (II, 6).
[67] Ebd.
Der Ausdruck „onzieme siècle" hat hier nicht die semantische Bedeutung, die ihm das heutige Französisch gibt, sondern bedeutet das Jahrhundert, das sich mit einer Elf schreibt, also nach unserem Verständnis das zwölfte Jahrhundert. Diese Zählweise der Jahrhunderte (die auch noch im heutigen modernen Italienisch gebraucht wird: duecento = 13. Jahrhundert etc.) ist typisch für d'Aubigné, der auch mit "siecle quinziesme" das 16. Jahrhundert bezeichnet, wie er in seiner *Histoire universelle*, Bd. 1, S. 209 (II, 10), zu verstehen gibt.
[68] Vgl. Bd. 1, S. 174 (II, 6).
[69] Vgl. Jean Paul Perrin, *Histoire des Vaudois*, Genf 1618, S. 2 ff.

7.2.2.3 Auslassung auf der Abstraktionsebene des *discours*

Im vorhergehenden Kapitel ist gesagt worden, daß d'Aubigné verschiedene 'Geschichten' zusammengefügt hat - unter Auslassung unzähliger Geschehensmomente, die dazwischen liegen. Es ist aber auch möglich, in der 'Geschichte' selbst Geschehensmomente auszulassen, d.h. zur 'Geschichte' gehörende Ereignisse nicht zu erzählen. Dieses Verschweigen nennt man erzählerische 'Reduktion' und wird bisweilen in der Erzählung durch Hinweise wie „Jahre später" o.ä. angezeigt. D'Aubigné hat manchmal die 'Geschichte' erzählerisch so stark 'reduziert', daß sie nur noch aus zwei Geschehensmomenten besteht, d.h. gerade noch eine 'Geschichte' ist. Dies soll exemplarisch an seiner Darstellung des Todes der verschiedenen Herrscher gezeigt werden.

Der Tod der heidnischen römischen Kaiser sowie sämtlicher französischen Könige der Reformationszeit ist nach d'Aubigné durch die Rache Gottes ausgelöst worden, wofür das *contrappasso* der Beweis ist. Das *contrappasso* hat er konstruiert, indem er, ausgehend von der jeweiligen Todesursache, nach einem hierzu in Analogie stehenden Moment im Leben des einzelnen Herrschers gesucht hat, das Leiden bei den Protestanten ausgelöst hatte. Dieses Moment hat er dann wiederum in direkte Verbindung zu der Todesursache gesetzt. D'Aubigné nutzt also das subordinative Verhältnis zwischen 'Geschichte' und *discours*, um aus der (die 'Geschichte' bildenden) linearen Abfolge der Ereignisse$_{(A...Z)}$ ein zum Tod als letztem Ereignis$_{(Z)}$ in Analogie stehendes Ereignis$_{(E)}$, das bei den Protestanten Leiden verursachte, auszuwählen und um diese beiden Ereignisse dann nebeneinanderzustellen, so daß die temporale Abfolge E ... Z auf der Ebene der 'Geschichte' zur temporalen Abfolge E $\rightarrow$ Z auf der Ebene des *discours* wird. So heißt es z.B. in Hinblick auf Karl IX.: „Charles neufvieme qui espandit tant de sang veit sortir le sien par tous les pores de son corps [...]."[70] Die unmittelbare temporale Abfolge der Ereignisse E und Z in der Erzählung 'suggeriert' dem Leser deren kausale Verbindung (*post hoc, ergo propter hoc*).

[70] D'Aubigné, *Lettre au Roy Louis XIII*, in: Agripppa d'Aubigné, *Œuvres complètes*, Bd. 1, S. 510.

7.2.3 Veränderter Sachverhalt und Ungültigkeit der Beweisführung

Es ist oben festgestellt worden, daß die stichhaltige Beweisführung für die göttliche Auserwählung der Protestanten sich neben der Prophetie insbesondere auf die Theogenie stützt, die in den ungewöhnlichen, d.h. im physischen Sinn unmöglichen Ereignissen offensichtlich wird, die ihrerseits durch das wunderbare Handeln des Märtyrers, die Wunder der Natur sowie das Siegen der zahlenmäßig stark unterlegenen Protestanten in den (kleineren) Schlachten begründet sind. Im Falle des wunderbaren Handelns des Märtyrers und des Besiegens der zahlenmäßig stark überlegenen Katholiken durch die Protestanten ist das Gott-handelt allerdings nicht historisch wahr, sondern resultiert aus d'Aubignés geschichtlichem Verständnis, insofern als er auf der Abstraktionsebene des 'Geschehens' Geschehensmomente umformt oder sogar neuformt, d.h. hinzufügt, die außergewöhnlich im physischen Sinne sind und schließlich dieses Gott-handelt begründen. Oben ist zwar nicht untersucht worden, ob die ungewöhnlichen Naturereignisse als Geschehensmomente zum historischen Geschehen gehören oder auf d'Aubigné zurückgehen, doch ist angesichts der Um-/ Neuformung der oben genannten Geschehensmomente sehr wahrscheinlich, daß es sich bei den ungewöhnlichen Naturereignissen ebenfalls um umgeformte oder sogar neugeformte Geschehensmomente handelt. Die Theogenie, die die göttliche Auserwählung der Protestanten stichhaltig beweist, gründet nicht auf einem historisch, sondern nur auf einem psychologisch wahren Sachverhalt.

Es bleibt nun zu fragen, wie der stärkste Konstituent der Beweisführung, die Prophetie, in Hinblick auf den Sachverhalt zu bewerten ist. Es ist noch einmal zu betonen, daß die Prophetie als nicht-perzeptibles Ereignis ein Phänomen ist, das von den Außenstehenden genausowenig belegt wie widerlegt werden kann. Man kann also im Fall der Prophetie nicht wie z.B. beim Handeln des Märtyrers in der Unmöglichkeit auf Zeitzeugen zurückgreifen, um zu kontrollieren, ob sie sich wirklich ereignet hat. Wenn aber in den vorherigen Kapiteln gezeigt worden ist, daß d'Aubigné den historischen Sachverhalt veränderte, indem er auf der Abstraktionsebene des 'Geschehens' Ereignisse um- oder sogar neuformte und auf der Abstraktionsebene der 'Geschichte' bzw. des *discours* unter Auslassung unzähliger Geschehensmomente 'Geschichten' bzw. Ereignisse miteinander verband, die auf der darunterliegenden Abstraktionsebene in keinem sukzessiven Verhältnis stehen, dann gehört auch die Prophetie mit hoher

Wahrscheinlichkeit nicht dem historisch, sondern nur dem psychologisch wahren Sachverhalt an.

Wenn nun die ungewöhnlichen Ereignisse und die Prophetie nicht auf eine historisch wahre, sondern nur auf eine von d'Aubigné veränderte historische, in seinem Sinne wahre Sachlage zurückgeführt werden können, dann verlieren sie als Konstituenten der Beweisführung ihre Gültigkeit - und mit ihnen schließlich auch die ganze Beweisführung.

7.2.4 Der veränderte Sachverhalt aus der Sicht d'Aubignés - eine Überlegung

Abschließend soll noch die Frage gestellt werden, wie die von d'Aubigné vorgenommenen Veränderungen des historischen Sachverhalts zu bewerten sind. Ist er ein Propagandist, der 'falsch' erzählt, um die von den Katholiken eingeforderten Beweise liefern und den Protestantismus als göttliche Religion belegen zu können? Wohl weniger; denn das Miteinander-Verbinden von 'Geschichten' bzw. Ereignissen, die durch sehr viele Geschehensmomente voneinander getrennt sind, zu einer (neuen) Einheit scheint für ihn historisch genauso 'richtig' zu sein, wie es für uns, die wir keine „verrückte, herrliche Gläubigkeit mehr [kennen]",[71] historisch 'falsch' ist. Was die von d'Aubigné erzählten Ereignisse anlangt, die sich anders ereignet haben als von ihm beschrieben, so sind wohl auch sie als wahr im Sinne der psychologischen Wahrheit und nicht als zweckgerichtete Manipulation der historischen Wahrheit[72] zu verstehen;

---

[71] Arnold Gehlen, „Ende der Geschichte", in: Christoph Conrad u. Martina Kessel (Hrsg.), *Geschichte schreiben in der Postmoderne*, S. 39-57, hier S. 50.

[72] Allerdings wird in der einschlägigen Literatur auch die gegenteilige Meinung vertreten. So begreift Romani, zumindest in Hinblick auf die *Tragiques*, die Veränderungen des historischen Sachverhalts nicht als eine Neuformung zugunsten der psychologischen Wahrheit, sondern als eine Manipulation der historischen Wahrheit zu propagandistischen Zwecken, wobei er die Manipulation durch die Subjektivität, den Apriorismus und die rhetorische Prägung des Epos begründet sieht: „Là dove [...] vi è 'iperbolizzazione', vi è partito preso, vi è apriorismo, e la ricorrenza di certe figure retoriche a preferenza di altre sottolinea la volontà deliberata di distorcere la verità per un fine propagandistico e didattico" (S. 10). Gewiß ist die Rhetorik eine Redekunst, bei der die Wahrheit manipuliert, d.h. bewußt 'verdreht' wird - entsprechend „wird seit Beginn des 17. Jahrhunderts in England die Rh[etorik] als 'mother of lies' bezeichnet" (*Historisches Wörterbuch der Philosophie*. Herausgegeben von Joachim Ritter u. Karlfried Gründer, Bd. 8, Basel 1992, s.v. „Rhetorik, Redekunst", S. 1017) - und die durch diese Manipulation, d.h. durch eine veränderte Gewichtung des Sachverhalts (mit Hilfe von Figuren im semantischen Bereich wie 'Hyperbel', 'Vergleich', 'Oxymoron',

der inbrünstige Hugenotte hat (wie z.B. bei den in den Himmel aufsteigenden Märtyrern) eben gesehen, was war und nicht - wie Wittgenstein sagt - was der Fall war. Der Mensch ist nun einmal, wie Arnold Gehlen mit Bezug auf Justus Möser sagt, „das Tier, das an der Kette seiner Einbildungskraft“[73] liegt.

7.2.5 Angezweifelter Sachverhalt und Ungültigkeit der Beweisführung

Oben ist festgestellt worden, daß die Beweisführung aufgrund des veränderten Sachverhalts ihrer Stichhaltigkeit verlustig geht. Seine Veränderungen, die mit Hilfe externer Quellen unter Anwendung der strukturalen Erzählanalyse deutlich gemacht worden sind, können jedoch anhand der bloßen Erzählung nicht kognitiv erfaßt werden, d.h., man kann anhand der bloßen Erzählung nicht erkennen, ob sich das Geschehen tatsächlich wie erzählt abgespielt hat. Wenn nun der Sachverhalt angezweifelt wurde - was sich an den vielen im Katholizismus verharrenden Katholiken zeigt, deren ablehnende Haltung gegenüber dem Protestantismus angesichts der stichhaltigen Beweisführung nur durch deren Ablehnung des Sachverhaltes erklärt werden kann -, dann kann nicht in seinen Veränderungen der Grund hierfür gelegen haben. Es scheint, daß *a priori* Zweifel an dem Sachverhalt bestanden, d.h., die (nicht-fiktive) Wirklichkeit der Ereignisse, so wie von d'Aubigné erzählt, *a priori* in Frage gestellt wurde. Dies bedeutet schließlich, daß der Sachverhalt nicht ausreichend bezeugt war, wie

---

etc.), 'emotional' zu überzeugen versucht. Nicht unproblematisch scheint allerdings in manchen Fällen die Beantwortung der Frage, ob bewußt eine rhetorische Figur zum Zweck der 'emotionalen' Überzeugung eingesetzt worden ist oder unbewußt und lediglich zur Wiedergabe des Sachverhalts. Romani, S. 97 ff., hat z.B. auf den häufigen Gebrauch der 'Hyperbel' hingewiesen, die zusammen mit der Antithese die rhetorische Schlüsselfigur des Epos ist (zu den anderen rhetorischen Figuren, s. Romani, S. 94 ff., und Yves Giraud, „Les figures de répétion dans les deux derniers livres des *Tragiques*“, *Saggi e ricerche di letteratura francese* (1979), S. 281-304), und die entsprechenden Stellen benannt, doch nichts scheint zu belegen, daß es sich hier um eine bewußte Übertreibung handelt, d.h. um die rhetorische Figur der 'Hyperbel', die auf das *movere* abzielt, und nicht um eine unbewußte Übertreibung, die lediglich dazu dient, den Sachverhalt so wiederzugeben, wie d'Aubigné ihn sieht. Seine Äußerung, er sei ein „esprit igné et violent de son naturel“ (vgl. Kap. III), sowie Romanis Beobachtung, d'Aubigné habe ein ungestümes und fanatisches Temperament (vgl. S. 98), deuten sogar vielmehr darauf hin, daß er den Sachverhalt in der Tat so 'übertrieben' gesehen hat - und ihn in der *Histoire universelle* aufgrund verschiedener durch das Genus hervorgerufener Bedingungen 'untertrieben', d.h. anders als er ihn selbst wahrnahm, dargestellt hat.

[73] Gehlen, S. 43.

auch immer ein ausreichend bezeugter Sachverhalt, d.h. ein Sachverhalt, dessen Wahrhaftigkeit nicht mehr in Frage gestellt werden kann, aussehen mag. D'Aubigné scheint allerdings nicht richtig[74] erkannt zu haben, daß eine ausreichend bezeugte Sachlage genauso wichtig ist wie eine stichhaltige Beweisführung, um die göttliche Auserwählung der Protestanten zu belegen. Er begibt sich nämlich immer wieder auf die Ebene der Beweisführung

> Je suis importuné de dire comme Dieu
> Aux Rois, aux ducs, aux chefs, de leur camp au milieu
> Rendit, exerça, fit droict, vengeance et merveille,
> (VI, 927-929)

und erklärt ihre fehlende Wirksamkeit nicht durch den unzureichend bezeugten Sachverhalt, sondern durch die Verstocktheit der Leute:

> Les hommes sont plus sourds à entendre la voix
> Du Seigneur des Seigneurs, du Monarque des Rois,
> Que la terre n'est sourde et n'est dure à se fendre [...].
> (VI, 315-317)

Er scheint also nicht erkannt zu haben, daß, so wie er die göttliche Auserwählung der Protestanten belegt (also nur über eine stichhaltige Beweisführung), eine paradoxe Situation aufgebaut wird: seine Erzählungen sind Zeugnis für das Wirken Gottes zugunsten der Protestanten; man soll nun durch dieses Zeugnis zum Glauben an den Protestantismus gebracht werden, muß jedoch schon vorher den Glauben an das Zeugnis haben.

---

[74] Man darf allerdings auch nicht sagen, daß d'Aubigné gänzlich die Wichtigkeit einer ausreichend bezeugten Sachlage verkannt hat; es finden sich nämlich bei ihm Ansätze zu einer solchen Sachlage. So schreibt d'Aubigné, *Histoire universelle*, Bd. 3, S. 367 (VI, 6), um die Zweifel der anderen an einem von ihm erzählten Ereignis auszuräumen: „[...] et j'ai force tesmoins vivant [...]; in den *Tragiques*, IV, 453, heißt es in bezug auf die spektakuläre Verbrennung von Louys de Marsac und seinem Vetter: „[...] ces faits de Dieu, dont les spectateurs vivent ," was, wie Lestringant (Hrsg.), *Les Tragiques*, S, 463, s.v. „[Anmerkung zu Vers] 453, zu verstehen gibt, soviel heißt wie: „dont les témoins vivent encore."

KAPITEL V

DIE SPANISCHEN PROTESTANTISCHEN SCHRIFTSTELLER UND IHR BILD VOM VERFOLGTEN GLAUBENSGENOSSEN

1 FRANCISCO DE ENZINAS' BILD VOM VERFOLGTEN GLAUBENSGENOSSEN: DER SIEGREICHE PROTESTANT

1.1 Der Schriftsteller Francisco de Enzinas und seine Memoiren *Historia de statu Belgico, deque religione Hispanica: Historia Francisci Enzinas Burgensis* sowie seine Erzählung *Historia de la muerte de Juan Díaz*

Zu Beginn des Kapitels über den Protestantismus in Spanien ist schon darauf hingewiesen worden, daß es zwei Gruppen von spanischen protestantischen Schriftstellern gibt, nämlich die Spanier, die während eines Auslandsaufenthaltes die evangelische Anschauung annahmen und eine schriftstellerische Tätigkeit begannen, sowie diejenigen und verglichen mit den ersteren zeitlich etwas später, die sich in ihrer Heimat dem Protestantismus zuwandten und anschließend ins Ausland flohen, wo sie ihre literarische Arbeit aufnahmen.

Francisco de Enzinas[1] gehört zur ersteren Gruppe von spanischen protestantischen Schriftstellern. Der um das Jahr 1520 in Burgos geborene Sohn einer reichen und adligen Familie wurde von seinen Eltern zum Studium in die habsburgerischen

[1] Zum Leben und zu den Werken von Francisco de Enzinas, s. Boehmer, *Bibliotheca Wiffeniana*, Bd.1, S. 133-184; s. ebenfalls Menéndez y Pelayo, Bd. 4, S. 277-305 u. Ignacio J. García Pinilla

Niederlande geschickt, wo er an der Universität von Löwen mit den Schriften Luthers und Melanchthons in Berührung kam, die ihn schließlich zu einer Reise nach Wittenberg bewogen. Von 1541 bis Anfang 1543 wohnte Enzinas, auch Dryander genannt, im Hause von Melanchthon, wo er das Neue Testament ins Kastilische übersetzte. Als er nach seiner Rückkehr in die Niederlande im Sommer 1543 diese Übersetzung drukken ließ, wurde er nach einer Reihe falscher Versprechungen im Dezember 1543 in Brüssel verhaftet und in den Kerker geworfen. Im Februar 1545 gelang ihm jedoch die Flucht, und im März desselben Jahres war er wieder zu Gast bei Melanchthon, auf dessen Anregung er sein Werk *De statu Belgico, deque religione Hispanica: Historia Francisci Enzinas Burgensis* abfaßte. Obwohl schon im Juli desselben Jahres fertiggestellt, wurde das Werk erst im Jahre 1558 veröffentlicht - allerdings in französischer Übersetzung unter dem Titel *Histoire de l'estat du Pais Bas, et de la religion d'Espagne* (247 Seiten in 8°). Auf der Grundlage eines im Vatikan gefundenen Manuskriptes der lateinischen Erzählung von Enzinas erfolgte am Ende des 19. Jahrhunderts eine deutsche[2], im Jahre 1963 eine französische Übersetzung[3] (wobei die französische Übersetzung[4] aus dem Jahr 1910 wegen ihrer Unvollständigkeit wenig brauchbar ist). Aber erst vor einigen Jahren machte Francisco Socas die Originalversion dem Publikum zugänglich und besorgte eine lateinische Ausgabe[5] (192 Seiten). Enzinas erzählt in seinem Werk die Ereignisse, die er zwischen seiner Ankunft in Friesland zu Beginn des Jahres 1543 und seiner Flucht aus dem Gefängnis im Februar 1545 gesehen und erlebt hat. Hierbei stehen seine im Dezember 1543 erfolgte Gefangennahme, sein Aufenthalt im Gefängnis und sein Entkommen im Vordergrund. Stilistisch ist die Erzählung in der einschlägigen Literatur sehr positiv bewertet worden,[6] und Menén-

---

(Hrsg.), *Epistolario* [de Francisco de Enzinas] (*Travaux d'Humanisme et Renaissance*, N° 290), Genf 1995, S. XVII - XXIII.

[2] Francisco de Enzinas, *Denkwürdigkeiten vom Zustand der Niederlande und von der Religion in Spanien*. Übersetzt von Hedwig Boehmer, Bonn 1893.

[3] Francisco de Enzinas, *Les mémorables*. Traduit pour la première fois depuis le 16e siècle du texte original latin par Jean de Savignac, Brüssel 1963.

[4] Francisco de Enzinas, *La chasse aux Luthériens des Pays-Bas*. Souvenirs de Francisco de Enzinas annotés d'après les documents d'archives et les mémoires par Albert Savine, Paris 1910.

[5] Es handelt sich hier um die im Zusammenhang mit dem Protestantismus in Spanien (vgl. Kap. II/ 2) schon erwähnte Ausgabe: Enzinas, Francisco de: *Historia de statu Belgico deque religione Hispanica*. Edidit Franciscus Socas, Stuttgart / Leipzig 1991.

[6] Vgl. Menéndez y Pelayo, Bd. 4, S. 294.

dez y Pelayo, der sie zu dem Genre der Autobiographie rechnet, schreibt über ihren Autor: „Es de los pocos españoles que han sobresalido en el género autobiográfico.“[7]

Im Fühjahr 1546 erfuhr Enzinas, der sich noch in Wittenberg aufhielt, daß sein spanischer Freund Juan Díaz in Regensburg wegen seiner evangelischen Anschauung auf Verlangen seines Bruders umgebracht worden war, der eigens zu diesem Zweck mit einem Komplizen aus Rom dorthin gereist war. Im September 1546 wurde in Basel die *Historia vera de morte sancti viri Ioannis Diazij Hispani* (178 Seiten in 8°) gedruckt, die im November desselben Jahres unter dem Titel *Historia verdadera de la muerte del santo varón Juan Diaz, español* ins Spanische übersetzt wurde (wobei die in der vorliegenden Arbeit benutzte Ausgabe aus dem 19. Jahrhundert den Titel *Historia de la muerte de Juan Díaz* hat). Hier wird das Schicksal des am 27. März 1546 ermordeten Juan Díaz erzählt. Als Autor dieser Erzählung wird in dem lateinischen Originalwerk Claudius Senarcleus angegeben, der, mit Juan Díaz in einem Haus lebend, direkter Zeuge des blutigen Geschehens war; doch sowohl Menéndez y Pelayo als auch Boehmer weisen auf die Bedeutung von Enzinas für dieses Werk hin, wobei ersterer die Erzählung als ein Gemeinschaftswerk von Senarcleus und Enzinas ansieht,[8] letzterer Enzinas als den Autor im ursprünglichen Sinne und Senarcleus als den ‘Modell-Autor’[9] erachtet.[10]

Im folgenden soll zunächst auf der Grundlage der Erzählung *De statu Belgico, deque religione Hispanica: Historia Francisci Enzinas Burgensis* Enzinas’ Selbstbild, dann auf der Basis der beiden o.a. Werke sein Bild vom verfolgten Glaubensgenossen bestimmt werden.

---

[7] S. 294 295.

[8] S. 296.

[9] Umberto Eco, *Sei passeggiate nei boschi narrativi* (Harvard University, Norton Lectures 1992-1993), Mailand 1994, S. 17, bezeichnet als ‘Modell-Autor’ diejenige Person, die die Erzählung liefert, so wie sie dem Leser vorliegt: „[...] l’autore modello [...] è quella ‘voce’ anonimo che inizia il racconto [...] e [sc. la] termina [...].“ Vom ‘Modell-Autor’ stammt also die Erzählung, er hat sie geprägt: „[...] alla fine l’autore modello sarà riconoscibile anche come uno stile e questo stile sarà talmente evidente, chiaro, inconfondibile, che potremo finalmente capire che è sicuramente la stessa Voce di *Sylvie* [sc. di Nerval] quella che, in *Aurélia*, inizia con ‘Le rêve est une seconde vie’“ (S.18). Der ‘empirische Autor ’ ist die (lebende) Person, die die Erzählung niederschreibt, das Werk abfaßt.

[10] Boehmer, Bd. 1, S. 147, schreibt: „Of course Senarcleus, his travelling companion and the witness of his last moments, was the reporter for the greatest part of the book which might be called therefore a history by Senarcleus, but de Enzinas, who also personally knew Diaz from former times, was, no doubt, in the literary sense of the word the author of it.“

1.2 Der glücklich Geflüchtete: Enzinas als Zeuge für das Wirken Gottes oder seine Flucht aus dem Gefängnis

Kaum hatte Enzinas seine spanische Übersetzung des Neuen Testaments drucken lassen, - so erzählt er in seinen Memoiren[11] - da bat er in einem persönlichen Gespräch Karl V., die Schirmherrschaft für dieses Werk zu übernehmen. Alle seine anfänglichen Ängste, dem Kaiser unter die Augen zu treten, hatte er dadurch überwunden, daß er sich seine Übersetzung des Neuen Testaments als göttlichen Auftrag bewußt gemacht hatte.[12] Diese besondere Stellung zu Gott, d.h. seine Auserwählung, die Enzinas zu Beginn seiner Erzählung unterstreicht, beweist er im folgenden, indem er die Abwendung alles ihn bedrohenden Unheils auf das Eingreifen Gottes in das Geschehen zurückführt, das sich letztlich für ihn immer zum Guten wendet.

Nachdem Pedro de Soto, der Beichtvater von Karl V., den eifrigen Enzinas für dessen Übersetzung des Neuen Testaments in die Volkssprache hatte einsperren lassen, kam es zu einer Befragung durch einige Mitglieder des kaiserlichen Geheimrates. Diese stellten dem Gefangenen jedoch keine verfänglichen Fragen zu seinem religiösen Verständnis, sondern beschränkten sich auf einige unwesentliche, ihn nicht in Gefahr bringende Aspekte, was dem göttlichen Eingriff in das Geschehen zu verdanken ist:

> Ibi ego me ipsum recognoui et manifeste diuina opera factum sensi, ut aduersariorum oculi excoecarentur, ne in clara luce uidere possent, atque omnem sentiendi intelligendique uim ipsis ablatam fuisse, qui circa res futiles ac leuis momenti nimium insistentes minime animaduerterent ea, quae praesens uitae periculum erant paritura.

Als im Laufe der Befragung die Mitglieder des Geheimrates Enzinas doch noch eine verfängliche Frage stellten und ihn nach seiner Meinung zu Melanchthon und dessen Schriften fragten, gab ihm Gott eine Antwort ein, die weder ihn selbst kompromittierte noch gegen Melanchthon als Reformator sich richtete:

> „quandoquidem" inquiunt „fuisti in Germania, uidisti Philippum Melanchthonem, saepe cum eo contulisti, quid tandem de homine ipso, quid de libris eius iudicas?"

---

[11] Vgl. Enzinas, *De statu Belgico, deque religione Hispanica: Historia Francisci Enzinas Burgensis*, S. 55 (Kap. 41, 3).
[12] Ebd.

> hic quasi tenebar medius nec effugere posse prima fonte uidebar, quin vel conscientiam meam laederem vel gladium illis porrigerem, quo me quoties lubitum esset potuissent iugulare. Sed tamen Deus mihi et uerum et minime inuidiosum responsum in illa hora suppeditauit in hanc sententiam [...].[13]

Auf Gottes Eingreifen in das Geschehen ist es also zurückzuführen, daß Enzinas nicht der 'lutherischen Ketzerei' überführt und ihm der endgültige Prozeß gemacht werden konnte; andererseits wurde er aber auch nicht aus der Untersuchungshaft freigelassen und mußte noch Monate nach seinem Verhör im Brüsseler Gefängnis bleiben. Als im Januar 1545 die Verfolgungen gegen die Protestanten in den spanischen Niederlanden einen neuen Höhepunkt erreichten, bedauerte Enzinas, daß er die sich ihm zu verschiedenen Zeitpunkten seiner Haftzeit dargebotenen Möglichkeiten zur Flucht hatte ungenutzt verstreichen lassen, die er nun im nachhinein als einen an ihn gerichteten göttlichen Appell verstand.[14] Nachdem Enzinas den Ernst seiner Situation erkannt hatte, gewährte ihm Gott im Februar 1545 nochmals eine Chance zur Befreiung, indem er bewirkte, daß die drei zu passierenden Gefängnistüren unverschlossen blieben:

> Accedo [...] ad ianuam carceris interiorem [...]. cum igitur inferiori mediae parti ianuae aliquanto praessius incumberem sentiremque ianuam uacillantem,manu apprehendi, quam nullo negocio potui aperire. Exterior ianua, quae interiori similis est, ultro patebat tota. Tertia quaedam alia nisi noctu claudi non solet. Ibi ego admiratus inopinato casu, memor quoque quam multis modis me alias uocasset Dominus, quas oportunitates neglexissem, tanquam si uocem Dei clamantis tunc audiuissem, quae me ad se clara voce uocaret, statui prosus uocanti Deo obtemperare atque illam tam optatam tamque insperatam oportunitatem arripere, quam sine ulla dubitatione a Deo missam iudicabam.[15]

Mit der Flucht aus dem Gefängnis war aber noch keineswegs die Gefahr gebannt, denn Enzinas befand sich nun mitten in der Dunkelheit auf einer ihm unbekannten Straße, ohne zu wissen, wohin und an wen er sich wenden sollte. Doch auch aus dieser Gefahr errettete ihn Gott, indem er ihm den richtigen Weg anwies und ihn einen treuen, in der Stadt wohnenden Bekannten aufsuchen ließ, der ihn schließlich aus dem gefahrvollen Brüssel hinausführte.[16] Die eingeleitete Befreiungsaktion, ein eindeutiges

---

[13] S. 83 (Kap. 59, 3).
[14] Vgl. S. 181 (Kap. 118, 1).
[15] S. 187-188 (Kap. 120, 4).
[16] S. 188 (Kap. 120, 5-6).

Werk Gottes,[17] wird nun auch erfolgreich vom Allmächtigen zum Abschluß geführt, der hierfür nochmals ins Geschehen eingreifen muß: als nämlich Enzinas in aller Frühe in Mecheln ankam, begegnete er dort Louis de Zoete, der nicht nur der Erzfeind der Protestanten schlechthin, sondern auch sein persönlicher Widersacher war und den Prozeß gegen ihn angestrengt hatte; dieser erkannte ihn aber nicht, und zwar deshalb nicht, weil seine Augen und sein Geist von Gott getrübt worden waren.[18] Folglich konnte Enzinas seine Flucht ungestört nach Antwerpen fortsetzen, von wo aus er sich einen Monat später nach Wittenberg begab, um wieder persönlich Kontakt zu Melanchthon aufzunehmen.

Enzinas stellt zu Beginn seiner Memoiren - so ist abschließend zusammenzufassen - seine Übersetzung des Neuen Testaments als die Erfüllung eines göttlichen Auftrages und somit sich selbst als einen Auserwählten Gottes dar; diese enge Verbindung zwischen ihm und Gott beweist er im weiteren Verlauf seiner Erzählung, indem er die für ihn glücklich ausgegangene Befragung durch die Mitglieder des kaiserlichen Geheimrates sowie seine spätere Flucht aus dem Gefängnis als von Gott bewirkt darstellt.

1.3 Der siegende Protestant in der Endzeit

1.3.1 Der Protestant als Sieger am Tag des Jüngsten Gerichts in den Memoiren *De statu Belgo, deque religione Hispanica: Historia Francisci Enzinas Burgensis*

Gewiß, in den wörtlich wiedergegebenen Reden der noch zu Enzinas' Haftzeit hingerichteten Protestanten Josse van Ousbergen und Gilles Tielmans kommt deren Überzeugung zum Ausdruck, daß die Märtyrer in den Himmel aufgenommen werden.[19] In der wörtlichen Rede des spanischen Protestanten Francisco de San Roman (der nach mehrfacher Äußerung seiner evangelischen Anschauung gegenüber dem Kaiser in Regensburg verhaftet wurde) wird nicht nur das Martyrium als Weg zu Gott, sondern auch das Martern des Märtyrers verherrlicht: „o gloriosa uincula,

---

[17] Vgl. S. 189 (Kap. 120, 8).
[18] Vgl. S. 190 (Kap. 121, 4).
[19] Vgl. S. 151-154 (Kap. 97, 5 - 98, 1-6).

gloriosa tormenta, quae paulo post in corona capitis mei tanquam preciossimae gemmae in conspectu Dei, in totius mundi theatro conspicientur."[20]

Auch wenn durch die direkten Reden das Dargestellte als Hier und Jetzt erscheint[21] und somit die Anschauungen des Francisco de San Roman, Josse van Osbergen und Jilles Tielmans an 'Lebendigkeit' gewinnen, so scheinen diese Anschauungen dennoch nur die der erwähnten Protestanten zu sein; den direkten Reden (als Teil der 'Erzählung') steht nämlich der 'Erzählerkommentar' gegenüber, der Enzinas' differenzierte Haltung zum Märtyrertum und zu der damit einhergehenden Gewalt erkennen lassen. Die an den Protestanten ausgeübte Gewalt wird nicht verherrlicht, sondern vielmehr angeprangert, und so heißt es zum Beispiel in bezug auf die beiden dem Feuertod überantworteten Protestanten Jean Vicart und Jean Schats: „o crudelem caecitatem et caecam crudelitatem! Quae igitur innocentia tuta, quae pietas integra, quae uirtus a tyrannorum insidiis libera in tanta rerum omnium confusione esse potest? Sed nihil istiusmodi querelis aut rationibus proficimus."[22] Enzinas ist also, ganz im Gegensatz zu Agrippa d'Aubigné, weit davon entfernt, das durch die Gewalt hervorgerufene Leiden als Martyrium zu verherrlichen und ruft sogar indirekt Gott an, die Grausamkeiten gegen die Protestanten einzustellen: „prohibeat Deus tantam impietatem!"[23]

Wenn Enzinas den Tod der Protestanten weder als Triumph begreift noch so darstellt, dann heißt das aber nicht, daß er ihre 'Niederlage' als endgültig ansieht; der Protestant siegt nämlich am Tag des Jüngsten Gerichts, das die katholischen Verfolger bestrafen wird:

> [...] sciant omnes, quicumque effundendi Christiani atque innoxii sanguinis autores fuerunt, uenturum propemodum tremendum illum extremi iudicii diem, in quo, quicquid hactenus effusum est, id totum ab illorum sanguine reposcetur, ubi sententiam et ipsi audituri sunt longe atrociorem quam illi unquam aduersus pia Christi membra tulerunt [...].[24]

20 S. 129 (Kap. 84, 5).
21 Zur Bedeutung der direkten Rede in narrativen Texten vgl. Kap. III/ 4.2.1.2.2.
22 S. 25-26 (Kap. 18, 2); vgl. auch S. 6 (Kap. 2, 6).
23 S. 37-38 (Kap. 29, 1).
24 S. 38 (Kap. 29, 3).

Die Bestrafung durch das Jüngste Gericht wird auch mit der göttlichen Perfektion ausgeführt werden, insofern als ihr kein[25] Verfolger entfliehen, noch sie durch irgendwelche widrigen Umstände aufgehalten[26] oder auf irgendeine Art und Weise abgemildert werden kann. Enzinas geht zwar nicht soweit wie d'Aubigné und legt den Tag des Jüngsten Gerichts auf ein bestimmtes Jahr fest (für d'Aubigné ist sicher, daß die Apokalypse sich im Jahre 1666 ereignet), jedoch sieht auch er die Parusie in naher Zukunft, die sogar näher zu sein scheint, als man glaubt.[27]

Die verfolgten und leidenden Protestanten scheinen noch nicht einmal den Tag des Jüngsten Gerichts abwarten zu müssen, um ins Himmelreich aufzusteigen. Zu dieser Schlußfolgerung kommt man zumindest, wenn man das Schicksal des im Kerker dahinsiechenden Perzeval van Belleghem auf alle leidenden Protestanten übertragen darf: dieser wird nämlich schon bald vom himmlischen Vater in dessen Reich aufgenommen.[28]

1.3.2 Der Protestant als Sieger am Tag des Jüngsten Gerichts in der Erzählung *Historia de la muerte de Juan Díaz*

Das in den Memoiren gezeichnete Bild vom Protestanten als Sieger und vom Katholiken als Bestraften am Tag des Jüngsten Gerichts liegt im wesentlichen auch in Enzinas' *Historia de la muerte de Juan Díaz* vor, wobei es sich hier allerdings vornehmlich auf Juan Díaz sowie dessen Mörder bezieht.

In den Memoiren werden die Katholiken von Enzinas als diejenigen dargestellt, welche am Tag des Jüngsten Gerichts von Gott für ihre Vergehen an den Protestanten bestraft werden. Auch in der *Historia de la muerte de Juan Díaz* gibt Enzinas ganz unmißverständlich zu verstehen, daß Gott an Alfonso Díaz sowie an allen für den Mord an Juan Díaz direkt oder indirekt Verantwortlichen Rache nehmen wird: „[...] [sc. la venganza] ciertamente ha de venir del zielo, no solo sobre este Alfonso parrizida [fratrizida], sinó también sobre los demás adoradores de idolos, que fueron

---

[25] Vgl. S. 46 (Kap. 34, 3).
[26] Vgl. S. 57 (Kap. 42, 7).
[27] Vgl. S. 90 (Kap. 61, 3).
[28] Vgl. S. 46 (Kap. 34, 3).

autores, o aconsejadores de este parrizidio [fratrizidio].“[29] Wenn aus diesem Zitat noch nicht deutlich wird, ob die Rache Gottes sich noch vor dem zeitlichen Ende der Welt oder erst mit dem zeitlichen Ende der Welt, d.h. am Tag des Jüngsten Gerichts, vollzieht (wobei beide Formen der Rache dem protestantischen Denken jener Zeit vertraut waren)[30], dann zeigt eine andere Stelle im Werk, daß Enzinas sich in der *Historia de la muerte de Juan Díaz* über die Frage selbst noch nicht im klaren ist: „[...] si, en esta vida, se les perdona su hecho, [...].“[31] Die Ungewißheit hinsichtlich des Zeitpunktes der göttlichen Rache gibt zu erkennen, daß er, anders als in den Memoiren, die Rache Gottes nun nicht mehr eindeutig auf den Tag des Jüngsten Gerichts hinausgeschoben sieht. Der Ungewißheit über den Zeitpunkt der Rache steht freilich die Gewißheit über die Rache als künftiges Ereignis entgegen.

Während Gott den Brudermörder und seine Gefolgschaft bestraft, belohnt er den „Märtyrer“[32] Juan Díaz, der nun im Himmel begleitet von den Erzengeln in seiner Gegenwart ist. Wenn Enzinas in Zusammenhang mit der Himmelszene schreibt: „[...] clama [sc. Juan Díaz] ahora en el zielo, i allà, ante el acatamiento del eterno padre; con jemidos inenarrables, pide del mismo Dios la venganza de tanta maldád“[33], dann macht er durch diesen Satz verständlich, daß Juan Díaz im Himmel kein stilles Dasein führt, sondern Gott um Rache anfleht; und dieses Anrufen Gottes erklärt wiederum das Zustandekommen der zukünftigen Rache, deren Opfer Alfonso Díaz und dessen Leute sein werden. Aber Enzinas stellt Juan Díaz nicht nur als einen nach Rache Rufenden dar, sondern beschreibt ihn auch als jemanden, der seine Kompatrioten ermahnt: diese sollen seinem Beispiel folgen und den Protestantismus annehmen, der ihnen ewigen Ruhm eintragen wird[34] - auch wenn sie nicht wie er für den Glauben ihr

---

29 [Francisco de Enzinas], *Historia de la muerte de Juan Díaz*, S. 33-34.

30 Agrippa d'Aubigné zumindest erwähnt in seinen *Tragiques* diese beiden Formen der göttlichen Rache; vgl. die Bücher „Vengeances“ und „Jugement“ des Epos und die Kap. IV / 4 u. 5 der vorliegenden Arbeit.

31 Enzinas, S. 95.

32 Enzinas, S. 82, 87, 95, 97, bezeichnet Juan Díaz als Märtyrer, obgleich die theologisch von Augustinus festgelegten und auch von d'Aubigné sowie Crespin übernommenen Kriterien zur Bestimmung des Märtyrers hier nicht erfüllt sind: Juan Díaz hatte nämlich nicht *freiwillig* den Tod für den Glauben auf sich genommen, d.h., er war nicht gemäß seinem Willen getötet worden. Wenn Enzinas seinen Glaubensgenossen dennoch als Märtyrer bezeichnet, dann scheint dies aus einer weniger strengen Definition des Märtyrertums zu resultieren, die jeden des Glaubens wegen Getöteten zum Märtyrer macht.

33 S. 97-98.

34 Vgl. S. 98.

Leben lassen. Über das Bild des im Himmel weilenden Juan Díaz projiziert Enzinas schließlich das Bild des in den Himmel kommenden Protestanten.

1.4 Kritik: unzureichende Beweisführung

Aus den vorherigen Kapiteln wird deutlich, daß der Protestant einen himmlischen Sieg am Tag des Jüngsten Gerichts und Enzinas einen irdischen Sieg kennt, der in seiner Flucht aus dem Brüsseler Gefängnis besteht. Wie an der entsprechenden Stelle bei d'Aubigné müssen diese Bilder vom siegreichen Protestanten nun analysiert werden, d.h., es muß gefragt werden, wie überzeugend die von Enzinas dargestellten Siege der Protestanten sind. Um diese Frage beantworten zu können, müssen wieder die Momente untersucht werden, auf denen die eschatologische himmlische Erhöhung der Protestanten und die Theogenie von Enzinas' Flucht gründen.

Enzinas stellt zwar wie d'Aubigné den Protestanten als endzeitlichen Sieger hin, erzählt aber die sich am Tag des Jüngsten Gerichts zutragenden Ereignisse nicht prophetisch, so daß die eschatologische himmlische Erhöhung nur 'aus seinen Worten hervorgeht'. Es liegt folglich das Moment der 'Logogenie' vor.

In Verbindung mit der Theogenie ist hier das Moment der Ungewöhnlichkeit zu nennen: Enzinas stellt sein Entkommen aus dem Gefängnis und seine anschließende Flucht nach Antwerpen als ein Geschehen dar, das sich aus mehreren Ereignissen zusammensetzt, in denen Gott handelt. Es bleibt zu fragen, wie der 'typische Zeitgenosse' diese Ereignisse aufgefaßt hat. Da keines von ihnen eine Überschreitung der Naturordnung darstellt, sah er in ihnen kein Gott-handelt. Als ein um die Mitte des 16. Jahrhunderts lebender Mensch konnte er sie wohl noch, wenn er in Hinblick auf das üblicherweise Beobachtete Enzinas' Flucht als ungewöhnlich bewertete, als ein Zeichen Gottes verstehen. Dieses teilt etwas mit, ist aber kein 'eindeutiges' Gott-handelt.[35]

Enzinas ist es nicht gelungen, durch seine beiden Erzählungen *De statu Belgico, deque religione Hispanica: Historia Francisci Enzinas Burgensis* und *Historia de la muerte de Juan Díaz* die göttliche Auserwählung der Protestanten aufzuzeigen. Dies liegt erstens daran, daß Enzinas' Flucht aus dem Gefängnis und nach Antwerpen nicht als ein von Gott bewirktes Geschehen verstanden wird; zweitens daran, daß er die Ereignisse, die sich am Tag des Jüngsten Gerichts zutragen werden, nicht prophetisch und somit nicht die (nicht-fiktive) Wirklichkeit erzählt (denn wie kann man als Erzähler der Gegenwart die nicht-fiktiven Ereignisse der Zukunft erzählen, wenn man sie nicht von Gott geoffenbart bekommt?).

[35] Zum Unterschied zwischen Gott-zeigt-sich und Gott-handelt, d.h. zwischen Theophanie und Theogenie, s. weiter unten Fußnote 98.

2 JUAN PÉREZ DE PINEDAS BILD VOM VERFOLGTEN GLAUBENSGENOSSEN: DER SIEGENDE MÄRTYRER

2.1 Der Schriftsteller Juan Pérez de Pineda und sein Trostbrief *Epistola consolatoria*

Zu der Gruppe von spanischen protestantischen Schriftstellern, die schon in ihrer Heimat den Protestantismus annahmen und anschließend ins Ausland flohen, gehört u.a. Juan Pérez de Pineda.

Unbekannt ist bis heute der Forschung das Geburtsdatum von Juan Pérez de Pineda[36] geblieben, der in Montilla, einem Ort in der Provinz von Córdoba, geboren ist. Völlige Unklarheit herrscht ebenfalls über sein Leben bis zu Beginn der 20er Jahre des 16. Jahrhunderts, und wenig Einigkeit gibt es in der einschlägigen Literatur darüber, ob er in den darauffolgenden Jahren im Dienst von Karl V. in Rom war und u.a. den „sacco di Roma" miterlebt hat.[37] Gewiß hingegen ist, daß er in den 40er Jahren Direktor des *Colegio de la Doctrina de los Niños* in Sevilla war und gegen 1549 von dort mit seinen Glaubensgenossen Diego de la Cruz und Luis Hernández del Castillo nach Genf flüchtete. Nachdem er über Umwege einige Jahre später als einer der ersten Spanier in Calvins reformiertem Stadtstaat angekommen war,[38] nahm er nicht nur bald seine schriftstellerische Tätigkeit auf, sondern leitete auch ab ca. 1558 - nachdem er für ca. zwei Jahre in Frankfurt gewesen war - als Pfarrer die neugegründete spanische Kongregation, so daß die Spanier nicht mehr der italienischen Kongregation angeschlossen wurden. Zu Beginn der 60er Jahre war er Pfarrer in Blois, im Jahr 1565

---

[36] Zum Leben und den Werken von Pérez de Pineda, s. Kinder, „Juan Pérez de Pineda (Pierius): a Spanish Calvinist minister of the Gospel in sixteenth-century Geneva".
Siehe auch Boehmer, Bd. 2, S. 57-100, und Menéndez y Pelayo, Bd. 5, S. 125-134; beide weichen jedoch in ihren biographischen Angaben zu Pérez de Pineda etwas von A. Kinder ab, dessen neue Forschungsergebnisse hier oben zur Grundlage genommen worden sind.

[37] Während Boehmer dies bejaht, verneint Menéndez y Pelayo, Bd. 5, S. 125, die Identität von Juan Pérez de Pineda mit einem Juan Pérez, der im Auftrag von Karl V. in den 20er Jahren in Rom war. A. Kinder, S. 283, neigt dazu, sich der Meinung Boehmers anzuschließen.

[38] Kinder, „ Juan Pérez de Pineda (Pierius): a Spanish Calvinist minister of the Gospel in the sixteenth-century Geneva", S. 285, schreibt über Pérez de Pinedas Ankunft in Genf: „It is open to discussion whether Pérez arrived in Geneva before or after the execution of Servetus in 1553."

befand er sich in Montargis bei Renée von Ferrara. Er starb im Jahr 1567 in Paris, als er sich um den Druck verschiedener Schriften kümmerte.

Im Jahre 1560 veröffentlichte er in Genf seine *Epistola consolatoria* (224 Seiten in 8°), die an die Protestanten in Sevilla gerichtet war[39] und diesen dadurch Trost zu spenden beabsichtigte, daß die Nützlichkeit und Notwendigkeit ihres Leidens betont werden. Hierbei ist weniger wichtig, daß diese Idee vom unerläßlichen Leiden immer und immer wieder in dem Werk dargelegt wird und ihre ständige Wiederholung zu einer negativen Kritik geführt hat: „[...] el autor acaba por tornarse lánguido, difuso y palabrero a fuerza de dar vueltas a una misma idea. [...] ganaría mucho el opúsculo con reducirse a la tercera parte de su extensión."[40] Von Bedeutung ist vielmehr, daß sie schon in der von der deutschen Mystik hervorgebrachten Trostliteratur vorliegt, „die sich mit der Notwendigkeit, Nützlichkeit und Dignität des Leidens befaßt"[41]; vor allem aber, daß sie auch der Trostliteratur Luthers zugrunde liegt, der im Leiden einen Nutzen sieht[42] und dazu auffordert, „das Leiden gern anzunehmen."[43] Luther setzte sowohl Trostbriefe für Leute auf, die wegen Krankheit litten, als auch für die Protestanten, die um ihres Glaubens willen Leid erfuhren. Seine an die leidenden Glaubensbrüder gerichteten Trostbriefe neigen, da in ihnen das Moment des Ermahnens stärker in den Mittelpunkt rückt als in den übrigen Trostbriefen,[44] zu den paränetischen Schriften hin. Die *Epistola consolatoria* von Pérez de Pineda steht in der Tradition dieser lutherischen Trostbriefe, da sie für die leidenden Glaubensgenossen in Sevilla geschrieben war und diese (wie weiter unten deutlich wird) gleichermaßen tröstete wie zum Ausharren ermahnte. Sie steht darüber hinaus in unmittelbarer Nähe zu Pierre Virets *Epistre pour consoler les fideles qui souffrent* (1545).[45] Im Bereich der spanischen protestantischen Literatur bildet sie das Ausgangsmodell für den Trostbrief: „Con la *Epistola Consolatoria* hizo Juan Pérez escuela entre los protestantes

---

[39] Vgl. Kinder, S. 291; es ist allerdings nicht geklärt, in welchem Umfang der Trostbrief von Pérez de Pineda die spanischen Protestanten erreichte (vgl. Boehmer, Bd. 2, S. 68).
[40] Menéndez y Pelayo, Bd. 5 , S. 133.
[41] Ute Mennecke-Haustein, *Luthers Trostbriefe*, Gütersloh 1989, S. 55.
[42] Vgl. S. 82 ff.
[43] S. 97.
[44] Vgl. S. 91.
[45] Vgl. Kinder, S. 291.

españoles, y pronto le imitó Cipriano de Valera en el *Tratado para los cautivos de Berbería* [...].“[46]

Im folgenden soll auf der Basis des Trostbriefes *Epistola consolatoria* untersucht werden, wie Juan Pérez de Pineda seine verfolgten Glaubensgenossen in Sevilla zu trösten versucht, also wie er ihr Leiden positiv umdeutet und sie als Leidende sieht.

---

[46] Menéndez y Pelayo, Bd. 5, S. 133.
Gewiß sind beide Schriften in der Absicht der Glaubensstärkung aufgesetzt worden, doch gibt es hier einen fundamentalen Unterschied: während die *Epistola consolatoria* das Ziel verfolgte, die von der Inquisition verfolgten Protestanten in ihrem Glauben zu bestärken, beabsichtigte Cipriano de Valera mit seinem Traktat diejenigen Christen zu trösten, die von den Mohammedanern in Algier gefangengehalten wurden. Darüber hinaus wurden die Spanier von den Mohammedanern weniger als Christen gefangengehalten, sondern vielmehr als Spanier, die man als Sklaven verkaufen oder für die man Lösegeld erpressen konnte; letzterer Aspekt wird deutlich durch die an die katholischen Geistlichen gerichtete Kritik von [Luis Usoz y Rio] (Hrsg.), *Tratado para confirmar en la fe cristiana a los cautivos de Berberia* [de Cipriano de Valera] (*Reformistas antiguos españoles*, N° 8), Barcelona [2]1982 [Reprint San Sebastian [1]1854 mit Titel: *Tratado para confirmar en la fe cristiana a los cautivos de Berbberia.* Compuesto por Zipriano d. Valera. I por él publicado el a. 1594], S. X: „Los Reverendos Padres [...] rezibían vários rescates, i muchos limosnas i donaziones, *antes* de rescatar a un Cautivo, i las familias de estos, jeneralmente se empobrezían, o quedaban en la mayor miseria, si no eran ricas: i a vezes, sin fruto, pues con lo rezibido para dos o tres, libraban a uno solo [...].“ Es handelt sich bei den Gefangenen in der Berberei folglich nicht um des Glaubens willen verfolgte Christen, sondern um Spanier, die von den mohammedanischen Piraten zwecks eines Geldgeschäftes gekidnappt wurden.

Auch ist Cipriano de Valeras Traktat nicht metaphorisch zu verstehen, dahingehend daß man in der Berberei Spanien und in den Gefangenen die Protestanten von Sevilla sieht; so schreibt nämlich Usoz y Rio, S. XXVI: „Por lo que haze el contexto de este Tratado, le entiendo a la llana, i sin interpretarle de una manera alusiva. Es dezir, el Autor se dirije a los Cautivos en Berberia, no figuradamente a los Cautivos en España i sufriendo la pirateria Inquisitorial, o la caza de reclamo i maquinaria jesuiticas.“ Auch Menéndez y Pelayo, Bd. 5, S. 169, lehnt ein metaphorisches Verstehen des Traktats ab: „[...] a qué vendría confirmar con tantos argumentos, como lo hace Valera, el dogma de la divinidad de Cristo? Compréndese esto en un libro destinado a andar en manos de gentes que convivían con judíos y mahometanos; pero entre cristianos hubiera sido extemporáneo e impertinente.“

Hieraus sowie aus der oben gemachten Feststellung, daß die spanischen Christen nicht von den Mohammedanern verfolgt, sondern *gekidnappt* wurden, resultiert schließlich die fehlende Aufnahme des *Tratado para confirmar en la fe cristiana a los cautivos de Berberia* in die vorliegende Arbeit, die das Bild des verfolgten Protestanten (und nicht des gekidnappten Christen) zum Untersuchungsgegenstand hat.

2.2 Der Märtyrer und seine Fraternität mit Jesus Christus

2.2.1 Das Verfolgtwerden und Leiden des Protestanten als Zeugnis für das So-wie-Jesus-Christus-Sein

Für Juan Pérez de Pineda steht unumstößlich fest, daß die Verfolgungen und Leiden, die das Leben des spanischen Protestanten kennzeichnen, nicht als ein Weltgeschehen für sich, sondern als ein Weltgeschehen begriffen werden müssen, das an etwas erinnert - und zwar an die Verfolgungen und Leiden Jesu Christi. Die Verfolgungen und Leiden des Protestanten, die als solche für jedermann sichtbar sind, verweisen also auf Jesus Christus,[47] der in dieser Welt Verfolgungen und Leiden gekannt hat. Nun litt Jesus Christus wegen seines Bekenntnisses zu Gott; andererseits war alles, was Jesus Christus widerfuhr, von Gott gewollt, so daß sein Leiden genauso in Einklang mit dem Willen Gottes stand („ [...] fue por ordenacion de Dios lo que padecio Jesu Christo“[48]) wie sein Tod: „Quantas vezes quisieron matar a Jesu Christo sus audversarios? En quantos cabildos y concilios entraron para este fin? Pero jamas pudieron, hasta que vino su hora, y solto Dios la potestad de la tinieblas.“[49] Folglich ist der Protestant, der auch wegen seines Bekenntnisses zu Gott leidet, ebenfalls - das ist hier der entscheidende Analogieschluß - von Gott zum Leiden und zum Tod bestimmt: „Necessario es que se cumpla en nosotros [sc. que somos perseguidos y muertos por la confession de su sancto nombre] lo que esta ordenado de Dios, como se cumplio en Jesu Christo lo que estaua determinado en el diuino consejo [...].“[50]

Freilich setzt die Bereitschaft des Leidenden, zu leiden und zu sterben, voraus, daß er Gottes Willen, die Seinigen leiden und sterben zu lassen, in irgendeiner Form zu Kenntnis genommen hat. Daß Jesus Christus den göttlichen Willen erkannte, ergibt sich aus seiner göttlichen Natur[51]. Der Protestant ‘versteht’ den göttlichen Willen,

---

[47] Schon Thomas Müntzer, *Prager Manifest*, in: Thomas Müntzer, *Schriften und Briefe*. Kritische Gesamtausgabe von Günther Franz, Gütersloh 1968, S. 499, hat die Idee geäußert, daß der Christ durch das Leiden „Cristo gleichförmick“ werde.

[48] Juan Pérez [de Pineda], *Epistola consolatoria* (*Reformistas antiguos españoles*, N° 2), Barcelona [2]1981 [Reprint London [1]1848 mit Titel: *Epistola consolatoria*. Por Juan Pérez, reformador en el siglo XVI. Segunda vez impresa, pajina por pajina, del orijinal; con una noticia prévia sobre su autor en español y en inglés], S. 55.

[49] S. 189.

[50] S. 53-54.

[51] Das Konzil von Chalkedon dogmatisiert (unter Protest und Abspaltung einiger Kirchen im Osten) im Jahre 451 die christologische Formel, daß der inkarnierte Christus sowohl vollkommener Mensch

weil der Heilige Geist zu einem bestimmten Zeitpunkt auf ihn herabgekommen und somit die Verbindung zu Gott hergestellt worden ist: „Quãdo nos abrio los ojos para ver la perdicion en que estauamos, y nos dio la virtud de su Spiritu con que abraçar su salud, fue cierta señal que nos amaua, y no dudauamos de que nos queria bien por auernos hecho tan grande merced."[52] (Aus dieser Aussage ist zu schlußfolgern, daß die Protestanten, bevor sie zum Protestantismus konvertierten, keineswegs zu Gott gehörten, sondern als damalige Katholiken vom Teufel besessen waren,[53] so wie jetzt noch alle Katholiken vom Dämon beherrscht werden.[54]) Durch den Eingriff des Heiligen Geistes werden die Protestanten 'vergöttlicht'; über das Göttliche, das in Jesus und den Protestanten wohnt, definiert sich endlich die Fraternität zwischen Jesus und den Protestanten. In Hinblick auf Gott sind die Protestanten folglich genauso Kinder Gottes („somos hijos de Dios")[55], wie es Jesus Christus ist, das älteste Kind („el Mayorazgo")[56].

2.2.2 Das So-wie-Jesus-Christus-Sein und die Pflicht des Protestanten zum Verfolgtwerden und Leiden

Wenn die Protestanten so wie Jesus Christus sind, dann müssen sie auch das tun und erdulden, was Jesus Christus getan und erduldet hat. Nun war sein Leben von Leiden gekennzeichnet. Folglich ist es nur zu billig, wenn auch die Protestanten leiden. Ein fehlendes Leiden der Protestanten als Kinder Gottes würde nämlich bedeuten, daß sie besser behandelt werden als Jesus Christus, das älteste Kind, was einer Pervertierung der von Gott gewollten Ordnung gleichkäme: „No peruirtamos el orden de Dios que nos lo dio por Mayorazgo en las passiones, paraque fuessemos sus imitadores. Porque procurar lo que el mundo aprueua, dexada su imitaciõ no seria otra cosa sino [...] pretender ser superiores a el."[57] Um also die göttliche Ordnung zu

---

als auch vollkommener Gott ist („duae naturae, una persona"); vgl. Mühlenberg, *Epochen der Kirchengeschichte*, S. 76.

[52] Pérez de Pineda, S. 78.

[53] Vgl. S. 44.

[54] Vgl. S. 171.

[55] Pérez de Pineda spricht an mehreren Stellen seines Werkes von den Protestanten als den „hijos de Dios"; vgl. z.B. S. 82.

[56] Jesus Christus wird an mehreren Stellen als der „Mayorazgo" bezeichnet; vgl. z.B. S. 82.

[57] Vgl. S. 52-53.

wahren, müssen sich die Protestanten dem Leiden überantworten, was Pérez de Pineda schließlich zu dem Aufruf an seine Glaubensgenossen veranlaßt: „[...] padezcamos como hijos y herederos suyos [sc. de Dios] a la imitacion del Mayorazgo [...].“[58] Hierbei steht als Folterinstrument das Kreuz, das direkt an Jesus Christus erinnert, an erster Stelle, aber auch der Kerker ist als Äquivalent ‘gültig’; denn er erzeugt den selben Leidensgrad wie das Kreuz: „[...] como estuuo Christo cubierto de tristeza en la cruz, assi esten ellos [sc. los protestantes en los carceles] desnudos de toda consolacion humana.“[59] Wichtig ist also für die Protestanten das Leiden als solches, das physisch und psychisch ist; der Leidensweg hingegen ist zweitrangig.

2.2.3 Das So-wie-Jesus-Christus-Sein und die Pflicht des Protestanten zum Verfolgtwerden und Leiden - ein wahrhaftes Leiden?

Im vorhergehenden Abschnitt ist betont worden, daß die Protestanten als Kinder Gottes, um das gleiche Schicksal zu erfahren wie Jesus Christus, das älteste Kind Gottes, zum physischen und psychischen Leiden verpflichtet sind. Das Leiden Jesu Christi und der Protestanten versucht Pérez de Pineda ethisch zu sanktionieren, indem er auf den strengen Familienvater verweist, der von seinen Kindern dasjenige am meisten züchtigt, das sein Erbe antreten wird:

> Hasse Dios con nosotros y con todos sus fieles, como un Padre que tiene muchos hijos, y entre ellos uno mas querido que los otros, al qual quiere dexar por heredero. A este quanto mas lo ama tanto anda mas vigilante sobre el, y mas lo castiga paraque no aya en el ningun vicio, por el qual pueda ser privado de la herencia.[60]

Hieraus wird ersichtlich, daß das Gott gewollte Leiden Jesu Christi und der Protestanten, die das Erbe Gottes antreten werden, einen positiven Zweck verfolgt, den die Leidenden verkennen.[61] Durch das Leiden soll nämlich dem Protestanten jeglicher Makel an Leib und Seele genommen werden, so daß das Leiden letztendlich eine purgative Funktion hat: [...] los carga [sc. a los fieles] con cruz y passiones, que les

---

[58] S. 82.
[59] S. 157.
[60] S. 80-81.
[61] Vgl. S. 80; zur Idee des Leidens als Läuterung, vgl. auch S. 91.

sean como vn purgatorio en este mundo, para ser por ellas purificados [...]." Pérez de Pineda nennt zwar erst einmal nur das Kreuz, das Leiden hervorruft und somit eine Reinigung, erwähnt allerdings am Ende seines Trostbriefes ebenfalls das Feuer.[62] Dieses leitet aber auch zu der Spannung über, die sich in Pérez de Pinedas Konzeption des Leidens auftut: einerseits reinigt das Leiden, das durch das Feuer ausgelöst wird, andererseits scheint der Märtyrer gar nicht wahrhaftig in den Flammen zu leiden, was sich aus der Aussage „[...] el Christiano no es quemado en el fuego"[63] ableiten läßt (denn wie kann der Protestant leiden, wenn er nicht durch das Feuer verbrannt wird, das destruktiv nur für die katholischen Verfolger brennt?[64]). Durch das folgende Zitat wird das fehlende Leiden des Märtyrers in den Flammen des Scheiterhaufens explizit und ganz unzweideutig ausgedrückt:

> [...] jamas nos dexa [sc. Dios]: y quando mas parece que nos dexa al juyzio del mundo, que es, quando estamos en medio el fuego, estonces esta mas presente con nosotros templando el furor del fuego, paraque no nos haga mal".[65]

Und was für das Feuer als leidenauslösendes Folterinstrument gilt, scheint sich auf alle Folterinstrumente auszudehnen („Pues nada puede el fuego, ni todos los otros elementos contra los hijos de Dios")[66], so daß das durch die Folterinstrumente ausgelöste Leiden kein wahrhaftes Leiden ist - und deshalb kein wahrhaftes Leiden ist, weil Gott die Strafmittel wirkungslos gemacht hat.

Die Vorstellung, daß das Leiden durch das Wirken Gottes zunichte gemacht wird, ist schon bei Agrippa d'Aubigné beobachtet worden, der in dem protestantischen Märtyrer, weil er eben nicht wahrhaftig leidet, einen Sieger auf Erden sieht. Bei Pérez de Pineda bleibt jedoch neben der Leidensannihilation auch die Tatsächlichkeit des Leidens betont, wodurch es zu einer Spannung in seiner Leidenskonzeption kommt. Eine definitive Verneinung der Tatsächlichkeit des Leidens scheint für den spanischen Exilprotestanten schon deshalb nicht möglich zu sein, weil aufgrund seiner Auffassung vom Protestanten als Bruder Jesu Christi[67] ein fehlendes Leiden des

---

[62] S. 199.
[63] Ebd.
[64] Vgl. S. 200.
[65] S. 198.
[66] S. 201.
[67] Pérez de Pineda, S. 46, bezeichnet mit Bezug auf Röm 8, 23 Jesus Christus als „Primogenito entre muchos hermanos" und spricht von „Jesu Christo [...] y hermanos suyos" (S. 50).

ersteren auch ein fehlendes Leiden des letzteren bedeutete; und wer würde es wagen, das Leiden Jesu Christi am Kreuz in seiner Wahrhaftigkeit zu verneinen?

2.3 Der Märtyrer und sein himmlischer Sieg

Wenn die Protestanten leiden und somit den gleichen Weg gehen wie Jesus Christus, ihr älterer Bruder, dann werden sie bei ihrem Tod das gleiche Schicksal erfahren, wie er erfahren hat. Nun ist biblisch bezeugt, daß Jesus Christus von den Toten auferstanden und in den Himmel aufgefahren ist; folglich auferstehen auch die Protestanten als Brüder Jesu Christi nach ihrem Tod und fahren in den Himmel auf:

> [...] de necessidad se ha de cumplir en nosotros lo que dize el Spiritu sancto, Que si padecemos con Christo, reynaremos tambien cõ el; y que si somos muertos con el, biuiremos juntamente con el. Luego pues comunicamos a sus passiones en padecer y ser muertos cõ el, deuemos tener por cierto que biuiremos para siempre con el.[68]

Das Leiden der Protestanten bis zum Tod ist also Garant dafür, daß sie in den Himmel kommen. Das heißt aber auch, daß der (noch) auf Erden weilende Protestant sich mit jedem Grad der Leidenssteigerung Gott nähert,[69] bis er in seiner Agonie in dem unter ihm sich öffnenden Himmel Gottes ansichtig wird und schließlich bei seinem Hinscheiden in den Himmel auffährt.

Auch diejenigen Protestanten, die von der „wahren Religion"[70] abgefallen und infolge ihrer Furcht vor der irdischen Pein durch die Inquisition zum Katholizismus zurückgekehrt sind (wobei ihre Furcht daraus resultiert, daß Satan sie wieder[71] in Beschlag genommen hat)[72], werden von Gott in den Himmel aufgenommen - allerdings unter der Bedingung, daß sie sich wieder bekehren und schließlich doch noch das Leiden bis zum Tod um des Glaubens willen auf sich nehmen (wobei diese Bekehrung und die erneute Bereitschaft zum Leiden auf den Heiligen Geist zurückzuführen sind,

---

[68] S. 105.
[69] Vgl. S. 83.
[70] Pérez de Pineda, z.B. S. 135, bezeichnet genauso wie Agrippa d'Aubigné den Protestantismus als „wahre Religion" („verdadera religion").
[71] Es ist oben schon darauf hingewiesen worden, daß die Protestanten zum Protestantismus übergetreten sind, weil sie durch den Heiligen Geist dazu bewegt worden waren, der den in ihnen wohnenden Teufel verdrängt hatte. Wenn diese Protestanten aber wieder vom Protestantismus abgefallen sind, dann weil Satan erneut in sie gefahren war.
[72] Vgl. S. 141.

der sie wieder zurückgewonnen hat)[73]. Die zwischenzeitlich abgefallenen Protestanten sind in ihrem Verhalten mit den Aposteln vergleichbar,[74] die Jesus Christus verneinten, um sich letztendlich wieder zu ihm zu bekennen.

Diejenigen Protestanten, die vom Protestantismus abgefallen sind, um wieder dem Katholizismus anzuhängen, werden nicht wie die vom Protestantismus abgefallenen, aber schließlich doch wieder dazu zurückgekehrten Protestanten die ewige Glückseligkeit kennen: „[...] la joya de la bienauenturança [...] es puesta por premio no a los que començaren solamente, sino a los que perseueraren en el conocimiento y obediencia de la verdad hasta la fin.“[75] Vielmehr werden sie genauso wie die Katholiken am Tag des Jüngsten Gerichts mit der Verdammnis bis in alle Ewigkeit bestraft werden.[76]

Aus diesem und den oben angeführten Gründen nimmt es nicht wunder, daß Pérez de Pineda in seiner *Epistola consolatoria* seine Glaubensgenossen immer wieder zum Leiden aufruft:

> No paremos [...] como niños en la pena y sentimiento de los males y tribulaciones presentes, sino passemos a la cõsideraciõ de lo que pretende Dios por ellas, que es hazernos del todo justos, sin que nos quede repunta de injusticia ni de corruption, pero que seamos irreprehensibles hijos suyos, sin macula y sin ruga, y que assi vengamos a gozar de los fructos apazibles de justicia[77]

2.4 Kritik: unzureichende Beweisführung

Juan Pérez de Pineda stellt den protestantischen Märtyrer als siegenden Märtyrer dar, wobei dessen Sieg sich durch seine postmortale himmlische Erhöhung begründet. Um zu wissen, wie überzeugend die dargestellte postmortale himmlische Erhöhung ist, muß nach dem Moment gefragt werden, auf dem sie gründet

Pérez de Pineda bedient sich wie d'Aubigné des Moments der Typologie, wobei die beiden allerdings für den protestantischen Märtyrer als 'Antitypos' auf einen unterschiedlichen 'Typos' zurückgreifen. Während nämlich d'Aubigné die postmortale

---

[73] Vg. S. 142.
[74] Vgl. S. 138-141.
[75] S. 206.
[76] Vgl. S 88.

himmlische Erhöhung des protestantischen Märtyrers über die Gleichheit von protestantischem und frühchristlichem Märtyrer zu belegen sucht, macht es Pérez de Pineda über die Gleichheit von protestantischem Märtyrer und Jesus Christus. Allerdings ist diese Gleichheit von protestantischem Märtyrer und Jesus wenig überzeugend, da sie sich über den Aspekt des Leidens begründet, das kein ausreichendes Zeugnis für das So-wie-Jesus-Christus-Sein ist. So waren die spanischen Protestanten auch nicht bereit wie Jesus Christus bis zum Tod zu leiden; leid tat ihnen indessen vor dem Heiligen Offizium, daß sie sich jemals vom katholischen Glauben entfernt hatten.[78]

---

[77] S. 83-84; vgl. auch. S. 82, S. 86, S. 203-204.

[78] In Kap. I / 2 ist darauf hingewiesen worden, daß fast sämtliche Protestanten in Sevilla sowie in Valladolid ihre Anschauung vor der Inquisition verneint und ihre 'Orthodoxie' beteuert hatten.

3 RAIMUNDO GONZÁLEZ DE MONTES' BILD VOM VERFOLGTEN GLAUBENSGENOSSEN: DER SIEGREICHE PROTESTANT

3.1 Der Schriftsteller Raimundo González de Montes und seine Memoiren *Artes de la inquisición española*

Im Jahre 1567 erschien in Heidelberg das Werk *Sanctae inquisitionis hispanicae artes aliquot detectae, ac palam traductae* (297 Seiten in 8°), dessen Autor Reginaldus Gonsalvius Montanus ist. Die Identifizierung des Autors mit einer gelebten Person jener Zeit wirft allerdings ungelöste Probleme auf; so erklärt Boehmer:

> We cannot connect the name Reginaldus Gonsalvius Montanus, with any facts upon record [...]. Only Llorente, who calls him Reinaldo (and by inadvertence: Raimundo and Ramon) Gonzalez de Montes, says, that he escaped from the prisons of the Holy Office of Seville in 1558 and was burnt in effigy as a Lutheran, but he does not say when; and Adolfo de Castro calls Reinaldo Gonzalez de Montes a Sevillian, and mentions that he fled from the prison in 1558, and went to London and from there to Germany. Neither of these authors gives an authority for his statements. I cannot help thinking Llorente's and de Castro's statements mere suppositions without any other foundation than the book in question.[79]

Menéndez y Pelayo spricht zwar in bezug auf González de Montes auch von einem „fugitivo protestante sevillano"[80], kann diesen aber auch nicht weiter identifizieren: „Y quién es el autor de este singularísimo libro? Nada puede afirmarse con certeza".[81] Die Nachforschungen von Boehmer und Usoz y Río brachten diese letztendlich dazu, in dem Namen González de Montes ein Pseudonym zu sehen, ohne es allerdings entschlüsseln zu können. Dies scheint nun vor einigen Jahren B. A. Vermaseren gelungen zu sein; durch eine Reihe von Schlußfolgerungen, die sich auf im Werk gegebene Informationen stützen, statt nach externen Informationsquellen zu suchen (die es nicht gibt oder die bis jetzt zumindest noch nicht aufgespürt worden sind), ist sie zu dem Ergebnis gekommen, daß sich hinter dem Pseudonym der Name von Antonio del Corro verbirgt.[82] Zweifel an ihren Ergebnissen hält sie für unberechtigt: „The many

---

[79] Boehmer, Bd. 2, S. 116.
[80] Menéndez y Pelayo, Bd. 5, S. 152.
[81] S. 153.
[82] B.A. Vermaseren, „Who was Reginaldus Gonsalvius Montanus", *Bibliothèque d'Humanisme et Renaissance* 47 (1985), S. 47-77.

points of agreement between the *Lettre* and the *Artes*, especially regarding the trial of Egidio and Corro's statements which display strong criticism of the Inquisition, make the connexion obvious. Montanus and Corro both write from such an identical point of view that reasonable doubt is no longer possible."[83]

Mag auch das Pseudonym von der Forschung entschlüsselt worden sein, so bleibt dennoch weiterhin ungeklärt, ob das Werk ursprünglich auf Latein oder Spanisch abgefaßt wurde.[84] Gewißheit besteht allerdings darüber, daß das Werk großen Anklang in den protestantischen Ländern jener Zeit fand und bald in verschiedene Sprachen, ins Deutsche, Englische, Niederländische und Französische übersetzt wurde. Sein Erfolg ist gewiß durch den Stil begründet („Las *Artes de la Inquisición* se leen con el mismo deleito que una novela"[85]), vor allem aber darauf, daß es das erste gegen die Inquisition gerichtete Werk war und als solches eine wichtige Quelle für die antikatholische Propaganda. So stützte sich zum Beispiel Wilhelm von Oranien als Anführer des niederländischen Freiheitskampfes gegen die habsburgerische Vorherrschaft auf die *Artes de la inquisición española*, um seiner ablehnenden Haltung gegen das katholische Spanien Nachdruck zu verleihen.

Das Werk läßt sich inhaltlich in zwei Teile gliedern. Der erste Teil beschreibt die verschiedenen Vorgänge des Inquisitionsprozesses, von der Anklage über die Beschlagnahme des Eigentums, die Anwendung der Tortur und Einkerkerung bis hin zum Autodafe. Der zweite Teil illustriert die Vorgehensweise der Inquisition, indem das Schicksal verschiedener Protestanten aus Sevilla dargestellt wird. Von diesen war der Autor der *Artes de la inquisición española* selbst einer,[86] so daß das Werk (wie Enzinas *De statu Belgico, deque religione Hispanica: Historia Francisci Enzinas Burgensis*) dem Genre der Memoiren zuzurechnen ist. Wie nun der von der Inquisition verfolgte Protestant darin beschrieben wird, das soll im folgenden untersucht werden.

---

[83] S. 75.

[84] Boehmer, Bd. 2, S. 115 u. Fußnote 11, erklärt, daß das Werk möglicherweise ursprünglich auf Spanisch geschrieben wurde. Vermaseren, S. 61, ist der Überzeugung, daß das Werk von Anfang an auf Latein abgefaßt wurde.

[85] Menéndez y Pelayo, Bd. 5, S. 153.

[86] So erklärt González de Montes, S. 189: „[...] los ejemplos que aqui se refieren, solo son de uno de los tribunales Inquisitorios, a saber, del de Sevilla, del cual, unicamente fué dado al que esto escribe, conozer los misterios, i aun esperimentarlos, en su mayor parte, en si mismo."

3.2 Die glücklich Geflüchteten: die Hieronymiten-Mönche als Zeugen für das Wirken Gottes oder ihre Flucht aus dem inquirierenden Sevilla

Die spanischen Protestanten, die alle zuerst als Katholiken lebten und dann zum Protestantismus übertraten, konvertierten nach González de Montes' Vorstellung zum Protestantismus, weil sie vom Heiligen Geist begnadet worden waren. Dies läßt sich aus den vielen Beispielen induktiv schlußfolgern: Auf Rodrigo Valér, der schon viele Jahre vor der protestantischen Bewegung in Sevilla das Evangelium gepredigt hatte, war genauso der Heilige Geist herabgekommen[87] wie auf Juan Egidio („mudado [...] en otro hombre")[88] und auf Garcia Arias, „nuestro nuevo Pablo",[89] der sich zwar erst dem Evangelium verschlossen, dann aber durch einen wunderbaren Wandel der neuen Lehre zugewandt hatte.[90]

Wie Gott einige durch seine Allmacht auf den rechten Glaubenspfad gebracht hatte, so öffnete er diesen später einen Weg, damit sie sich ihrer Verfolger entziehen konnten. So heißt es in bezug auf die im Frühsommer 1557 aus dem Kloster San Isidoro nach Genf geflohenen Hieronymiten-Mönche:

> [...] habian de salirse, a la vez, todos los que estaban de acuerdo, o tenian que esperar juntos, el peligro que de cerca les amenazaba. I asi, estando ellos cojidos en esta incertidumbre, abrióles Dios un camino, por el cual, valiéndose, segun la ocasion, de algunos pretestos plausibles, en el espazio de un mes se escaparon doze, i yendo por caminos diversos, a la vuelta de un año, lograron verse reunidos en Jinebra, donde tenian resuelto, desde antes de salir, fijar su residenzia.[91]

Für González de Montes steht also fest, daß die geglückte Flucht der Mönche nicht auf sie selbst zurückzuführen ist, sondern nur deshalb glückte, weil Gott den Flüchtenden verschiedene Weg ebnete, über die sie nach Genf gelangen konnten.

---

[87] Vgl. S. 289-290.
[88] S. 285.
[89] S. 284.
[90] Vgl. S. 278-281.
[91] S. 275.

3.3 Der siegende Märtyrer: sein himmlischer Sieg[92]

Es ist gezeigt worden, daß González de Montes die geglückte Flucht der Hieronymiten-Mönche als von Gott gelenkt begreift. Nun stellt sich die Frage, wie er das Schicksal der in Sevilla gebliebenen und von der Inquisition überführten Protestanten sieht, von denen schließlich einige den Feuertod fanden.

Der Tag des Autodafés mit seinen Scheiterhaufen ist für den spanischen Protestanten kein Tag der Niederlage, sondern ein Tag des Sieges.[93] Ebenso wie d'Aubigné begründet González de Montes den Sieg des Märtyrers dadurch, daß dieser am Tag seiner Hinrichtung für den Glauben sein irdisches Leben gegen das (nach christlicher Ethik) viel höherwertige ewige Leben eintauscht:

> [...] en cuanto se vió el patio del alcazar [...][sc. Julian Fernandez] los exhortó [sc. a los concautivos] con estas palabras: 'Ea, pues, valor, hermanos: ésta es la hora en que, cual conviene a soldados animosos de Cristo, debemos dar, delante de los hombres, un fiel testimonio de él, i de su verdad: dentro de pocas horas, probados todos, cada uno a su vez, en ese mismo testimonio, triunfaremos con él perpetuamente en los cielos.'[94]

Durch den Ausdruck „dentro de pocas horas" wird hier genauso wie in d'Aubignés Märtyrerbeschreibung die postmortale himmlische Erhöhung des Märtyrers betont, dem eben als entschiedenem Verteidiger Gottes („atleta de Cristo")[95] ein besonderer Platz unter den Christen gebührt. Das Privileg des In-den-Himmel-Eingehens kennen aber nicht nur die Märtyrer, also nicht nur diejenigen, die auf dem Schafott getötet werden, sondern auch die potentiellen Märtyrer, d.h. diejenigen, welche schon vor der eigentlichen Hinrichtung gestorben sind (wofür der Begründer der Sevillaner Protestantengemeinde Constantino Ponce de la Fuente ein Beispiel ist)[96] oder posthum durch Leichenschändung hingerichtet werden, wofür Ponce de la Fuentes Freund Juan Egidio ein Beispiel ist: „Sácanle [sc. el cadaver de Juan Ejidio], pues, del sepulcro, le llevan al cadalso, i poniendo en su lugar, i en su nombre, una figura de paja, le im-

---

[92] González de Montes' Darstellung vom Sieg des protestantischen Märtyrers ist bei weitem nicht so ausführlich wie d'Aubignés Märtyrerbeschreibung, woraus die Kürze dieses Kapitels resultiert.
[93] Vgl. S. 241 u. S. 275.
[94] S. 241-242.
[95] S. 243.
[96] Vgl. S. 322.

ponen el castigo que, cojido en la tierra, habrian impuesto, al que está con Cristo sentado a la diestra de Dios. Pero como habita en los cielos se rie de ellos." [97]

3.4 Kritik: unzureichende Beweisführung

González de Montes stellt zwar wie d'Aubigné und Juan Pérez de Pineda den protestantischen Märtyrer als Sieger dar, begründet aber dessen postmortale himmlische Erhöhung (die seinen Sieg begründet) nicht über dessen Gleichheit mit den frühchristlichen Märtyrern, Jesus Christus oder einem anderen christlichen 'Typos', d.h. einer anderen biblischen oder frühchristlichen Person; er behauptet sie lediglich. Die postmortale himmlische Erhöhung des protestantischen Märtyrrs basiert also bei González de Montes nur auf dem Moment der 'Logogenie'. Was die geglückte Flucht der Hieronymiten-Mönche angeht, so behauptet González de Montes wiederum nur, daß sie von Gott bewirkt worden sei.[98] Ihre Theogenie geht also wie die postmortale

---

[97] S. 303.

[98] Das Zurückführen selbst gewöhnlicher Ereignisse auf Gott, so wie es bei González de Montes beobachtet werden kann, erinnert an Ignatius von Loyola, der nicht nur sämtliche Ereignisse als theogen erachtet, sondern auch in sämtlichen Dingen Gott 'sieht' und 'findet'. So schreibt Ignacio de Loyola, *[Sc. Carta] Al P. Antonio Brandoa, 1 junio 1551*, in: Ignacio de Loyola, *Obras completas*. Edición manual; transcripción, introducciónes y notas de Ignacio Iparraguirre. Autobiografia de San Ignacio editada y anotada por Candido de Dalmases (*Bibliotea de autores cristianos*), Madrid ^{2}1963, S. 761-766, hier S. 763: „[...] los escolares [...] se pueden ejercitar en buscar la presencia de nuestro Señor, como en el conversar con alguno, andar, ver, gustar, oír, entender, y en todo lo que hiciéremos, pues es verdad que está su divina Majestad por presencia, potencia y esencia en todas las cosas." Auch Alberto Tenenti, „Ignace, Calvin et l'humanisme", in: Juan Plazaola (Hrsg.), *Ignacio de Loyola y su tiempo* (Congreso internacional de Historia, 9-13 sptiembre 1991), Bilbao 1992, S. 271-283, hier S. 278, und Josef Sudbrack, „'Gott in allen Dingen finden': Eine Ignatianische Maxime und ihr metahistorischer Hintergrund", in: Juan Plazaola (Hrsg.), *op.cit.*, S. 343-368, betonen Ignatius' Überzeugung, Gott in allen Dingen finden zu können. Wenn Ignatius von Loyola Gott in allen Dingen finden kann, dann setzt dies voraus, daß Gott sich darin zeigt (denn wie kann man Gott in allen Dingen finden, wenn dieser nicht in irgendeiner Form darin erscheint?). So schreibt dann auch Joseph Thomas, *Le Christ de Dieu pour Ignace de Loyola*, Paris 1981, S. 61 in bezug auf Ignatius' Verständnis von Gott: „La spiritualité d'Ignace est une religion de la terre. [...] C'est sur terre, à travers les choses et les personne, que Dieu se révèle en acte inconditionnel d'amour pour l'homme."[98] In Hinblick auf Ignatius' Verständnis vom Sein Gottes im Diesseis muß man folglich von einer Erscheinung Gottes, d.h. von einer *Theophanie*, sprechen, wohingegen man in Verbindung mit den protestantischen Schriftstellern nur von einem 'handelnden Gott', d.h. von einer *Theogenie*, reden kann, wobei die Theogenie in Hinblick auf das Sein Gottes im Diesseits weniger (nämlich nur das göttliche Handeln auf Erden) umfaßt als die Theophanie (die auch das Erscheinen Gottes in den Dingen mit einbezieht).

himmlische Erhöhung des protestantischen Märtyrers nur 'aus González de Montes' Worten hervor'.

González de Montes hat in seinem Werk nicht die göttliche Auserwählung der Protestanten belegen können. Dies liegt daran, daß sowohl das Gott-handelt in Verbindung mit der Flucht der Mönche als auch die postmortale himmlische Erhöhung des protestantischen Märtyrers nur auf dem Moment der 'Logogenie' gründen, d.h. nur von González de Montes behauptet und nicht über ein anderes, plausibles Moment bewiesen wurden.

KAPITEL VI

DIE ITALIENISCHEN PROTESTANTISCHEN SCHRIFTSTELLER UND IHR BILD VOM VERFOLGTEN GLAUBENSGENOSSEN

1 OLYMPIA MORATAS BILD VOM VERFOLGTEN GLAUBENSGENOSSEN: DER SIEGREICHE PROTESTANT

1.1 Die Schriftstellerin Olympia Fulvia Morata und ihre Briefe

Die im Jahre 1526 geborene Olympia Fulvia Morata[1] zeichnete sich schon im Kindesalter durch ihre geistigen Fähigkeiten aus. Bereits im Alter von 13 Jahren wurde sie von Renée de France an den Hof von Ferrara gerufen, um der Tochter der Herzogin, der Prinzessin Anna, für mehrere Jahre eine Begleiterin und Herausforderin im Lernen zu sein. Im Jahre 1548 verließ Olympia Morata den ferrensischen Hof, um sich um ihren sterbenden Vater und ihre sieche Mutter zu kümmern. Zu jener Zeit lernte sie den deutschen Edelmann Andreas Grundler[2] kennen. Dieser reiste zwar, kurz nachdem er am 9. Mai 1549 zum Doktor der Medizin promoviert worden war, nach Deutschland, „wahrscheinlich um sich nach einer Anstellung umzuschauen"[3], kehrte

---

[1] Zum Leben der Olympia Fulvia Morata, s. insbesondere Maria Heinsius, *Das unüberwindliche Wort*. Frauen der Reformationszeit, München 1951, S. 96-133, und Rainer Kößling (Hrsg.), *Briefe* [von Olympia Fulvia Morata]. Aus dem Lateinischen, Italienischen und Griechischen; Übersetzung von Rainer Kößling und Gertrud Weiss-Stählin. Mit Einleitung, Anmerkungen, Literatur- und Personenverzeichnis herausgegeben von Rainer Kößling, Leipzig 1990.

[2] Heinsius, S. 104 / Fußnote [1], schreibt in bezug auf den Namen Grundler: „So erscheint der Name in den Schweinfurter Urkunden, während er sich Grunthlerus schrieb."

[3] Kößling, S. 12.

aber einige Zeit[4] später wieder nach Italien zurück und vermählte sich mit der jungen Italienerin. Im Frühling 1550 verließ er mit seiner Ehefrau und deren jüngeren Bruder Italien. Nach Aufenthalten in Schwaz, Kaufbeuren und Augsburg zogen sie über Würzburg nach Schweinfurt, wo sie sich niederließen. Die Stadt wurde allerdings bald wider ihren Willen in die Nachwirkungen der kriegerischen Auseinandersetzungen zwischen den protestantischen Fürsten und dem Kaiser hineingezogen und im Markgräfler Krieg (1553-54) völlig zerstört. Olympia Morata und ihre Familie konnten jedoch dem sogenannten „Stadtverderben" entrinnen. Nachdem sie auf ihrer Flucht abermals dem Tode entkommen konnten, erreichten sie über einige Zwischenstationen den Hof von Erbach, um schließlich nach Heidelberg überzusiedeln; hier starb Olympia Morata am 26. Oktober 1555[5] an Tuberkulose. Einige Wochen später erlagen ihr Ehemann und ihr Bruder Emilio der Pest, die in der Stadt grassierte.

Während bei der Brandschatzung Schweinfurts die Werke von Olympia Morata verlorengingen und hiervon nur das erhalten blieb, was sie im nachhinein aus dem Gedächtnis niederschrieb und Celio Secondo Curione auf dessen Bitten hin zusandte[6] („Carmina quae potui in memoriam redigere post ruinam Suinphordensem ad te, ut postulas, mitto: alia mea scripta perierunt")[7], sind 52 schriftliche Mitteilungen von ihr überliefert; die als die „die schönsten Frauenbriefe des Reformationszeitalters"[8] gelten. Diese sind alle, bis auf die wenigen, die sie ihrem Ehemann während ihrer Trennung im Jahr 1549 aus Italien schrieb, nach ihrer Flucht aus der Heimat aufgesetzt worden

---

[4] Kößling, ebd., beziffert den Zeitraum der Abwesenheit auf zwei Monate, wobei seine Angabe sich auf die Erklärung „duos menses sine illo" zu stützen scheint, die Olympia in einem an Johann Sinapius adressierten Brief macht (vgl. Olympia Fulvia Morata, *Opera omnia, quae hactenus inveniri potuerunt: cum eruditorum testimoniis et laudibus*, Basel 1570, S. 87 [Brief an Johann Sinapius aus Ferrara vom 19. Mai 1549]). Die Italienerin sagt aber lediglich, daß sie zwei Monate ohne ihren Verlobten bleiben muß („At mihi cum duos menses sine illo manendum sit [...]"). Wie lange sie tatsächlich alleine geblieben ist, bleibt ungewiß.

[5] Münch, S. 55, legt den Todestag der Olympia Morata auf den 7. November 1555 fest, wobei sein Irrtum aus dem falschen Verständnis der Angabe „Mortua est septimo Calend. Nouembr. hora quarta pomeridiana", die Grundler in einem an Celio Secondo Curione gesandten Brief macht (Morata, S. 190), zu resultieren scheint. Das Datum „vii Calendas Nouembres" des römischen Kalenders entspricht dem 26. Oktober unseres heutigen Gregorianischen Kalenders.

[6] Es handelt sich hier um eine Abhandlung über Ciceros *Paradoxa*, Epigramme, Gedichte und Psalme sowie zwei fragmentarische lateinische Dialoge, die ihrer Freundin Lavinia della Rovere gewidmet sind.

[7] Morata, S. 187 (Brief an Celio Secondo Curione aus Heidelberg [im Jahre 1555]). Zu den in eckige Klammern gesetzten Jahresangaben der Briefe, vgl. Giuseppe Paladino (Hrsg.), *Opuscoli e lettere di riformatori italiani*, Bd. 2, Bari 1927, S. 271-279.

und aus der Korrespondenz entstanden, die sie mit ihren in Ferrara zurückgebliebenen Familienangehörigen und Freunden sowie mit verschiedenen Glaubensgenossen und Humanistenkreisen in Italien, der Schweiz und Deutschland führte.

Hinsichtlich ihrer äußeren Gestaltung folgen die fast ausschließlich auf Latein abgefaßten Briefe[9] antik-römischen Muster.[10] Am Anfang nennt Olympia Morata als Absenderin ihren Namen und entbietet dem Empfänger, der bei weniger Vertrautheit mit ehrenden Epitheta bedacht wird, ihren Gruß.[11] Hierbei greift sie auf die Worte „salutatem dicit" oder „salutatem plurimam dicit" zurück, die im allgemeinen mit deren Initialen „s.d." oder „s.p.d." abgekürzt werden. Am Schluß steht ein Abschiedsgruß, der durch die Worte „vale" oder „cura, ut valeas" ausgedrückt wird; häufig werden auch noch der Ort und das Datum der Abfassung erwähnt. Die Briefe der Olympia Morata sind 'echte Briefe'[12], da sie eine schriftliche Mitteilung von einer realen (historischen) Person an eine andere reale (historische) Person sind; dann aber auch, weil sie weder bei ihrer Abfassung für ein breiteres Publikum bestimmt waren, noch von der Autorin selbst gesammelt und herausgegeben wurden. Für ihre Veröffentlichung sorgte erst ein Freund und selbst Adressat zahlreicher Briefe, der italienische Protestant Celio Secondo Curione, der sie im Jahre 1562 in seinem Exil in Basel drucken ließ.

In ihren Briefen beschreibt Olympia Morata einerseits ihre jeweilige persönliche Lage und die augenblickliche Situation ihrer Familie, andererseits aber auch, und vor allem, die vergangenen Ereignisse, d.h. was sie mit ihrer Familie auf dem Weg von einem zum anderen Ort während ihrer Migration durch Deutschland erlebt hat; hierbei steht ihre Flucht aus dem in Feuerflammen stehenden Schweinfurt im Vordergrund. Im folgenden soll auf der Grundlage der Briefe untersucht werden, wie sie sich und ihre Familie als Verfolgte, die aus Italien und über mehrere Zwischenstationen schließlich nach Heidelberg flüchten, sieht.

---

8 Heinsenius, S. 133.

9 Von den 52 erhaltenen Briefen sind lediglich zwei auf Italienisch geschrieben, und zwar die beiden an die Madonna Cherubina adressierten.

10 Vgl. Kößling, S. 17.

11 Vgl. ebd.

12 Wolfgang G. Müller, „Der Brief", in: Weissenberger (Hrsg.), *Prosakunst ohne Erzählen*, S. 67-87, hier S. 68, spricht von „echten Briefen". Zu den nachfolgend angeführten Kriterien für einen 'echten' Brief, siehe S. 67-68.

1.2 Die glücklich Geflüchtete: Morata als Zeugin für das Wirken Gottes oder ihre Flucht nach Heidelberg

Olympia Morata verließ im Frühling 1550 ihre Heimat, in der die Situation für die Protestanten nicht nur erdrückend, sondern sogar lebensbedrohlich geworden war. Der Laienprediger Fannio Fanini z.B. saß schon seit Februar 1549 wegen Verbreitung reformatorischer Ideen im Kerker des alten Kastells in Ferrara. Ihren Briefen kann man entnehmen, daß sie zumindest den Teil ihres Lebens, der sich von ihrer Vermählung mit Grundler bis zu ihrer Ankunft in Heidelberg erstreckt, als von Gott gelenkt betrachtet. Sie führt nämlich die Abwendung alles sie bedrohenden Unheils auf das Eingreifen Gottes in das Geschehen zurück, das sich letztlich für sie immer zum Guten wendet.

Als im Jahre 1548 Moratas Vater starb, sich ihr bis dahin gutes Verhältnis zum Hof von Ferrara ins Gegenteil kehrte[13] und die Inquisition immer härter gegen die Protestanten vorging, kurzum ihre Situation unerträglich wurde, da lernte sie den deutschen Edelmann Grundler kennen, der sich durch Gottes Wirken in sie verliebte und sie zu seiner Ehefrau machte: „Sed ille optimus pupillorum pater non me diutius in hisce malis, quam biennium, reliquit: qui amorem mei in quodam germano, philosophiae et medicinae artibus excellenti, Andrea Grunthlero (nam illi hoc est nomen), excitavit, qui nullo principis odio, nullis meis miseriis deduci potuit, quin me in matrimonium duceret."[14] Auch in einem später abgefaßten Brief (der an Georg Hermann, den Rat des Königs Ferdinand, adressiert war) bringt Olympia nochmals ihre Überzeugung zum Ausdruck, daß ihre Eheschließung mit Grundler nicht zufällig geschah, sondern von Gott bewirkt wurde.[15] Wenn nun Grundler von Gott eingesetzt wurde, um Olympia Morata zu ehelichen, und er sie anschließend mit in seine Heimat nahm, dann zeigt dies, daß auch Olympias Fortgang aus Italien und ihr Entkommen aus dem Netz der Inquisition von Gott gewollt waren.

In Deutschland angekommen, versagte Gott auch weiterhin nicht Olympia Morata seinen Schutz, den er nun auch auf ihren Ehemann und ihren Bruder Emilio

---

[13] Vorländer, S. 100, hat schon darauf hingewiesen, daß Olympia Morata sich in ihren Briefen über die Gründe dieses Umschwungs ausschweigt und daß diese „in den sonstigen Verhältnissen und Veränderungen des Hofes von Ferrara zu suchen" sind.

[14] Morata, S. 94 (Brief an Celio Secondo Curione aus Augsburg vom 7. Oktober [1550]).

ausdehnte. Zuerst verteidigte er nämlich Olympias neue Heimatstadt Schweinfurt, in der schwere Brandgeschosse Tag und Nacht niedergingen, dergestalt, daß niemand verletzt wurde.[16] Dann ließ er auf Olympias inniges Bitten hin ihren Ehemann, der an einer in der Stadt grassierenden todbringenden Pest erkrankt war, ohne Medikamente genesen:

> [...] morbo [sc. qui ferme omnes cives invasit] affectus fuit mei amantissimus maritus, ita ut vitae eius nulla spes ostenderetur, quem Deus mei afflictissimae misertus nulla adhibita medicina (nihil enim in oppido medicamentorum erat) sanavit. Verum ille, qui solet ad inferos deducere, maximis et continuis ecclesiae precibus ac meis illum reduxit, mei misertus, quae tantum dolorem ferre non potuissem.[17]

Als die Stadt schließlich von den Belagerern eingenommen und in Brand gesteckt wurde, errettete Gott Olympia und ihre Familie dadurch vor dem Tod, daß auf sein Wirken hin ein Soldat der feindlichen Truppen sie zur Flucht aus der Stadt ermahnte; hieraufhin verließen sie eiligst Schweinfurt und suchten nicht, wie ursprünglich geplant, Zuflucht in der Kirche, in der kurze Zeit später alle im Rauch des Feuers umkamen.[18] Kaum war Olympia mit ihrer Familie aus der Stadt hinausgelaufen, da wurde ihr Mann vom Feind gefangengenommen. Da sie alles in der brennenden Stadt hatten zurücklassen müssen und unterwegs sogar noch ihrer letzten Habseligkeiten beraubt worden waren, konnte Olympia zwar das zum Freikaufen erforderliche Lösegeld nicht aufbringen, doch gab es auch in dieser Situation einen Ausweg; Gott erhörte nämlich alsbald ihr Bitten und Flehen: „[...] Deum comprecata fui, qui statim illum [sc. ma-

---

[15] Vgl. S. 117 (Brief an Georg Hermann, Rat des Königs Ferdinand, aus Schweinfurt [im Jahre 1552]).

[16] Vgl. S. 121 (Brief an Lavinia Della Rovere Orsini aus Schweinfurt vom 2. Februar [1554]); vgl. auch S. 176 (Brief an die Schwester Vittoria aus Heidelberg vom 7. August [1554]) und S. 213 (Brief an die Madonna Cherubina aus Heidelberg am 8. August [1554]).
Olympia Morata berichtet in vier Briefen von den Ereignissen in Schweinfurt, von denen der erste (der noch während der Belagerungszeit abgefaßt worden zu sein scheint) an Lavinia Della Rovere Orsini, die übrigen drei (die nach ihrer Flucht aus Schweinfurt aufgesetzt wurden) an Celio Secondo Curione, an ihre Schwester Vittoria und an eine Madonna Cherubina, die zu dem Kreis ihrer Freundin Lavinia in Rom gehörte, gerichtet sind. Da Olympia oft in mehr als nur einem der vier Briefe eine bestimmte Überzeugung zum Ausdruck bringt, gibt es hierfür oft mehrere Belege.

[17] S. 160-161 (Brief an Celio Secondo Curione aus Heidelberg vom 25. Juli [1554]); vgl. auch S. 122 (Brief an Lavinia Della Rovere Orsini aus Schweinfurt vom 2. Februar [1554]) und S. 212 (Brief an die Madonna Cherubina aus Heidelberg vom 8. August [1554]).

[18] Vgl. S. 176 (Brief an die Schwester Vittoria aus Heidelberg vom 7. August [1554]); vgl. auch S. 168 (Brief an Celio Secondo Curione aus Heidelberg vom 25. Juli [1554]) und S. 213 (Brief an die Madonna Cherubina vom 8. August [1554]).

ritum meum] liberum ad me remisit."[19] Er erhörte es aber nicht nur in dieser Situation, sondern auch im weiteren Verlauf der Flucht („[...] Deus ille pater meos gemitus audivit, neque solum tunc, verum etiam postea")[20] und eilte den Flüchtenden noch zweimal zur Hilfe: bald ließ er die von Fieberanfällen heimgesuchte und völlig ausgelaugte Olympia den mühseligen Fluchtweg von Schweinfurt nach Hammelburg (ihrem ersten Anlaufspunkt) bewältigen, indem er - wie die Italienerin in einem Brief andeutet - seinen Engeln befahl, sie „zu ziehen";[21] bald befreite er abermals Grundler, der auf dem Weg von Hammelburg zum Grafen von Rieneck von bischöflichen Soldaten gefangengenommen und mit dem Tode bedroht worden war, aus den feindlichen Händen.[22]

Während Gott anfangs auf Olympias inständiges Bitten und Flehen hin in das Geschehen eingriff, um sie und ihre Familie aus der Not zu befreien, sorgte er später, nachdem Grundler zum zweitel Mal gefangengenommen und befreit worden war, 'von alleine' wohlwollend für sie („[...] tum demum Deus respicere incipiebat")[23], d.h., lenkte er die Flucht dergestalt, daß den Flüchtenden nur Gutes widerfuhr:

> Il Signore [...] ci mandò mentre che eramo per via quindeci scudi d'oro da un signore non conosciuto da noi; poi ci menò ad altri signori, i quali ci vestirno onorevolmente; al fine semo venuti a stare in questa città di Haidelberga, nella qual il mio consorte è stato fatto lettore publico nella medicina [...].[24]

Abschließend ist festzuhalten, daß Olympia Morata ihren langen Weg von Ferrara nach Heidelberg unter Gottes Auspizien gestellt sieht. Sie führt nämlich das

---

19 S. 162 (Brief an Celio Secondo Curione aus Heidelberg vom 25. Juli [1554]); vgl. auch S. 176-177 (Brief an die Schwester Vittoria aus Heidelberg vom 7. August [1554]) und S. 213 (Brief an die Madonna Cherubina aus Heidelberg vom 8. August [1554]).

20 S. 177 (Brief an die Schwester Vittoria aus Heidelberg vom 7. August [1554]).

21 Olympia, S. 214 (Brief an die Madonna Cherubina aus Heidelberg vom 8. August [1554]), schreibt: „[...] e poi diceva a Dio, - Signore, se tu mi vuoi viva, comanda alli tuoi angeli che mi tirino, che certo io non posso. -" Die Vorstellung, daß Olympia auf ihrer Flucht von Schweinfurt nach Hammelburg von Engeln „gezogen" wurde, wird nicht in dem Brief an Celio Secondo Curione oder an ihre Schwester Vittoria erwähnt, sondern findet sich nur in dem genannten Brief.

22 Vgl. S. 213 (Brief an die Madonna Cherubina aus Heidelberg vom 8. August [1554]). Weder in dem an ihre Schwester Vittoria gerichteten Brief noch in dem an Celio Secondo Curione adressierten Brief stellt Olympia diese zweite Freilassung explizit als eine von Gott bewirkte Freilassung dar. In ihrem an die Madonna Cherubina gesandten Brief jedoch erklärt sie, daß ihr Mann zweimal gefangengenommen und zweimal von Gott befreit worden sei.

23 S. 162 (Brief an Celio Secondo Curione aus Heidelberg vom 25. Juli [1554]).

24 S. 214 (Brief an die Madonna Cherubina aus Heidelberg vom 8. August [1554]).

Überstehen der tödlichen Gefahren, die sich ihr und ihrer Familie auf der Flucht stellen, auf die Hilfe Gottes zurück. Ihre Überzeugung, daß Gott sie beschützt, sah sie auch auch keineswegs durch ihren frühen Tod widerlegt, der sich in den letzten Monaten ihres Lebens deutlich abzeichnete.

1.3 Der siegende Protestant: sein himmlischer Sieg

Es ist in Kap. IV/ 3.2.1.2 dargelegt worden, daß in der calvinistischen Lehre der Gläubige gläubig infolge der ihm erteilten göttlichen Gnade und daß der Märtyrer beharrlicher Gläubiger infolge der ihm erteilten 'besonderen' Gnade ist. Olympia Moratas Briefe spiegeln die calvinistische Lehre in diesem Punkt wider, denn sie betont immer wieder, daß der Glaube und die Beharrlichkeit von Gott kommen.

Sie gibt in dem an ihre ehemalige Gefährtin Anna d'Este und nun Prinzessin von Guise adressierten Brief zu verstehen, daß Gott sie von sich aus, d.h, ohne daß sie ihn hierum gebeten hatte, zum christlichen und anschließend zum protestantischen Glauben gebracht habe.[25] Olympia Morata macht allerdings den Glauben und die Beharrlichkeit nicht allein von dem Handeln abhängig, das Gott von sich aus vornimmt, sondern gibt in ihren Briefen auch zu erkennen, daß der Mensch Gott um Glauben und Beharrlichkeit anrufen kann. So schreibt sie Anna d'Este: „Quae [sc. fides] cum sit donum Dei, eam ab illo maximis precibus petere debes"[26] Das gleiche teilt sie ihrer Schwester Vittoria mit: „[...] eum [sc. Deum] roga tibi medicinam adhibeat, vires adiungat, perficiatque ut eum magis quam homines et ames et metuas."[27] Diese Bitte um Glauben und Beharrlichkeit („il Signore ci dia a tutti fede e costanzia")[28] ist aber zunächst einmal nur eine Aufforderung an Gott. Olympia scheint allerdings davon überzeugt zu sein, daß Gott immer dieser Bitte nachkommt. Dies läßt sich daraus schließen, daß sie der Dame Lavinia Della Rovere Orsini, ihrer Schwester Vittoria und der Madonna Cherubina bei Anrufung Gottes Glauben und die Gabe der Beharrlichkeit verspricht.[29]

---

[25] Vgl. S. 131-132 (Brief an Anna d'Este, Prinzessin von Guise, aus Heidelberg vom 1. Juni [1554]).
[26] Ebd.
[27] S. 179 (Brief an die Schwester Vittoria aus Heidelberg vom 7. August [1554]).
[28] S. 216. (Brief an die Madonna Cherubina aus Heidelberg vom 8. August [1554]).
[29] Ebd; vgl. auch S. 220-221 (Nachtrag zum Brief an die Madonna Cherubina aus Heidelberg vom 8. August [1554]).

Warum es schließlich erstrebenswert ist, den Glauben, d.h. den protestantischen Glauben, zu haben und darin zu verharren, erklärt die Schreiberin folgendermaßen: Durch das Bekenntnis des protestantischen Glaubens und das Verharren hierin bekennt man sich zu Christus und nimmt Abstand von der „generazione perversa“, die wegen der ‘Anbetung’ des Papstes Götzendienst betreibt. Wenn man sich nun öffentlich zu Christus bekennt, dann - so gibt sie mit Bezug auf die Bibel zu verstehen[30] - darf man sich seiner Annahme durch Gott sicher sein; tut man das nicht, so muß man mit seiner Verwerfung durch Gott rechnen.

Ist man erst einmal von Gott angenommen, d.h. gehört man zu den Seinen, dann genießt man schon auf Erden seinen Schutz, wie Olympia in ihrem an die Madonna Cherubina adressierten Brief zu verstehen gibt: „ Ricordatevi ch'egli è onnipotente, che se non sarą venuta l'ora vostra, nessuno vi potrá tirare un capello dal capo.“[31] Dasselbe teilt sie der Prinzessin von Guise in einem an sie gerichteten Brief mit: „[...] hunc [sc. Deum] si amicum habueris, nemo tibi nocere poterit, nisi ille permiserit, in cuius manu omnia sunt.“[32] Wenn nun denjenigen, die sich zu Gott bekennen, nur mit seiner Zustimmung etwas angetan werden kann, dann ist alles Leiden derselben gottgewollt. Mag es immerhin paradox und befremdend anmuten, daß Gott die Seinen leiden läßt, so ist dennoch dieser Sachverhalt durch das Alte Testament, vor allem durch Hiob, wie auch durch die neutestamentlich überlieferte Leidensgeschichte Jesu Christi bezeugt, die besagt, daß Gott seinen Sohn hat leiden lassen.Wenn nun Gott Jesus, der sich zu ihm bekannte, leiden ließ, dann ist es nur recht und billig, daß Gott die sich zu ihm bekennenden Protestanten leiden läßt. Durch das Leiden werden die Protestanten schließlich zum Ebenbild von Jesus Christus und erfahren folglich auch dessen Heil: „[...] non vi lasciará [sc. il Signore], ancora che bisognasse che patiste qualche cosa per la veritá, come bisogna che siamo, come dice Paolo, conformi alla imagine di Christo, che patiamo con esso, acciocché regnemo con lui.“[33] Allerdings scheinen die Protestanten nicht wie Jesus Christus bis zum Tod leiden zu müssen, um in das Himmelreich zu gelangen; das läßt sich aus der Formulierung „bisognasse che

---

[30] Vgl. S. 132-133 (Brief an Anna d'Este, Prinzessin von Guise, aus Heidelberg vom 1. Juni [1554]).
[31] S. 220 (Nachtrag zum Brief an die Madonna Cherubina aus Heidelberg vom 8. August [1554]).
[32] S. 132-133 (Brief an Anna d'Este, Prinzessin von Guise, aus Heidelberg vom 1. Juni [1554]).
[33] S. 214-215 (Brief an die Madonna Cherubina aus Heidelberg vom 8. August [1554]).

patiste *qualche cosa* per la veritá“[34] und daraus schließen, daß Olympia schon allen um des Glaubens willen Bedrängten und Verfolgten das glückselige Leben verspricht:

> Hic omnia bello ardent, et ubique multis aerumnis premuntur sancti viri; etiam ex Anglia multi sunt fugati: ita saevit diabolus. Haec vero omnia magnae nobis letitiae esse debent, cum portendere sciamus illum faustum et felicem diem brevi fore, quo una beatissimam vitam agere incipiemus.[35]

Freilich bleibt ein gewisses Maß an Leiden für die baldige Aufnahme ins Himmelreich unabdingbar, denn: „Non si da la corona se non a colui che combatte [...].“[36]

Olympia Morata hat in ihren Briefen zu verstehen gegeben, daß jeder durch Anrufung Gottes von diesem den Glauben und die Gabe der Beharrlichkeit erhalten kann. Bekennt man sich schließlich zu Gott, dann hat man diesen auch automatisch als Beschützer für sich. Doch Gott als Beschützer zu haben, bedeutet nicht, daß man kein Leid mehr erfährt. Vielmehr ist das Leiden unerläßlich, da es - auch wenn nicht in todbringender Form - den Menschen zum Ebenbild Christi macht; und ist man erst einmal so wie Jesus Christus, dann wird man auch dasselbe Heil wie er erfahren.

1.4 Kritik: unzureichende Beweisführung

Olympia Morata verfolgt mit ihren Briefen gewiß die Absicht, die göttliche Auserwählung des Protestanten aufzuzeigen und hierdurch ihre katholischen Freunde, an die zahlreiche Briefe adressiert sind, sowie alle anderen Katholiken[37] für den Protestantismus zu gewinnen. Sein göttliches Auserwähltsein wiederum macht Morata dadurch deutlich, daß sie ihn als siegreich darstellt. Um zu erkennen, wie überzeugend diese Darstellung vom siegreichen Protestanten ist, muß man nach den Momenten fragen, auf die die himmlische Erhöhung des Protestanten und die Theogenie von Moratas Flucht sich stützen.

Morata bringt in ihren Briefen immer wieder zum Ausdruck, daß Gott, während sie mit ihrer Familie auf dem Weg von Ferrara nach Heidelberg war, mehrmals gehan-

---

[34] Hervorheb. d. Verf.
[35] S. 174-175 (Brief an Lavinia Della Rovere Orsini aus Heidelberg vom 1. August [1554]).
[36] S. 215 (Brief an die Madonna Cherubina aus Heidelberg vom 8. August [1554]).
[37] Schon Münch, S. 44, hat darauf hingewiesen, daß Olympia Morata mit ihren Briefen die Absicht verfolgt, „so viele Proselyten, als möglich, zu machen.“

delt habe, und zwar dann, wenn er sie oder ihren Ehemann Grundler dem Tod oder den tödlichen Gefahren entrissen hat. Daß diese (abstrahierten) Ereignisse (d.h. die Funktion) *Dem-Tod-Entgehen* auf Gott zurückzuführen sind, versucht Morata dadurch zu beweisen, daß sie ihnen die (abstrahierten) Ereignisse (d.h. die Funktion) *Sich-an-Gott-Wenden* voranstellt. Durch die unmittelbare temporale Abfolge der (abstrahierten) Ereignisse (d.h. der Funktionen) *Sich-an-Gott-Wenden* und *Dem-Tod-Entgehen* suggeriert sie nämlich dem Leser deren kausale Verbindung (*post hoc, ergo propter hoc*). Da es sich aber nur um eine suggerierte, jedoch nicht um eine tatsächliche kausale Verbindung handelt - eine tatsächliche kausale Verbindung kann es schon deswegen nicht sein, weil, philosophisch gesehen, sämtliche Ereignisse nur *post hoc* sind -, hat Morata keinen Beweis dafür erbracht, daß Gott die (abstrahierten) Ereignisse (d.h. die Funktion) *Dem-Tod-Entgehen* bewirkt hat.

Während Morata die geglückte Flucht durch das Moment der suggerierten Kausalverbindung als theogen zu beweisen sucht, liegt der himmlischen Erhöhung des Protestanten das Moment der Typologie zugrunde: Der Protestant fährt in den Himmel auf, da er so wie Jesus Christus, d.h. „Cristo gleichförmick"[38] ist, wobei sich diese Gleichheit über das Leiden begründet. Überzeugend ist diese Gleichheit über das Argument des Leidens aber schon deshalb nicht, weil das Leiden, das Morata in bezug auf die Protestanten erwähnt, nicht todbringend und daher nicht direkt mit dem Leiden des gekreuzigten Jesu Christi vergleichbar ist; das Leiden der Protestanten ist nicht ausreichend, um sie zum Ebenbild Jesu Christi zu machen. Überzeugend ist diese Gleichheit über das Argument des Leidens darüber hinaus auch deshalb nicht, weil das Leiden generell (wie schon in der Kritik zu Pérez de Pineda angemerkt worden ist) kein ausreichendes Zeugnis für das So-wie-Jesus-Christus-Sein ist. Es ist nämlich als Ereignis zu trivial und zu weltlich, als daß es das Ebenbild zum in seiner Erscheinung einzigartigen Jesus Christus bilden könnte.

Olympia Morata ist es mit ihren Briefen nicht gelungen, die göttliche Auserwählung der Protestanten zu beweisen. Dies liegt daran, daß die geglückte Flucht von Ferrara nach Heidelberg nicht als theogen verstanden wird und die himmlische Erhöhung des Protestanten über die angeführte Gleichheit von leidendem Protestanten und Jesus Christus nicht überzeugend aufgezeigt wird.

---

38 Thomas Müntzer benutzt diesen Ausdruck in seinem *Prager Manifest* (1521), wie oben gezeigt worden ist.

2 SCIPIONE LENTOLOS BILD VOM VERFOLGTEN GLAUBENSGENOSSEN: DER UNBESIEGBARE WALDENSER

2.1 Der Schriftsteller Scipione Lentolo und seine Kompilation *Historia delle grandi e crudeli persecutioni fatte ai tempi nostri*

Scipione Lentolo bzw. (in der lateinischen Form) Scipio Lentulus wurde 1525 in Neapel geboren und entstammte der 64. Generation des altrömischen Patriziergeschlechts der Lentuli[39]. Im Jahre 1545 trat er ins Kloster ein, entsagte aber zehn Jahre später, mitterweile in Theologie promoviert, dem Mönchsleben, um sich zu verheiraten und dem Aussterben seines berühmten Geschlechts zu steuern. Als Lentolo nach zweijähriger, durch die Inquisition veranlaßter Gefangenschaft in Rom im Jahre 1558 wieder die Freiheit erlangte, flüchtete er nach Genf. Dort angekommen, trat er zur Reformation über, mit der er schon bei einem Aufenthalt am ferrensischen Hof in Kontakt gekommen zu sein scheint, und bereitete sich auf den Beruf des Predigers vor. In dieser Funktion wurde er im Jahre 1559 zu den Waldensern nach San Giovanni entsandt, predigte dann auf Einladung aber auch in Carignano und Villanova d'Asti. Als im Februar 1560 die Verfolgungen der Waldenser einsetzten, wurde Lentolo mit der Übersetzung des Bekenntnisses der französischen Reformierten ins Italienische beauftragt, damit diese als Bekenntnisschrift der Waldenser dem Herzog vorgelegt werden konnte. Den schweren durch die savoyische Heeresmacht ausgelösten Verfolgungen der Waldenser in der Zeit von November 1560 bis Juni 1561 wohnte Lentolo seinen eigenen Angaben[40] nach bei. Im Jahre 1566 verließ er infolge mehrerer Anfeindungen Piemont und begab sich als Prediger bald nach Sondrio, bald nach Chiavenna. Hier verblieb er, die täuferischen und antitrinitarischen Strömungen seiner Zeit bekämpfend, bis zwei Jahre vor seinem Tod, der ihn im Jahre 1599 ereilte.

Im Jahre 1562, also ein Jahr nach der Aussöhnung von Waldensern und Katholiken (die durch den Friedensvertrag von Cavour sanktioniert wurde), fing Scipione Lentolo an, seine *Historia delle grandi e crudeli persecutioni fatte ai tempi nostri* (328 Seiten in der Ausgabe von 1906) niederzuschreiben. Teofilo Gay ist davon über-

---

[39] Ein Familienmitglied derselben nahm an der Verschwörung des Catilina teil.

[40] Die Forschung bezweifelt seine Anwesenheit in den Waldenser-Tälern im genannten Zeitraum; vgl. weiter unten.

zeugt, daß die Redaktion im selben Jahr abgeschlossen wurde: „[...] che egli l'abbia scritto [sc. il libro] mentre risiedeva nelle Valle Valdesi come pastore, e precisamente nel 1562, risulta evidente dalla sua epistola dedicatoria, datata 1595, in cui dice di aver scritto quelle memorie 33 anni prima [...].“[41] Gilmont hingegen betont, daß Lentolos Werk über einen Zeitraum von mehr als dreißig Jahren abgefaßt wurde, wobei hier drei Eckdaten zu nennen sind: das Jahr 1562, 1568 und 1595.[42]

Was den Inhalt der in sieben Bücher eingeteilten *Historia delle grandi e crudeli persecutioni fatte ai tempi nostri* angeht, so steht an ihrem Anfang die Erinnerung an den Ursprung der Waldenser-Bewegung sowie an deren Theologie. Dann wird die Situation der Waldenser in der Provence von 1530 bis zu ihrer blutigen Niederschlagung unter Meynier d'Oppède im Jahre 1545 beschrieben. Hieraufhin wird das Schicksal der Waldenser im Piemont erzählt, die zwischen 1560 und 1561 erbarmungslos von den königlichen Truppen Emmanuel-Philiberts verfolgt wurden. Den Schluß der Erzählung bilden die Verfolgungen der Waldenser in Kalabrien im Jahr 1561 sowie das Martyrium des in Rom hingerichteten Gianluigi Paschale.

Lentolo gibt in seiner Widmung zu verstehen, daß er die Verfolgungen der Waldenser in der Provence und in Kalabrien nicht persönlich miterlebt und hiervon nur Nachricht erhalten habe, deren Zuverlässigkeit er allerdings unterstreicht; andererseits daß er nicht nur Zeuge der Verfolgungen in Piemont gewesen sei, sondern sie auch am eigenen Leib erfahren habe.[43] Gilmont stellt diese Aussage stark in Frage und weist darauf hin, daß sich Lentolo von November 1560 bis Juni 1561 nicht in den Waldenser-Tälern Piemonts aufgehalten habe, sondern unter anderem in Genf gewesen sei.[44] Verneint man mit Gilmont Lentolos Gegenwart in den Waldenser-Tälern von November 1560 bis Juni 1561, d.h. zur Zeit der großen Verfolgungen, dann resultiert hieraus, daß die *Historia delle grandi e crudeli persecutioni fatte ai tempi nostri* in keinem ihrer Teile eine Erzählung von selbsterlebten historischen Ereignissen ist und somit gänzlich nicht zum Genre der Memoiren gehört. Sie ist vielmehr eine Kompilation von Erzählungen, die man sich folgendermaßen vorzustellen hat:

---

[41] Teofilo Gay (Hrsg.), *Historia delle grandi e crudeli persecutioni fatte ai tempi nostri* [di Scipione Lentolo], S. 4 -5.

[42] Vgl. Gilmont, „L'*Historia delle grandi e crudeli persecutioni* de Scipione Lentolo“, S. 55.

[43] Lentolo, *Historia delle grandi e crudeli persecutioni fatte ai tempi nostri*, S. 11.

„[...] après la publication de l'*Histoire des persecutions* de Noël, il [sc. Lentolo] conçoit un récit italien dans lequel il 'mettrait ensemble' des récits de persécutions en Provence (d'après Crespin), au Piémont (d'après Noël) et en Calabre. En 1568, peu après son installation dans les Grisons, il reprend son projet et lui donne plus de corps. Il 'ajoute' alors la plupart des documents et récits insérés dans l'*Histoire* de Noël, ainsi le livre VII sur Paschale. Il aboutit ainsi au texte tel qu'il a été transcrit par le copiste."[45] Gilmont gibt allerdings auch zu verstehen, daß Lentolo beim Kompilieren seines Werkes diesem seine 'persönliche' Prägung verliehen hat, so daß die *Historia delle grandi e crudeli persecutioni fatte ai tempi nostri* eine andere Erzählung ist als die Erzählungen, die sie zur Grundlage hat. Wie der verfolgte Waldenser von Scipione Lentolo in seiner Erzählung dargestellt wird, soll im folgenden untersucht werden.

2.2 Der siegende Märtyrer

2.2.1 Sein himmlischer Sieg

In Kapitel IV / 3.1 ist gezeigt worden, daß sämtliche protestantischen Märtyrer von d'Aubigné als in den Himmel aufgenommen dargestellt werden, wobei die Art des Märtyrertodes für die postmortale himmlische Erhöhung irrelevant ist. Auch Lentolo bringt in seiner *Historia delle grandi e crudeli persecutioni fatti ai tempi nostri* immer wieder zum Ausdruck, daß die Waldenser-Märtyrer bei ihrem irdischen Tod ins Himmelreich hinübergehen, wobei auch hier jedwede Art der todbringenden Marter zur postmortalen himmlischen Erhöhung gereicht: So ging der am 29. März 1558 in Turin erdrosselte und dann auf dem Scheiterhaufen verbrannte Pfarrer Giaffredo Varaglia (dessen direkter Nachfolger im Pfarramt der Waldenser-Gemeinde San Giovanni Lentolo selbst war) zu einem besseren Leben („miglior vita"[46]) über; gleiches Heil erfuhr der im kalabresischen Cosenza auf dem Scheiterhaufen verbrannte Bernardino Conte: „[...] in questa maniera gloriosamente se ne andò al Cielo";[47] auch

---

[44] Vgl. Gilmont, „L'*Historia delle grandi e crudeli persecutioni* de Scipione Lentolo", S. 67-68, und Gilmont, „Aux origines de l'historiographie vaudoise du XVIe siècle: Jean Crespin, Etienne Noël et Scipione Lentolo", S. 170-173.

[45] Gilmont, „L'*Historia delle grandi e crudeli persecutioni* de Scipione Lentolo", S. 67.

[46] Zur Darstellung des Märtyrertodes von Varaglia, s. Lentolo, S. 87-113.

[47] S. 243.

der Märtyrer Francesco Marconi, dem man mit einer Eisenstange die Augen ausgestochen hatte und der einige Zeit später den Folgen dieser Verstümmelung erlegen war, kam ins Himmelreich.[48] Seine Überzeugung von der Himmelfahrt der Waldenser-Märtyrer, die Lentolo in der 'Erzählung von Ereignissen' zum Ausdruck bringt, stützt er dadurch, daß er in der 'Erzählung von Worten' oft die eigene Überzeugung der Märtyrer von ihrer bevorstehenden Himmelfahrt in Form der direkten Rede mitteilt. So verkündet z.B. der Märtyrer Bernardino Conte am Tag seiner Hinrichtung seinen Sieg[49] und ruft seinen Henkern zu: „A che tante parole? Fate presto quello che avete da fare, perciocchè oggi io anderò alla luce e voi resterete quà nelle tenebre."[50]

2.2.2 Sein irdischer Sieg: der Märtyrer als Zeuge für das Wirken des Heiligen Geistes oder die Leidensreduktion durch Prädestination

Lentolo gibt in seiner Erzählung immer wieder zu verstehen, daß die Waldenser die wahren Diener Gottes sind[51] und es deshalb sind, weil Gott sie durch seine Gnade dazu gemacht hat. Es ist schon in Kapitel IV / 3.2.1.2 gesagt worden, daß Calvin (genauso wie schon vor ihm Augustinus) den Märtyrern eine größere Gnade zugesprochen hat als den anderen Gläubigen. Vom besonderen Gnadenempfang des Märtyrers scheint auch Lentolo überzeugt zu sein, denn er schreibt über die bedrängten kalabresischen Waldenser in Montalto: „Ve ne furono di quelli, li quali non potendo resistere all'estrema acerbità dei tormenti, promisero di farlo [sc. di abiurare], et altri, a cui Iddio si degnò fare *maggior gratia*, stettero saldi. Quei che non volsero rinegare furono condannati tutti ad esser scannati [...]."[52] Wenn die Waldenser begnadet und die Waldenser-Märtyrer besonders begnadet sind, dann müssen ihre Feinde logischerweise von Gott verworfen sein. So ist also Lentolo nur konsequent, wenn er die Ka-

---

[48] Vgl. S. 244.
[49] S. 240.
[50] S. 242.
[51] Lentolo spricht in bezug auf die Waldenser von „affetionatissimi servitori", „i veri figliuoli di Dio" etc.
[52] S. 239; Hervorheb. d. Verf.

tholiken, die die Waldenser verfolgen, bedrängen und töten, als vom Satan besessen[53] und die abgefallenen Waldenser, die nun Katholiken und keine Waldenser mehr sind, als Verdammte darstellt. Den Beweis für den Verlust der göttlichen Gnade und für die Verdammnis der abgefallenen Waldenser sieht Lentolo in dem, was einigen von ihnen widerfahren war: sie wurden nach ihrer Konversion von den Katholiken noch schlechter behandelt als die standhaft gebliebenen Waldenser, wodurch Gott ihnen seinen Abscheu für ihren Abfall von der 'wahren' Lehre gezeigt hat.[54]

Wenn der Waldenser von Gott durch das besondere Gnadengeschenk zum Märtyrer gemacht wird, wobei Lentolo diese Gnade durch den Heiligen Geist vermittelt sieht[55] (und somit in Einklang mit der calvinistischen Lehre steht), dann ergibt sich hieraus, daß der Märtyrer aufgrund seines Märtyrerseins Zeuge für das Wirken und mithin für die Existenz Gottes ist. So spricht dann Lentolo in bezug auf den Märtyrer auch vom „glorioso testimonio del Signore“[56].

Die 'Tatsächlichkeit' des Gnadenbesitzes des Märtyrers läßt sich daran ablesen, daß er das in seiner Unerträglichkeit für jeden Menschen nachvollziehbare Leiden überwindet. Die Überwindung des unerträglichen Leidens erfolgt nämlich nicht aus eigener Kraft, sondern aus der „maggior gratia“, d.h. aus der „geschenkten Beharrlichkeit“ („[...] quel che gli avversarij chiamano ostinatione in noi altri, è chiaro essere la costanza che Iddio ci dona [...]“[57]). Diese göttliche Gnade der Beharrlichkeit bewirkt, daß bei der Folter das (für den Menschen) unerträgliche Leiden für den Märtyrer zu einem zumindest noch-erträglichen Leiden übergeht (eine Unerträglichkeit des Leidens würde ja genaugenommen ein Abfallen vom Märtyrertum nach sich ziehen). Der Märtyrer harrt also aufgrund der empfangenen Gnade der Beharrlichkeit bis zum Tod aus, die alles unerträgliche Leiden zu einem zumindest noch-erträglichen Leiden reduziert.

Wenn der Märtyrer aufgrund der Gnade der Beharrlichkeit die ihm zugefügten Qualen aushält, dann erklärt sich auch die christliche Konzeption, daß der Märtyrer aufgrund seines Märtyrerseins immer gleich Zeuge für das Wirken Gottes ist. Gewiß

---

53 Lentolo spricht in bezug auf die Katholiken von „vilissimi schiavi del Diavolo“, „genti prese da Satana“ etc.

54 Vgl. S. 120.

55 Vgl. z.B. S. 162.

56 Vgl. S. 243.

57 S. 248.

bezeugt der Märtyrer das Wirken Gottes, doch strenggenommen müßte man wegen des Von-Gott-zum-Märtyrer-Gemachtwerdens sagen, daß Gott sich selbst durch den Märtyrers bezeugt.[58] So werden auch Lentolos Worte in bezug auf den Märtyrer Stefano Negrini verständlich: „[...] piacque al Signore (*per glorificarsi in lui*, come avvenne) che fosse preso un M. Stefano Negrini, ministro fedele della Parola di Dio [...].“[59]

2.3 Der siegende Soldat

2.3.1 Der Waldenser-Soldat als Zeuge für das Wirken Gottes oder sein Sieg über die Katholiken

Die Waldenser bekannten sich mit ihrem Anschluß an die Reformation auf der Synode von Chianforan im Jahre 1532 immer häufiger öffentlich zu ihrem Glauben (den sie bis dahin wie ihre Vorfahren mehr oder weniger heimlich praktiziert hatten) und wurden daher bald wie die Protestanten von den Katholiken verfolgt. Nach dem großen Massaker an den provenzalischen Waldensern in Mérindol bekamen auch die in den piemontesischen Tälern lebenden Glaubensgenossen immer stärker den von den Katholiken ausgeübten Druck zu spüren. In den 50er Jahren kam es häufig zu Überfällen auf die Waldenser, die jedoch zeitlich so gestreut waren, daß die Verfolgten genug Zeit hatten, sich zu sammeln und sich neu zu organisieren. Die Situation änderte sich für die Waldenser, als nach dem Frieden von Cateau-Cambrésis im Jahre 1559 das Herzogtum Savoyen wieder Frankreich entzogen und dem Herzog Emmanuel-Philibert unterstellt wurde. Dieser ordnete bald eine systematische Verfolgung der Waldenser an, die im November 1560 ihren Anfang nahm. Wie diese Verfolgung für die Waldenser verlaufen ist, erzählt Lentolo in seiner *Historia delle grandi e crudeli persecutioni fatte ai tempi nostri*.

Nachdem im Februar 1561 die feindlichen Truppen unter der Führung von Trinità den Ort Villaro niedergebrannt hatten, versuchten sie der in die Berge geflüchteten Waldenser habhaft zu werden, indem sie ihnen dorthin folgten. Eine kleine An-

---

[58] Auf diesen Aspekt ist schon bei der Analyse von d'Aubignés Märtyrerbeschreibung in Kapitel IV/ 3.2.1.2 aufmerksam gemacht worden.

[59] S. 241; Hervorheb. d.Verf.

zahl von Waldensern schlug sie jedoch in die Flucht: „[...] un picciol numero di huomini doppo havere ardentemente invocato il nome di dio, gli ripulsarono fino al Villaro, onde il campo si ritirò.“[60] Als einige Tage später, am 18. Februar, die von Trinità angeführten Soldaten nach Villaro zurückkehrten und in die Berge hinaufstiegen, wurden sie erst einmal von 30 Waldensern zurückgeworfen; hierbei verloren die Verfolger viele, die Verfolgten keinen Soldaten.[61] Auch als Trinità 1500 Soldaten gegen die Waldenser aufmarschieren ließ, konnte er sie nicht besiegen; vielmehr schlugen diese ihre Verfolger bald in die Flucht, wobei hier ca. 100 Waldenser 1500 feindlichen Soldaten gegenüberstanden.

Nicht weniger glücklich als in Villaro war der Ausgang der Kämpfe für die Waldenser in Pra del Torno. Hier konnten einige wenige Hundert Waldenser nach vielen Kämpfen schließlich ungefähr 6000 feindliche Soldaten abwehren und zum Rückzug zwingen.[62] Wie in Villaro waren die Verluste auf Seiten der katholischen Truppen sehr groß und auf Seiten der Waldenser verschwindend gering. Aber auch im Einzelkampf zeigten die Waldenser ihre Überlegenheit: hier besiegte ein 18jähriger Waldenser-Jüngling von kleiner körperlicher Statur den erfahrenen Feldherrn Monteglia, ein einfacher Waldenser-Bauer den großen und starken Feldherrn Truccetto und ein anderer Waldenser-Jüngling, den man nur zum Kühe-Weiden fähig wähnte, mehrere feindliche Soldaten.[63]

Im März 1561 stellten die Waldenser, denen die katholischen Soldaten vorhielten, nur in den Bergen und in ihren Schutzstellungen stark zu sein, ihre Überlegenheit auch in der Ebene unter Beweis. In Angrogna kämpften nämlich 30 Waldenser gegen zwei Kompanien katholische Soldaten, die, bald durch viele Verluste geschwächt, den Rückzug antraten. Bei diesen Kämpfen ließen die Waldenser nur einen Mann auf dem Feld zurück.[64]

Lentolo führt das Siegen der Waldenser-Soldaten, die in sämtlichen Schlachten den katholischen Soldaten numerisch unterlegen waren, auf das Einschreiten Gottes in das Geschehen zurück. Dies läßt sich induktiv daraus herleiten, daß er explizit das

---

[60] S. 203.
[61] Vgl. S. 207.
[62] Vgl. S. 209-213.
[63] Vgl. S. 206.
[64] Vgl. S. 213.

Einschreiten Gottes in die Kämpfe in Pra del Torno[65] und in Villara erwähnt: „Diedero gl'inimici due altri assalti simili al primo, ma all'ultimo Iddio gli ributtò per mano di così poche genti [sc. valdesi]".[66] Dieses Eingreifen Gottes in das Geschehen zu Gunsten der Waldenser betont Lentolo letztendlich auch dadurch, daß er in seiner Erzählung (durch die 'Erzählung von Worten') die Meinung der katholischen Soldaten wiedergibt, die selbst als Feinde das göttliche Wirken sehen und eingestehen: „Quei del campo, ritirandosi, andavano gridando ad alta voce: Iddio combatte per loro e noi lor facciam torto. [...] Per tutto il Piemonte ciascuno dicea: Iddio combatte per quelli."[67]

2.3.2 Die Hilfeleistungen im Krieg als Zeugnis für das Wirken Gottes zugunsten der Waldenser

Nachdem im vorangegangenen Abschnitt gezeigt worden ist, daß die Waldenser, die numerisch den katholischen Truppen unterlegen waren, ihnen im Kampf überlegen waren, sollen in diesem Kapitel die anderen Formen des göttlichen Einschreitens in die Kämpfe dargelegt werden, die zwar die Waldenser-Soldaten nicht mehr zu Überlegenen machten, jedoch zum glücklichen Ausgang ihrer Kämpfe beitrugen.

Als die Soldaten unter der Führung von Trinità am 2. November 1560 nach Angrogna marschierten, zogen sich die Bewohner des Ortes in die Berge zurück, um dem Feind nicht in der Ebene ausgesetzt zu sein. An jenem Tag gelang es den ca. 100 Waldensern erst einmal, obgleich schlecht ausgerüst, die zahlen- sowie ausrüstungsmäßig überlegenen feindlichen Soldaten abzuwehren, wobei sie am Abend nur drei, die feindlichen Truppen hingegen viele Opfer zu beklagen hatten.[68] Dennoch begriffen sie, von den Kämpfen völlig erschöpft und ermattet, daß sie an den darauffolgenden Tagen dem Ansturm der Feinde nicht mehr würden standhalten können. In dieser Not hauchte Gott ihnen die Idee ein, das Heranrücken unterstützender Truppen zu fingieren und somit den Feind in Furcht zu versetzen sowie letztendlich in die Flucht zu schlagen: „Lor mise il Signore nel cuore di mandare alcuno, che vedesse di far sonare

[65] Vgl. S. 211.
[66] S. 208.
[67] S. 212.
[68] Vgl. S. 181-182.

qualche tamburino non molto lontano di qui, quasi venissero altre genti in lor soccorso [...].“[69] Diese von Gott eingegebene Idee brachte bald nach ihrer Umsetzung den gewünschten Erfolg: „[...] il tamburo fu udito sonare, del che i nimici presero tanto spavento che il Sig. Della Trinità subitamente fè ritirare ogniuno di là e se ne tornarono giù tutti a quell'hora.“[70]

Am 18. Februar 1561 zogen die von Trinità angeführten Soldaten nach Villaro und versuchten, die in die Berge geflüchteten Waldenser durch Umzingelung zu besiegen; hierfür teilten sich die Truppen in drei Teile, und jeder Teil folgte den Waldensern auf anderem Wege in die hohen Berge. Der dritte Teil der Truppen, der den in die Berge Geflohenen über einen steilen Bergweg in den Rücken fallen und sie so besiegen wollte, traf unerwartet auf die aus Angrogna kommenden und ihren Glaubensgenossen zu Hilfe eilenden Waldenser, die sich im Kampf als die Stärkeren erwiesen und durch ihren Sieg die sich anbahnende Niederlage ihrer Glaubensgenossen abwandten. Dieses Aufeinandertreffen der katholischen Soldaten mit den Waldensern aus Angrogna, das letztendlich die Waldenser aus Villaro vor dem Besiegtwerden bewahrte, war jedoch nicht zufällig, sondern gottgewollt.[71]

Nach vielen Kämpfen an verschiedenen Orten faßten die von Trinità angeführten katholischen Truppen wieder die Waldenser von Angrogna ins Auge, die sie dieses Mal nicht im Kampf, sondern auf anderem Wege zu bezwingen suchten. Sie beabsichtigten nämlich, in Angrogna sämtliches Getreide, sämtliche Bäume und Weinstöcke herauszureißen und dort eine Befestigungsanlage zu bauen, um die gefllüchteten Waldenser zum Verbleiben in den Bergen und somit auf längere Sicht zur Niederlage zu zwingen. Dieses für die Waldenser lebensbedrohliche Unterfangen wurde aber letztendlich nicht umgesetzt, da die Pläne im letzten Moment aufgegeben wurden, was wiederum dem Einschreiten Gottes in das Geschehen zu verdanken war.[72]

Die Waldenser wurden zwar während aller Kämpfe und Schlachten nicht von den feindlichen Truppen besiegt, wären aber beinahe der aufkommenden Hungersnot zum Opfer gefallen. Hiervon waren besonders die Waldenser in Pra del Torno bedroht, die bei ihrer Flucht in die Berge alle Lebensmittelvorräte in den Häusern

---

[69] S. 182.

[70] Ebd.

[71] Vgl. S. 208.

zurückgelassen hatten, die dann von den in die Stadt einfallenden katholischen Soldaten geraubt worden waren. Ihnen kam jedoch alsbald Gott zu Hilfe, indem er sie mit einer außergewöhnlich reichen Ernte beschenkte: „[...] il povero popolo vivea di latticini, di herbe e di qualche poco di pane. Di carne non ne haveano in similie necessità: ma, quando erano in maggior paura di aver carestia, il Signore Iddio per la sua bontà fè che ricolsero di grano più che mai per altro tempo havessero fatto."[73]

Abschließend ist zu sagen, daß Gott den Waldensern sowohl in den Kämpfen und Schlachten zur Hilfe kam, indem er sie zu kämpferisch Überlegenen machte, als auch in den Situationen der Not, die er für sie immer zum Guten wendete. Er hat sie also, wie Lentolo sagt, während ihrer langen Auseinandersetzungen mit den katholischen Truppen immer wieder seine Hilfe spüren lassen („[...] ha fatto loro [sc. ai Valdesi] tante volte sperimentare il suo soccorso nei lor bisogni [...]")[74], besonders wenn sie ihn vorher hierum angerufen hatten.[75]

2.4 Die glücklich Geflüchteten: die beiden Waldenser Ranieri und Drella als Zeugen für das Wirken Gottes oder ihre Flucht aus dem Gefängnis

Am 5. Oktober 1560 wurden in dem piemontesischen Ort Bibiana (Bubiana) die beiden Waldenser Giovanni Ranieri und Pietro Drella festgenommen und an den darauffolgenden Tagen über Villafranca nach Fossano überführt, wo sie in den Kerker geworfen wurden. Zwar bemühten sich die beiden mit allen menschenmöglichen Mitteln um ihre Freilassung und schöpften hierfür alle möglichen Wege und Mittel aus - nur an ihrem Glauben hielten sie unvermindert stark fest -, doch Erfolg war ihnen nicht beschieden. Lentolo gibt zu verstehen, daß dieses Scheitern der Freilassung von Gott gewollt war, der hierdurch wieder die ganze Aufmerksamkeit der beiden auf sich als die zentrale Figur allen Geschehens lenken wollte.[76] Nachdem auch die beiden

---

72 Vgl. S. 217.
73 S. 215.
74 S. 225.
75 Zum Aufeinanderfolgen des (abstrahierten) Ereignisses (d.h. der Funktion) *Sich-an-Gott-Wenden* und des für die Waldenser entsprechenden positiven Ereignisses (E), s. Lentolo, S. 182, S. 203, S. 205, S. 207, S. 208, S. 209.
76 Vgl. S. 163.

Eingekerkerten den Grund für das Scheitern ihrer Freilassung im zuvor genannten Sinne begriffen hatten, wandten sie sich wieder ganz und gar Gott zu und baten ihn um Verzeihung und Erbarmen. Dieses Bitten und Flehen wurde alsbald von Gott erhört, der die beiden auf wunderbare Art und Weise befreite, so wie er schon in der Vergangenheit auf wunderbare Art und Weise Petrus aus dem Kerker oder Daniel aus der Löwngrube befreit hatte.[77]

Nachdem am 15. November 1560 um fünf Uhr in der Frühe eine Stimme an der eisernen Gefängnistür gesagt hatte: „Levatevi su et uscite fuora, cavate sotto l'uscio! volete marcir costì?“[78], folgten die beiden Waldenser Ranieri und Drella zusammen mit einem Mitgefangenen diesem Rat und fingen in der Nacht des 16. Novembers an, am Gefängnisausgang zu graben. Unter einem ausgegrabenen Brett, das von der Gefängnistür bis in den Innenraum reichte, lag ein großer, schwerer Stein, der den Durchmesser der Gefängnismauern aufwies. Da die beiden Waldenser durch Handschellen aneinandergebunden waren, dergestalt daß Drellas rechter Arm an Ranieris linkem Arm gekettet war, konnten sie ihrem Mitgefangenen keine große Hilfe sein, der diesen großen, schweren Stein alleine kaum zu bewegen und schon gar nicht aus dem Graben herauszuheben vermochte. Was aber nicht der Mitgefangene schaffte, gelang dem Waldenser Drella, der, nachdem er Gott angerufen hatte, schließlich alleine und mit nur einer Hand den Stein aus dem Graben heraushob und somit sich sowie seinen Mitgefangenen einen Fluchtweg eröffnete. Dieses 'übermenschliche' Handeln Drellas ist für Lentolo eindeutig aus das göttliche Wirken zurückzuführen: „Uscirono dunque per gratia di Dio nel modo detto dalla carcere [...].“[79] Kurz nach der Flucht der Gefangenen aus der Kerkerzelle standen sie in einem anderen Raum wieder vor einem verschlossenen Tor. Nachdem sie Gott um Hilfe gebeten hatten, entdeckten sie eine Öffnung in der Mauer, durch die sie schließlich entweichen konnten.[80] Da nun die drei Gefangenen aus dem Kerker entwichen und außerhalb des Gefängnisgebäudes waren, begaben sie sich zu den Stadttoren, die allerdings auch verschlossen waren. In dieser Situation erinnerte sich der Mitgefangene, in einer Bastei eine Schießscharte gesehen zu haben, durch welche sie aus der Stadt hinausgelangen könnten. Hieraufhin machten sie sich alle drei auf die Suche nach der

[77] Vgl. S. 163.
[78] S. 167.
[79] S. 168.

Öffnung, wobei sie große Gefahr liefen, von der in der Stadt patrouillierenden Wache entdeckt zu werden. „Tuttavolta piacque al Signore che non solo non furono scoperti, ma ancora il Valentiano essendosi disperato di ritrovar la bombardiera, postisi in oratione e raccomandatisi a Lui, fè che poco appresso trovarono quello che andavano cercando."[81] Auch die Flucht aus der Stadt erfolgte also erst, nachdem sie Gott angerufen hatten, der die beiden befreiten Waldenser schließlich sicher bis in die Markgrafschaft Saluzzo geleitete.[82]

Lentolo gibt in seiner Erzählung zu verstehen, daß diese Befreiung der Waldenser aus der Gefangenschaft nur ein Beispiel für die vielen von Gott bewirkten Befreiungen sei, die sehr zahlreich gewesen zu sein scheinen, denn: „ [...] Iddio per sua bontà gli liberò tutti di prigione [...]. [...] neanche uno vi fu che non scampasse dalle mani dei suoi nimici, li quali non mancavano di diligentia in tenerli in buona custodia."[83] Was letztendlich die Anzahl der eingesperrten Waldenser anbelangt, so macht Lentolo zwar keine konkreten Angaben, erklärt aber, daß fast sämtliche zwecks Handel in die Täler hinabgestiegenen Waldenser von den Katholiken gefangengenommen worden seien,[84] was auf mindestens mehrere Dutzend festgenommener und eingekerkerter Waldenser schließen läßt.

2.5 Die verfolgten Verfolger: die Verfolger als Zeugen für das Wirken Gottes oder ihr Sterben

Genauso wie d'Aubigné berichtet Lentolo in seiner Erzählung nicht nur vom positiven Wirken Gottes in bezug auf die Verfolgten, sondern auch vom negativen göttlichen Wirken an den katholischen Verfolgern, das sich dadurch manifestiert, daß die Verfolger in irgendeiner Form bestraft werden. Das negative Wirken Gottes ist aber keine direkte Fortsetzung eines positiven göttlichen Wirkens (in der Form z.B., daß dem positiven Wirken am Waldenser das negative Wirken am Katholiken folgt), sondern ein hiervon losgelöstes Ereignis, das als eine Reaktion auf die *besondere*

---

80 Vgl. ebd.
81 Vgl. ebd.
82 Vgl. S. 169.
83 S. 153.
84 Vgl. ebd.

Feindseligkeit[85] der Verfolger gegenüber den Verfolgten verstanden werden muß, wie die folgenden von Lentolo genannten Beispiele der göttlichen Bestrafung zu verstehen geben:

Der in der Provence inquirierende Dominikanermönch Giovanni aus Rom peinigte die Waldenser und Protestanten auf so brutale und grauenvolle Art und Weise, daß der französische König Franz I. ihn hierfür einsperren lassen wollte. Dank einiger ihm wohlgesonnener Leute gelang es ihm jedoch, sich durch Flucht der königlich angeordneten Bestrafung zu entziehen. Nicht aber zu entziehen vermochte er sich der Strafe Gottes, die ihn eines überaus grauenvollen Todes sterben ließ:

> [...] per giusto giudizio di Dio questo assassino [...] caddè in cosi horrenda malattia, ch'era per la puzza grande che usciva dal suo corpo tutto impiagato e verminoso, non solo intollerabile agli altri, ma a sè stesso. Onde sovente gettando horribili stridi, dicea: chi mi libererà ovvero mi ucciderà? Ne gli mancava la voglia di uccidere sè stesso, ma sì ben la forza e la commodità di poterlo fare. E così in tormenti di tal sorte et affatto disperato, morì quest'huomo empio, il quale come fiera arrabiata non si era mai potuto satiare del sangue innocente dei figliuoli di Dio.[86]

Opfer der göttlichen Bestrafung wurde auch der in Aix-en-Provence waltende Richter des weltlichen Arms Meirano, der sämtliche vom Inquisitionstribunal überführten 'Ketzer' zum Tode verurteilte.[87]

Der göttlichen Bestrafung entging auch nicht Giovanni Menieri di Oppeda[88] (im Französischen Jean Maynier d'Oppède genannt)[89], der nicht nur die eingekerkerten Leute auf unmenschlichste Art und Weise behandelte (indem er sie hungern ließ und so zum Essen ihrer Exkremente zwang), sondern auch im Jahre 1545 den Vernichtungsbefehl gegen die Waldenser in der Provence vollstreckte und den Vernichtungsfeldzug gegen sie anführte.

Zu erwähnen ist schließlich auch der Fall von Carlo Truccetto, über den Lentolo schreibt: „Questo Truccetto era uno dei principali autori della guerra, et il più gran nemico della vera religione et del popolo Valdese, che si potesse trovare allora."[90]

---

[85] Zur besonderen Feindseligkeit als Auslöser des negativen göttlichen Wirkens, siehe auch Kap. IV / 5.1.

[86] S. 23.

[87] Vgl. S. 24.

[88] Vgl. S. 76.

[89] Auch d'Aubigné hat d'Oppède als Opfer der göttlichen Rache dargestellt; vgl. IV / 5.2.1.1.

[90] S. 206.

Dieser wurde in den Kämpfen mit den Waldensern von Pra del Torn, die er zu besiegen versprochen hatte, getötet, wobei sein Tod von Gott herbeigeführt, also ein Tod *nutu divino* war.[91]

Der Tod des überaus grausamen Dominikanermönchs Giovanni, des gnadenlosen Richters Meirano, Giovanni Menieris, des für das Massaker an den provenzalischen Waldensern Verantwortlichen, und Carlo Trucettos, des größten Feindes der Waldenser, läßt eindeutig erkennen, daß die göttliche Bestrafung diejenigen traf, die den Waldensern besonders aggressiv und feindselig, d.h. aggressiver und feindseliger als die übrigen Katholiken, gegenübertraten.

2.6 Kritik: schwache Beweisführung

Es stellt sich abschließend die Frage, wieviel Beweiskraft für die göttliche Auserwählung der Waldenser Lentolos Bild vom verfolgten Glaubensgenossen aufweist. Hierzu müssen wieder die Konstituenten der Beweisführung bestimmt und analysiert werden.

In Verbindung mit dem himmlischen Sieg gibt es nur einen Konstituenten, d.h., daß die postmortale himmlische Erhöhung des Waldenser-Märtyrers, die dessen himmlischen Sieg und schließlich dessen göttliche Auserwählung beweist, nur auf einem Moment basiert, und zwar auf dem Moment der 'Logogenie'. Wie González de Montes behauptet Lentolo nur, daß der Waldenser-Märtyrer in den Himmel aufgenommen wird, ohne dessen Himmelfahrt über die Gleichheit mit einem christlichen 'Typos' zu belegen.

In Verbindung mit den irdischen Siegen muß wieder gefragt werden, inwiefern sie 'tatsächlich' auf Gott zurückgehen, also wie überzeugend ihre Darstellung bei Lentolo ist. Um das beantworten zu können, müssen die Momente analysiert werden, auf denen die Theogenie beruht. Lentolo zeigt dieses Gott-handelt über die suggerierte Kausalverbindung und über die Ungewöhnlichkeit der Siege auf.

Bei der Schilderung der Flucht aus dem Gefängnis und der Kämpfe der Waldenser mit den Katholiken versucht er das Gott-handelt dadurch zu belegen, daß er unmittelbar dem für die Waldenser positiven Ereignis (E) das (abstrahierte) Ereignis

---

[91] Vgl. ebd.

(d.h. die Funktion) *Sich-an-Gott-Wenden* voranstellt und somit eine kausale Verbindung dieser beiden Ereignisse suggeriert, wodurch das zweite, zeitlich nachfolgende Ereignis schließlich als theogenes Ereignis ausgewiesen wird. Da es sich aber nur um eine suggerierte, jedoch nicht um eine tatsächliche kausale Verbindung handelt - eine tatsächliche kausale Verbindung kann es schon deshalb nicht sein, weil, philosophisch gesehen, sämtliche Ereignisse nur *post hoc* sind -, hat Lentolo keinen Beweis dafür erbracht, daß das dem (abstrahierten) Ereignis (d.h. der Funktion) *Sich-an-Gott-Wenden* nachfolgende Ereignis (E) theogen ist.

Lentolo versucht aber nicht nur durch die suggerierte Kausalverbindung das Gott-handelt zu belegen, sondern auch durch das einzelne Ereignis selbst, oder genauer gesagt durch dessen Ungewöhnlichkeit.

Der Waldenser-Märtyrer erträgt sämtliche ihm zugefügten Qualen. Für Lentolo steht fest, daß dieses Aushalten der Qualen auf das Wirken Gottes zurückzuführen ist, der ihm Beharrlichkeit schenkt. Für den 'typischen Zeitgenossenen' dürfte allerdings dieses Ertragen der Qualen kein ungewöhnliches Ereignis im Sinn eines physisch unmöglichen Ereignisses gewesen sein, da die Geschichte zahlreiche Beispiele dafür kennt, daß man um einer Idee willen sämtliche Qualen auf sich nahm und zu leiden bereit war. Er wird es bestenfalls als ein ungewöhnliches Ereignis im Sinn eines nicht üblicherweise beobachteten Ereignisses angesehen haben. Nun ist oben darauf hingewiesen worden, daß zum Ende des 16. Jahrhunderts nicht mehr sämtliches, sondern nur noch das Ungewöhnliche als mit einer Bedeutung beladen verstanden wurde, das eine Überschreitung der Naturordnung darstellte. Folglich verstand der 'typische Zeitgenosse' der *Historia delle grandi e crudeli persecutioni fatte ai tempi nostri*, deren Redaktion erst im Jahr 1595 fertiggestellt war, das Ausharren des Waldensers in der Marter nicht mehr als Zeichen Gottes.

Nach Lentolos Darstellung besiegen die Waldenser die numerisch stark überlegenen Katholiken in den Schlachten. Das Siegen der Waldenser erklärt Lentolo durch das Eingreifen Gottes. Auch für den 'typischen Zeitgenossen' dürfte das Besiegen der numerisch stark überlegenen Katholiken durch die Waldenser, weil es durch die bestehenden Naturgesetze nicht erklärt werden kann, etwas Ungewöhnliches, d.h. physisch Unmögliches, gewesen sein, das durch das Wirken Gottes zu erklären ist.

Gott gewährte laut Lentolo den Waldensern bei ihren Kämpfen mit den Katholiken verschiedene Formen von Hilfe. Diese Hilfeleistungen sind jedoch als Ereignisse keineswegs 'präternatürlich', so daß der 'typische Zeitgenosse' sie nicht als theogen erachtet haben wird. Mag er sie immerhin noch als ungewöhnlich aufgefaßt haben, weil er solche Ereignisse gewöhnlicherweise nicht beobachten konnte, so sah er dennoch in dieser Art von Ungewöhnlichkeit zum Ende des 16. Jahrhunderts keine Bedeutung, kein göttliches Zeichen mehr.

Die Flucht der beiden Waldenser Ranieri und Drella aus dem Gefängnis ist nach Lentolo ein Geschehen, das aus mehreren von Gott bewirkten Ereignissen besteht. Bis vielleicht auf das Ereignis *Wegheben des schweren, großen Steins mit einer Hand* wird wohl der 'typische Zeitgenosse' alle Ereignisse als im Einklang mit den Naturgesetzen und daher nicht als ein Gott-handelt verstanden haben. Daß die breite Masse der Menschen im ausgehenden 16. Jahrhundert (d.h. der 'typische Zeitgenosse') nur die physisch unmöglichen und nicht auch die den Naturgesetzen nach möglichen Ereignisse als theogen begriff, wird durch die in bezug auf die Flucht geführte Diskussion zwischen Ranieri und einigen seiner Zeitgenossen deutlich:

> [sc. alcuni] gli risposero [sc. a Ranieri] che se Dio gli avesse mandato l'Angelo, come fè a S. Pietro, crederebbono la sua liberatione essere da Dio, e crederebbono tutti. Per la qual cosa Ranieri fu costretto dir loro: Voi dimostrate essere della razza de' Farisei, li quali veggendo li manifesti miracoli del Signore, tuttavolta gli calunniavano e ne domandavano altri. Et qual sarà miracolo, se questo che Iddio ha operato in me, non è? Et quantunque non mi habbia mandato l'Angelo suo, come voi dite, ha il signore un sol mezo da liberare i suoi? [...] Quando le spie degli Hebrei furono liberate da Dio per lo mezo di Rachab, che gli mandò con una corda giù da una fenestra, mandò allora l'Angelo per liberarli? Quando S. Paolo essendosi rotta la nave si salvò con gli altri a nuoto nell'isola di Malta, gli fu mandato da Dio allora l'Angelo? Certo è che no. Che diranno allora i prudenti secondo la carne voi come voi di questi tempi? Diranno che [...] Rachab [salvò] le spie e il nuoto S. Paolo. Ma la Parola di Dio gli fa mentire, perciochè apertamente testifica tutti questi essere stati miracoli evidenti del nostro Dio.[92]

Lentolo ist es ansatzweise gelungen, die göttliche Auserwählung der Waldenser über das Moment der Ungewöhnlichkeit, d.h. der physischen Unmöglichkeit, zu beweisen, die aufgrund der (abstrahierten) Ereignisse (d.h. der Funktionen) *Besiegen der numerisch stark überlegenen Katholiken durch die Waldenser* und *Wegheben des schweren, großen Steins mit einer Hand* auch vom 'typischen Zeitgenossen' kaum verneint werden kann. Zu verneinen scheint er allerdings - hier ist man wieder bei der Sachverhaltsschilderung - die Wirklichkeit der erzählten Ereignisse.

---

[92] S. 169.

3 TADDEO DUNOS BILD VOM VERFOLGTEN GLAUBENSGENOSSEN: DER SIEGREICHE PROTESTANT

3.1 Der Schriftsteller Taddeo Duno und seine Memoiren *De persequutione adversus Locarnenses*

Taddeo Duno bzw. (in der lateinischen Form) Thaddaeus Dunus,[93] der Sohn einer adligen Familie, wurde 1523 in Locarno geboren. Noch während seiner Schulzeit kam er in Kontakt mit protestantischen Ideen, die Giovanni Beccaria, sein Hauslehrer und Leiter der Schule in Locarno, im Ort verbreitete. Zu Beginn der vierziger Jahre verließ der eifrige Schüler Locarno, um in Basel und schließlich in Pavia zu studieren. Obschon Taddeo Duno sich der Medizin zugewandt hatte, zeigte er ein großes Interesse für theologische Fragen, das ihn noch während seiner Studienzeit bewog, an einem im Jahre 1549 öffentlich ausgetragenen Disput zwischen Katholiken und Protestanten in seiner Geburtsstadt Locarno (wo er gerade seine Semesterferien verbrachte) teilzunehmen und für die protestantische Sache einzutreten. Im Jahre 1550 wurde er in Medizin an der Universität von Pavia promoviert und verbrachte dann drei Jahre als Arzt in Asso, bevor er 1553 in seine Heimatstadt Locarno zurückkehrte, wo er nun die Führung der protestantischen Gemeinde übernahm, die seit der Flucht Beccarias im Jahre 1549 eines Anführers ermangelte. Am 3. März 1555 führte er die Protestanten, durch eine Entscheidung der Tagsatzung zu Baden zum Auszug gezwungen, aus Locarno heraus und geleitete sie nach Zürich, das ihnen schon im Vorfeld Bleiberecht zugesichert hatte. Dort kam er mit circa 130 Glaubensgenossen im Mai 1555 an.[94] Taddeo Duno verblieb bis zu seinem Tod im Jahre 1613 in Zürich, wo er wieder seinem Beruf als Arzt nachging.

In seiner Exilstadt verfaßte der Locarnese neben medizinischen Schriften (die für die Geschichte der Medizin von großem Interesse sind) auch theologische Werke (die allerdings zum Teil verlorengegangen sind).[95] Für das vorliegende Thema sind gewiß seine im Jahre 1602 *manu vacillante* abgefaßten Memoiren *De persequutione adver-*

---

[93] Zum Leben des Taddeo Duno, s. Chenou, „Taddeo Duno (1523-1613)“, S. 55-57.

[94] Zum Schicksal der Protestanten von Locarno, s. Meyer, *Die Geschichte der evangelischen Gemeinde von Locarno, ihre Auswanderung und ihre weitern Schicksale*, und Pfister, *Um des Glaubens willen*.

sus Locarnenses (12 Seiten in 2°) von Interesse, die sowohl ins Deutsche als auch ins Italienische übersetzt wurden. Sie umfassen den Zeitraum von 1540 bis 1602 („historia brevis et vera [...] coepta ab anno Domini M.D.XL, et producta ad annum M.D.LV inde vero ad M.D.CII"[96]), wobei der im Jahre 1549 in Locarno öffentlich ausgetragene Disput zwischen Katholiken und Protestanten, deren Auszug aus der Stadt im Jahre 1555 sowie die daraufhin die Einwohner heimsuchenden Plagen als Themen im Vordergrund stehen. Die Erzählung der sich nach dem Auszug der Protestanten in Locarno zugetragenen Ereignisse geht allerdings über den Rahmen der Memoiren hinaus, die die 'persönliche Begegnung des Erzählers mit der Geschichte'[97], d.h. eine Erzählung von Ereignissen sind, die der Erzähler selbst erlebt oder gesehen hat.[98] Taddeo Duno war schon seit mehr als einem Jahr in seinem Exil in Zürich, als die erste der drei von ihm beschriebenen Plagen Locarno heimsuchte. Woher Duno seine Informationen über das, was in seiner Heimatstadt nach seinem Auszug geschehen ist, bezogen hat, ist ungeklärt, aber auch für sein Bild vom locarnesischen Protestanten und dessen Verfolger irrelevant, das im folgenden auf der Grundlage seiner Sicht der Ereignisse, d.h. seiner Erzählung, fixiert werden soll.

3.2 Die würdig Verbannten: die locarnesischen Protestanten als Zeugen für das Wirken Gottes oder ihr Exodus aus Locarno

Am 5. August 1549 disputierten Katholiken und Protestanten öffentlich in Locarno über theologische Fragen, wobei Giovanni Beccaria, sein ehemaliger Schüler Taddeo Duno und einige andere Personen die protestantische Anschauung, der Bailli von Locarno, der Dominikanermönch Lorenzo und einige andere Personen die katholische Seite vertraten. Die Disputation endete mit der Verhaftung Beccarias, der allerdings kurze Zeit später wieder freigelassen wurde und noch im Jahre 1549 ungeheißen

---

95 Zu den Werken des Taddeo Duno, s. Chenou, „Taddeo Duno", S. 57-61.

96 Taddeo Duno, *De persequutione adversus Locarnenses*, in: Albert Chenou, „Taddeo Duno et la Réforme à Locarno", *Archivio storico Ticinese* 12 (1971), S. 237-294, hier S. 261-285, hier S. 261.

97 Bertière, *Le cardinal de Retz mémorialiste*, S. 10, scheibt: „Et chacun admettra que les Mémoires sont issus de la rencontre d'un individu avec l'histoire."

98 Vgl. S. 11.

Locarno verließ. Am 10. Oktober 1550 legte die Tagsatzung zu Baden, die sich streng am Katholizismus orientierte, im Detail fest, wie der in Locarno praktizierte Glauben auszusehen hatte. Der Protestantismus und die Protestanten in Locarno wurden hierdurch offiziell angreifbar. Die unter Druck geratenen Protestanten fanden nun aber fünf Jahre lang geistige Unterstützung bei den Predigern eines Franziskaner-Ordens, die einer nach dem anderen für ein Jahr in die Stadt kamen und - wenn auch etwas verdeckt - protestantische Ideen in ihren Predigten verkündeten. Die Tatsache, daß alle fünf nach Locarno geschickten Franziskaner dort die protestantische Anschauung verbreiteten, ließ Duno zu der Überzeugung kommen: „Praedicatores [...] illi à Deo, non ab hominibus missi [sc. erant].“[99] Die protestantisch geprägten Predigten der Franziskaner verfehlten ihre Wirkung nicht: die Protestanten von Locarno verharrten trotz des Druckes von außen in ihrem Glauben, und zwar so sehr, daß die Tagsatzung zu Baden, irritiert und verärgert über dieses Verhalten, am 19. November 1554 den Beschluß faßte, daß bis zum 3. März des darauffolgenden Jahres sämtliche Protestanten Locarno verlassen haben müßten. Am 3. März 1555 zogen, der Anordnung folgend, circa 130 Protestanten mit Taddeo Duno an der Spitze aus Locarno aus. Diesen Auszug der Protestanten beschreibt Duno nicht nur als ein Ereignis seiner Zeit (das als solches übrigens einzigartig scheint)[100], sondern stellt es gleich zwei christlichen, oder genauer gesagt zwei biblischen 'Typoi' gegenüber: Zum einem sieht Duno in dem befohlenen Exodus der Protestanten aus Locarno eine Parallele zu dem im Alten Testament geschilderten Auszug der Israeliten aus Ägypten, wobei Zürich dem Land Canaan und Locarno Ägypten oder Ur in Chaldäa (aus dem Abraham von Gott herausgeführt wurde) gleichgestellt wird.[101] Zum anderen vergleicht Duno die Protestanten von Locarno mit den Aposteln, wobei die Gleichheit hier dadurch begründet wird, daß erstere wie auch letztere fröhlich fortgehen und ihre Heiterkeit aus dem Bewußtsein resultiert, würdig zu ein, für Jesus Christus zu leiden: „Dum

---

[99] Duno, *De persequutione adversus Locarnenses*, S. 271.

[100] Chenou, „Taddeo Duno et la Réforme à Locarno“, S. 237, hat darauf hingewiesen, daß der Exodus der locarnesischen Protestanten ein einzigartiges Ereignis in der Geschichte der verfolgten Reformationsanhänger darstellt: „Certes, d'innombrables habitants des villes italiennes quittèrent leur patrie pour aller chercher asile, seuls ou en petit groupes, à Genève, Zurich ou Bâle, ou dans des localités moins importantes, comme la ville de Chiavenna ainsi que les villages du Val Bregaglia et d'autres vallées. Pourtant il faut noter une différence essentielle entre ces réfugiés et ceux de Locarno: dans ce dernier cas, nous voyons une communauté tout entière quitter sa ville pour aller au Nord des Alpes chercher une possibilité de vivre sa foi.“

autem iter facerent tam hilares, tam laeti erant ac si ad nuptias, aut festum aliquod properarent, quemadmodum Apostuli à Iudaeis caesi ibant gaudentes quod digni habiti essent qui pro nomine Christi aliquid paterentur."[102]

Taddeo Duno hat also in seiner Erzählung die Verbannung der Protestanten aus Locarno mit dem von Gott angeordneten Exodus der Israeliten verglichen und dadurch jenes Ereignis, das als solches für die Protestanten erst einmal negativ ist, als biblisch und mithin als von Gott gewollt dargestellt. Über die Gleichsetzung von Protestanten und Aposteln, die alles Leiden für Jesus Christus als ein Des-Leidens-für-Jesum-Christum-Würdigsein begreifen, wird die schon zum Exodus aufgewertete Verbannung der Protestanten nun sogar als Ereignis positiv bewertet: die Protestanten sind würdig, um Jesu Christi willen die Stadt zu verlassen.

3.3 Die verbannten Verbannenden: die Verbannenden als Zeugen für das Wirken Gottes oder die erfahrenen Plagen

Auf die Verbannung der Protestanten folgt die Verbannung, d.h. die Bestrafung, der Katholiken[103] sowie der abgefallenen Protestanten durch Gott: „Post exactos in exilium cives annis quadraginta duobus currentibus, Deus reliquos Locarnenses oppidum illud incolentes gravissimis afflixit plagis."[104]

So bestraft Gott ein Jahr nach der Verbannung der Protestanten die Locarnesen mit einem extrem schweren Unwetter („horrendissima saevissimaque tempestas"), das die Stadt verwüstete.[105] Doch selbst während dieser Bestrafungsaktion zeigte sich

---

[101] Vgl. Duno, S. 278.

[102] S. 278. Duno scheint sich hier auf die Apg 5, 41 zu beziehen, wo es heißt: „[...] et illi [sc. apostoli] quidem ibant gaudentes a conspectu concilii quoniam digni habiti sunt pro nomine Iesu contumeliam pati [...]."

[103] Chenou, S.255, vertritt zwar den Standpunkt, daß die göttliche Strafe nur den abgefallenen, d.h. in der Stadt verbliebenen Protestanten gilt, doch scheinen die Worte „reliquos Locarnenses oppidum illud incolentes" auch die Auslegung zu erlauben, daß Duno die abgefallenen Protestanten sowie die Katholiken von Gott bestraft sieht. Diese Auslegung scheint um so zutreffender, als er das Heraufkommen der dritten von Gott gesandten Plage auf das Verharren der Locarnesen in ihrem alten Glauben („antiquos mores") zurückführt.

[104] Duno, S. 279.

[105] Vgl. S. 279-282.

Gott noch einmal gnädig, denn dank seiner Güte überlebten alle Männer das Unglück und verloren nur einige Frauen und Kinder das Leben: „[...] Dei [...] misericordia viri servanti sunt omnes, amissis mulieribus et pueris tantummodo quatordecim“.[106] Im Jahre 1584 geißelte Gott die Einwohner Locarnos wesentlich stärker als beim ersten Mal, und zwar mit einer virulenten Pest, der zwei Drittel der Locarnesen zum Opfer fielen.[107] „Verum neque plaga hac, neque priore illa satis castigati fuerunt, ut de animorum salute soliciti iustè et piè vivere discerent. Proinde antiquos mores suos sequentes perpetuo, Dei iram in se magis ac magis provocarunt.“[108] „Quocirca“, schlußfolgert Duno, „tertio adhuc calamitatum genere gravi et periculi pleno, Locarnensium quietem turbavit Deus annis superioribus.“[109] Die dritte Geißel bestand in einem zwischen zwei locarneschen Großfamilien entfachten Streit, der Zwietracht, ja sogar bürgerkriegsähnliche Zustände in der Stadt heraufbeschwor; Ruhe kehrte dort erst wieder ein, als eine aus Soldaten der zwölf Kantone bestehende Garnison die Stadtführung übernahm.[110]

Nachdem Duno die drei göttlichen Plagen dargelegt hat, betont er nochmals, daß diese dem Auszug der Protestanten aus der Stadt zeitlich nachfolgten, und kommt zu der Feststellung: „Miser itaque populus ille Locarnensis ex quo innoxii cives patriis expulsi sunt sedibus, nulla unquam felicitate vel tranquillitate frui potuerunt.“[111]

3.4 Kritik: unzureichende Beweisführung

An dieser Stelle muß der Frage nachgegangen werden, inwiefern Duno die göttliche Auserwählung des Protestanten bewiesen hat. Er stützt sich bei seiner Beweisführung auf das Moment der Typologie und stellt den Vergleich zwischen Protestanten und einem christlichen ‘Typos’ an. So hat er die Protestanten mit den Israeliten verglichen, da beide aus ihrer Heimat auswanderten. Freilich ist die Gleichsetzung der aus Locarno ausziehenden Protestanten mit den aus Ägypten herausgeführten Israeliten nicht überzeugend, denn der Exodus als Ereignis ist zu gewöhnlich, um die

---

[106] S. 282.
[107] Vgl. S. 282-283.
[108] S. 284.
[109] Ebd.
[110] Vgl. S. 284-285.
[111] S. 285.

Gleichheit von Protestanten und Israeliten zu belegen. Es fehlt ein Aspekt, der ausschließlich diesen beiden Personengruppen zugeschrieben werden kann und deren Gleichheit begründen würde. Hätten sich z.B. die schneebedeckten Alpengipfel geteilt und den Protestanten auf ihrem Marsch nach Zürich einen Talweg eröffnet, so wie sich für die Israeliten das Schilfmeer geteilt und ihnen einen Fluchtweg eröffnet hatte, dann wäre die Darstellung der Protestanten als die 'neuen Israeliten' gewiß überzeugend gewesen. Auch die Gleichsetzung von locarnesischen Protestanten und Aposteln ist nicht überzeugend, weil ein Sich-des-Leidens-würdig-Heißen ein unzulänglicher Beweis für die Gleichheit von Protestanten und Aposteln ist. Es fehlt wieder ein Aspekt, der nur den Protestanten und Aposteln gemeinsam ist und somit ihr Gleichsein belegen würde. Wenn beispielsweise die aus Locarno ausziehenden Protestanten oder zumindest einige von ihnen genauso wie die Apostel im Urchristentum Wunder vollbracht hätten, dann hätte man ihnen wohl den Status des Apostels zugebilligt. Die fehlende Gleichheit resultiert aber letztendlich auch daraus, daß die locarnesischen Protestanten *zwei* biblischen 'Typoi' gleichgestellt werden; denn naturgemäß können sie nicht gleichzeitig so wie die Israeliten und so wie die Apostel, d.h. gleichzeitig die 'neuen Israeliten' und 'neuen Apostel' sein.

Auch Dunos Darstellung, daß die Katholiken als Verbannende von Gott verbannt, d.h. bestraft wurden, konnte nicht überzeugen. Die Ereignisse, die die Geißeln der in der Stadt Verbliebenen ausmachen, stellen nämlich keine Überschreitung der Naturordnung dar und werden daher nicht als theogen erachtet. Sie werden bestenfalls vom 'typischen Zeitgenossen' als ungewöhnlich im Sinn von 'natürlich' ungewöhnlich aufgefaßt worden sein. Diese Ungewöhnlichkeit wird jedoch zu Beginn des 17. Jahrhunderts nicht mehr als mit einer Bedeutung beladen verstanden. Der Glaube an die Prodigien war Ende des 16. und Anfang des 17. Jahrhunderts stark zurückgegangen.

Duno ist es nicht gelungen, durch seine Erzählung das Auserwähltsein der Protestanten zu beweisen. Der Grund hierfür liegt darin, daß die Gleichheit von locarnesischen Protestanten und den beiden genannten christlichen 'Typoi', oder genauer gesagt den genannten biblischen Personen, nicht überzeugend ist und die Plagen aufgrund ihrer Gewöhnlichkeit, d.h ihrer Möglichkeit im physischen Sinn, nicht als theogene Ereignisse verstanden werden.

ERGEBNISSE UND OFFENE FRAGEN

Als der Protestantismus mit seinen beiden Hauptströmungen, dem Luthertum und dem Calvinismus, im 16. Jahrhundert aufkam, fand er zunächst einmal in jedes Land unterschiedlichen Eingang. Was die romanischen Länder betrifft, so verzeichnete er seine weiteste Verbreitung in Frankreich, wo zuweilen mehr als 11% der Bevölkerung der neuen Anschauung angehangen zu haben scheinen. Italien und Spanien zeigten sich indessen wesentlich weniger 'reformfreudig', wobei man in Hinblick auf Italien noch von einer protestantischen Bewegung, in bezug auf Spanien aber im Grunde nur von einzelnen Spuren des Protestantismus sprechen kann. So unterschiedlich die Ausmaße des Protestantismus in Frankreich, Italien und Spanien auch waren, so einheitlich war dort schließlich sein Scheitern, das in Frankreich allerdings später als in seinen beiden romanischen Nachbarländern und erst mit der Aufhebung des Ediktes von Nantes im Jahre 1685 erfolgte. Die Gründe für dieses Scheitern waren allerdings von Land zu Land verschieden: Während in Spanien die Inquisition jeden reformatorischen Ansatz brutal im Keim erstickte, scheiterte die Reformation in Italien am Desinteresse der Bevölkerung, für die das Luthertum zu vulgär und der Calvinismus zu streng war; in Frankreich hatte der Niedergang des Protestantismus vielerlei Gründe, von denen der bedeutendste die vielen repressiven Maßnahmen einschließlich der Religionskriege war. Sorgfältig zu trennen von den Gründen, die das Scheitern des Protestantismus erklären, ist allerdings das Moment, das die Situation des Protestanten in den romanischen Ländern kennzeichnet. Wenn diese Unterscheidung sich oftmals in der einschlägigen Literatur verwischt, dann resultiert dies daraus, daß in Frankreich und Spanien der Grund für das Scheitern des Protestantismus und das die protestantische Situation charakterisierende Moment zusammenfallen: dort brachten die vielen repressiven Maßnahmen einschließlich der Religionskriege den Protestantismus zu Fall und führten zur Unterdrückung seiner Anhänger, hier erdrückte die Inquisition jeden Versuch der Reformation im Ansatz und peinigte deren Anhänger. In Italien, zumindest in den nicht von den Spaniern besetzten Gebieten, scheiterte indessen die neue Anschauung an der fehlenden Bereitschaft der Bevölkerung, sie anzunehmen; diejenigen Italiener, die dennoch vom Katholizismus abgefallen und zum Protestantismus konvertiert waren, bekamen bald die harte Hand der Inquisition zu spüren, wobei deren Vorgehen in den verschiedenen Staaten zu unterschiedlichen Zeitpunkten, generell jedoch erst nach 1542 und somit später als in Spanien erfolgte. Einheitlich ist in den romanischen Ländern also nicht nur das Scheitern des Protestantismus, sondern auch daß der Protestant dort Verfolgter war. Es ist schließlich gezeigt worden, daß man in bezug auf die romanischen Länder ohne weiteres vom verfolgten Protestanten sprechen darf.

In Kapitel II ist dargelegt worden, daß der Protestantismus bei seinem Aufkommen als das 'wahre' Christentum erst einmal seine Legitimität gegenüber dem Katholizismus beweisen mußte, der das 'traditionelle' Christentum war. Der nur axiomatisch begründete Anspruch der protestantischen Theologen, der Protestantismus sei das 'wahre' Christentum, weil er nur die Heilige Schrift als die einzig zweifellose Quelle der Rede Gottes zulasse und zu ihrem Verständnis ohne die Auslegungsregeln und Meinungen kirchlicher Autoritäten gelange, war nicht gemeinhin überzeugend, so daß die Legitimitätsfrage des Protestantismus weiterhin offenblieb. Diese Frage nach der Legitimität stellte sich in den romanischen Ländern um so mehr, als der Protestantismus dort im Scheitern begriffen war. Die protestantischen Schriftsteller nahmen die Herausforderung ihrer Zeit an und versuchten mit Hilfe des Schrifttums die Billigkeit des Protestantismus aufzuzeigen, so daß man in Hinblick auf die romanische protestantische Literatur der Reformationszeit von einer „littérature engagée" sprechen kann.

Es stellte sich nun die Frage, wie diese „littérature engagée" den Protestantismus als recht und billig zu beweisen suchte. Es ist deutlich geworden, daß sie sich hierfür auf die Protestanten selbst stützt. Dabei ist zumindest in Frankreich dieser Weg gewissermaßen vorgegeben worden; der für den Katholizismus streitende Ronsard forderte nämlich die Protestanten auf, über sich als Anhänger des Protestantismus dessen Legitimität aufzuzeigen. Dies bedeutete schließlich für die französischen protestantischen Schriftsteller, daß sie in ihren Schriften ein bestimmtes Bild vom Protestanten projizieren mußten. Das Bild vom Glaubensgenossen, das der französische protestantische Schriftsteller Agrippa d'Aubigné in seinem Werk gezeichnet hat, muß folglich als Antwort auf Ronsards Aufforderung verstanden werden. Auch die spanischen und italienischen protestantischen Schriftsteller scheinen 'Ronsards Weg' gegangen zu sein, d.h. wollten über ihre Glaubensgenossen oder sogar über sich selbst den Protestantismus als das 'wahre' Christentum beweisen.

Es versteht sich von selbst, daß man die Billigkeit des Protestantismus nur belegen kann, indem man auf irgendeine Art und Weise ein positives Bild von seinen Anhängern vermittelt. So hat auch Ronsard die Protestanten aufgefordert, über sich als göttlich Auserwählte die Billigkeit des Protestantismus aufzuzeigen. Dies bedeutete für die Schriftsteller, die der neuen Anschauung das Wort redeten, daß sie in ihren Schriften den Glaubensgenossen als göttlich Auserwählten darstellen mußten; hierbei konnten sie allerdings angesichts der historischen Situation nicht den 'konventionellen' Weg beschreiten und sich auf ein Siegen der Protestanten im weltlich-militärischen Sinne berufen.

Bevor darauf eingegangen wird, wie sich konkret im untersuchten romanischen protestantischen Schrifttum der Reformationszeit die göttliche Auserwählung des verfolgten Glaubensgenossen darstellt, ist hier erst einmal als Ergebnis festzuhalten, daß alle sieben Schriftsteller sie aufzeigen, d.h. den verfolgten Protestanten als Auserwählten Gottes ausweisen. Das Bild des verfolgten Glaubensgenossen bei den romanischen protestantischen Schriftstellern kommt also, wenn man sich auf die sieben untersuchten Schriftsteller beruft, dem Bild vom göttlich auserwählten Protestanten gleich. Interessant unter imagologischem Gesichtspunkt scheint die Tatsache zu sein, daß die sieben (Einzel-) Bilder sich zu einem Bild zusammenfügen lassen, das eben den verfolgten Protestanten als göttlich Auserwählten darstellt. Offen bleibt im Rahmen dieser Untersuchung, ob es in Hinblick auf das romanische protestantische Schrifttum *das* Bild vom göttlich auserwählten Protestanten gibt, d.h., ob die verschiedenen (Einzel-) Bilder den verfolgten Protestanten geschlossen als göttlich Auserwählten darstellen. Hierüber können nur weitere Forschungsarbeiten Aufschluß geben, die darauf abzielen, das Bild vom verfolgten Glaubensgenossen bei den hier nicht untersuchten romanischen protestantischen Schriftstellern der Reformationszeit zu fixieren. An die oben gestellte Frage schließt sich eine weitere an, die eine größere Forschungsperspektive eröffnet: inwiefern steht das romanische protestantische Bild vom verfolgten Glaubensgenossen als göttlich Auserwähltem - vorausgesetzt, daß es ein solches gibt - in Einklang mit den anderen nationalen protestantischen Bildern vom verfolgten Glaubensgenossen, d.h., läßt es sich mit diesen zu einem einheitlichen europäischen protestantischen Bild synthetisieren, das den verfolgten Protestanten als göttlich Auserwählten darstellt?

Natürlich können bei diesem Bild die Darstellungsformen des Auserwähltseins - aber auch das bleibt noch zu erforschen - von denjenigen abweichen, die bei den untersuchten Schriftstellern zu beobachten sind, die alle den verfolgten Protestanten über die Darstellung als Sieger als göttlich Auserwählten ausweisen. Während alle sieben protestantischen Schriftsteller ihren Glaubensgenossen als Sieger in der Reformationszeit beschreiben, stellen nur zwei von ihnen, Enzinas und d'Aubigné, ihn auch als Sieger in der Endzeit, d.h. am Tag des Jüngsten Gerichts, dar. D'Aubigné ist der einzige, der in Anlehnung an die *Magdeburger Zenturien* und den Flaciuskreis, die die Existenz der 'wahren' Kirche schon in den Jahrhunderten vor der Reformationszeit aufzeigen, dem Protestanten eine Geschichte 'verleiht'. Hiernach lebte dieser schon in der Vorreformationszeit und siegte schon damals, so wie er nun in der Reformationszeit siegt und auch in der Endzeit siegen wird. Nach d'Aubignés Darstellung trägt also der Protestant, diachronisch gesehen, den Sieg in allen Zeiten davon, in der Vergangenheit, Gegenwart und Zukunft.

Der Sieg des Protestanten besteht insgesamt aus zwei Teilen, dem himmlischen und dem irdischen Sieg:

1. Der himmlische Sieg setzt sich seinerseits aus der postmortalen himmlischen Erhöhung, so wie die protestantischen Märtyrer sie kennen, und der eschatologischen himmlischen Erhöhung zusammen, die am Tag des Jüngsten Gerichts sämtliche Protestanten erfahren werden.
2. Der irdische Sieg liegt, allgemein gesprochen, nicht nur bei einem Siegen im weltlich-militärischen Sinne vor, sondern auch dann, wenn die Protestanten die Erfüllung des von den Katholiken angestrebten Ziels in irgendeiner Hinsicht verhindern. Er setzt sich, konkret gesprochen, aus dem Sterben-Leben der 'Protestanten' in der Vorreformationszeit (d.h. der Waldenser, Albingenser etc.) sowie dem leidlosen 'Leiden' und dem wunderbaren Handeln der protestantischen Märtyrer zusammen; dann aber auch aus dem Sieg der Protestanten über die numerisch überlegenen Katholiken in den (kleineren) Schlachten und aus ihrer geglückten Flucht aus dem Gefängnis oder vor der sie bedrohenden Inquisition (wobei der angeordnete Auszug der Protestanten aus Locarno insofern einen Sieg darstellt, als sie fröhlich 'geflüchtet' sind).

Der himmlische Sieg beweist unmittelbar das Auserwähltsein durch Gott. Wenn nämlich der Protestant in den Himmel kommt und dort die Glückseligkeit erfährt, dann wird deutlich, daß er zu den göttlich Auserwählten gehört. Wesentlich weniger deutlich ist hingegen die Verbindung von irdischem Sieg und göttlichem Auserwähltsein, da das Gewinnen einer Schlacht oder die Flucht aus dem Gefängnis noch nicht das Auserwähltsein durch Gott belegen. Damit die Verbindung zwischen irdischem Sieg und göttlichem Auserwähltsein plausibel erscheint, müssen sämtliche irdischen Siege auf Gott zurückzuführen, d.h. theogen sein. Wenn also der Protestant auf Erden seine Siege davonträgt und diese letztendlich auf Gott zurückzuführen sind, dann resultiert hieraus, daß er zu den Auserwählten Gottes gehört. Daß man von den irdischen und von Gott bewirkten Siegen der Protestanten auf deren göttliche Auserwählung schließen darf, zeigt sich letztendlich deutlich durch die von Gott auf Erden ausgeübte Rache, die die Katholiken zu spüren bekommen und die als Gegensatz zu den theogenen Siegen Ausdruck des differenzierten Wirkens Gottes in bezug auf die Katholiken und Protestanten ist. Wenn Gott die irdischen und für jedermann wahrnehmbaren Siege der Protestanten herbeiführt und auf Erden 'sichtbar' Rache an den Katholiken übt, dann wird hierdurch aber nicht nur die göttliche Auserwählung der ersteren und die Verwerfung der letzteren deutlich, sondern auch daß beide Zeugen Gottes sind und daß das Zeugesein nicht mehr allein auf den Märtyrer, den Zeugen schlechthin, beschränkt ist.

Nachdem gesagt worden ist, daß die göttliche Auserwählung des Protestanten sich durch seinen himmlischen Sieg - d.h. durch die postmortale und eschatologische himmlische Erhöhung - sowie durch seinen irdischen Sieg - d.h. durch die vielen verschiedenen theogenen Siege - zeigt, stellt sich die Frage, die am Ende der Untersuchung über einen jeden Schriftsteller unter dem Punkt *Kritik* diskutiert worden ist: wie überzeugend sind der von den protestantischen Schriftstellern dargestellte himmlische und irdische Sieg des verfolgten Protestanten, da bei ersterem die himmlische Erhöhung, bei letzterem die Theogenie nicht perzeptibel, also vom Menschen nicht wahrzunehmen ist? Diese Frage ist dadurch zu beantworten versucht worden, daß die Momente, auf die die himmlische Erhöhung (postmortal und eschatologisch) und die Theogenie sich stützen, analysiert worden sind. Diese erweisen sich nämlich letztendlich als ausschlaggebend dafür, wie überzeugend die göttliche Auserwählung der Protestanten aufgezeigt wird, d.h., sie sind die Konstituenten der (sachlichen) Beweisführung.

Im Zusammenhang mit der himmlischen Erhöhung lassen sich insgesamt drei Momente bestimmen, und zwar das Moment der 'Logogenie', der Typologie und der Prophetie:

1. Das Moment der 'Logogenie' besagt, daß die postmortale oder eschatologische himmlische Erhöhung nur 'aus dem Wort hervorgeht', d.h. von den romanischen protestantischen Schriftstellern nur behauptet wird. So sagen González de Montes und Enzinas lediglich, daß die Protestanten in den Himmel auffahren, begründen aber nicht diese himmlische Erhöhung. Die 'Logogenie' ist von den drei genannten Momenten dasjenige, welches die postmortale oder eschatologische himmlische Erhöhung am wenigsten beweist.
2. Das Moment der Typologie zielt darauf ab, eine gegenwärtige Person oder Situation einem christlichen 'Typos', d.h. einer biblischen oder frühchristlichen Person oder Situation, gleichzusetzen. So macht d'Aubigné die postmortale himmlische Erhöhung des protestantischen Märtyrers dadurch klar, daß er ihn als ein 'Abbild' des frühchristlichen Märtyrers darstellt, dessen postmortale himmlische Erhöhung die katholischen Verfolger nicht verneinen und auch nicht verneinen können, ohne ihre eigene Basis zu zerstören; so machen Pérez de Pineda und Morata die postmortale himmlische Erhöhung des verfolgten Protestanten plausibel, indem sie ihn mit Jesus Christus vergleichen, dessen Himmelfahrt nicht bestritten werden kann, ohne letztendlich das ganze Christentum zu bestreiten. Mag die Gleichheit vom verfolgten Protestanten und einem christlichen 'Typos' noch so sorgfältig gezeigt werden - d'Aubigné hat sich beflissen, die Gleichheit von protestantischem und frühchristlichem Märtyrer genau aufzuzeigen -, so scheitert die Typologie generell daran, daß es sich immer nur um Gleichheit, aber eben nicht um Identität handelt. Wenn also z.B. d'Aubigné den protestantischen Märtyrer als ein Abbild des frühchristlichen Märtyrers darstellt, so kann man aus der Himmelfahrt des letzteren nicht die Himmelfahrt des ersteren schlußfolgern, da er eben nicht der frühchristliche Märtyrer ist.
3. Das Moment der Prophetie erlaubt einen Einblick in die transzendentale, zukünftige Welt, die für den auf der Erde und in der Gegenwart lebenden Menschen nicht wahrnehmbar ist. Wenn also d'Aubigné aufgrund seiner göttlichen Eingebung *weiß*, daß am Tag des Jüngsten Gerichts der Protestant eine himmlische Erhöhung erfahren wird, dann ist die eschatologische himmlische Erhöhung gewiß und schließlich der himmlische Sieg des Protestanten unumstößlich bewiesen.

Die Verbindung vom irdischen Sieg des verfolgten Protestanten und seiner göttlichen Auserwählung wird erst plausibel, wenn das Moment der Theogenie eingebracht wird. Es ist gezeigt worden, daß sämtliche von den Glaubensgenossen auf Erden errungenen Siege von den protestantischen Schriftstellern als theogene, d.h. als von Gott bewirkte Ereignisse dargestellt werden. Die Theogenie der Siege, d.h. das Gott-bewirkt-die-Siege, versuchen sie über vier Momente zu belegen, und zwar über die 'Logogenie', die Typologie, die suggerierte Kausalverbindung und über die Ungewöhnlichkeit der Siege:

1. Entsprechend der 'Logogenie', die im Zusammenhang mit dem himmlischen Sieg erwähnt worden ist und bei der die himmlische Erhöhung 'aus dem Wort hervorgeht', bedeutet das Moment der 'Logogenie' in Verbindung mit der Theogenie, daß das Gott-handelt nur durch Worte belegt, d.h. lediglich behauptet wird. So sagt z.B. González de Montes nur, daß Gott den Hieronymiten-Mönchen einen Fluchtweg eröffnet habe, beweist jedoch nicht weiter dieses Gott-handelt.
2. Die Typologie, die ja darauf abzielt, eine gegenwärtige Person oder Situation einem christlichen 'Typos', d.h. einer biblischen oder frühchristlichen Person oder Situation, gleichzusetzen, hat im Zusammenhang mit dem himmlischen Sieg des verfolgten Protestanten die Funktion, dessen intelligible himmlische Erhöhung zu beweisen, wobei hier die Argumentation zugrunde liegt, daß der Protestant wegen seiner Gleichheit zu einem bestimmten christlichen 'Typos' auch dessen Heil erfährt. Im Kontext der irdischen Siege hat sie die Funktion, deren Theogenie zu belegen, wobei hier die Argumentation zugrunde liegt, daß der Protestant wegen seiner Gleichheit zu einem bestimmten christlichen 'Typos' genauso wie dieser ein Kind Gottes ist, als solches von ihm durchs Leben und somit letztendlich auch zum Sieg geführt wird. So hat Taddeo Duno den Auszug der Protestanten aus Locarno sogar mit zwei christlichen 'Typoi' verglichen, mit den Israeliten und den Aposteln, die Gott in der Bibel als die Seinen und von ihm Gelenkten offenbart. Da nun aber die Typologie auf Gleichheit und nicht auf Identität beruht, d.h., die Protestanten nicht der christliche 'Typos' *sind*, haben sie auch nicht notwendigerweise dessen bezeugten Status des 'Siegers'.
3. Die durch die unmittelbare temporale Abfolge der Ereignisse E_1 und E_2 suggerierte Kausalverbindung (*post hoc, ergo propter hoc*) kann nie das Ereignis E_2 als theogen beweisen, wenn diesem das Ereignis E_1 *Sich-an-Gott-Wenden* vorangestellt wird, da, philosophisch gesehen, sämtliche Ereignisse nur *post hoc* sind und jede Verbindung *propter hoc* allein von der Weltanschauung desjenigen abhängt, der sie aufstellt. Die von d'Aubigné, Morata und Lentolo suggerierten kausalen Verbin-

dungen erweisen sich folglich als nicht zwingender Beweis für die Theogenie der geschilderten Ereignisse.

4. Die Theogenie der Ereignisse ist über deren Ungewöhnlichkeit zu belegen versucht worden. War das Ereignis ungewöhnlich im Sinn von physisch unmöglich, dann wurde hierdurch automatisch seine Theogenie belegt, da im 16. und 17. Jahrhundert die 'präternatürlichen' Ereignisse durch das Wirken Gottes erklärt wurden und nur eine kleine Minderheit diejenigen bildeten, die in Übereinstimmung mit Pietro Pomponazzi[1] (1462-1525), Heinrich Cornelius Agrippa von Nettesheim[2] (1486-1535) und Tommaso Campanella (1568-1639) die physische Unmöglichkeit durch eine unzureichende Kenntnis der Naturgesetze begründeten[3] und mit Michel de Montaigne (1533-1592) feststellten: „Les miracles sont selon l'ignorance en quoy nous sommes de la nature, non selon l'estre de la nature."[4] Auch wenn die große Mehrheit der Leute zu jener Zeit die den Naturgesetzen zufolge unmöglichen Ereignisse auf das Wirken Gottes zurückführten, so blieb dennoch zunächst ungeklärt, ob ein Gott-handelt vorlag. Der strittige Punkt besteht nämlich ganz allgemein darin, ob etwas über die Ordnung der Natur hinweg passiert oder noch im Einklang mit den Naturgesetzen steht. D'Aubigné nennt ein Reihe von Ereignissen, die er auf Gott zurückführt, die aber nicht als 'präternatürlich' erachtet werden. Er führt andererseits Ereignisse an, die der 'typische Zeitgenosse' (genauso wie der heutige Leser) nicht durch die Natur erklären kann und folglich als theogen begreift. Die von den anderen untersuchten Schriftsteller geschilderten Ereignisse sind alle, bis auf zwei Geschehensmomente bei Scipione Lentolo, den Gesetzen der Natur nach möglich; sie werden deshalb nicht als ein Gott-handelt verstanden. Um die Mitte des 16. Jahrhunderts konnten auch noch die Ereignisse, die in Einklang mit den Naturgesetzen standen und nur ungewöhnlich in Hinblick auf das gewöhn-

---

1 Hier ist vor allem sein gegen 1520 abgefaßtes, aber erst im Jahr 1556 erschienenes Werk *De naturalium effectuum admirandorum causis, seu de incantationibus liber* zu nennen.

2 Hier ist auf das im Jahre 1532 erschienene Werk *De occulta philosophia* zu verweisen.

3 Lucien Febvre, *Le problème de l'incroyance au XVIe siècle, la religion de Rabelais*. Édition revue, Paris 1962, S. 241 ff., führt u.a. als Vertreter des Rationalismus, der sämtliche Wunder verneint und alles auf die Natur zurückführt, die oben genannten Personen an. Er weist auch auf die Bedeutung von Ciceros *De divinatione* für die Entstehung dieses Rationalismus hin.

4 Michel de Montaigne, *Essais*. Chronologie et introduction par Alexandre Micha, Bd. 1, Paris 1969, S. 158 (Chapitre XXIII). Zur ablehnenden Haltung Montaignes gegenüber dem Wunder, s. auch Henri Busson, *Le rationalisme dans la littérature française de la Renaissance*, Paris ^{2}1957, S. 444 ff.

licherweise Beobachtete waren, als Fingerzeige Gottes aufgefaßt werden (wobei Ignatius von Loyola dies noch radikalisierte und selbst in den gewöhnlichsten Ereignissen und Dingen Gott 'sah'). So begriff vielleicht der 'typische Zeitgenosse' die Flucht Enzinas' aus dem Gefängnis als ungewöhnlich und somit noch als ein Gott-zeigt-sich.

Die unter dem Punkt *Kritik* durchgeführten Analysen haben gezeigt, daß von den sieben untersuchten protestantischen Schriftstellern der Romania d'Aubigné der einzige ist, der (mit Hilfe der Momente der Prophetie und der Ungewöhnlichkeit) die göttliche Auserwählung des Protestanten stichhaltig bewiesen hat. Bei Lentolo finden sich lediglich Ansätze für eine ausreichende Beweisführung. Die übrigen Schriftsteller vermochten indessen nicht, die göttliche Auserwählung ihrer Glaubensgenossen zu belegen. Stellt man den für den Katholizismus streitenden Ronsard und den für den Protestantismus kämpfenden d'Aubigné nebeneinander, dann muß man sagen, daß dieser auf des Katholiken Aufforderung, die Protestanten mögen ihr Auserwähltsein aufzeigen, eingegangen ist und überzeugend geantwortet hat. Wie Luther seinen theologischen Standpunkt von der Ohnmacht des menschlichen Willens (*servum arbitrium)* als Plädoyer in einem Prozeß begreift, in dem Erasmus von Rotterdam für die Willensfreiheit streitet und die Bibel Richter über diesen Fall ist,[5] und wie Calvin seine *Christianae religionis institutio* als Anklagerede in einem von Gott angestrengten Strafprozeß ansieht, in dem die Menschen beschuldigt werden, nicht die Bibel als verbindliches konstitutives Gesetz zu beachten,[6] so läßt sich auch d'Aubignés Werk, namentlich sein Epos, als Verteidigungsrede in einem Prozeß auffassen, in dem Ronsard mit seinem *Discours des Misères de ce Temps* die Klage gegen den Protestantismus führt und die Zeitgenossen der Richter oder die Geschworenen sind. In seinem Plädoyer liefert der Protestant eine stichhaltige Beweisführung (in der bei Quintilian vorherrschenden Fünfteilung der Rede *probatio* oder auch *argumentatio* genannt)[7] für die göttliche Auserwählung seiner Glaubensgenossen. Seine Beweisführung basiert zum großen Teil auf dem Moment der Theogenie, d.h. des Gott-handelt, das sich vor dem Hintergrund des von Gott bestimmten irdischen Geschehens vollzieht. Dieses theolo-

---

[5] Vgl. Olivier Millet, *Calvin et la dynamique de la parole.* Etude de rhétorique réformée (*Bibliothèque littéraire de la Renaissance*, Serie 3, N° 28), Paris 1992, S. 576.
[6] Vgl. S. 576 ff.
[7] Vgl. *Historisches Wörterbuch der Rhetorik.* Herausgegeben von Gert Ueding; mitbegründet von Walter Jens, Bd. 3, Tübingen 1996, s.v. „Gerichtsrede", S. 771.

gische Geschichtsverständnis von d'Aubigné steht im Einklang mit der theologischen Geschichtsschreibung der Reformation,[8] die das Geschehen auf Erden als theonom, d.h. als von Gott bestimmt, und verschiedene Ereignisse als theogen, d.h. als von Gott bewirkt, versteht[9] (wobei dieses korrelative Verhältnis von Theonomie und Theogenie zumindest heutzutage widersprüchlich anmutet). Sein Geschichtsverständnis weicht jedoch von der humanistischen Historiographie ab, ja steht sogar in Opposition hierzu. Diese im 15. Jahrhundert von Leonardi Bruni[10] und Flavius Blondus[11] ausgegangene und zu Beginn des 16. Jahrhunderts unter Paulus Aemilius[12] auch in Frankreich aufgekommene Geschichtsschreibung ist nämlich dadurch gekennzeichnet, daß man die Vorstellung vom theonomen irdischen Geschehen ablehnt und die verschiedenen Ereignisse nicht mehr von *vornherein* durch das Handeln Gottes, sondern möglichst durch positives, d.h. menschliches und in der Natur begründetes Wirken erklärt.[13] Es ist allerdings falsch zu schlußfolgern, daß die humanistischen Geschichtsschreiber das theologische Geschichtsverständnis bewußt verneinten.[14] „Sie pflegten, ganz anders als die *Philosophen* des 18. Jahrhunderts, die kirchliche Geschichtsauffassung nicht einmal zu diskutieren."[15] Sie waren sich nämlich ihres Gegensatzes zur Kirche kaum bewußt.[16] Wahrscheinlich hat man ganz allgemein keinen Widerspruch zwischen theologischer und humanistischer Auffassung der Geschichte gesehen: „Parmi les tentatives d'explication et de situation intellectuelle du XVIe siècle, le choix nous est laissé entre la détermination rationaliste et l'interprétation mystique [...]. [...] la diffé-

---

[8] Dubois, *La conception de l'histoire en France au XVIe siècle (1560-1610)*, S. 192, hat schon auf die Übereinstimmung zwischen der der *Histoire universelle* zugrundeliegenden Geschichtskonzeption und der reformatorischen Geschichtskonzeption hingewiesen.

[9] Vgl. *Theologische Realenzyklopädie*, Bd. 12, s.v. „Geschichte/ Geschichtsschreibung/ Geschichtsphilosophie", S. 631.

[10] Eduard Fueter, *Geschichte der neueren Historiographie*, München / Berlin 1911, S. 9, betrachtet Leonardi Bruni (1369-1444) als den ersten humanistischen Historiographen.

[11] Natalino Sapegno, *Disegno storico della letteratura italiana*, Florenz ³1990, S. 143, sieht in Flavius Blondus (1392-1463) den ersten nach der 'humanistischen Methode' arbeitenden Historiographen: „Contemporanea a quella del Valla è l'attività dell'umanista forlivese Flavio Biondo (1392-1463), instauratore negli studi storici del metodo moderno scientifico ed erudito [...]."

[12] Nach Fueter, S. 140, ist der an den französischen Hof gerufene Italiener Paulus Aemilius (?-1529) der erste humanistische Historiograph Frankreichs. Zu den verschiedenen französischen Historiographen, s. Fueter, S. 137 ff.

[13] Vgl. Dubois, S. 31; vgl. auch Fueter, S. 12.

[14] Vgl. Fueter, S. 12.

[15] Ebd.

[16] Vgl. ebd.

rence que nous établissons entre l'une et l'autre est peut-être le produit d'une réflexion sur une évolution ultérieure. Il nous semble que la foi et la raison ne sont pas pensées au XVIe sous une forme antithétique [...].“[17] Das bedeutet schließlich, daß die Anhänger des einen Geschichtsverständnisses ohne weiteres auch das andere Geschichtsverständnis gelten lassen konnten, daß d'Aubignés theologische Auffassung der Geschichte auch Geltung bei den Humanisten haben konnte. Berücksichtigt man darüber hinaus, daß diese einem Moment der theologischen Geschichtsschreibung, dem des Wunders, generell Gültigkeit zusprachen,[18] dann wird deutlich, daß die Stichhaltigkeit der Beweisführung, weil sie ja vor allem durch das Moment der physischen Unmöglichkeit, d.h. des Wunders, begründet ist, bis auf die wenigen Rationalisten für alle Zeitgenossen d'Aubignés gilt.

Wenn d'Aubignés Plädoyer mit der zwingenden Beweisführung dennoch nicht von seinen Zeitgenossen als Richter oder Geschworene zustimmend aufgenommen wurde (was sich an der fehlenden Konversion zum Protestantismus ablesen läßt), dann weil sie die Sachverhaltsschilderung (bei Quintilian *narratio* genannt)[19] anzweifelten. Gewiß - das hat die Analyse gezeigt - haben sich die von d'Aubigné geschilderten Ereignisse nicht alle so zugetragen, wie er sie darstellt, doch dies war für die Außenstehenden nicht ohne weiteres sichtbar, so daß sie schon a priori den präsentierten Sachverhalt in Frage gestellt haben müssen. Das Zweifeln an wiedergegebenen und die Suche nach den historisch wahren Ereignissen waren zunächst einmal typisch für die humanistische Historiographie, die, ausgegangen vom Humanismus mit seinem Bewußtsein von der Fehlerhaftigkeit der überlieferten Texte und dem Ziel, den wahren Text wiederherzustellen,[20] durch die kritische Überprüfung der erzählten historischen Ereignisse gekennzeichnet war.[21] Die Skepsis an den historischen Ereignissen hatte sich insbesondere im Gefolge der konfessionellen Kämpfe auch auf die theologische Geschichtsschreibung übertragen, so daß man allgemein den wiedergegebenen historischen Ereignissen nicht mehr so vorbehaltlos gegenüberstand wie in der Vergangenheit. Führt man das Aufkommen des Protestantismus auf den Humanismus

---

[17] Dubois, S. 13; Febvre, S. 308 ff., weist darauf hin, daß der Mensch im 16. Jahrhundert generell zwei in Opposition zueinander stehende Haltungen einnehmen konnte, ohne daß dies als Widerspruch empfunden wurde.

[18] Vgl. Fueter, S. 13.

[19] Vgl. *Historisches Wörterbuch der Rhetorik*, Bd. 3, s.v. „Gerichtsrede“, S. 771.

[20] Vgl. Dubois, S. 30-31.

zurück,[22] so ist festzustellen, daß d'Aubignés Bemühen, die Legitimität der neuen Konfession zu beweisen, ironischerweise an der ebenfalls aus dem Humanismus hervorgegangenen kritischen Haltung zur geschriebenen Geschichte gescheitert ist. Statt auf die Anforderungen seiner Zeit einzugehen und die historischen Ereignisse so zu präsentieren, daß ihre Wahrhaftigkeit nicht in Frage gestellt werden kann (wie auch immer eine solche Präsentation aussehen mag), richtete sich d'Aubigné als guter Protestant nach der Bibel, die auch über die Problematik der Sachverhaltsschilderung hinweggeht und als Zeugnis für die Göttlichkeit Jesu Christi nicht weniger denn seine Erzählungen als Zeugnis für die göttliche Auserwählung der Protestanten auf einer paradoxen Situation fußt: die Erzählungen sollen Zeugnis für etwas sein; man soll nun durch dieses Zeugnis zum Glauben an dieses Etwas gebracht werden; dies setzt jedoch schon den Glauben an das Zeugnis voraus.

---

[21] Vgl. ebd.
[22] Vgl. Kap. I/ Fußnote 37.

LITERATURVERZEICHNIS

Primärliteratur:

Aquin, Thomas von: *Summa theologiae*, Rom: Editiones Paulinae, 1962.

Aristoteles, *Rhetorik*. Übersetzt, mit einer Bibliographie, Erläuterungen und einem Nachwort von Franz G. Sieveke, München 1980.

Aubigné, Théodore-Agrippa d': *Œuvres complètes*. Publiées pour la première fois d'après les Manuscrits originaux, accompagnées de Notices biographique, littéraire et bibliographique, de Variantes, d'un Commentaire, d'une Table des noms propres et d'un Glossaire par Eugène Réaume et François de Caussade, 6 Bde., Genf ^{2}1967 [Reprint Paris ^{1}1873-1892].

Aubigné, Agrippa d': *Œuvres*. Introduction, tableau chronologique et historique par Henri Weber (*Bibliothèque de la Pléiade*, N° 206), Paris 1987.

Aubigné, Agrippa d': *Les Tragiques*. Chronologie, introduction et glossaire par Jacques Bailbé, Paris 1968.

Aubigné, Agrippa d': *Les Tragiques*. Edition présentée, établie et annotée par Frank Lestringant, Paris 1995.

Aubigné, Agrippa d': *Histoire universelle*. Edité avec une introduction et des notes par André Thierry, 10 Bde., Genf 1981-1999.

Aubigné, Agrippa d': *Sa vie à ses enfants*. Edition critique préparée par Gilbert Schrenck, Paris 1986.

Aubigné, Agrippa d': *Der Hugenotte von altem Schrot und Korn. Denkwürdigkeiten Theodor Agrippa d'Aubignés*. Herausgegeben von Johann Wilhelm Baum, Leipzig 1854.

Aubigné, Agrippa d': *Complaintes du sang du Grand Henry de tres-heureuse memoire et de tous les bons François exaucées*, in: Samuel Kinser,„D'Aubigné and the murder of Concini: *Complaintes du sang du Grand Henry*", *Studies in Philology* 62 (1965), S. 662-695, hier S. 689-694.

Aubigné, Agrippa d': [*Lettre à Marie de Médicis*], in: Jean Plattard, „Une lettre inédite d'Agrippa d'Aubigné à Marie de Médicis", *Revue du seizième siècle* 11(1924), S. 79-90, hier S. 81-89.

Augustinus, Aurelius: *Schriften gegen die Semipelagianer*. Lateinisch-deutsch; übertragen und erläutert von Sebastian Kopp u. Adolar Zumkeller, Würzburg 1955.

Augustinus, Aurelius: *Enarrationes in Psalmos* (*Corpus Christianorum, Series Latina*, N° 38-40), 3 Bde., Turnhout 1956.

Augustinus, Aurelius: *Scripta contra Donatistas*. Recensuit Michael Petschenig (*Corpus scriptorum ecclesiasticorum Latinorum*, N° 51-53), 3 Bde., New York / London ^{2}1963-1967 [Reprint Wien / Leipzig ^{1}1908-1910].

Augustinus, Aurelius: *Epistulae*. Recensuit et commentario critico instruxit Al. Goldbacher (*Corpus scriptorum ecclesiasticorum Latinorum*, N° 34 /1-2, 44, 57, 58), 4 Bde. u. Register, Prag [etc.] 1895-1923.

Bullinger, Heinrich: *Korrespondenz mit den Graubündnern*. Herausgegeben von Traugott Schliess, 3 Bde., Nieuwkoop ^{2}1968 (Basel ^{1}1906).

Caesar, Julius: *Commentarii rerum in Gallia gestarum*. Ex recensione T. Rice Holmes, Oxford 1914.

Calvin, Jean: *Institution de la religion chrestienne*. Edition critique avec Introduction, Notes et Variantes publiée par Jean-Daniel Benoit, 4 Bde., Paris 1957-1961.

Calvin, Johannes: *Institutio christianae religionis*. Cum brevi adnotatione atque indicibus locupletissimis ad editionem Amstelodamensem accuratissime exscribi curavit August Tholuck, 2 Bde., Berlin / London 1846.

Calvin, Jean: *Sermons*. Texte présenté par Albert-Marie Schmidt, préface de Jean de Saussure, Paris / Genf 1936.

Cartier, Jacques: *Relations*. Edition critique par Michel Bideaux, Montreal 1986.

Crespin, Jean: *Histoire des vrays Tesmoins de la verite de l'Evangile, qui de leur sang l'ont signée, depuis Jean Hus iusques au temps present*, Genf 1570

Cyprianus, Thascius Caecilius: *Opera omnia*. Recensuit et commentario critico instruxit Guilelmus Hartel (*Corpus scriptorum ecclesiasticorum Latinorum*, N° 3 /1-2), 2 Bde., New York ^{2}1965 [Reprint Wien ^{1}1868-1871].

Duno, Taddeo: *De persequutione adversus Locarnenses*, in: Albert Chenou, „Taddeo Duno et la Réforme à Locarno", *Archivio storico Ticinese* 12 (1971), S. 237-294, hier S. 261-285.

Enzinas, Francisco de: *Historia de statu Belgico deque religione Hispanica*. Edidit Franciscus Socas, Stuttgart / Leipzig 1991.

Enzinas, Francisco de: *Denkwürdigkeiten vom Zustand der Niederlande und von der Religion in Spanien*. Übersetzt von Hedwig Boehmer, Bonn 1893.

Enzinas, Francisco de: *Les mémorables*. Traduit pour la première fois depuis le 16e siècle du texte original latin par Jean de Savignac, Brüssel 1963.

Enzinas, Francisco de: *La chasse aux Luthériens des Pays-Bas*. Souvenirs de Francisco de Enzinas annotés d'après les documents d'archives et les mémoires par Albert Savine, Paris 1910.

[Enzinas, Francisco de], *Historia de la muerte de Juan Díaz* (*Reformistas antiguos españoles*, N° 21), Barcelona ²1983 [Reprint Madrid ¹1865 mit Titel: *Historia de la muerte de Juan Díaz, por determinazión tomada en Roma, le hizo matár su hermano Alfonso Díaz, en la madrugada del sábado 27 iiim. del año 1546*].

Enzinas, Francisco de: *Epistolario*. Texto latino, traducción española y notas. Edición critica por Ignacio J. García Pinilla (*Travaux d'Humanisme et Renaissance*, N° 290), Genf 1995.

Eusebius von Caesarea: *Kirchengeschichte*. Herausgegeben und eingeleitet von Heinrich Kraft. Die Übersetzung von Philip Haeuser (Kempten 1932) wurde neu durchgesehen von Hans Armin Gärtner, München 1967.

Eusebius von Cäsarea: *Märtyrer der Frühkirche*. Zusammengestellt und eingeleitet von Wilhelm Schamoni, Düsseldorf 1964.

Eusebius von Cäsarea: *Ausgewählte Schriften*. Aus dem Griechischen übersetzt. Einleitung von Dr. Andreas Bigelmair (*Bibliothek der Kirchenväter*, N° 9), München /Kempten 1913.

Flacius, Mathias Illyricus u.a.: *Ecclesiastica historia, integram ecclesiae Christi idem*, 6 Bde., Basel 1560.

González de Montes, Raimundo: *Artes de la inquisición española* (*Reformistas antiguos españoles*, N° 5), Barcelona ²1981 [Reprint San Sebastian ¹1851 mit Titel: *Artes de la inquisizion española*. Primer traduczion castellana, de la obra escrita en latin, por el español Raimundo González de Montes].

Lentolo, Scipione: *Historia delle grandi e crudeli persecutioni fatte ai tempi nostri*. Copiata alla biblioteca di Berna, ed edita da Teofilo Gay; con prefazione ed appendice, Torre Pellice 1906.

Lentolo, Scipione: *Sofismi mondani*. Trattato scritto nel 1560 da Scipione Lentolo, ora copiata alla biblioteca di Berna ed edito da Teofilo Gay, colla biobrafia dell'autore, Torre Pellice 1907.

Loyola, San Ignacio de: *Obras completas*. Edición manual; transcripción, introducciónes y notas de Ignacio Iparraguirre. Autobiografia de San Ignacio editada y anotada por Candido de Dalmases (*Biblioteca de autores cristianos*), Madrid ^{2}1963.

Luther, Martin: *Briefwechsel*. Bearbeitet und mit Erläuterungen versehen von Ernst Ludwig Enders u.a., 19 Bde., Frankfurt a.M. 1884-1932.

Luther, Martin: *Werke*. Kritische Gesamtausgabe von Hermann Böhlaus, 60 Bde. u. Register, Weimar 1883-1999.

Montaigne, Michel de: *Essais*. Chronologie et introduction par Alexandre Micha, 3 Bde., Paris 1969.

Marot, Clément: *Œuvres lyriques*. Edition critique par Claude Albert Mayer, 3 Bde., London 1962-1966.

Morata, Olympia Fulvia: *Opera omnia, quae hactenus inveniri potuerunt: cum eruditorum testimoniis et laudibus*, Basel 1570.

Morata, Olympia Fulvia: *Briefe*. Aus dem Lateinischen, Italienischen und Griechischen; Übersetzung von Rainer Kößling und Gertrud Weiss-Stählin. Mit Einleitung, Anmerkungen, Literatur- und Personenverzeichnis herausgegeben von Rainer Kößling, Leipzig 1990.

Müntzer, Thomas: *Schriften und Briefe*. Kritische Gesamtausgabe von Günther Franz, Gütersloh 1968.

Murner, Thomas: *Kleine Schriften. Prosaschriften gegen die Reformation*. Herausgegeben von Wolfgang Pfeiffer-Belli, 3 Bde., Berlin / Leipzig 1927-1928

Murner, Thomas: *Von dem großen lutherischen Narren*. Herausgegeben von Paul Merker, Berlin / Leipzig 1918.

[N.N.]: *Relación del auto de fe que se hizo en Sevilla contra los luteranos en el año 1559*. [Descubierta y copiada] por Pedro Roca, *Revista de archivos, bibliotecas y museos* 8 (1903), S. 215-218.

[N.N.]: *Martyre de Saint Polycarpe*. Texte grec, Introduction, Traduction et notes de Pierre Thomas Camelot (*Sources chrétiennes*, N° 10), Paris ^{3}1958.

Pérez [de Pineda], Juan: *Epistola consolatoria* (*Reformistas antiguos españoles*, N° 2), Barcelona ^{2}1981 [Reprint von London ^{1}1848 mit Titel: *Epistola con-*

solatoria. Por Juan Pérez, reformador en el siglo XVI. Segunda vez impresa, pajina por pajina, del orijinal; con una noticia prévia sobre su autor en español y en inglés].

Perrin, Jean Paul, *Histoire des Vaudois*, Genf 1618.

Quintilianus, Marcus Fabius: *Institutio oratoria*. Recognovit brevique adnotatione critica instruxit Michael Winterbottom, Oxford 1970.

Reina, Casiodoro de: *Confessión de fe christiana: the Spanish protestant confession of faith (London, 1560 /1561)*. Edition from the sole surviving copy of the bilingual edition (Cassel, 1601) by A. Gordon Kinder (*Exeter Hispanic texts*, N° 46), Exeter 1988.

Ronsard, Pierre de: *Discours des misères de ce temps*. Texte établi et présenté par Jean Baillou, Paris 1949.

Ronsard, Pierre de: *Œuvres complètes*. Edition critique avec introduction et commentaire par Paul Laumonier, 19 Bde., Paris 1937-1955.

Ruinart, P. Theodor (Hrsg.): *Acta martyrum*, Acta SS. firmi et rustici ex optimis codicibus veronensibus. Regensburg 1859.

Thou, Jacques-Auguste de: *Histoire universelle*. Avec la suite, les mémoires de la vie de l'auteur, par Nicolas Rigault, le tout traduit sur la nouvelle édition latine de Londres, et augmenté de remarques historiques et critiques de Causabon, 8 Bde., La Haye 1740.

Valera, Cipriano de: *Tratado para confirmar en la fe cristiana a los cautivos de Berberia* (*Reformistas antiguos españoles*, N° 8), Barcelona ^{2}1982 [Reprint San Sebastian ^{1}1854 mit Titel: *Tratado para confirmar en la fe cristiana a los cautivos de Berbería*. Compuesto por Zipriano d. Valera. I por él publicado el a. 1594].

Voltaire: *Essai sur les mœurs et l'esprit des nations*. Introduction, bibliographie, relevé de variantes, notes et index par René Pomeau, 2 Bde., Paris 1963.

Sekundärliteratur:

Amante, Bruto: *Giulia Gonzaga*, Bologna 1896.

Arndt, Hans-Wolfgang u. Rudolf, Walter: *Öffentliches Recht*, München ^{7}1989.

Arnold, Joanna: „Le thème de la souffrance dans les *Tragiques* de Aubigné", *Kwartalnik Neofilologiczny* 29 (1982), S. 171-190.

Bailbé, Jacques: „L'image d'Henri IV dans l'œuvre d'Aubigné", *Travaux de linguistique et de littérature* 22, 2 (1984), S. 27-40.

Bailbé, Jacques: *Agrippa d'Aubigné - poète des „Tragiques"*, Caen 1968.

Balázs, Mihály: *Early Transylvanian anti-trinitarianisme (1566-1571): from Servet to Palaeogus*, Baden-Baden 1986.

Balmas, Enea: „Un inedito di Scipione Lentolo", *Bollettino della società di Studi Valdesi* 152 (1983), S. 31-56.

Barón Fernández, José: *Miguel Servet: su vida y su obra*, Madrid 1989.

Barthes, Roland: „Introduction à l'analyse structurale des récits", *Communications* 8 (1966), S. 1-27.

Barthes, Roland: „L'effet de réel", *Communications* 11 (1968), S. 84-89.

Bataillon, Marcel: *Erasme et l'Espagne: recherches sur l'histoire spirituelle du XVI siècle*. Préface de Jean-Claude Margolin, Genf 1998 [Reprint Paris ^{2}1937].

Baxter, C.R.: „The poetry of violence: d'Aubigné and the wars of religion", in: John Cruickshank, *French literature and its background*, London 1968, S. 151-165.

Béard, Charles: *The reformation of the sixteenth century in its relation to modern thought and knowledge*, London 1883.

Benrath, Karl: „Giulia Gonzaga. Ein Lebensbild aus der Geschichte der Reformation", *Schriften des Vereins für Reformationsgeschichte* 65 (1900), S. 1-127

Bertière, André: *Le cardinal de Retz mémorialiste*, Paris 1977.

Blaicher, Günther (Hrsg.), *Erstarrtes Denken*. Studien zu Klischee, Stereotyp und Vorurteil in englischsprachiger Literatur, Tübingen 1987.

Böhmer, Eduard: *Bibliotheca Wiffeniana*. Spanish reformers of two centuries, 3 Bde., New York ^{2}1971 [Reprint Straßburg ^{1}1874-1904].

Bonet-Maury, Gaston: *Early sources of English Unitarian Christianity*, London 1884.

Bonnet, Jules: *Aonio Paleario. Eine Studie über die Reformation in Italien*. Ins Deutsche übertragen von Friedrich Merschmann, Hamburg 1863.

Bonnet, Jules: *Vie d'Olympia Morata: épisode de la Renaissance et de la Réforme en Italie*, Paris 1850.

Boost, Johann Adam: *Geschichte der Reformation und Revolution von Frankreich, England und Deutschland (von 1517 bis 1843)*, 3 Bde., Augsburg 1843.

Bowles, Caroline: *Olympia Morata, her times, life and writings*, London 1834.

Brown, George Kenneth: *Italy and the reformation to 1550*, New York [2]1971 [Reprint Oxford [1]1933].

Brox, Norbert: *Zeuge und Märtyrer*. Untersuchungen zur frühchristlichen Zeugnis Terminologie, München 1961.

Brunel, Pierre u.a., *Histoire de la littérature française*, Paris/ Brüssel/ Montreal 1972.

Buffum, Imbrie: *Agrippa d'Aubigné's Les Tragiques*. A study of the baroque style in poetry, New Haven 1951.

Bühler, Karl: *Die Axiomatik der Sprachwissenschaften*. Einleitung und Kommentar von Elisabeth Ströker, Frankfurt a. M. [2]1969 [[1]1933].

Bühler, Karl: *Sprachtheorie. Die Darstellungsfunktionen der Sprache*. Mit einem Geleitwort von Friedrich Kainz, Stuttgart/ New York [2]1982 [Reprint Jena [1]1934].

Busson, Henri: *Le rationalisme dans la littérature française de la Renaissance*, Paris [2]1957.

Buzzoni, Paola: *I „Praecepta" di Scipione Lentulo e l'adattamento inglese di Henry Grantham*, Florenz 1979.

Campenhausen, Hans, Freiherr von: *Die Idee des Martyriums in der alten Kirche*, Göttingen [2]1964.

Cantimori, Delio: „Recenti studi intorno alla Riforma in Italia e ai Riformatori italiani all'estero (1924-1934)", *Rivista Storica Italiana* 53 (1936), S. 83-110.

Cantimori, Delio: *Per la storia degli eretici italiani del secolo XVI in Europa*, Rom 1937.

Cantù, Cesare: *Gli eretici d'Italia*, Turin 1865-1866.

Caponetto, Salvatore: *La Riforma protestante nell'Italia del Cinquecento*, Turin 1992.

Caponetto, Salvatore: *Studi sulla riforma in Italia*, Florenz 1987.

Caponetto, Salvatore: *Aonio Paleario (1502-1570) e la Riforma protestante in Toscana*, Turin 1979.

Castex, Pierre-Georges u. Surer, Paul: *Manuel des études littéraires françaises*, 2 Bde., Paris 1954.

Castro, Adolfo de: *Historia de los protestantes españoles y de su persecucion por Felipe II*, Cadiz 1851.

Cazamian, Louis: *Geschichte der französischen Literatur*. Aus dem Englischen übertragen von Walter Neft, München 1963.

Céard, Jean: *La nature et les prodiges*. L'insolite au XVIe siècle, en France (*Travaux d'Humanisme et Renaissance*, N° 158), Genf 1977.

Céard, Jean: „Tératologie et tératomancie au XVIe siècle“, in: Marie-Thérese Jones-Davies (Hrsg.), *Monstres et prodiges au temps de la Renaissance*, Paris 1980, S. 5-16.

Chenou, Albert: „Taddeo Duno (1523-1613)“, *Bolletino della Società di Studi Valdesi* 87 (1966), S. 55-61.

Chenou, Albert: „Taddeo Duno et la Réforme à Locarno“, *Archivio storico Ticinese* 12 (1971), S. 237-294.

Church, Frederic: *The Italian Reformers (1534-1564)*, New York ^{2}1974 [Reprint New York ^{1}1932].

Comba, Emilio: *Baldo Lupetino, martire della religione e della libertà*, Rom 1875.

Comba, Emilio: *I nostri protestanti*, 2 Bde., Florenz 1895-1897.

Conrad, Christoph u. Kessel, Martina: „Geschichte ohne Zentrum“, in: Christoph Conrad u. Martina Kessel (Hrsg.), *Geschichte schreiben in der Postmoderne*. Beiträge zur aktuellen Diskussion, Stuttgart 1994, S. 9-36.

Crouzet, Denis: *Les guerriers de Dieu*. La violence au temps des troubles de religion: vers 1525 - vers 1610, 2 Bde., Champ Vallon 1990.

Crouzet, Denis: *La genèse de la Reforme française 1520-1560*, Paris 1996.

Crouzet, Denis: *La nuit de la Saint Barthélemy*, Paris 1994.

Darwin, Antonia: „Agrippa d'Aubigné au XIXe siècle. Notes complémentaires“, *Les Lettres Romanes* 33 (1979), S. 253-302.

Delègue, Yves: „L'écriture de la vérité dans *Les Tragiques*“, *Albineana* 3 (1990), S. 7-17.

Deschodt, Eric: *Agrippa d'Aubigné. Le guerrier inspiré*, Paris 1995.

Deutsch, Helene: *Selbstkonfrontation*. Die Autobiographie der großen Psychoanalytikerin, München 1975.

Dilthey, Wilhelm: „Das Erleben und die Selbstbiographie", in: Günter Niggl (Hrsg.), *Die Autobiographie*. Zu Form und Geschichte einer literarischen Gattung (*Wege der Forschung*, N° 565), Darmstadt 1989, S. 21-32.

Dubois, Claude Gilbert: *La conception de l'histoire en France au XVIe siècle (1560-1610)*, Paris 1977.

Dubois, Claude Gilbert: „Les images de parenté dans *Les Tragiques*", *Europe* 563 (1976), S. 27-42.

Dubois, Claude Gilbert: „Saturne et le Phœnix. Temps et métamorphose dans les *Tragiques* d'Agrippa d'Aubigné", in: Gisèle Mathieu-Castellani (Hrsg.), *La Métamorphose dans la poésie baroque française et anglaise*. Variations et résurgences. Tübingen / Paris 1979, S. 91-101.

Dubois, Claude Gilbert: „'L'Espagne au front.' Remarques sur quelques occurences des affaires d'Espagne dans les œuvres d'Agrippa d'Aubigné datées de 1616", *Albinena* 3 (1990), S. 79-94.

Eco, Umberto: *Sei passeggiate nei boschi narrativi* (Harvard University, Norton Lectures 1992-1993), Mailand 1994.

Edsman, Carl-Martin: *Le baptême du feu*, Leipzig / Uppsala 1940.

Edsman, Carl-Martin: *Ignis divinus*. Le feu comme moyen de rajeunissement et d'immortalité: contes, légendes, mythes et rites, Lund 1949.

Ehrhard, Albert: *Die Kirche der Märtyrer*. Ihre Aufgaben und Leistungen, München 1932.

Fanlo, Jean-Raymond: *Traces, ruptures: la composition instable des „Tragiques"* (*Bibliothèque de la Renaissance*, série 2, N° 25), Paris 1990.

Farge, James K.: *Orthodoxy and Reform in early Reformation France*. The Faculty of Theology of Paris, 1500-1543, Leiden 1985.

Fasano, Giancarlo: *Les Tragiques. Un'epopea della morte*, 2 Bde., Bari 1970-1971.

Febvre, Lucien: *Le problème de l'incroyance au XVIe siècle, la religion de Rabelais*. Édition revue, Paris 1962.

Ferroni, Giulio: *Storia della letteratura italiana*, 4 Bde., Mailand 1991.

Feugère, Léon: *Caractères et portraits littéraires du XVIe siècle*, Paris 1859.

Firpo, Massimo: „Juan Valdés tra alumbrados e 'spirituali'. Note sul valdesianesimo in Italia", in: Quintin Aldea (Hrsg.), *Ignacio de Loyola en la gran crisis del siglo XVI* (congreso internacional de historia, Madrid, 19-21 noviembre de 1991), Bilbao 1993, S. 293-319.

Fischer, Manfred S.: *Nationale Images als Gegenstand Vergleichender Literaturgeschichte.* Untersuchungen zur Entstehung der komparatistischen Imagologie (*Aachener Beiträge zur Komparatistik*, N° 6), Bonn 1981.

Fischer, Manfred S.: „Literarische Imagologie am Scheideweg. Die Erforschung des 'Bildes vom anderen Land' in der Literatur-Komparatistik", in: Günther Blaicher (Hrsg.), *Erstarrtes Denken.* Studien zu Klischee, Stereotyp und Vorurteil in englischsprachiger Literatur, Tübingen 1987, S. 55-71.

Flecniakoska, Jean-Louis: „La propagation des idées protestantes par les Français en Espagne et l'inquisition de Cuenca (1554-1578)", *Bulletin de la Société de l'Histoire du Protestantisme Français* 120 (1974), S. 532-554.

Forsyth, Elliott: „Calvin's Concept of the Justice of God", *Australian Journal of French Studies* 31 (1994), S. 274-291.

Forsyth, Elliott: „Le message prophétique d'Agrippa d'Aubigné", *Bibliothèque d'Humanisme et Renaisssance* 41 (1979), S. 23-39.

Forsyth, Elliott: „D'Aubigné, Calvin et le 'comble des péchés'", in: Robert Aulotte u.a. (Hrsg.), *Mélanges sur la littérature de la Renaissance à la mémoire de V.- L. Saulnier* (*Travaux d'Humanisme et Renaissance*, N° 202), Genf 1984, S. 263-272.

Fragonard, Marie-Madeleine: „Stratégie de la diffamation et poétique du monstrueux: Aubigné et Henri III," in: Robert Sauzet (Hrsg.), *Henri III et son temps* (Actes du colloque international du Centre de la Renaissance de Tours, octobre 1989), Paris 1992, S. 47-55.

Fragonard, Marie-Madeleine: *La pensée religieuse d'Agrippa d'Aubigné et son expression*, 2 Bde., Paris/ Lille 1986.

Fragonard, Marie-Madeleine: *Essai sur l'univers religieux d'Agrippa d'Aubigné*, Mont-de Marsan 1991.

Fueter, Eduard: *Geschichte der neueren Historiographie*, München / Berlin 1911.

Garcia Gutiérrez, José Ma.: *Herejia de los alumbrados: historia y filosofia*, Madrid 1999.

Garnier, Armand: *Agrippa d'Aubigné et le parti protestant*, Paris 1928.

Gehlen, Arnold: „Ende der Geschichte", in: Christoph Conrad u. Martina Kessel (Hrsg.), *Geschichte schreiben in der Postmoderne*. Beiträge zur aktuellen Diskussion, Stuttgart 1994, S. 39-57.

Genette, Gérard: *Die Erzählung*. Aus dem Französischen von Andreas Knop, mit einem Vorwort herausgegeben von Jürgen Vogt, München 1994.

Gilmont, Jean-François: „L'*Historia delle grandi e crudeli persecutioni* de Scipione Lentolo", *Bollettino della Società di Sudi Valdesi* 151 (1982), S. 51-68.

Gilmont; Jean-François: „Aux origines de l'historiographie vaudoise du XVIe siècle: Jean Crespin, Etienne Noël et Scipione Lentolo", in: *I Valdesi e l'Europa* (o.Hrsg.) (*Collana della Società di Studi Valdesi*, N° 9), Torre Pellice 1982, S. 165-202.

Giraud, Yves: „Les figures de répétion dans les deux derniers livres des *Tragiques*", *Saggi e ricerche di letteratura francese* 18 (1979), S. 281-304.

Gonnet, Giovanni: „Pierre Valdo ou Vaudès de Lyon", *Bulletin de la Societé de l'Histoire du Protestantisme Français* 126 (1980), S. 247-250.

Grayburn Moore, Will: *La Réforme allemande et la littérature française*. Recherches sur la notoriété de Luther en France, Straßburg 1930.

Greimas, Algirdas-Julien: *Sémantique structurale, recherche de méthode*, Paris 1966.

Grendler, Paul F.: „The circulation of protestant books in Italy", in: Joseph C. McLelland (Hrsg), *Peter Martyr Vermigli and Italian Reform*, Waterloo (Kanada) 1980, S. 5-16.

Hahn, Georg: *Die Kirche der Märtyrer und Katakomben*, Freiburg i. Breisgau 1939.

Hammer, Felix: *Selbsttötung philosophisch gesehen*, Düsseldorf 1975.

Hauben, Paul J.: *Three Spanish Heretics and the Reformation: Antonio del Corro, Casiodoro de Reina, Cipriano de Valera*, Genf 1967.

Hegel, Georg Wilhelm Friedrich, *Vorlesungen über die Ästhetik*, 3 Bde., Frankfurt a. M. 1979.

Heinsius, Maria: *Das unüberwindliche Wort*. Frauen der Reformationszeit, München 1951.

Histoire des Protestants en France (o. Hrsg.), Toulouse 1977.

Imbart de la Tour, Piere: *Les origines de la Réforme*. Deuxième édition revue et augmentée d'une Bibliographie critique par Yvonne Lanhers, 2 Bde., Melun ^{2}1944-1948.

Jedin, Hubert (Hrsg.): *Handbuch der Kirchengeschichte*, 7 Bde., Freiburg/ Basel/ Wien 1962-1979.

Jedin, Hubert: „Reformation und Kirchenverständnis", in: Raymund Kottje u. Joseph Staber (Hrsg.), *Probleme der Kirchenspaltung im 16. Jahrhundert*, Regensburg 1970, S. 59-82.

Kämpfer, Jean: „Fers chauds, glaives froids. Comment raconter la guerre?", *Poétique* 26 (1995), S. 85-103.

Kellermann, Ulrich: *Auferstanden in den Himmel.* 2 Makkabäer 7 und die Auferstehung der Märtyrer (*Stuttgarter Bibelstudien*, N° 95), Stuttgart 1979.

Ker, William Paton: *Epic and Romance*. Essays on medieval literature, London [2]1908 [[1]1896].

Kinder, Arthur Gordon: „Religious literature as an offensive weapon: Cipriano de Valera's part in England's war with Spain", *The Sixteenth Century Journal* 19 (1988), S. 223-235.

Kinder, Arthur Gordon: *Three Spanish reformers of the sixteenth century: Juan Pérez de Pineda, Casiodoro de Reina, Cipriano de Valera* (unveröffentlichte Dissertation), Sheffield 1971.

Kinder, Arthur Gordon: *Casiodoro de Reina: Spanish reformer of the sixteenth century*, London 1975.

Kinder, Arthur Gordon: „Juan Pérez de Pineda (Pierius): a Spanish Calvinist minister of the Gospel in the sixteenth century Geneva ", *Bulletin of Hispanic Studies* 53 (1976), S. 283-300.

Kinder, Arthur Gordon: „The pursuit of Spanish Heretics in the Low Countries: the activities of Alonso del Canto, 1561-1564", *Journal of Ecclesiastical History* 30 (1979), S. 65-93.

Kinder, Arthur Gordon: *The pursit [sic] of Spanish heretics: new information about Casiodoro de Reina*, Genf 1980.

Kinder, Arthur Gordon: „Antonio del Corro", in: André Séguenny (Hrsg.), *Bibliotheca Dissidentium*, Bd. 7, Baden-Baden 1986, S. 121-176.

Kinser, Samuel: „Agrippa d'Aubigné and the apostasy of Henry IV", *Studies in the Renaissance* 11 (1964), S. 245-268.

Kinser, Samuel: „D'Aubigné and the murder of Concini: *Complaintes du sang du Grand Henry*", *Studies in Philology* 62 (1965), S. 662-695.

Kneschke, Johann Gottfried: *Ad Augusti Iusti cancellari olim Martisburgensis anniversaria die XIX. Julii MDCCCIIX hora IIX matutina concelebranda invitat [...] Praemissa est Commentatio I, de Olympia Fulvia Morata*, Zittau 1808.

Kronsbein, Joachim: *Autobiographisches Erzählen*. Die narrativen Strukturen der Autobiographie, München 1984.

La Garanderie, M.M. de: „La réponse catholique aux Placards de 1534. Le *Contre les tenebrions* de Jérôme d'Hangest, 'marteau des hérétiques'", in: Michel Péronnet (Hrsg.), *La controverse religieuse (XVIe - XIXe siècles)*, Bd. 1, Montpellier 1981, S. 1-6.

.Larquié, Claude: „Le protestantisme en Espagne au XVIe siècle", *Bulletin de la Société de l'Histoire du Protestantisme Français* 129 (1983), S. 155-182.

Lauchert, Friedrich: *Die italienischen Gegner Luthers*, Freiburg i. Br. 1912.

Lazard, Madeleine: *Agrippa d'Aubigné*, Paris 1998.

Lebègue, Raymond: „Préface" zu und in: Marguerite Soulié, *L'inspiration biblique dans la poésie religieuse d'Agrippa d'Aubigné*, Paris 1977.

Lecler, Joseph: *Histoire de la tolérance au siècle de la Réforme*, Paris 1955 [^{2}1994].

Leiner, Wolfgang: *Das Deutschlandbild in der französischen Literatur*, Darmstadt 1989.

Lejeune, Philippe: *L'autobiographie en France*, Paris 1971.

Lejeune, Philippe: *Le pacte autobiographique*, Paris 1975.

Lejeune, Philippe: „Der autobiographische Pakt". Aus dem Französischen übersetzt von Hildegard Heydenreich, in: Günter Niggl (Hrsg.), *Die Autobiographie*. Zu Form und Geschichte einer literarischen Gattung (*Wege der Forschung*, N° 565), Darmstadt 1989, S. 200-257.

Lenzen, Verena: *Selbsttötung*. Ein philosophisch-theologischer Diskurs mit einer Fall studie über Cesare Pavese, Düsseldorf 1987.

Léonard, Émile G.: *Histoire générale du Protestantisme*, 3 Bde., Paris 1961-1964.

Léonard, Émile G.: *Le Protestant Français*, Paris ^{2}1955 [^{1}1953].

Léonard, Émile G.: „Histoire du protestantisme (1939-1952)", *Revue historique* 210 (1953) - 212 (1954), S. 307-340, S. 41-71 u. S. 279-326.

Lestringant, Frank: *Agrippa d'Aubigné - „Les Tragiques"*, Paris 1986.

Lestringant, Frank: *La cause des martyrs dans „Les Tragiques" d'Agrippa d'Aubigné*, Mont-de-Marsan 1991.

Leube, Hans: *Kalvinismus und Luthertum im Zeitalter der Orthodoxie*. Der Kampf um die Herrschaft im protestantischen Deutschland, Aalen ^{2}1966 [Reprint Leipzig ^{1}1928].

Lloyd Regosin, Richard: „D'Aubigné's *Les Tragiques*: Divine tragedy", *Bibliothèque d'Humanisme et Renaissance* 28 (1966), S. 52-73.

Lohmeyer, Ernst: *Die Offenbarung des Johannes*, Tübingen ²1953.

Longhurst, John Edward: *Luther's Ghost in Spain 1517-1546*, Lawrence (Kansas) 1969.

Madaule, Jacques: „Agrippa d'Aubigné (1552-1630), *Europe* 563 (1976), S. 3-6.

Mann, Margaret: *Erasme et les débuts de la réforme française: 1517-1536*, Genf² 1978 [Paris ¹1934].

Martini, Magda: *Pierre Valdo: Le pauvre de Lyon*. L'épopée vaudoise, Genf 1961.

McCrie, Thomas: *History of the progress and suppression of the Reformation in Spain in the sixteenth-century*, Edinburg / London 1829.

McCrie, Thomas: *History of the progress and suppression of the Reformation in Italy in the sixteenth-century*, Edinburg / London 1827.

MacFadden, William: *The life and works of Antonio del Corro* (unveröffentlichte Dissertation), Belfast 1953.

Mahrholz, Werner: „Der Wert der Selbstbiographie als geschichtliche Quelle", in: Günter Niggl (Hrsg.), *Die Autobiographie*. Zu Form und Geschichte einer literarischen Gattung (*Wege der Forschung*, N° 565), Darmstadt 1989, S. 72-74.

Marchetti, Valerio: „Una polemica di Scipione Lentulo con l'antitrinitario Fabrizio Pestalozzi (1581)", *Il pensiero politico* 5 (1972), S. 284-301.

Martínez Laínez, Fernando: *Miguel Servet*, Barcelona 1991.

Marty, Anton: *Untersuchungen zur Grundlegung der allgemeinen Grammatik und Sprachphilosophie*, Halle a. S. 1908.

Massner, Joachim: *Kirchliche Überlieferung und Autorität im Flaciuskreis*, Berlin / Hamburg 1964.

Menéndez y Pelayo, Marcelino: *Historia de los heterodoxes españoles*, 7 Bde., Madrid ²1928.

Mennecke-Haustein, Ute: *Luthers Trostbriefe*, Gütersloh 1989.

Meyer, Ferdinand: *Die evangelische Gemeinde in Locarno, ihre Auswanderung nach Zürich und ihre weitern Schicksale*. Ein Beitrag zur Geschichte der Schweiz im sechszehnten Jahrhundert, 2 Bde., Zürich 1836.

Millet, Olivier: *Calvin et la dynamique de la parole*. Etude de rhétorique réformée (*Bibliothèque littéraire de la Renaissance*, Serie 3, N° 28), Paris 1992.

Misch, Georg: „Begriff und Ursprung der Autobiographie", in: Günter Niggl (Hrsg.), *Die Autobiographie*. Zu Form und Geschichte einer literarischen Gattung (*Wege der Forschung*, N° 565), Darmstadt 1989, S. 33-54.

Misch, Georg: *Die Geschichte der Autobiographie*, 4 Bde., Frankfurt a. M. 1949-1969.

Mühlenberg, Ekkehard: *Epochen der Kirchengeschichte*, Heidelberg / Wiesbaden [2]1991.

Müller, Wolfgang G.: „Der Brief", in: Klaus Weissenberger (Hrsg.), *Prosakunst ohne Erzählen*. Die Gattungen der nicht-fiktionalen Kunstprosa, Tübingen 1985, S. 67-87.

Münch, Ernst Hermann Joseph: *Olympia Fulvia Morata*. Beitrag zur Gelehrtengeschichte Badens. Freiburg i. Breisgau 1827.

Nachtigall, Elsbeth: *Die „Mémoires" der Marguerite de Valois als Quelle zu Samuel Richardsons „Clarissa"*, Bonn 1960.

Nicolini, Benedetto: *B.Ochino e la Riforma in Italia*, Neapel 1935.

Nolten,Georg Ludwig: *Comment. hist. critica de Olympiae Moratae vita, scriptis, fatis et laudibus [...]*, Frankfurt a. Oder 1775.

Oberman, Heiko A.: *Die Reformation: Von Wittenberg nach Genf*, Göttingen 1986.

Oberman, Heiko A.: „Reformation: Epoche oder Episode", *Archiv für Reformationsgeschichte* 68 (1977), S. 56-109.

Oberman, Heiko A.: „Ignatius of Loyola and the Reformation: The case of John Calvin", in : Juan Plazaola (Hrsg.), *Ignacio de Loyola y su tiempo* (Congreso internacional de historia, 9-13 septiembre 1991), Bilbao 1994, S. 807-817.

Ortolani, Oddone: *Per la storia della vita religiosa italiana nel Cinquecento: Pietro Carnesecchi*. Con estratti dagli Atti del Processo del Santo Officio, Florenz 1963.

Paladino, Giuseppe: *Giulia Gonzaga*, Neapel 1909.

Paladino, Giuseppe: *Opuscoli e lettere di riformatori italiani del Cinquecento*, 2 Bde., Bari 1927.

Park, Katharine u. Daston, Lorraine J.: „Unnatural conceptions: the studies of monsters in the sixteenth- and seventeenth-century France and England", *Past and Present* 92 (1981), S. 20-54.

Paulus, Rudolf: *Die deutschen Dominikaner im Kampfe gegen Luther*, Freiburg i. Br. 1903.

Perez, Joseph: „La unidad religiosa en la España del siglo XVI“, in: Pedro M. Piñero Ramírez u. Rogelio Reyes Cano (Hrsg.): *Seis lecciones sobre la España de los Siglos de Oro* (homenaje a Marcel Bataillon), Sevilla 1981.

Pfandl, Ludwig: „Das spanische Lutherbild des 16. Jahrhunderts. Studien und Vorarbeiten“, *Historisches Jahrbuch der Görres-Gesellschaft*, 50 (1930), S. 464-497.

Pfister, Rudolf: *Um des Glaubens willen*. Die evangelischen Flüchtlinge von Locarno und ihre Aufnahme zu Zürich im Jahre 1555, Zürich 1955.

Plattard, Jean: *Une figure de premier plan dans nos Lettres de la Renaissance - Agrippa d'Aubigné*, Paris 1931.

Poirson, Auguste-Simon-Jean-Chrysostome: *Histoire du règne de Henri IV*, Paris 1856.

Polenz, Gottlob von: *Geschichte des französischen Calvinismus*, 5 Bde., Aalen ²1964 [Reprint Gotha ¹1857].

Polman, Pontien: *L'Élement Historique dans la Controverse religieuse du XVI Siècle*, Gembloux 1932.

Randall Coats, Catharine: „Representing and re-presenting the self: fact and fiction in Agrippa d'Aubigné's *Sa vie à ses enfants* and the *Histoire universelle*“, *South Atlantic Review* 54, 2 (1989), S. 23-40.

Randall Coats, Catharine: *Subverting the systeme: d'Aubigné and Calvinism*, Kirksville (Montana) 1990.

Randall Coats, Catharine: *(Em-)bodying the word: textual resurrections in the martyrological narratives of Foxe, Crespin, de Bèze and d'Aubigné*, Frankfurt a. Main [etc.] 1992.

Rauch, Maya: *Die Gottesidee und der Spielraum des Epos*, Zürich 1979.

Réaume, Eugène: *Étude historique et littéraire sur Agrippa d'Aubigné*, Paris 1883.

Regosin, Richard L.: *The poetry of inspiration: Agrippa d'Aubigné's „Les Tragiques“*, Chapel Hill (North Carolina) 1970.

Reichert, Anne: „La Société de l'Histoire du Protestantisme Français et son Bulletin: un regard protestant sur l'histoire du protestantisme français“, *Bulletin de la Société de l'Histoire du Protestantisme Français* 143 (1997), S. 63-97.

Renaudet, Augustin: *Erasme et l'Italie*. Nouvelle édition corrigée avec une préface de Silvana Seidel Menchi, Genf 1998.

Renaudet, Augustin: *Préréforme et humanisme à Paris*, Paris 1916.

Rocheblave, Samuel: *Un héros de l'épopée huguenote, Agrippa d'Aubigné*, Paris 1930.

Rodocanachi, Emmanuel: *La Réforme en Italie*, Paris 1921.

Romani, Bruno: *Impegno e retorica in Agrippa d'Aubigné*, Lecce 1976.

Ruffet, Louis: *Pietro Carnesecchi, un martyr de la Réforme en Italie*, Toulouse 1874.

Ruffini, Francesco: *Studi sui riformatori italiani*, Turin 1955.

Rumpenhorst, Birgit: *Deutschland-Berichterstattung des italienischen Wochenblatts „L'Espresso" in den 90er Jahren* (unveröffentlichte Magister-Arbeit der Ruhr-Universität Bochum) Bochum 1998.

Sainte-Beuve, Charles Augustin: *Les grands écrivains français.* Etudes des lundis et des portraits classées selon un ordre nouveau et annotées par Maurice Allem, Paris 1926.

Sainte-Beuve, Charles Augustin: *Tableau historique et critique de la poèsie française et du théâtre français au seizième siècle*, 2 Bde., Paris ²1838.

Sapegno, Natalino: *Disegno storico della letteratura italiana*, Florenz ³1990.

Sayous, Pierre-André: *Études littéraires sur les écrivains français de la Réformation*, 2 Bd., Genf 1970 [Reprint Paris ¹1881].

Schäfer, Ernst H. J.: „Die Vereinigung französischer Protestanten zu Toledo um die Mitte des 16. Jahrhunderts", *Zeitschrift für Kirchengeschichte* 21 (1901), S. 399-434.

Schäfer, Ernst H. J.: „Sevilla und Valladolid. Die evangelischen Gemeinden Spaniens im Reformationszeitalter", *Schriften des Vereins für Reformationsgeschichte* 78 (1903-1904), S. 1-137.

Schäfer, Ernst H. J.: *Beiträge zur Geschichte des spanischen Protestantismus und der Inquisition im 16. Jahrhundert.* Nach den Originalakten in Madrid und Simancas bearbeitet, 3 Bde., Aalen ²1969 [Reprint Gütersloh ¹1902].

Scheible, Heinz: *Die Entstehung der Magdeburger Zenturien*, Gütersloh 1966.

Schenda, Rudolf: *Die französische Prodigienliteratur in der zweiten Hälfte des 16. Jahrhunderts* (*Münchener Romanistische Arbeiten*, N° 16), München 1961.

Schmidt, Albert-Marie: „Remarques sur les deux derniers livres des *Tragiques*", *L'information littéraire*, 10 (1958), S. 47-52.

Schmidt, Albert-Marie: „Les poètes calvinistes français des origines à la révocation de l'Édit de Nantes - témoins d'une vie théologique", *Revue réformée* 1 (1950), S. 267-278.

Schrenck, Gilbert: „Aspects de l'écriture autobiographique au XVIe siècle - Agrippa d'Aubigné et *Sa vie à ses enfants*", *Nouvelle revue du seizième siècle* 3 (1985), S. 33-51.

Schrenck, Gilbert: „Agrippa d'Aubigné, *Sa vie à ses enfants*. Approches et mise en perspective", *Réforme, Humanisme, Renaissance. Bulletin de l'Association d'Etude sur l'humanisme, la réforme et la Renaissance* 5, 10 (1979), S. 3-11.

Schrenck, Gilbert: „La réception d'Agrippa d'Aubigné au XIXe siècle", *Albineana* 2 (1990), S. 49-57.

Segre, Cesare: „Analisi del racconto, logica narrativa e tempo", in: Cesare Segre, *Le strutture e il tempo*, Turin 1974, S. 3-78.

Seidel Menchi,Silvana: *Erasmo in Italia*, Turin ^{2}1990 [^{1}1987].

Seidlmayer, Michael: *Geschichte Italiens*, Stuttgart ^{2}1989.

Seignobos, Charles: *Histoire sincère de la nation française*, Paris ^{8}1982 [^{1}1933].

Solé, Jacques: „Le débat confessionnel français entre 1598 et 1685: esquisse de bilan", in: Michel Péronnet (Hrsg.), *La controverse religieuse (XVIe - XIXe siècles)*, Bd. 2, Montpellier 1981, S. 17-23.

Soulié, Marguerite: *L'inspiration biblique dans la poésie religieuse d'Agrippa d'Aubigné*, Paris 1977.

Soulié, Marguerite: „Agrippa d'Aubigné théologien", *Albineana* 1 (1988), S. 28-40.

Starobinski, Jean: „Der Stil der Autobiographie", in: Günter Niggl (Hrsg.), *Die Autobiographie*. Zu Form und Geschichte einer literarischen Gattung (*Wege der Forschung*, N° 565), Darmstadt 1989, S. 200-213.

Staufer, Richard: „L'affichage des 95 Thèses. Réalité ou légende", *Bulletin de la Société de l'Histoire du Protestanisme Français* 113 (1967), S. 332-346.

Stéphan, Raoul: *Histoire du Protestantisme Français*, Paris 1961.

Stierle, Karl-Heinz: „Geschehen, Geschichte, Text der Geschichte", in: Reinhart Koselleck u. Stempel, Wolf-Dieter (Hrsg), *Geschichte - Ereignis und Erzählung* (*Poetik und Hermeneutik*, N° 5), München 1973, S. 530-534.

Strohm, Christoph (Hrsg.): *Johannes a Lasco (1499-1560): polnischer Baron, Humanist und europäischer Reformator* (Beiträge zum internationalen Symposium vom 14.-17. Oktober 1999 in der Johannes-a-Lasco-Bibliothek in Emden), Tübingen 2000.

Sudbrack, Josef: „'Gott in allen Dingen finden': Eine Ignatianische Maxime und ihr metahistorischer Hintergrund“, in: Juan Plazaola (Hrsg.), *Ignacio de Loyola y su tiempo* (Congreso internacional de historia, 9-13 septiembre 1991), Bilbao 1994, S. 343-368.

Tarot, Rolf: „Die Autobiographie“, in: Klaus Weissenberger (Hrsg.), *Prosakunst ohne Erzählen.* Die Gattungen der nicht-fiktionalen Kunstprosa, Tübingen 1985, S. 27-43.

Tellechea Idígoras, José Ignacio: *Tiempos recios: inquisicíon y heterodoxias*, Salamanca 1977.

Tenenti, Alberto: „Ignace, Calvin et l'humanisme“, in: Juan Plazaola (Hrsg.), *Ignacio de Loyola y su tiempo* (Congreso internacional de historia, 9-13 septiembre 1991), Bilbao 1994, S. 271-283.

Thierry, André: *Agrippa d'Aubigné. Auteur de l'Histoire universelle*, Paris 1982.

Thierry, André: „Agrippa d'Aubigné: De l'histoire aux mémoires et à l'autobiographie“, *Cahiers de l'association internationale des études françaises* 40 (1988), S. 23-38.

Thierry, André: „L'homme de guerre dans l'œuvre d'Agrippa d'Aubigné“, in: Gabriel-André Pérouse, André Thierry u. André Tournon (Hrsg.), *L'homme de guerre au XVIe siècle* (Actes du colloque de l'Association Réforme, Humanisme, Renaissance, Cannes 1989), Saint-Etienne 1992, S. 143-153.

Thierry, André: „La maison de Guise dans l'œuvre d'Agrippa d'Aubigné. Exécration et estime“, in: Yvonne Bellenger u. Jean-Pierre Babelon (Hrsg.), *Le Mécénat et l'influence des Guises* (Actes du colloque tenu à Joinville, 31 mai - 4 juin 1994), Paris 1997, S. 81-94.

Thierry, André: „Les Vieillards dans l'*Histoire universelle* d'Agrippa d'Aubigné“, in: Robert Aulotte (Hrsg.), *Etudes seizièmistes* (offertes à Monsieur le Professeur V.-L. Saulnier par plusieurs de ses anciens doctorants), Genf 1980, S. 371-379.

Thierry, André:, „Les années 1586-1588 dans l'Histoire Universelle d'Agrippa d'Aubigné“, *Albineana* 2 (1990), S. 65-74.

Thomas, Joseph: *Le Christ de Dieu pour Ignace de Loyola*, Paris 1981.

Tietz, Manfred: *Saint Francois de Sales' „Traité de l'amour de Dieu" (1616) und seine spanischen Vorläufer*. Cristóbal de Fonseca, Diego de Estella, Luis de Granada, Santa Teresa de Jesús und Juan de Jesús María, Wiesbaden 1973.

Tietz, Manfred: „La morale païenne jugée par les chrétiens au XVIIe siècle: le personnage de Lucrèce, l'illustre romaine", in: Manfred Tietz u. Volker Kapp (Hrsg.), *La pensée religieuse dans la littérature et la civilisation du XVIIe siècle en France* (Actes du colloque de Bamberg 1983), Paris/ Seattle/ Bamberg 1984, S. 299-321.

Tietz, Manfred (Hrsg.), *Das Spanieninteresse im deutschen Sprachraum*. Beiträge zur Geschichte der Hispanistik vor 1900, Frankfurt a. M. 1989, S. 93-103.

Tournon, André: „Le cinquième sceau. Les tableaux des *Fers* et la perspective apocalyptique dans les *Tragiques* d'Agrippa d'Aubigné", in: Robert Aulotte u.a. (Hrsg.), *Mélanges sur la littérature de la Renaissance à la mémoire de V.-L. Saulnier* (*Travaux d'Humanisme et Renaissance,* N° 202), Genf 1984, S. 273-283.

Trechsel, Friedrich: *Die protestantischen Antitrinitarier vor Faustus Socin*, 2 Bde., Heidelberg 1839-1844.

Ubersfeld, Anne: *Lire le théâtre*, Paris 1978.

Vermaseren, B.A.: „Who was Reginaldus Gonsalvius Montanus", *Bibliothèque d'Humanisme et Renaissance* 47 (1985), S. 47-77.

Vives, Antonio: *Miguel Servet: humanista crítico*, Villanueva de Sijena 1998.

Vogel, Theodor: *Olympia Fulvia Morata*, Schweinfurt 1927.

Vorländer, Dorothea: „Olympia Fulvia Morata - eine evangelische Humanistin in Schweinfurt", *Zeitschrift für bayerische Kirchengeschichte* 39 (1970), S. 95-113.

Wallmann, Johannes: *Kirchengeschichte Deutschlands seit der Reformation*, Tübingen ^{3}1988.

Walser, Hermann: *Olympia Morata*, Stuttgart 1933.

Walzer, Martine: „Rapport de l'écrit à l'histoire et au 'politique': l'image d'Henri IV dans l'œuvre d'Agrippa d'Aubigné", *Albineana* 3 (1990), S. 109-131.

Warren, Donald: „Les prodiges dans le ciel en France dans la deuxième moitié du XVIe siècle", in: Marie-Thérèse Jones-Davies (Hrsg.), *Monstres et prodiges au temps de la Renaissance*, Paris 1980, S. 122-128.

Weber, Henri: „État présent des Études sur Agrippa d'Aubigné", *Albineana* 2 (1990), S. 9-20.

Weiss, Gertrud: „Goethe und die Briefe der Olympia Morata", *Goethe-Jahrbuch* 105 (1988), S. 370-372.

Weiss, Nathanaël: *La Chambre ardente, étude sur la liberté de conscience en France sous François Ier et Henri II (1540-1550)*, Genf ²1970 [Reprint Paris ¹1889].

Weiss-Stählin, Gertrud: „Die Briefe der Olympia Fulvia Morata. Goethes letzte Auseinandersetzung mit der Reformation", *Goethe-Jahrbuch* 25 (1963), S. 220-249.

Welti, Manfred Edwin: *Kleine Geschichte der italienischen Reformation*, Gütersloh 1985.

Werner, Karl: *Geschichte der apologetischen und polemischen Literatur der christlichen Theologie*, 5 Bde., Osnabrück ²1966 [Reprint Schaffhausen ¹1861-1867].

Werner, Klaus: *Die Gattung des Epos nach italienischen und französischen Poetiken des 16. Jahrhunderts*, Frankfurt a. M. 1977.

White, Hayden: „Der historische Text als literarisches Kunstwerk", in: Christoph Conrad u. Martina Kessel (Hrsg.), *Geschichte schreiben in der Postmoderne*. Beiträge zur aktuellen Diskussion, Stuttgart 1994, S. 123-157.

Wilkens, Cornelius August: *Geschichte des spanischen Protestantismus im 16. Jahrhundert*, Gütersloh 1888.

Wollenberg, Jörg: *Staatsräson und Kircheninteresse*. Zur Legitimation der Politik des Kardinalpremiers, Bielefeld 1977.

Wörner, Markus H.: „Pathos als Überzeugungsmittel in der Rhetorik des Aristoteles", in: Ingrid Craemer-Ruegenberg (Hrsg.), *Pathos, Affekt, Gefühl*, Freiburg / München 1981, S. 53-78.

Yourcenar, Marguerite: „Théodore-Agrippa d'Aubigné", in: *Tableau de la littérature française* (o.Hrsg.), Bd. 1, Paris 1962, S. 500-513.

Zucchini, Gianpaolo: *Riforma e società nei Grigioni. G. Zanchi, S. Fiorillo, S. Lentulo e i conflitti dottrinari e socio-politici (1563-1567)*, Coira 1978.

Zürcher, Hans Peter: *„Nehmen sie den Leib ...!"*, Zürich 1943.

Nachschlagewerke:

Allgemeiner historischer Handatlas, Herausgegeben von G. Droyens, Bielefeld/ Leipzig 1886.

Bibliographie de la Réforme 1450-1648. Série publiée sur la recommandation du Conseil International de la Philosophie et des Sciences Humaines, 8 Bde., Leiden 1956-1980.

Chiminelli, Piero: *Bibliografia della storia della Riforma religiosa in Italia* (*Biblioteca di studi religiosi*, N° 10), Rom 1920.

Desel, Jochen: *Hugenotten in der Literatur. Eine Bibliographie*. Hugenotten, Waldenser, Wallonen und ihr Umfeld in Erzählung, Biographie, Hagiographie, Drama, Geschichtsschreibung und Gedicht, Bad Karlshafen 1996.

Desgraves, Louis: *Répertoire des ouvrages de controverse entre Catholiques et Protestants en France (1598-1685)*, 2 Bde., Genf 1984.

Die Religion in Geschichte und Gegenwart. Handwörterbuch für Theologie und Religionswissenschaft. Herausgegeben von Kurt Galling, 6 Bde. u. Register, Tübingen ^{3}1957-1962.

Dizionario ecclesiastico. Sotto la direzione dei rev. Mi. Mons. Angelo Mercati [e] Mons. Augusto Pelzer, con la collaborazione di numerosi e noti specialisti, 3 Bde., Turin 1953-1958.

Enciclopedia cattolica, 12 Bde., Vatikanstadt 1948-1952.

Enciclopedia italiana di scienze, lettere ed arti. Istituto della enciclopedia italiana fondata da Giovanni Treccani, 35 Bde. nebst 5 Bde. „Appendice" u. Register, Rom 1949-1951.

Enzyklopädie Philosophie und Wissenschaftstheorie. Herausgegeben von Jürgen Mittelstraß, 4 Bde., Mannheim/ Wien/ Zürich 1980-1996.

Evangelisches Kirchenlexikon Internationale theologische Enzyklopädie. Herausgegeben von Erwin Fahlbusch u.a., 4 Bde. u. Register, Göttingen ^{3}1986-1997.

Fuchs, Konrad u. Raab, Heribert: *Wörterbuch zur Geschichte*, München ^{10}1996.

Grand dictionnaire universel du XIXe siècle. Par Pierre Larousse, 19 Bde., Paris 1866-1875.

Historisches Wörterbuch der Rhetorik. Herausgegeben von Gert Ueding; mitbegründet von Walter Jens, 4 Bde. [Fortsetzung folgt], Tübingen 1992-1998.

Historisches Wörterbuch der Philosophie. Herausgegeben von Joachim Ritter u. Karlfried Gründer, 11 Bde. [Fortsetzung folgt], Basel 1971-2001.

Kinder, Arthur Gordon: *Spanish protestants and reformers in the sixteenth century*. A bibliography, London 1983.

Lexikon für Theologie und Kirche. Begründet von Michael Buchberger u. herausgegeben von Josef Höfer u. Karl Rahner, 10 Bde., Freiburg ^{2}1960-1965.

Lexikon für Theologie und Kirche. Begründet von Michael Buchberger u. herausgegeben von Walter Kasper, 10 Bde., Freiburg [etc.] ^{3}1993-2001.

New Catholic Encyclopedia, 14 Bde. u. Register, New York [etc.] 1967.

Quid 1999. [Edité par] Dominique et Michèle Frémy, Paris 1998.

Realencyklopädie für protestantische Theologie und Kirche. Begründet von J. Herzog u. herausgegeben von Albert Hauck, 21 Bde. nebst 2 Bde. Nachtrag u. Register, Leipzig ^{3}1896-1913.

Theologische Realenzyklopädie. Herausgegeben von Gerhard Müller, 31 Bde. [Fortsetzung folgt] nebst Abkürzungsverzeichnis u. 2 Bde. Register, Berlin / New York 1977-2000.

Westermanns großer Atlas zur Weltgeschichte. Herausgegeben von Hans-Erich Stier u.a., Braunschweig 1969.

FSC
www.fsc.org
MIX
Papier | Fördert gute Waldnutzung
FSC® C083411

Kolibri 360 GmbH
Ferdinand-Jühlke-Straße 7
99095 Erfurt, Deutschland
produktsicherheit@kolibri360.de

Druck:
CPI Druckdienstleistungen GmbH
im Auftrag der
Kolibri 360 GmbH
Ferdinand-Jühlke-Str. 7
99095 Erfurt